Peak Performance halten

Silvia Balaban

Peak Performance halten

Wie Sie Ihre Gesundheit stärken und Leistungsfähigkeit sichern

Silvia Balaban
REcalibration GmbH
München, Deutschland

ISBN 978-3-662-61527-0   ISBN 978-3-662-61528-7   (eBook)
https://doi.org/10.1007/978-3-662-61528-7

Die Deutsche Nationalbibliothek verzeichnet diese Publikation in der Deutschen Nationalbibliografie; detaillierte bibliografische Daten sind im Internet über https://portal.dnb.de abrufbar.

Planung/Lektorat: Marion Kraemer

Springer ist ein Imprint der eingetragenen Gesellschaft Springer-Verlag GmbH, DE und ist ein Teil von Springer Nature.
Die Anschrift der Gesellschaft ist: Heidelberger Platz 3, 14197 Berlin, Germany

Geleitwort Prof. Dr. Ursula Buchner

Nicht erst seit der COVID-19-Pandemie gibt es sehr viele Menschen, denen die Anforderungen, die jeden Tag in der Arbeit, in der Familie und im Freundeskreis, aber auch in der Freizeit an sie gestellt werden, über den Kopf wachsen. Bevölkerungsstudien zeigen seit vielen Jahren, dass ein großer Teil der Bevölkerung sich häufig als gestresst erlebt – laut der aktuellen TK-Stressstudie[1] aus dem Jahr 2021 sind rund ein Viertel der Befragten häufig gestresst. Dies ist problematisch, da chronischer Stress langfristig negative Auswirkungen auf die Gesundheit haben kann: So finden sich bei den Betroffenen häufig Herz-Kreislauf-Erkrankungen, Magen- und Darmprobleme, Schlafstörungen, Kopfschmerzen und andere körperliche und psychische Auswirkungen. Daher ist es wichtig, bei Stress frühzeitig einen guten Umgang zu finden. Da zu den wichtigsten Stressfaktoren die Arbeit sowie hohe Ansprüche an sich selbst gehören, ist insbesondere in organisationalen Settings eine Auseinandersetzung mit Stress zwingend notwendig.

Das Management von Stress ist keine Aufgabe, für die Individuen die alleinige Verantwortung übernehmen können. Zwar gibt es viele individuelle Ansatzpunkte für einen gelungenen Umgang mit Stressoren, allerdings ist auch ein Blick auf gesellschaftliche und organisationale Rahmenbedingungen notwendig, um das Phänomen Stress in seiner ganzen Komplexität erfassen und Möglichkeiten für Änderungen erreichen zu können. Stressmanagement ist somit nicht nur eine Aufgabe, die einzelne Menschen in ihrem Umfeld lösen müssen, sondern auch eine gesamtgesellschaftliche und organisationale Herausforderung.

Leistungsträger und Leistungsträgerinnen in den verschiedenen Organisationen sind in der Regel genau die Menschen, die diese verschiedenen Ebenen gleichzeitig im Blick haben: Einerseits stehen gerade sie häufig unter hohem Druck und sind hohen Anforderungen ausgesetzt und haben daher einen hohen Bedarf an einem eigenen guten Stressmanagement. Andererseits sind genau sie auch die Personen, die in Organisationen Veränderungen von Strukturen erreichen und damit den organisationalen Rahmen dafür schaffen können, dass Menschen einen guten Umgang mit ihren Arbeitsaufgaben haben und gut mit potenziell anfallenden schwierigen Situationen umgehen können. Darüber hinaus haben Leistungsträger und Leistungsträgerinnen häufig als Führungskräfte eine Vorbildfunktion für die Menschen, für die sie organisationale Verantwortung tragen.

Ein gelungenes Stressmanagement setzt an verschiedenen Ebenen an und umfasst dabei sowohl die Stressoren, also äußere Anforderungsbedingungen in der Umwelt wie Reize, Anforderungen oder Verpflichtungen, als auch die Stressreaktionen, d. h. das offene Verhalten wie Ungeduld oder Unruhe, die kognitiv-emotionale Ebene und die körperliche Ebene sowie die sogenannten Stressverstärker, sprich Motive, Einstellungen oder Bewertungen. Damit umfasst Stressmanagement die instrumentelle Stresskompetenz, die etwa zu einer stressfreieren Gestaltung des Alltags beiträgt, die mentale Stresskompetenz, die an den eigenen Einstellungen und Bewertungen an-

---

1 Techniker Krankenkasse (TK) (Hrsg) (2021) *TK-Stressstudie 2021: Entspann dich, Deutschland!* Abgerufen am 25. August 2022 von ▶ https://www.tk.de/resource/blob/2116464/9ff316aaf08870ed54aa8a664502ac67/2021-stressstudie-data.pdf.

setzt, und die regenerative Stresskompetenz, die langfristig eine Linderung negativer Stressfolgen ermöglicht.

In dem hier vorliegenden Buch werden zu all diesen Bereichen hilfreiche und fundierte Erläuterungen und Praxistipps gegeben. So greift etwa das Kap. „Verhalten" die instrumentelle Stresskompetenz auf, das Kap. „Achtsamkeit" die mentale Stresskompetenz und die Kapitel zu Regeneration und Schlaf, zur Ernährung und zum Sport die regenerative Stresskompetenz. Somit werden alle relevanten Bereiche für einen gelungenen Umgang mit Stress berücksichtigt.

Gleichzeitig gibt das Buch auch wichtige Hinweise für einen guten Umgang mit den sogenannten „Dirty Four": Alkohol, Tabak, ungesunde Ernährung und Bewegungsmangel. Diese vier Bereiche beinhalten das höchste Risiko für die Gesundheit und sind für die meisten sogenannten vermeidbaren Todesfälle verantwortlich. Auch wenn Alkohol und Tabak – wenn auch inzwischen in geringerem Ausmaß – gesellschaftlich akzeptiert sind und bei vielen Gelegenheiten wie selbstverständlich konsumiert werden, sind beide Substanzen Zellgifte mit einem hohen Abhängigkeitspotenzial. So gehen laut der Stiftung Gesundheitswissen in Deutschland etwa 6 % aller Krankenhausaufenthalte bei Menschen zwischen 15 und 64 Jahren auf Alkoholkonsum zurück. Laut Tabakatlas sind jährlich etwa 13 % der Todesfälle auf die gesundheitsschädlichen Folgen des Rauchens zurückzuführen. Das Deutsche Krebsforschungszentrum weist zudem ganz klar darauf hin, dass Bewegungsmangel die Entstehung von Übergewicht fördert und zudem das Risiko für Herz-Kreislauf-Erkrankungen, für Diabetes und für Krebs erhöht – umgekehrt bietet ausreichend körperliche Aktivität durch die positiven körperlichen sowie psychischen Auswirkungen einen Schutz vor verschiedenen Erkrankungen. Auch der Ernährung kommt eine zentrale Rolle zu. Laut der Global Burden of Disease Study[2] könnte jeder zweite bis dritte vorzeitige Todesfall durch eine bessere und ausgewogene Ernährung vermieden werden. Diese vier Bereiche sind gleichzeitig genau die Bereiche, die häufig in stressreichen Zeiten vernachlässigt werden: Vielfach werden dann Alkohol oder Zigaretten zur „Entspannung" genutzt, Fast Food, Knabbereien u. Ä. statt gesundem Essen konsumiert, und der Sport aus Zeitmangel zurückgestellt. Daher gehört es zu einem gelungenen Stressmanagement auch, diese Faktoren langfristig zu berücksichtigen.

Abschließend bleibt noch ein wichtiger Punkt festzuhalten: Heilsversprechen gibt es viele, für einen guten und gesunden Umgang mit Stress ist aber letztlich immer der eigene Lebensstil das Entscheidende. Dafür braucht es häufig ein kritisches Hinterfragen und eine langfristige Veränderung von Gewohnheiten. Auch wenn es in einzelnen Bereichen immer wieder neue Erkenntnisse gibt, lässt sich zusammenfassend festhalten, dass es sich lohnt, die „Dirty Four" ernst zu nehmen und darauf zu achten, die eigenen instrumentellen, mentalen und regenerativen Stresskompetenzen auf- und auszubauen. Dieses Buch kann dazu wichtige Anregungen und hilfreiche Praxistipps in verschiedenen Bereichen an die Hand geben.

München, im Mai 2022
Prof. Dr. Ursula Gisela Buchner
Professorin für Gesundheitspsychologie

---

2   GBD 2017 Diet Collaborators. (2019). Health effects of dietary risks in 195 countries, 1990–2017: a systematic analysis for the Global Burden of Disease Study 2017. *The Lancet, 398*(10184), 1958–1972. ▶ https://doi.org/10.1016/S0140-6736(19)30041-8.

Geleitwort Prof. Dr. Volker Nürnberg

In diesem Fachbuch wird durch wissenschaftlich fundiertes Wissen und in zahlreichen praktischen Beispielen aufgezeigt, wie die persönliche Gesundheit und Leistungsfähigkeit erhalten und gefördert werden können. Im Fokus steht dabei das zentrale Spannungsfeld: Einerseits den beruflichen und privaten Anforderungen gerecht zu werden, und gleichzeitig die Balance in einer sich immer schneller wandelnden Welt zu halten. Vor allem der Wandel in der Arbeitswelt beeinflusst die (mentale) Gesundheit enorm. Die Auflösung der Grenzen zwischen Berufs- und Privatleben erschwert für viele das Abschalten. Zudem ist der Arbeitsalltag von Termin- und Zeitdruck dominiert. Das Gefühl im Homeoffice ständig erreichbar sein zu müssen, löst bei vielen Beschäftigten Stress aus. Das zunehmende Arbeitstempo und die steigende Informationsflut, ausgelöst durch eine immer globaler, mobiler und digitaler werdende Arbeitswelt, birgt die Gefahr der psychischen Überlastung. Mit wissenschaftlichen Trainings- und Regenerationsmethoden zeigt die Autorin, Silvia Balaban, anwendungsorientiert auf, wie die Leser ihren Alltag gesundheitsbewusst gestalten können.

Dieser Praxisratgeber gibt einen grundlegenden Überblick über die wichtigsten Handlungsfelder der Gesundheitsförderung. Mit Blick auf die zunehmende Zahl an psychischen Erkrankungen, die in der Regel mit massiven Einschränkungen für die Betroffenen im sozialen und beruflichen Leben verbunden sind, erhalten die Stressbewältigung und die Achtsamkeit einen hohen Stellenwert. Vor allem im Homeoffice werden Pausen und Auszeiten oft nicht eingehalten. Darüber hinaus befasst sich das Buch mit den Themen Bewegung und Ernährung. Eine ausgewogene und bewusste Ernährung stärkt den Organismus sowie das Abwehrsystem und kann zudem die Leistungsfähigkeit und Stressresistenz fördern. Neben den empfohlenen Lebensmittelmengen wird auch die Qualität einzelner Lebensmittel innerhalb der Lebensmittelgruppe verständlich verdeutlicht, sodass wir mit allen notwendigen Nährstoffen, Vitaminen und Mineralstoffen im Alltag versorgt werden. Leicht verständlich wird erklärt, wie man durch Nahrungsergänzungsmittel die allgemeine Ernährung ergänzen kann. Um sich schrittweise einer ausgewogenen Ernährung anzunähern, gibt die Autorin gesunde Rezepte an die Hand.

Ob Sitzen das neue Rauchen ist und wie man sich selbst zu mehr Sport motivieren kann, zeigt Silvia Balaban gelungen auf. Der bestehende Bewegungsmangel ist durch die zunehmende Verbreitung von Homeoffice gestiegen. Körperliche Inaktivität kann nicht nur negative physische Auswirkungen haben, auch schlägt eine mangelnde körperliche Bewegung auf die Stimmung und die Psyche.

Mithilfe von Selbstchecks, Fallbeispielen, Praxistipps bis hin zu praktischen Übungen schafft es die Autorin, die Gesundheitskompetenz der Leserinnen und Leser zu verbessern und zu einem gesundheitsbewussten Lebensstil anzuleiten. Das Buch geht auf die Bausteine von Selbstverantwortung, -erkenntnis und -entwicklung ein und führt uns ein Stück näher an uns selbst heran.

Gerade Männer verhalten sich oft weniger gesundheitsbewusst als Frauen und scheuen sich vor Arztbesuchen und Vorsorgeuntersuchungen. Frauen hören besser auf die Signale ihres Körpers, demgegenüber verhindert die traditionelle Männerrollen eher eine Achtsamkeit und eine Aufmerksamkeit für den eigenen Körper. Um

Männer für das Thema Gesundheit sensibilisieren zu können, benötigen sie oft Zahlen und greifbare Fakten. Die Messbarkeit von Stress über Stresshormone und Neurotransmitter sowie die Herzratenvariabilität sind die Alleinstellungsmerkmale dieses Buchs. Mit dem Ziel, die innere Balance zwischen Anspannung und Entspannung wiederzufinden, hält das Buch einige Praxisbeispiele zur Stressdiagnostik bereit.

Das Fachbuch empfiehlt sich nicht nur für alle, die unter enormem Leistungsdruck stehen, sondern auch für diejenigen, die ihre Expertise rund um die Themen Gesundheit und Leistungsfähigkeit ausbauen wollen. Dabei vermittelt das Buch die Botschaft: Gesundheitsbewusstsein und Selbstverantwortung nehmen angesichts der immer älter werdenden Gesellschaft, den zunehmenden Arbeitsanforderungen und dem steigenden Arbeitsdruck einen immer größeren Stellenwert ein, um auch zukünftig Herausforderungen anzunehmen und meistern zu können.

Frankfurt, im Juni 2022,
Prof. Dr. Volker Nürnberg
Professor für Gesundheitsmanagement

Vorwort

Sie sind erfolgreich und zählen zu den Leistungsträgerinnen bzw. Leistungsträgern. Sie schöpfen Kraft und Motivation aus Ihrem Job. Sie arbeiten gerne und wollen Dinge bewegen. Durch Ihre Persönlichkeit, durch Ihre Kompetenzen und Erfahrungen sowie durch Ihr Engagement bereichern Sie Ihr Team, Ihre Abteilung und das ganze Unternehmen. All das stellt Sie vor besondere Herausforderungen, um kontinuierlich Ihre Spitzenleistung oder Peak Performance abzurufen. Daneben fordert die zunehmende Komplexität der Arbeits- und Lebensumwelt von uns allen neue Kompetenzen, um unsere Höchstleistung ohne irreversible Schäden an unserer Gesundheit (noch) lange erbringen zu können. Aber nicht nur in Bezug auf die Arbeitswelt wünschen wir uns bis ins hohe Alter mentale und physische Vitalität und Energie. Wir wollen nicht nur die Lebens-, sondern auch die Gesundheitsspanne verlängern. Wie gelingt es uns, das Höchstmaß an Leistungsfähigkeit und Gesundheit bis ins hohe Alter zu wahren? Gibt es Maßnahmen und Strategien, die wissenschaftlich fundiert und erfolgserprobt sind?

» Gesundheit bekommt man nicht im Handel, sondern durch den Lebenswandel.
(Sebastian Kneipp, 1821–1897, Priester, Naturheilkundler und Begründer der Kneipp-Medizin)

Dieses Buch liefert einen wertvollen und wesentlichen Beitrag, um die komplexe Verbindung von Leistungsfähigkeit, Wohlbefinden und Gesundheit tiefer zu verstehen und Erkenntnisse pragmatisch im Alltag umzusetzen. Das Konzept hinter diesem Buch stützt sich auf drei Pfeiler: 1. Informationen aus wissenschaftlichen Studien und theoretischen Modellen, 2. Expertise und Erfahrung aus der Stressdiagnostik und dem Coaching mit Best Practices sowie 3. langfristige Motivation durch das Aufzeigen von Chancen und Möglichkeiten.

Für Sie stehen diverse Praxistipps, Praxis-/Fallbeispiele,[3] Praxischecks und Praxisübungen zur Verfügung, um die gelesenen Inhalte auf Ihre individuelle Arbeits- und Lebenssituation übertragen und anwenden zu können. Zu diesem Buch gibt es zusätzlich zahlreiche Begleitmaterialien, die zum Download bereitstehen.

Das Buch ist nach dem VARESE-Konzept aufgebaut: **V**erhalten, **A**chtsamkeit, **R**egeneration, **E**rnährung, **S**port und (Nahrungs-)**E**rgänzungsmittel. Das Akronym VARESE entspricht den eingedeutschten Begriffen des BERN-Konzepts von Esch und Stefano (BERN = Behavior, Exercise, Relaxation, Nutrition),[4] auf denen es

---

3 Die in Fallbeispielen verwendeten Namen und Angaben zu Praxisbeispielen sind von der Autorin dahingehend abgeändert worden, dass die Rückverfolgung und die Zuordnung zu einzelnen Personen ausgeschlossen werden können. Ähnlichkeiten mit lebenden Personen sind rein zufällig. Zur Vereinfachung der Lesbarkeit wird in diesem Buch die männliche Form verwendet, wobei sich die Ausführungen immer auf beide Geschlechter gleichermaßen beziehen. In den Praxisbeispielen werden Coaching-Fälle sowohl von männlichen Klienten als auch von weiblichen Klientinnen vorgestellt. Jede Wissenschaft ist einem kontinuierlichen Entwicklungsprozess unterworfen. Alle Angaben zu Empfehlungen und diagnostischen Verfahren entsprechen immer nur dem Wissensstand zum Zeitpunkt der Drucklegung. Es wird keine Gewähr übernommen. Es gilt das Prinzip der Selbstverantwortung.

4 Esch, T., & Stefano, G. B. (2010). The neurobiology of stress management. *Neuro Endocrinology Letters, 31*(1), 19–39.

fußt. Wer leistungsfähig und gesund sein will und bleiben möchte, der ist gut beraten, sich mit allen sechs Säulen aus dem VARESE-Konzept zu beschäftigen. Leistungsfähigkeit, Lebensfreude und Gesundheit fußen auf allen diesen Säulen.

Ich möchte Sie einladen, diese sechs Themenkomplexe der VARESE-Welt mit mir zu erkunden, die unsere Peak Performance beeinflussen, steuern und stärken können. Ich möchte Sie über kognitive, emotionale, behaviorale, neurobiologische und auch endokrinologische Vorgänge aufklären und Sie unterstützen, indem Sie verschiedene Tools und Werkzeuge erhalten. Ich möchte Sie zum Experimentieren und Explorieren der Empfehlungen einladen und Sie überzeugen, sich mehr Zeit für Ihre gesundheitsförderlichen Ressourcen zu nehmen und sich mit den in diesem Buch vorgestellten Themen weiterführend zu beschäftigen. Unser Lebenswandel hat mehr Einfluss auf Gesundheit, Krankheit, Leistungsfähigkeit und Wohlbefinden als unsere Gene, das bestätigt die Epigenetik.

Das relativ junge Forschungsgebiet der Epigenetik (von griech. „epi" = über), das ein Teilgebiet der Biologie darstellt, geht der Fragestellung nach, inwiefern die Umwelt Einfluss auf die Gene nehmen kann. Das „alte" biologische Paradigma „die Gene bestimmen das bei Geburt vererbte Genmaterial bei allen Lebewesen" wurde von zahlreichen Studienergebnissen der Epigenetik abgelöst. Diverse Umwelteinflüsse (Stress, Ernährung, Sport, Erholung, Umweltgifte etc.) bestimmen, ob, wann und in welchem Ausmaß ein Gen abgelesen wird, ohne jedoch dabei die DNA-Sequenz zu ändern (Spektrum, 2022).[5]

Handeln lohnt sich also. Es ist Ihr Leben!

» Da flehen die Menschen die Götter an um Gesundheit und wissen nicht, dass sie die Macht darüber selbst besitzen.
(Demokrit, ca. 460–370 v. Chr., griechischer Philosoph)

■ Zum Aufbau des Buchs

Im ▶ Kap. 1 zum *Verhalten* geht es zunächst um die theoretischen Grundlagen, um ein besseres Verständnis von Stress zu erhalten. Ich werde Ihnen die Stressdiagnostik, also die Welt der Zahlen, Daten und Fakten, vorstellen, damit Sie besser nachvollziehen können, wie der Körper auf Stress reagiert. Sie lernen zudem die unterschiedlichen Stressauslöser und entsprechende Lösungsstrategien kennen. Anschließend erfahren Sie, wie Sie Ihre Ressourcen und Stresstoleranz stärken können, bevor der Burn-out und Präventionsstrategien besprochen werden.

Im ▶ Kap. 2 zur *Achtsamkeit* werden nach der Vorstellung von Vorteilen und nach kurzer Betrachtung der Entstehungsgeschichte wichtige Studienergebnisse der Achtsamkeitsforschung vorgestellt. Sie werden erfahren, wie große internationale Konzerne Achtsamkeit im Büroalltag umsetzen und davon profitieren. Nachfolgend werden Sie die Faktoren von Achtsamkeit kennenlernen, damit Sie meiner Einladung zu ausgewählten Achtsamkeitsübungen folgen können. Empfehlungen zu Apps finden sich ebenfalls in diesem Kapitel.

Das ▶ Kap. 3 zur *Regeneration* widmet sich den Themen Pausen, Schlaf und Entspannungsmethoden. Zuerst geht es um die Frage, welche Abläufe während der Re-

---

5 Spektrum. (2022). Epigenetik. Abgerufen am 25. Oktober 2022 von ▶ https://www.spektrum.de/thema/epigenetik/1191602.

generation in Kopf und Körper ablaufen, bevor Schlafphasen, Schlafzyklen sowie schlafförderliche und -hinderliche Maßnahmen besprochen werden. Ergänzend dazu werden konkrete Fallbeispiele aus der Stressdiagnostik erörtert. Ferner werden Ihnen unterschiedliche Entspannungsverfahren vorgestellt, die Sie gerne in den Praxisübungen austesten können.

Im ▶ Kap. 4 zur *Ernährung* werden zu Beginn wissenschaftliche Erkenntnisse dargelegt, die die Chancen einer gesundheitsförderlichen Ernährung aufzeigen. Nach einem kurzen Zwischenstopp bei den sogenannten Blue Zones, in denen die gesündesten und ältesten Menschen der Welt leben, folgt eine ausführliche und differenzierte Darstellung der Nahrungsmittelgruppen. Welche Vorteile freiwilliger Nahrungsverzicht oder kalorische Restriktionen haben, ist Gegenstand der abschließenden Betrachtung.

In dem ▶ Kap. 5 zum *Sport* geht es darum, wie viel Sport und Bewegung Körper und Geist guttun und welche Möglichkeiten bestehen, einen aktiveren Lebensstil in den Alltag zu integrieren. Sie haben durch die Praxisübungen die Möglichkeit, sowohl Ihren optimalen Trainingsbereich als auch Ihre Gesamtkalorienbilanz zu berechnen. Ich werde Ihnen die negativen Folgen eines inaktiven Lebensstils vorstellen, bevor der direkte Gegensatz, das Übertraining, besprochen wird.

Das ▶ Kap. 6 greift das Thema der *Nahrungsergänzungsmittel* auf. Im Stress und bei beruflicher Höchstleistung hat der Körper einen gesteigerten Nährstoffbedarf. Mikronährstoffe werden kritisch betrachtet und es wird aufgezeigt, unter welchen Voraussetzungen eine Supplementierung sinnvoll sein kann.

Das ▶ Kap. 7 zum *Rückfallmanagement* bietet eine Unterstützung bei der langfristigen Umsetzung Ihrer Ziele im Alltag. Eine dauerhafte Verhaltensänderung zu erreichen, ist eine große Leistung, die erlernt werden kann. Denn was nützt das beste Wissen, wenn es nicht zur Anwendung kommt?

■ **Für wen eignet sich dieses Buch?**

Einerseits kann dieses Buch Leserinnen und Leser dabei unterstützen, den Erhalt der individuellen Höchstleistung sowie Lebensfreude zu sichern (in meinem Verständnis von Peak Performance ist Gesundheit als notwendige Basis jederzeit impliziert). Andererseits kann dieses Buch auch im Rahmen der Weiterbildung für Geschäftsführer/-innen, Führungskräfte, Human-Resources-Leiter/-innen, Personalentwickler/-innen, betriebliche Gesundheitsmanager/-innen und Gesundheitslotsinnen/-lotsen einen wichtigen Beitrag leisten, um dem Gesundheitsmanagement und der Gesundheitsförderung im Betrieb einen festen Platz zu sichern. Gesundheitliche Aspekte determinieren in einem hohen Maße die Performance und damit auch den Unternehmenserfolg. Daher ist Gesundheitsmanagement als eine betriebswirtschaftliche Notwendigkeit und nicht nur als individuelle Aufgabe einzustufen.

Die erste Idee zu diesem Buch entstand während des Coaching-Kongresses „Resilienz für die VUCA-Welt", der 2017 in Erding stattfand. Als Speaker informierte ich in meinem Vortrag über die „State of the Art" in der stressmedizinischen Diagnostik. Während der Umsetzung dieses Buchs wurden meine wundervollen Söhne, Jamie Tyler und Bruce Romeo Phoenix, geboren. Diese neue Aufgabe fordert mich – neben meiner Funktion als Geschäftsführerin und Dozentin – fast täglich heraus, meine niedergeschriebenen Inhalte dieses Buchs im Alltag selbst umzusetzen (was mir in sehr vielen Aspekten gut und in den Aspekten Erholungspausen und Sport aktuell eher mäßig gelingt). Durch das Schreiben über die Bedeutung von Pausen und Sport wurde auch bei mir nochmals neue Klarheit und Motivation zur dauerhaften Umsetzung geweckt – mit dem Ergebnis, dass ich deutliche Verbesserungen in der Leistungsfähigkeit, besonders am späten Nachmittag, wahrnehme.

Die Arbeit an diesem Buch hat mir große Freude bereitet. Den gesamten Prozess empfand ich als sinnstiftend. Ich hoffe, dass die angenehme Arbeitsatmosphäre, die stets von Neugier und Entdeckerfreude geprägt war, in diesem Buch zum Ausdruck kommt.

Bedanken möchte ich mich vor allem bei meinen geschätzten aktuellen und ehemaligen Mitarbeiterinnen, Maike Schwier, Jennifer Getzreiter und Julia Zeise, die auf verschiedenste Art und Weise die Entstehung dieses Buchs unterstützt haben. Ebenfalls danke ich meinem Ehemann, Scott, und insbesondere meinem Sohn, Jamie Tyler, für ihre Geduld und Akzeptanz für meine langen Arbeits- und Abwesenheitszeiten in der Endphase der Buchentstehung.

Darüber hinaus gilt mein Dank auch Florian und Prof. Dr. Alfred Wolf mit Team, die mich in die spannende und wunderbare Welt der Stressmedizin eingeführt haben. Besten Dank auch an Marion Krämer und Judith Danziger vom Springer-Verlag, die mir ihr Vertrauen geschenkt und mich bei der Umsetzung des Buchprojekts begleitet haben.

Möge Ihnen dieses Buch mehr Kraft, Lebensqualität und Gesundheit sowie Ihrem Leben mehr Jahre schenken. Ich wünsche Ihnen eine informative, aufschlussreiche und unterhaltsame Lektüre!

Silvia Balaban
München, Deutschland
Oktober 2022

Inhaltsverzeichnis

1	**Verhalten: Wie Sie wirkungsvoll Stress ab- und Ressourcen aufbauen**	1
1.1	Stress – ein unliebsamer Dauerbegleiter	3
1.2	Stressdiagnostik	20
1.3	Wie die akute Stresssituation unser Gehirn beeinflusst	34
1.4	Welche Stressauslöser gibt es?	36
1.5	Strategien für Stressfaktoren	38
1.6	Stressverstärkende Denk- und Verhaltensmuster	41
1.7	Steigern Sie Ihre persönliche Stresstoleranz	51
1.8	Burn-out	54
1.9	Zusammenfassung	60
	Literatur	61

2	**Achtsamkeit: Wie Sie durch Achtsamkeit leistungsfähiger, entspannter und gelassener werden**	65
2.1	Was ist Achtsamkeit?	66
2.2	Achtsam durch den Alltag	75
2.3	Zusammenfassung	81
	Literatur	82

3	**Regeneration: Wie Sie ausgeruht Ihre Erfolge noch leichter erreichen**	85
3.1	Erholungskompetenz – der Erfolgsfaktor für die Zukunft	87
3.2	Warum ist Regeneration so bedeutend?	88
3.3	Wie wir schlafen	95
3.4	Wie kann die Schlafqualität gemessen werden?	114
3.5	Praxistipps zur Verbesserung der Schlafqualität	117
3.6	Leide ich an einer Schlafstörung?	119
3.7	Welche Rolle spielen Entspannungstechniken bei der Regeneration?	121
3.8	Aktive Entspannungstechniken	123
3.9	Zusammenfassung	131
	Literatur	133

4	**Ernährung: Wie Sie durch Ernährung Krankheiten vorbeugen und Ihre Leistungsfähigkeit stärken**	135
4.1	Ernährung: Schlüssel zu einem gesunden Leben!?	136
4.2	Gesunde Ernährung, aber wie?	137
4.3	Die Bestandteile unserer Ernährung	149
4.4	Weniger essen, länger leben	178
4.5	Zusammenfassung	184
	Literatur	188

5	**Sport: Wie Sie von den Vorteilen eines aktiven Lebensstils profitieren**	191
5.1	Bewegung und Gesundheit	192
5.2	Warum ist Bewegung wichtig für uns?	193

5.3	Langes Sitzen einfach vermeiden	210
5.4	Wenn Bewegung zur Belastung wird	214
5.5	Zusammenfassung	219
	Literatur	220

6   Wichtige Mikronährstoffe bei hoher Belastung: Wie Sie noch besser den (Un-)Sinn von Nahrungsergänzungsmitteln erkennen **223**

6.1	Nahrungsergänzungsmittel: ein kontroverses Thema	225
6.2	Grundlagen: Was Sie vor der Einnahme beachten sollten	227
6.3	Nützliche und bei gesteigerter Belastung besonders benötigte Nährstoffe	230
6.4	Nährstoffzufuhr bei speziellen Gesundheitsproblemen	250
6.5	Zusammenfassung	252
	Literatur	253

7   Exkurs: Wie Sie durch Rückfallmanagement neues Verhalten stabilisieren **255**

7.1	Veränderungskompetenz als Schlüsselkompetenz	256
7.2	Grundlagen der Veränderungspsychologie	256
7.3	Das Transferstärke-Modell	257
7.4	Zusammenfassung	262
	Literatur	263

Über die Autorin

Silvia Balaban
ist Diplom Wirtschaftspsychologin (FH), Dozentin für Betriebliches Gesundheitsmanagement und Geschäftsführerin der REcalibration GmbH.

Seit über 15 Jahren begleitet Silvia Balaban Organisationen, Teams sowie Führungskräfte und Mitarbeiter durch Vorträge, Workshops, (Online-)Trainings und Business Coachings.

Nach ihrem Studium der Wirtschaftspsychologie mit den Schwerpunkten Arbeits-, Betriebs- und Organisationspsychologie sowie Training- und Coachingpsychologie, das sie mit Auszeichnung abschließt, bringt sie ihre Expertise für knapp zehn Jahre in eine wirtschaftspsychologische Unternehmensberatung ein. Zu ihren Aufgabenbereichen zählen u. a. die Konzeption, Durchführung und Auswertung von personaldiagnostischen Verfahren, wie z. B. Assessment oder Development Centern. Als Projektleiterin und Senior Consultant verantwortet sie Beratung des Managements, Konzeption, Pilotierung, Prozesssteuerung, Trainermanagement und Qualitätssicherung von mehrstufigen Personal-, Organisationsentwicklungs- und Changeprojekten.

2015 wird ihr der Excellence Award für herausragende Lehre von der Hochschule für angewandtes Management in München-Ismaning verliehen, an der sie in der Fakultät Wirtschaftspsychologie von 2013 bis 2021 nebenberuflich lehrt.

Neben zahlreichen Weiterbildungen, u. a. zur geprüften Stressmanagement-Trainerin, zur zertifizierten Entspannungstherapeutin, zum systemisch-integrativen Business-Coach, zum wingwave-Coach und zur ärztlich geprüften Gesundheitsberaterin, veröffentlicht Silvia Balaban regelmäßig Artikel in diversen Fachzeitschriften.

Um ihre Vision von gesunden, leistungsfähigen und erfolgreichen Mitarbeitern sowie Unternehmen in vollem Umfang zu verwirklichen, gründete sie 2015 REcalibration, eine auf betriebliches Gesundheitsmanagement und betriebliche Gesundheitsförderung spezialisierte Beratungs- und Trainingsagentur mit Sitz in München. Mit ihrem Trainer- und Beraterteam unterstützt sie sowohl kleine und mittelständische (KMU) als auch international tätige Unternehmen in der DACH-Region in den Themenbereichen psychische, physische und soziale Gesundheit mit dem Ziel, eine organisationale Gesundheitskultur zu prägen. Denn Gesundheit ist die Voraussetzung für Leistungsfähigkeit, Arbeitszufriedenheit und unternehmerischen Erfolg.

2017 wird an Silvia Balaban die Aufgabe herangetragen, erstmalig das Modul „Betriebliches Gesundheitsmanagement" für die Hochschule für Gesundheit und Sport in Berlin und München-Ismaning zu konzipieren. Seit 2018 gibt sie als Dozentin Grundlagenwissen, angereichert durch ihre Expertise und Praxiserfahrung, mit großer Leidenschaft an Studierende weiter.

In ihrer Freizeit tankt sie mit ihrer Familie beim Segeln, Sporttauchen und Reisen neue Energie. Musik, Fotografie und lebenslanges Lernen zählen ebenfalls zu ihren Interessensgebieten.

Verhalten: Wie Sie wirkungsvoll Stress ab- und Ressourcen aufbauen

Inhaltsverzeichnis

1.1   **Stress – ein unliebsamer Dauerbegleiter – 3**
1.1.1   Was ist Stress? – 4
1.1.2   Mit Ressourcen dem Stress entgegenwirken – 9
1.1.3   Wann ist Stress gut für uns? – 12
1.1.4   Chronischer Stress macht uns krank – 13
1.1.5   Zentrales und vegetatives Nervensystem – 13
1.1.6   Disstress und Eustress: das Märchen vom positiven Stress – 18

1.2   **Stressdiagnostik – 20**
1.2.1   Subjektive Einschätzung durch wissenschaftlich fundierte Fragebogen – 21
1.2.2   Neurotransmitter und Stresshormone – 21
1.2.3   Herzratenvariabilität – 31
1.2.4   Messung der allostatischen Last – 33

1.3   **Wie die akute Stresssituation unser Gehirn beeinflusst – 34**

1.4   **Welche Stressauslöser gibt es? – 36**

1.5   **Strategien für Stressfaktoren – 38**

© Springer-Verlag GmbH Deutschland, ein Teil von Springer Nature 2023
S. Balaban, *Peak Performance halten*, https://doi.org/10.1007/978-3-662-61528-7_1

1.6 **Stressverstärkende Denk- und Verhaltensmuster – 41**

1.6.1 Strategien zur kognitiven Umstrukturierung – 41

1.6.2 Innere Antreiber – 44

1.7 **Steigern Sie Ihre persönliche Stresstoleranz – 51**

1.8 **Burn-out – 54**

1.8.1 Was ist das Burn-out-Syndrom? – 54

1.8.2 Sind Führungskräfte besonders gefährdet? – 56

1.8.3 Wie verläuft der Burn-out-Prozess? – 57

1.8.4 Somatische und neurobiologische Diagnostik – 59

1.9 **Zusammenfassung – 60**

Literatur – 61

In diesem Kapitel geht es zunächst darum, Stress als Anlass für eine Verhaltensänderung, besser zu verstehen, indem ich Ihnen wissenschaftliche Stresskonzepte sowie Stress-folgen und -reaktionen differenziert aufzeige. Neben kognitiven, emotionalen und physi-schen werden in diesem Kontext auch neurobiologische, endokrinologische und immuno-logische Auswirkungen von akutem und chronischem Stress, inklusive Stresssymptomen, erörtert. Nachfolgend steht die Stressdiagnostik im Mittelpunkt, und es werden ver-schiedene wissenschaftliche Methoden zur objektiven Messung von Belastung und Ent-spannung vorgestellt. Ergänzend dazu biete ich Ihnen die Gelegenheit, sich mit Stress-faktoren und inneren dysfunktionalen Wahrnehmungs- und Bewertungsmustern sowie mit dem Burn-out-Syndrom auseinanderzusetzen. Ferner zeige ich auf, wie Sie Ihre Res-sourcen aktivieren und Ihre Stresstoleranz steigern können.

Ich wünsche Ihnen viele Aha-Erlebnisse bei der Lektüre sowie ein gutes Gelingen bei der Umsetzung der Tipps und der Handlungsempfehlungen zur Stressreduktion und zum Aufbau von Gelassenheit und innerer Ruhe!

1.1 Stress – ein unliebsamer Dauerbegleiter

Stress ist ein vielschichtiges Phänomen: Zeitdruck, Arbeitsverdichtung, Informationsflut, Entscheidung unter Unsicherheit, Personalmangel, Überforderung, häufige Unter-brechungen und/oder Konflikte werden nicht selten durch weitere Stressfaktoren aus dem Privatleben verschärft: Dazu zählen z. B. Renovierung/Hausbau, (pubertierende) Kinder, Eheprobleme/Scheidung, die eigene Krankheit oder die eines Familienangehörigen oder pflegebedürftige Eltern. Hinzukommen können aktuelle Ereignisse, z. B. die Co-vid-19-Pandemie (Homeschooling, Kurzarbeit, Jobverlust, Engpässe bei Lieferketten etc.) oder der Krieg in der Ukraine, die das Stresslevel nochmals ansteigen lassen.

Die Frage ist dabei, welche wirkungsvollen Strategien es gibt, um mit den unter-schiedlichen Belastungen umzugehen. Weder in Schule und Ausbildung noch im Berufsleben gehören Weiterbildungen zu diesem Thema zum Standard. Dabei beein-flusst Stress in erheblichem Ausmaß die Leistungsfähigkeit sowie die Gesundheit.

Mit kurzfristigem Stress können wir im Allgemeinen gut umgehen. Chronischer Stress macht uns hingegen krank. Er gilt als Mitverursacher zahlreicher Er-krankungen, denn unsere Körpersysteme arbeiten nicht unabhängig voneinander, sondern beeinflussen sich gegenseitig. Das relativ junge Teilgebiet der Psycho-Neuro-Immuno-Endokrinologie, das eben diese Systeme, also Psyche, Hormone und Neuro-transmitter, Nervensystem und Immunsystem, zum Forschungsgegenstand hat, be-findet sich noch in der Grundlagenforschung und wird in Zukunft sicherlich weitere relevante Forschungsergebnisse liefern.

Der Gesundheitsreport der Techniker Krankenkasse (TK) aus dem Jahr 2021 zeigt sehr deutlich auf, wie stark sich der Anteil der psychischen und der Verhaltens-störungen in den letzten 20 Jahren erhöht hat (◘ Abb. 1.1).

In der Studie „Vorteil Vorsorge – Die Rolle der betrieblichen Gesundheitsvor-sorge für die Zukunftsfähigkeit des Wirtschaftsstandortes Deutschland" der Strategieberatung Booz & Company wurden die Gesamtkosten stressassoziierter Er-krankungen für Deutschland auf 74 Mrd. € pro Jahr geschätzt (Maar et al., 2011). Chronischer Stress macht also nicht nur krank, sondern aus betriebswirtschaftlicher Perspektive betrachtet auch arm. Was können wir dagegen tun?

Relative Veränderungen der Fehlzeiten in relevanten Diagnosekapiteln

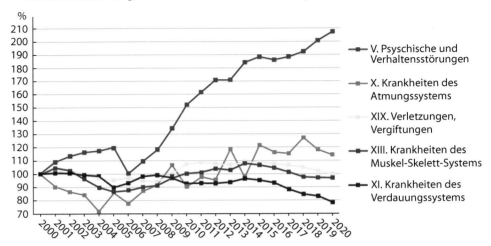

- ◼ **Abb. 1.1**   Veränderungen der Arbeitsunfähigkeitsdiagnose nach Krankheiten. (Aus: TK, 2021, S. 27)

> Chronischer Stress macht uns krank.

Insbesondere Leistungsträger werden immer einen gewissen Stresspegel haben. Wichtig ist es daher, möglichst früh im (Berufs-)Leben wirkungsvolle Strategien im Umgang mit Stress zu erlernen und diese im Alltag umzusetzen, denn es gibt weder „die eine Pille" gegen Stress noch die Möglichkeit, Stress einfach „wegzumanagen" – auch wenn das der Wunsch vieler Betroffener ist. Nur durch ein gesundheitsförderliches Verhalten können wir verhindern, dass wir durch ein Zuviel an Beanspruchung krank werden. Selbstverantwortung und Selbstfürsorge sind gefragt.

1.1.1   Was ist Stress?

Der Begriff „Stress" stammt ursprünglich aus der Physik, genauer gesagt aus der Werkstoffkunde, die die Veränderung von Materialien wie Metallen und Glas durch das Einwirken äußerer Kräfte beschreibt. Stress bedeutet im Englischen „Druck" und „Anspannung" (lat. „stringere"). Der Vater der Stressforschung, der kanadische Endokrinologe Hans Selye (1907–1982), führte den Begriff in den 1930er-Jahren in die Psychologie und die Medizin ein.

In der Psychologie stehen unterschiedliche Definitionen und Betrachtungsweisen nebeneinander:
- Die stimulusorientierten Stresstheorien definieren Stress als belastendes Ereignis.
- Die reaktionsorientierten Stresstheorien (z. B. nach Hans Selye) definieren Stress als bestimmte Reaktion auf Reize.
- Die kognitiv-transaktionale Stresstheorie nach Lazarus definiert Stress als bestimmte Beziehung zwischen Reizen und Reaktionen (Zimbardo & Gerrig, 2004).

Nachfolgend möchte ich gerne für dieses Buch folgendes Verständnis von Stress zugrunde legen: Unter Stress wird die starke Beanspruchung eines Organismus durch die Summe innerer und/oder äußerer Reize, z. B. Stressverstärker im Sinne von pathologischen Denkmustern (Perfektionismus, mangende Abgrenzung etc.) und belastenden Situationen (Zeitdruck, Konflikte etc.), verstanden. Beim Individuum entsteht Stress aus der Befürchtung, dass eine bestimmte Situation weder vermieden noch durch den Einsatz von Ressourcen bewältigt werden kann.

Bei der Betrachtung von Stress gibt es drei Ebenen, die analysiert und durch unterschiedliche Strategien bearbeitet werden können (◘ Abb. 1.2):

1. *Ebene der Stressoren:* Ein Stressor (auch Stressfaktor genannt) ist eine äußere Anforderung (Arbeitsaufgabe, Zeitdruck etc.) oder ein internes Ereignis (Ärger, Überforderung, Schmerz). Sie werden Strategien kennenlernen, wie Sie Stressoren reduzieren, ausschalten und vermeiden können (► Abschn. 1.5).

2. *Ebene der persönlichen Stressverstärker:* Nicht selten kommen zu den Stressoren noch individuelle stressverstärkende Lebensgebote, z. B. übertriebener Perfektionismus, mangelnde Abgrenzungsfähigkeit. Diese ungünstigen und dysfunktionalen Wahrnehmungs- und Bewertungsmuster gilt es zu erkennen und verändern (► Abschn. 1.6).

3. *Ebene der Stressreaktion:* Körper und Geist reagieren im Stress mit dem Notfallprogramm Kampf-oder-Flucht (erhöhte Aufmerksamkeit, schnelle Atmung, Pulsanstieg etc.). Diese mentalen und physischen Stresssymptome können über die Stärkung der Regenerationskompetenz (teilweise) wieder reguliert werden. Insgesamt werden Vorgehensweisen aufgezeigt, die die unterschiedlichen Stressreaktionen abmildern und dämpfen können. Gleichzeitig dienen diese Strategien dazu, den Organismus stressresistenter zu machen und ihn für zukünftige Stressreaktionen zu stärken (► Kap. 2, 3 und 5).

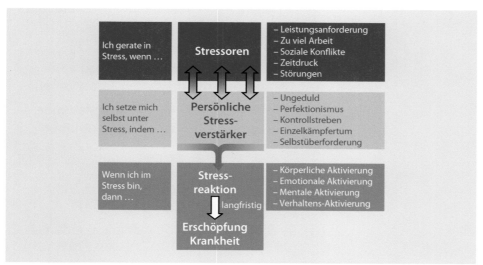

© 2018, Springer-Verlag GmbH Deutschland. Aus: Kaluza, G.: Stressbewältigung

◘ **Abb. 1.2** Die drei Ebenen des Stressgeschehens. (Aus: Kaluza, 2018, S. 16)

1

Ob eine Situation allerdings als großer, kleiner oder überhaupt als Stressor wirkt und dann entsprechende Stressreaktionen auf körperlicher, emotionaler, mentaler und behavioraler Ebene folgen, ist von der individuellen Bewertung der Person abhängig.

> Stress ist von der individuellen Bewertung als auch von den zur Verfügung stehenden Ressourcen einer Person abhängig.

Der US-amerikanische Psychologe und Emotionsforscher, Richard Lazarus, entwickelte das transaktionale Stressmodell (Lazarus, 1966), um aufzuzeigen, wie sich die persönlichen Bewertungsmuster auf die Stresswahrnehmung auswirken. Die ■ Abb. 1.3 zeigt auf, dass eingehende Reize einer primären und einer sekundären Bewertung unterliegen.

Aus der Umwelt nehmen wir Reize auf, die durch unsere individuellen Wahrnehmungsfilter selektiert werden. Wird der Reiz bzw. die Situation als positiv oder irrelevant bewertet, erfolgt keine Stressreaktion. Wenn der Reiz hingegen als gefährlich

■ **Abb. 1.3** Transaktionales Stressmodell nach Lazarus. (Von: Philipp Guttmann – Own work, CC BY-SA 4.0, ▶ https://commons.wikimedia.org/w/index.php?curid=52299894)

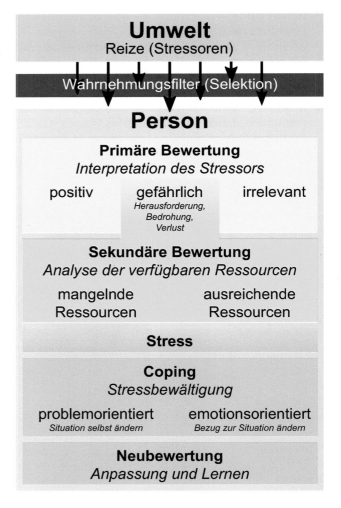

eingestuft wird, also als Stressor, wird er weiterführend einer der Kategorien Herausforderung, Bedrohung oder Verlust zugeordnet.

Diese Einschätzung erfolgt immer vor dem Hintergrund bestimmter Soll-Werte, die mit dem Ist-Wert abgeglichen werden. Soll-Werte entstehen im Laufe des Lebens durch die persönliche Ausprägung von Grundbedürfnissen wie Liebe, Bindung, Anerkennung, Selbstbestimmung und Autonomie, Kontrolle, Sicherheit, Orientierung, Selbstwert, Lustgewinn. Aber auch eigene oder fremde Ansprüche und Erwartungen sowie soziale Normen können Soll-Werte prägen (vgl. Kaluza, 2015).

Beispiel: Dominik Z., 37 Jahre, Projektleiter in der Metallindustrie, ist Selbstbestimmung sehr wichtig. Im Job benötigt er großen Handlungs- und Entscheidungsspielraum, wann er welche Aufgaben wie erledigt. Da er seine Ziele erreicht, hat er kein Interesse daran, seine Arbeitsweise zu ändern (= Soll-Wert).

Da das persönliche Wohlbefinden von der Erfüllung der Soll-Werte abhängig ist, versuchen Personen stets den Soll-Wert zu erfüllen (vgl. Kaluza, 2015):

— *Herausforderung:* Die Person erlebt die Anforderung als schwierig, möglicherweise auch risikobehaftet, doch die Chancen einer positiven Bewältigung der Situation werden als wahrscheinlich eingestuft. Die Herausforderung wird eher von positiv emotionalem Befinden begleitet.

Beispiel: Dominik wird die Leitung eines großen Projekts übertragen. Er kann mit der übertragenen Verantwortung sowie dem Entscheidungs- und Handlungsspielraum gut umgehen und sieht eine Chance, seine Kompetenzen einzusetzen und zu stärken.

— *Bedrohung:* Eine Bedrohung ist noch nicht eingetreten, wird jedoch antizipiert. Die wahrgenommene Soll-Ist-Diskrepanz kann Angst auslösen.

Beispiel: In Dominiks Abteilung steht ein Führungswechsel an. Die neue Führungskraft soll ein Micromanager sein. Dominik stuft sein Bedürfnis nach Selbstbestimmung und Autonomie als gefährdet ein. Es entsteht eine vorweggenommene Soll-Ist-Differenz.

Die Bewertung als Bedrohung kann hingegen auch mit der Bewertung als Verlust gekoppelt sein:

— *Verlust:* Ein Verlust, auch im Sinne von Schaden, ist bereits eingetreten. Die persönlichen Soll-Werte sind gefährdet. Emotionen wie Wut und Ärger, Hilflosigkeit, Trauer oder Verzweiflung sind möglich.

Beispiel: Dominik hat bereits negative Rückmeldungen seines neuen Chefs über seinen angeblich zu großen Entscheidungsspielraum erhalten. Er ärgert sich und ist wütend.

Die sekundäre Bewertung muss weder der primären folgen noch ist sie weniger wichtig als die primäre. Beide Bewertungsprozesse können sich zeitlich überschneiden und sich gegenseitig beeinflussen.

Während bei der primären Bewertung der Stressor bewertet wird, werden bei der sekundären Bewertung die verfügbaren Ressourcen zur Bewältigung der Situation analysiert. Sind ausreichend Ressourcen vorhanden, entsteht keine weiterführende Stressreaktion. Nur wenn ein Individuum seine Ressourcen als nicht ausreichend einschätzt, entsteht individuell wahrgenommener Stress. Es kann zwischen mentalen, emotionalen, sozialen oder organisatorischen Ressourcen differenziert werden; dazu

1

zählen u. a. Erfahrung, Ausbildung, Wissen, Kompetenzen, Fähigkeiten, positives Mindset, Netzwerk und soziale Unterstützung, Geld, Planung, Arbeitsmittel.

> Stress entsteht aus Mangel an Ressourcen.

Die Person versucht dann, dem Stress durch Bewältigungsstrategien (auch Coping-Strategien), die problem- oder emotionsorientiert sein können, entgegenzutreten. Zu dem problemorientierten Coping zählen Maßnahmen, die sich direkt auf den Stressor beziehen wie Kampf (das Problem beseitigen oder reduzieren), Flucht (sich von der Bedrohung entfernen), Beschwichtigung („so schlimm ist es gar nicht"), Verhandlung sowie dem Finden von Kompromissen (Bierhoff & Herner, 2002). Emotionsorientiertes Coping setzt nicht am Stressor an, sondern an Aktivitäten, durch die sich das Individuum besser fühlt, z. B. Entspannungsmethoden, Ablenkung, positiver innerer Dialog.

Handelt es sich bei dem Stressor nicht um einen unzuverlässigen Kollegen, sondern um ein Elternteil, das aufgrund eines Schlaganfalls in ein Pflegeheim muss, kann man den Stressor nicht verändern. Hier gilt es, seine eigenen Kognitionen und Emotionen zu verändern, um mit der Situation bestmöglich auszukommen (Zimbardo & Gerrig, 2004). Durch die Neubewertung findet eine Modifikation primärer und sekundärer Bewertungen statt.

Praxisübung: Anwenden des transaktionalen Stressmodels
Ich möchte Sie zu einer Übung einladen, um die Anwendung des Modells noch besser in die Praxis transferieren zu können.

Da Stress von der Interpretation des Stressors und den persönlichen Ressourcen abhängt, wird deutlich, dass die Stresswahrnehmung hochgradig individuell ist. Es folgen einige Beispiele möglicher Stressoren: einen Elevator Pitch vor dem Vorstand halten, mit der Bank über einen neuen Kredit von 30 Mio. für den Kauf von Produktionsmaschinen verhandeln, ein Kritikgespräch mit einem Mitarbeiter führen, den Ölfilter im Auto wechseln, Standardtänze vor einem großen Publikum aufführen – alle diese Situationen können Reize aus der Umwelt sein.

Bitte schauen Sie sich nochmals die ◘ Abb. 1.3 an und versuchen Sie dann, die folgenden Fragen zu beantworten:
- Wie würde Ihre primäre Bewertung bei den oben genannten Beispielen ausfallen? Welche Situationen würden Sie als stressend (gefährlich) bewerten?
- Hätten Sie ausreichend Ressourcen (sekundäre Bewertung) für die jeweiligen Aufgaben, sodass Sie die Aktivitäten mit Freude und Leichtigkeit ausführen könnten?

Wenn nicht, können Sie gerne überlegen, welche Ressourcen Ihnen die Bewältigung der unterschiedlichen Aufgaben ermöglichen und erleichtern würden. Ferner können Sie auch Ihre jeweiligen emotions- oder problemorientierten Coping-Strategien festlegen.

Da die Bewertung der zur Verfügung stehenden Ressourcen einen großen Anteil an dem Stresserleben einer Person hat, werde ich Ihnen nachfolgend Möglichkeiten zur Stärkung von Ressourcen aufzeigen.

1.1.2 Mit Ressourcen dem Stress entgegenwirken

Es können zwei ressourcenorientierte Modelle herangezogen werden, um besser zu verstehen, wie Ressourcen in der Stresswahrnehmung und auf unsere Gesundheit wirken.

Gesundheitswissenschaftler und Medizinsoziologe, Aaron Antonovsky (1979), stellte folgende Frage in den Mittelpunkt seiner Forschung: „Was erhält einen Menschen trotz vieler Widrigkeiten, negativer Umstände und ungünstiger Bedingungen gesund?" Er wollte wissen, was uns trotzt hoher Belastung gesund hält und nicht was uns krank macht. Seine Ergebnisse fasst er im Modell der Salutogenese zusammen (lat. „salus" = Wohlbefinden, Zufriedenheit; altgriech. „genesis" = Geburt, Entstehung, Herkunft). Sein Modell zählt zu den wichtigsten Modellen zur Erklärung von Gesundheit. Antonovsky versteht dabei Gesundheit nicht als Zustand, sondern als Prozess.

Im Mittelpunkt der Salutogenese stehen zwei Faktoren: die generellen Widerstandsressourcen und das Kohärenzgefühl. Unter den generellen Widerstandsressourcen werden sowohl interne Ressourcen (Selbstvertrauen, die Fähigkeit Wünsche, Bedürfnisse und Ängste wahrzunehmen) und externe Ressourcen (soziale Unterstützung, finanzielle Mittel, Zeit etc.) verstanden.

Das Kohärenzgefühl integriert die drei Variablen Verstehbarkeit, Handhabbarkeit und Sinnhaftigkeit:

- Die Komponente *Verstehbarkeit* umfasst die Fähigkeit einer Person, die Ereignisse seiner Umwelt kognitiv nachvollziehen zu können. Die Person kann die Ereignisse verstehen, erklären und in einen Kontext einordnen. Sie muss das Ereignis nicht als positiv bewerten. Es geht vielmehr um ein kognitives Verstehen von Ursachen und Zusammenhängen.

  Beispiel: Ich kann verstehen, dass Herr Y befördert wurde, er hat viel Erfahrung und bisher immer gute Erfolge erzielt. Ich persönlich würde allerdings Herrn Z als neue Führungskraft bevorzugen.

- Die Komponente *Handhabbarkeit* beschreibt, wie sehr eine Person davon ausgeht, dass die an sie gestellten Anforderungen durch den Einsatz von Ressourcen bewältigt werden können. Die Person ist überzeugt, ihr Leben mit allen Aufgaben und Problemen gestalten zu können. Insbesondere bei negativen Lebensereignissen verharren Personen mit einer hohen Ausprägung der Handhabbarkeit nicht in der Opferrolle, sondern können die Situation besser bewältigen.

  Beispiel: Bei einer Scheidung wird sich die Person ihrer Wünsche (neuer Partner) und Ängste (allein bleiben) bewusst. Sie sucht sich emotionale Unterstützung im sozialen Umfeld und wird nach der emotionalen Verarbeitung des Ereignisses zeitnah Aktivitäten unternehmen, die den Wunsch nach einem neuen Partner erfüllen können.

- Zur Komponente *Sinnhaftigkeit* gehört, dass das eigene Leben als sinnvoll erlebt wird. Ferner sind bestehende und zukünftige Anforderungen es wert, dafür Energie zu investieren.

  Beispiel: Frau C. besucht eine zweijährige Weiterbildung. Sie ist überzeugt davon, dass sich das Lernen am Abend und am Wochenende lohnen wird.

1

Das Kohärenzgefühl lässt sich wissenschaftlich mit dem „Fragebogen zur Lebensorientierung" messen und korreliert positiv mit Indikatoren von Gesundheit, insbesondere mit psychischer Gesundheit (Faltermaier, 2017).

> Ein hohes Kohärenzgefühl ist Prädikator für psychische Gesundheit.

Auf dem Modell der Salutogenese baut das systemische Anforderungs-Ressourcen-Modell (Becker et al., 1994) auf. Es bietet einen sinnvollen Erklärungsrahmen für den Umgang mit Stress und Ressourcen, denn zum Erhalt von Leistungsfähigkeit, Gesundheit und Lebensfreude ist das Gleichgewicht zwischen Anforderungen und Ressourcen von größter Bedeutung. Forschungen zu diesem Modell konnten aufzeigen, dass sowohl der aktuelle als auch der habituelle (über einen längeren Zeitraum zusammengefasste) körperliche Gesundheitszustand einer Person vor allem durch die Nutzung von Ressourcen zur Bewältigung von Anforderungen abhängig ist.

Es werden interne und externe Anforderungen und Ressourcen unterschieden:
- Interne Anforderungen:
  - Psychische Anforderungen: eigene Bedürfnisse, Ziele, Erwartungen, Ängste etc.
  - Physische Anforderungen: z. B. Krankheiten
- Externe Anforderungen:
  - Psychosozialen Anforderungen: z. B. hohe Arbeitsbelastung, Konflikte, negatives Betriebsklima sowie alle Anforderungen aus der beruflichen, familiären und sozialen Umwelt
  - Physische Anforderungen: z. B. Hitze, Kälte, Lärm, Schichtarbeit
- Interne Ressourcen:
  - Psychische Ressourcen: Persönlichkeitseigenschaften, Einstellung, Motivation, Bewältigungsstrategien, Selbstvertrauen etc.
  - Physische Ressourcen: z. B. Fitnesslevel, körperliche Verfassung
- Externe Ressourcen:
  - Physische Ressourcen: Arbeitsmittel wie Hard- und Software, Werkzeuge etc.
  - Psychosoziale Ressourcen: aus der Umwelt entstehende soziale, berufliche, gesellschaftliche, materielle, ökologische Ressourcen, z. B. ein unterstützendes Umfeld, Netzwerke, Geld

---

Praxisbeispiel: Wie durch den Einsatz von Ressourcen Anforderungen gut gemeistert werden können

Bianca S., 35 Jahre, Art Director und Teamleiterin in einer Werbeagentur soll eine eigene Kampagne für einen wichtigen Pitch entwickeln (externe Anforderung). Ihre Chefin erwartet, dass sie den Pitch und somit den Neukunden gewinnen (externe Anforderung). Sie selbst möchte zeigen, was sie kann und setzt sich sehr unter Druck (interne Anforderung).

Um die Anforderungen zu bewältigen, nutzt und aktiviert sie ihre Ressourcen. Sie ist hoch motiviert, fühlt sich durch diese Aufgabe herausgefordert und vertraut in ihr Können (interne Ressourcen). Sie ist gesund und leistungsfähig (interne Ressourcen). Sie verfügt über alle notwendigen Arbeitsmittel und Programme (externe Ressourcen).

Bianca bindet ihr Team und auch ihren Kollegen ein (externe Ressource). Sie liest sich in die Branche des Neukunden ein und interviewt zusätzlich Branchenexperten aus ihrem Netzwerk (externe Ressourcen).

Die Ressourcen überwiegen die Anforderungen, und Biancas habitueller Gesundheitszustand wird durch diese Anforderungen nicht negativ beeinflusst.

Praxistipp: Wie Sie als Führungskraft Ressourcen Ihres Teams stärken können

Wenn Sie nach der Delegation einer Aufgabe an Ihr Team eine Rückmeldung erhalten wie „das geht so nicht", „das schaffen wir nicht" oder „das ist so nicht möglich", die als Bedrohung oder Verlust gewertet werden kann, bietet es sich an, die Ressourcen Ihres Teams anhand folgender Fragen zu ermitteln:

- „Welche Ressourcen stehen bereits zur Verfügung?"
- „Welche Ressourcen benötigt Ihr noch, um die Aufgabe gut zu meistern?"

Sobald ausreichend mentale, emotionale, soziale oder organisatorische Ressourcen zur Verfügung stehen, wird die Situation neu bewertet und der Stressor kann dann als positiv oder irrelevant eingestuft werden.

Bei der Delegation von Aufgaben empfiehlt es sich, die Ressourcen zu besprechen, diese abzugleichen und ggf. fehlende zur Verfügung zu stellen.

Des Weiteren konnte durch eine multiple Regressionsanalyse[1] aufgezeigt werden, dass mehrere Variablen als Prädikatoren der habituellen körperlichen Gesundheit herangezogen werden können. Sie dienen als vorhersehbare Variablen des physischen Gesundheitszustands. Zu ihnen zählen seelische Gesundheit, Kohärenzsinn, Sporttreiben und erholsamer Schlaf (Faltermaier, 2017).

Darüber hinaus bietet das ressourcenorientierte Konzept der Resilienz Ansatzpunkte, wie Krisen und negative Lebensereignisse bewältigt werden können, ohne dabei Schaden zu nehmen, sondern sogar daran zu wachsen. Es zeigt Möglichkeiten auf, wie wir nach psychischen oder physischen Beeinträchtigungen, Misserfolgen, Krisen kritischen Lebensereignissen zeitnah wieder zu innerer Stärke, Ausgeglichenheit und positiver Grundstimmung zurückfinden oder diese bewahren. Zu den Resilienzfaktoren zählen Akzeptanz, Optimismus, Selbstwirksamkeit, Verantwortungsübernahme, Netzwerk-, Zukunfts- und Lösungsorientierung (Heller, 2019). Resilienz ist neben der Erholungskompetenz (▶ Abschn. 3.1) ebenfalls eine wichtige Zukunftskompetenz, die die Stressbewältigungsstrategien sinnvoll ergänzt. Unter ▶ www.recalibration.de können Sie spannende Umsetzungsbeispiele aus dem Privat- und dem Berufsleben nachlesen.

---

1   Mit der multiplen Regressionsanalyse kann getestet werden, ob ein Zusammenhang zwischen mehreren unabhängigen und einer abhängigen Variable besteht. Häufig wird nur der Einfluss einer unabhängigen Variable auf eine abhängige Variable betrachtet, allerdings gibt es in der empirischen Sozialforschung häufig mehrere Ursachen für eine Wirkung.

1

1.1.3 Wann ist Stress gut für uns?

Die Stressreaktion unseres Organismus ist lebensnotwendig, denn vor Tausenden von Jahren hat sie unser Überleben in Gefahrensituationen gesichert. Der Körper reagierte mit diversen Anpassungsprozessen, um den Fight-or-Flight-Modus zu unterstützen:

- Aktivierung und Steigerung der Durchblutung des Gehirns
- Erweiterung der Bronchien, Atembeschleunigung (Sauerstoff für die Muskeln)
- Erhöhte Muskelspannung für verbesserte Reflexe
- Erhöhter Blutdruck und schnellerer Herzschlag (schnelle Sauerstoffbereitstellung)
- Erhöhte Gerinnungsfähigkeit des Blutes, um ein Verbluten bei Kampfverletzungen zu vermeiden
- Ausschüttung der Stresshormone Adrenalin, Noradrenalin und Kortisol
- Reduzierter Speichelfluss, trockener Mund sowie Hemmung der Verdauungstätigkeit (Nahrungsaufnahme ist im Überlebenskampf sekundär)
- Kalte Hände und Füße
- Libidohemmung (Überleben ist aktuell wichtiger als Fortpflanzung)
- Kurzfristig erhöhte, langfristig verminderte Schmerztoleranz
- Kurzfristig erhöhte, langfristig verminderte Leistung des Immunsystems

> Unser Körper setzt Stress mit Überlebenskampf gleich – damals und heute.

In unserem Körper laufen immer noch die gleichen evolutionsbiologischen Mechanismen wie in der Steinzeit ab. Die Stressfaktoren haben sich jedoch über die Jahrtausende geändert. Die meisten unserer heutigen Stressauslöser, beispielsweise Informationsflut, ständige Erreichbarkeit, Zeit- und Kostendruck, benötigen keine extreme Energiebereitstellung für eine Fight-or-Flight-Reaktion mehr. An dieser Stelle möchte ich bereits erwähnen, dass diese vom Körper mobilisierte Energie abgebaut werden muss, da sie dem Organismus sonst diverse Schäden zufügt, auf die ich in folgendem Abschnitt näher eingehen werde. Früher wurden die aktivierten Energiereserven und die Stresshormone durch Kampf oder Flucht zwangsläufig abgebaut, was heutzutage durch einen überwiegend sitzenden und bewegungsarmen Lebensstil oft nicht mehr gewährleistet ist. Stress *plus* Bewegungsarmut ergeben eine doppelt ungünstige Kombination. Weitere spannende Fakten zu Bewegung erwarten Sie im ▶ Kap. 5 zum Sport.

Die kurz andauernde Aktivierung des Organismus, also akuter Stress, hat in der Regel keine negativen Auswirkungen. Im Gegenteil: Aufmerksamkeit, Wachheit und Reaktionsbereitschaft werden bei kurzfristigem Stress gefördert. Wichtig ist dabei jedoch, dass auf die Phase der Anspannung wieder eine ausreichend lange Phase der Regeneration folgt. Hält der wahrgenommene Stress jedoch länger als 6–8 Wochen an, werden im Körper andere Prozesse ausgelöst, die das Anpassungsvermögen des Organismus stören. Wir sprechen dann von chronischem Stress.

1.1.4 Chronischer Stress macht uns krank

Aus psychologischer Sicht versteht man unter chronischem Stress einen andauernden Spannungszustand eines Individuums, wobei innere und äußere Ressourcen nicht ausreichen, um die Anforderungen zu bewältigen (Zimbardo & Gerrig, 2004).

Chronischer Stress ist häufig gekennzeichnet durch folgende Faktoren:

- Die für den Fight-or-Flight-Modus bereitgestellte Energie wird nicht ausreichend abgebaut.
- Durch das fehlende Gleichgewicht von Anspannung und Erholung erreichen wir ein chronisch erhöhtes Spannungslevel (hohes Arousal); Kennzeichen sind u. a. mangelnde Gelassenheit, „dünnes Fell", innere Alarmbereitschaft und Anspannung.
- Durch die Ausschüttung von Stresshormonen und Neurotransmittern wird das Immunsystem negativ beeinflusst (z. B. können geschwächte Abwehrkräfte in den ersten Tagen im Urlaub, über Feiertage oder über ein langes Wochenende zu gehäuften Infekten oder bei lange andauerndem chronischem Stress zu chronischen Erkrankungen bis hin zu Autoimmunerkrankungen führen).
- Die negativen Effekte der Überlastung werden nicht selten durch selbstinduzierte schädigende Verhaltensweisen verstärkt: Schlafmangel, Bewegungsarmut, ungesunde Ernährung, Suchtmittelkonsum: viel Koffein/Nikotin, erhöhter Alkoholkonsum etc.

Wer länger als 6–8 Wochen im Alarmzustand ist, der kann auf Dauer ernsthafte Krankheiten entwickeln. Dazu zählen neben Rückenleiden, hohem Blutdruck und Herzinfarkt auch Schlaganfall, Diabetes mellitus Typ 2, entzündliche Hauterkrankungen wie Neurodermitis, aber auch Tinnitus, Hörsturz, Schlafstörungen, Magengeschwüre, Unfruchtbarkeit sowie Depressionen, Angststörungen und Erschöpfungsdepressionen.

Um besser zu verstehen, welche Abläufe im Körper in Gang gesetzt werden, wollen wir nun die beiden beteiligten Systeme sowie die zwei physiologischen Achsen betrachten, die bei akutem und chronischem Stress aktiviert werden. Es ist ein äußerst komplexes Zusammenspiel des zentralen Nervensystems (ZNS), des vegetativen Nervensystems und des endokrinen Systems (Hormonsystems), die im Folgenden etwas vereinfacht dargestellt werden.

1.1.5 Zentrales und vegetatives Nervensystem

Das menschliche Nervensystem ist für die gesamte Informationsverarbeitung im Körper zuständig. Es steuert Bewegungen und Organfunktionen. Es besteht aus dem zentralen Nervensystem (ZNS) und dem peripheren Nervensystem (PNS). Das Nervensystem kann in das somatische und das vegetative Nervensystem unterteilt werden, wobei die Grenzen im ZNS etwas fließender sind. Im PNS ist die Zuordnung deutlicher. Die Zusammenhänge verdeutlicht die vereinfachte Darstellung in ◧ Abb. 1.4.

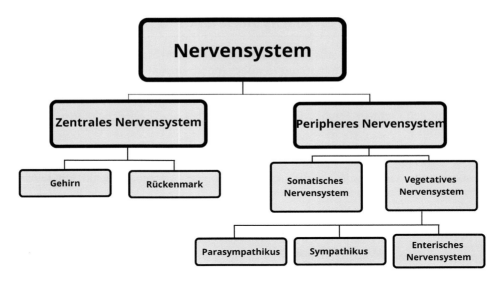

☐ Abb. 1.4 Vereinfachte Darstellung des Aufbaus unseres Nervensystems

Das ZNS umfasst Gehirn und Rückenmark, das im knöchernen Wirbelkanal der Wirbelsäule verläuft. Das ZNS ist das Kontroll- und Steuerungszentrum des Körpers: es ist verantwortlich für alle kognitiven Funktionen wie Denken und Bewusstsein, Lernen, Erinnerungen, Aufmerksamkeit, Vorstellungsvermögen, Sprache, Gefühle und Triebe.

Dem PNS werden alle nicht dem ZNS zugehörigen Nervenbahnen des Körpers zugeordnet wie Hirnnerven, Spinalnerven und periphere Nerven. Über 100 Mrd. Zellen sind miteinander verknüpft, z. B. die Nerven an Händen, Beinen und allen Organen. Das PNS reguliert darüber hinaus alle lebensnotwendigen Prozesse zwischen den Organen, Muskeln und Systemen im Körper (z. B. Hormonregulation, Schlaf-Wach-Rhythmus, Blutkreislauf, Atmung). Das PNS kann als Exekutive des ZNS bezeichnet werden.

■ **Wie arbeiten beide Nervensysteme zusammen?**

Das PNS sendet dem ZNS Informationen aus dem Körper (z. B. müde/hungrig) und der Umwelt (z. B. auditive oder visuelle Reize, z. B. „62 neue E-Mails im Posteingang"), die nachfolgend im ZNS kognitiv verarbeitet werden (z. B. der Gedanke „Ich habe doch erst vor 20 min meine E-Mails gecheckt. Wie soll ich das alles abarbeiten?"). Anschließend sendet das ZNS motorische Befehle an das PNS weiter (Fingertippen auf der Computertastatur).

Ebenso wie das ZNS kann auch das PNS in das somatische und das vegetative Nervensystem unterteilt werden:

▬ Das somatische Nervensystem (griech. „soma" = Körper; im Gegensatz zu Geist) wird auch animalisches oder willkürliches Nervensystem genannt. Es erfüllt 2 Aufgaben: Zum einen ist es für die bewusste Wahrnehmung der Umwelt und des Körpers verantwortlich, beispielsweise die Geruchs- oder Temperaturwahrnehmung. Für diese Aufgabe nutzt das somatische Nervensystem die Sinnesorgane. Des Weiteren steuert es die Bewegungen von Armen, Beinen und anderen

Körperteilen. Das somatische Nervensystem ist eng mit dem vegetativen Nervensystem verflochten. Beide sind auf die Unterstützung des anderen angewiesen.
- Das vegetative Nervensystem wird auch als autonomes Nervensystem bezeichnet, da es die Funktion unserer inneren Organe autonom und vom Bewusstsein unabhängig steuert. Sein Ziel ist die Wiederherstellung und die Anpassung der organischen Homöostase[2] oder Allostase.[3]

Das vegetative Nervensystem kann in 3 Regelkreise unterteilt werden: enterisches, sympathisches und parasympathisches Nervensystem. Sympathikus und Parasympathikus haben ihren Ursprung im ZNS und verlaufen von dort in die Peripherie des Körpers und zu den Organen.

Enterisches Nervensystem (ENS)   Das ENS steuert von der Speiseröhre bis zum Mastdarm mittels komplexer Verbindungen die motorischen und sekretorischen Funktionen des Verdauungsvorgangs. Da sowohl sympathische als auch parasympathische Fasern die Strecke zwischen ENS und Gehirn bilden, wird das ENS auch das Bauchgehirn genannt. Dabei sendet das ENS bedeutend mehr Informationen an das Gehirn („bottom up") als das Gehirn an das ENS („top down"; „gut-brain axis"). Das „gute" oder „schlechte" Bauchgefühl bei Entscheidungen ist gefühltes Wissen unseres Bauchgehirns, das sprachlich nicht zur Verfügung steht. Das ENS arbeitet weitgehend autonom, wird jedoch durch den Parasympathikus und den Sympathikus beeinflusst (z. B. Steigerung oder Reduktion von Darmbewegungen und Sekretion).
Nun kommen wir zu zwei Gegenspielern, die im Kontext Stress sehr bedeutsam sind und die uns in den folgenden Kapiteln immer wieder begleiten werden:

Sympathikus   Er bewirkt eine Leistungssteigerung und die Aktivierung von Energiebereitstellung im Organismus und wird bei Arbeitsaufgaben, die unsere Konzentration erfordern, bei besonderen Anforderungen, bei Stress und in Gefahrensituationen (Flight-or-Flight-Modus) aktiviert. Seine Nervenfasern erreichen nahezu alle Organe des Körpers. Der wichtigste Neurotransmitter (Botenstoffe der Nervensysteme) des Sympathikus ist Noradrenalin, neben dem Acetylcholin, das allerdings eine untergeordnete Rolle spielt. Die Sympathikusaktivierung bewirkt u. a. eine Steigerung der Herzfrequenz und der Kontraktionskraft, eine Erweiterung der Bronchen sowie die Hemmung der Verdauung im Magen-Darm-Trakt (◉ Abb. 1.5).

Parasympathikus   Direkter Gegenspieler des Sympathikus ist der Parasympathikus. Er dominiert in Ruhe- und Regenerationsphasen (Rest-and-Digest-Modus) und ist für den Aufbau von Energiereserven zuständig. Über den Neurotransmitter Acetylcholin kommuniziert der Parasympathikus mit den Organen, die dann ihre Aktivität verringern. Dementsprechend wirkt das parasympathische Nervensystem hemmend auf die Organe unseres Körpers: Verringerung der Herzfrequenz, Verengung von Bron-

---

2   Unter Homöostase wird das Gleichgewicht physiologischer Körperfunktionen verstanden.
3   Allostase beschreibt einen langfristigen Anpassungsmechanismus des Organismus an chronische Belastungen.

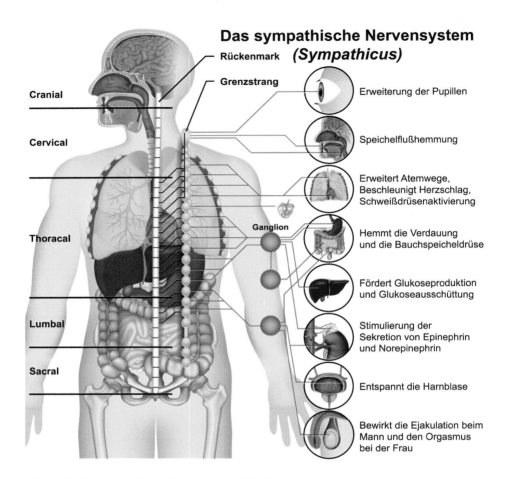

Das sympathische Nervensystem
(Sympathicus)

Rückenmark

Grenzstrang

Cranial

Cervical

Thoracal

Lumbal

Sacral

Ganglion

Erweiterung der Pupillen

Speichelflußhemmung

Erweitert Atemwege,
Beschleunigt Herzschlag,
Schweißdrüsenaktivierung

Hemmt die Verdauung
und die Bauchspeicheldrüse

Fördert Glukoseproduktion
und Glukoseausschüttung

Stimulierung der
Sekretion von Epinephrin
und Norepinephrin

Entspannt die Harnblase

Bewirkt die Ejakulation beim
Mann und den Orgasmus
bei der Frau

◘ Abb. 1.5   Das sympathische Nervensystem. (© bilderzwerg/▶ stock.adobe.com)

chien und Pupillen und Erhöhung der Verdauungstätigkeit. Darüber hinaus wirkt der Parasympathikus antiinflammatorisch (entzündungshemmend) und stimuliert die Produktion von Insulin. Der größte Nerv des Parasympathikus ist der Hirnnerv X (römisch: zehn), der Nervus vagus. Er ist der wichtigste parasympathische Nerv in der Brust- und Bauchhöhle. Insgesamt übernimmt er eine bedeutende Funktion bei der parasympathischen Reizweiterleitung über die Nerven zu den Organen und Geweben des gesamten Organismus (◘ Abb. 1.6).

Die Diagnostik des zentralen und vegetativen Nervensystems mit Sympathikus und Parasympathikus erfolgt durch die Laborbestimmung von Hormonen und Neurotransmittern sowie die Messung der Herzratenvariabilität (HRV). Beide Verfahren werden im ▶ Abschn. 1.2 zur Stressdiagnostik ausführlich vorgestellt.

■ **Akutstress aktiviert die Sympathikus-Nebennierenmark-Achse**

Die Reaktion unseres Körpers auf ein Stressereignis nehmen wir deutlich wahr: Beim sogenannten Adrenalinschub, den wir in Gefahrensituationen sicher im Laufe unseres Lebens alle schon einmal erlebt haben, klopft unser Herz schneller, der Blutdruck

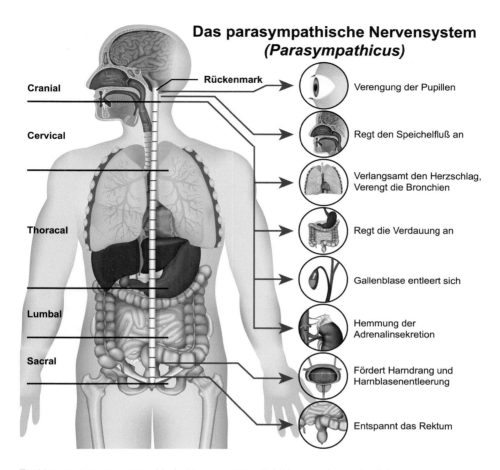

Das parasympathische Nervensystem (Parasympathicus)

Cranial — Rückenmark → Verengung der Pupillen

Cervical → Regt den Speichelfluß an

→ Verlangsamt den Herzschlag, Verengt die Bronchien

Thoracal → Regt die Verdauung an

→ Gallenblase entleert sich

Lumbal → Hemmung der Adrenalinsekretion

Sacral → Fördert Harndrang und Harnblasenentleerung

→ Entspannt das Rektum

☑ **Abb. 1.6** Das parasympathische Nervensystem. (© bilderzwerg/▶ stock.adobe.com)

steigt, der Atem beschleunigt sich, wir beginnen zu schwitzen und unser ganzer Körper wird innerhalb weniger Millisekunden in Alarmbereitschaft versetzt.

Welche Abläufe im Körper lösen diese Reaktionen aus? Im Gehirn wird die Amygdala (Mandelkern) aktiviert, die bei der Entstehung von Angst eine zentrale Rolle spielt (Grawe, 2004). Sie schüttet den Botenstoff Glutamat aus und erregt den Locus caeruleus, den blauen Kern, eine ca. 15 mm große Region tief im Hirnstamm. Seine Nervenzellen stellen die Hauptquelle des Botenstoffs Noradrenalin dar, der in hohem Maße zur Kontrolle von Stress, Gefühlen wie Wut oder Angst und Aufmerksamkeit beiträgt (Dahl et al., 2019). Gleichzeitig werden im sympathischen Nervensystem und im Nebennierenmark die Botenstoffe Adrenalin und Noradrenalin ausgeschüttet.

Hält der Stress an, produziert die Amygdala fortlaufend aktivierende Botenstoffe wie Glutamat, die dann auch weitere Hirnareale erreichen und stimulieren. Dazu zählt der Hypothalamus (er reguliert u. a. die Hormonproduktion), das limbische System (hier entstehen Emotionen) und die Großhirnrinde, (auch Cortex cerebri genannt; u. a. Sitz von Verstand, Denken, Handeln, Sprache). Als weitere Folge wird die zweite Stressachse aktiviert (Weniger, 2019).

1

■ **Dauerstress aktiviert die Hypothalamus-Hypophysen-Nebennierenrinden-Achse**

Der aktivierte Hypothalamus schüttet in Folge der Daueraktivierung unterschiedliche Hormone aus. Das Kortikotropin-Releasing-Hormon (CRH) gelangt über das Portalvenensystem zu der Hirnanhangdrüse (auch Hypophyse genannt). Sie ist eine Hormondrüse, die eng mit dem Hypothalamus zusammenarbeitet und ähnlich einer Schnittstelle zwischen Gehirn und physischen Vorgängen die Hormonfreisetzung steuert. Die Hypophyse setzt das adrenokortikotrope Hormon (ACTH) frei, das über die Blutbahn zur Nebennierenrinde gelangt und dort das Signal zu Bildung des Energie- und Stresshormons Kortisol gibt. Durch eine erhöhte Kortisolproduktion stellt sich der Körper auf eine länger andauernde Stressphase ein.

Kortisol ist ein wichtiger stressmedizinischer Parameter, um die Stressbelastung objektiv zu ermitteln. Im ▶ Abschn. 1.2.2 zur Stressdiagnostik werde ich ausführlich auf das wichtigste Stresshormon eingehen.

Nachdem wir die neurobiologischen und endokrinen Abläufe im Körper betrachtet haben, wollen wir im Anschluss prüfen, ob sich positiver von negativem Stress unterscheidet.

1.1.6 Disstress und Eustress: das Märchen vom positiven Stress

Negativen Stress kennen wir zur Genüge. Dieser „Disstress" (griech. Vorsilbe „dys" = schlecht) wird als unangenehm, überfordernd oder sogar als bedrohlich bewertet (Selye, 1976). Auch positiven Stress, den sogenannten Eustress (griech. Vorsilbe „eu" = wohl, gut, leicht, richtig), kennen wir. Er entsteht, wenn wir auf angenehme Weise aufgeregt sind: eine neue spannende Aufgabe im Job, eine Beförderung, ein Wettkampf am Wochenende, die eigene Hochzeit, Hauskauf, die Geburt eines Kindes, Engagement bei der Freiwilligen Feuerwehr oder dem Fußballverein – es gibt zahlreiche Beispiele für Eustress. Positiver Stress ist doch gut für uns, oder? Leider nicht ganz: Ob Sie unter Arbeitsdruck leiden, sich demzufolge in einer negativen Stresssituation befinden, oder ob Sie eine positive emotionale Situation erleben – in Ihrem Körper laufen dabei fast die gleichen biochemischen und biophysischen Reaktionen ab.

❯ Bei positivem Stress laufen ähnliche Prozesse im Körper ab wie bei negativem Stress!

Aktuelle Forschungsergebnisse zeigen allerdings einen Vorteil von positivem Stress auf: Die Regeneration verläuft besser und schneller. Verantwortlich dafür ist die gleichzeitige Ausschüttung von Glückshormonen, die uns beim anschließenden Abschalten und Entspannen unterstützen. Positive Ereignisse sind wichtig und gehören zum Leben dazu.

Dennoch bleibt Stress Stress. Sowohl die Zahlung eines Strafzettels (negatives Ereignis/Disstress) als auch der Kauf einer neuen Spiegelreflexkamera (positives Ereignis/Eustress) belasten Ihr Konto. Um Ihr Saldo Ihres imaginären Gesundheitskontos zu berechnen, können Sie folgende Formel nutzen:

❯ Positiver Stress + negativer Stress = Gesamtstressbelastung

Verhalten	Körper	Gefühle	Kopf
• Rastlos bis hektisch • Wenig koordiniertes Arbeitsverhalten • Neigung zu Unfällen und Fehlern • Sinkende Produktivität • Antriebslosigkeit • Schlafstörungen • Frustessen/erhöhter Alkohol-, Nikotinkonsum • Sozialer Rückzug/konfliktreiches Verhalten • Wenig Sinn für Humor • Libidohemmung	• Erschöpfung • Herz-Kreislauf-Beschwerden (wie Herzklopfen, Herz-rhythmusstörungen) • Kopfschmerzen • Nacken- und Rückenschmerzen • Reizmagen/Reizdarm • Übelkeit/Sodbrennen • Zuckungen • Zähneknirschen • Infektanfälligkeit • Muskelkrämpfe	• Gereizt • Ungeduldig/nervös • Lustlos • Geringe Motivation • Ärgerlich bis wütend • Unzufrieden • Schlecht gelaunt • Sich überfordert/hilflos fühlen • Innerer Widerstand • Angstgefühle bis Panik	• Konzentrationsmangel • Verminderte Leistungsfähigkeit • Vergesslichkeit • Denkblockaden/Black-out • Unfähigkeit, abschalten zu können • Resignation • Selbstzweifel • Entscheidungs-schwierigkeiten • Irrationale Überzeugungen • Misserfolgs- und Katastrophen-erwartungen

Abb. 1.7 Typische Stressreaktionen und mögliche Stresssymptome

Aus der Stressmedizin wissen wir, dass eine langfristige Leistungsfähigkeit und Gesundheit eine maximale Gesamtstressbelastungsgrenze hat: Etwa 60 % Belastung und Stress können wir dauerhaft ohne irreversible Gesundheitsschäden verkraften. Im Gegenzug benötigen wir 40 % Entspannung, Erholung und Regeneration. Doch wie können wir dieses Verhältnis bestimmen? Ein Kontoauszug wäre vorteilhaft.

Ich werde Ihnen zwei Möglichkeiten vorstellen: Die erste ist eine schnelle, unkomplizierte und subjektive Einschätzung Ihrer Stresssymptome, die sich vor allem bei einem langfristigen Missverhältnis ausprägen. Die zweite ist die objektive Stressdiagnostik, die die Messung von Stresshormonen, Neurotransmittern und HRV einschließt.

Die ☐ Abb. 1.7 zeigt auf vier Ebenen mögliche Auswirkungen von chronischem Stress auf.

Praxischeck: Welche Stresssymptome kenne ich von mir?

Aus unserer Erfahrung zeigt sich, dass Leistungsträger verstärkt Stresssymptome aufweisen, doch diese nicht mit einer zu hohen Belastung in Verbindung bringen.

Lesen Sie die 4 Spalten der ☐ Abb. 1.7 durch und vergeben Sie für jedes zutreffende Stresssymptom 1 Punkt, wobei die beiden nachfolgenden Bedingungen gleichzeitig zutreffen müssen:

1. Das Stresssymptom ist aktuell noch vorhanden.
2. Das Stresssymptom tritt 3 Mal pro Woche oder häufiger auf und besteht bereits länger als einen Monat.

Addieren Sie anschließend alle vier Spaltensummen zu einer Gesamtsumme.

Insgesamt können 40 Punkte erreicht werden, jeweils höchstens 10 Punkte zu Verhalten, Körper, Gefühlen und Kopf.

Auswertung:

Schon mehr als 1 Punkt in der Gesamtsumme kann bereits als ernst zu nehmendes Warnzeichen gewertet werden, dass Ihr Verhältnis von Belastung und Entspannung im Ungleichgewicht ist. Dabei gilt: Je mehr Punkte Sie haben, desto stärker ist das Gleichgewicht gestört. Bei mehr als 0 Punkte besteht Handlungsbedarf!

1

Wer mehr als 10 Punkte erreicht, kann davon ausgehen, dass sein Verhältnis von Sympathikus zu Parasympathikus bestenfalls bei 85 zu 15 % liegt. Die Wahrscheinlichkeit für eine langfristige Gesundheit steigt bei einem Verhältnis von 60 zu 40 %.

Hinweis: Zwar können auch andere Ursachen diese Symptome auslösen, z. B. kann ein Magnesiummangel Muskelkrämpfe bedingen oder kleine Kinder einen ungestörten Schlaf erschweren. Allerdings eröffnet die Gesamtschau auf stressbedingte Symptome meiner Erfahrung nach eine neue und häufig auch ernüchternde Klarheit in Bezug auf die persönliche Stressbelastung.

1.2   **Stressdiagnostik**

Eine der am weitesten verbreiteten Fehlannahmen besteht darin, davon auszugehen, dass der Körper die Belastung noch verkraften kann. Die preußischen Tugenden wie Verantwortungs- und Pflichtbewusstsein, Disziplin, Härte werden von stressverschärfenden Einstellungen (übertriebener Perfektionismus, mangelnde Abgrenzung sowie anerzogene Denkweisen wie „Ein Indianer kennt keinen Schmerz", „Nur die Harten kommen in Garten" u. Ä.) tragen ihren Teil zu dieser Fehleinschätzung bei.

> Häufig werden Warnsignale (Stresssymptome) entweder nicht wahrgenommen bzw. verdrängt oder falsch bewertet.

In der ersten Coaching-Stunde höre ich nicht selten Aussagen wie: „Bluthochdruck, Tinnitus, Reizdarm, Schlafprobleme – habe ich schon länger. Das haben viele meiner Kollegen auch. Das ist normal." Oder: „Bluthochdruck und Diabetes sind eben Alterskrankheiten, da kann man nichts machen."

Die Tatsache, dass andere Personen an Stresssymptomen leiden, lässt diesen Zustand vielleicht als „normal", im Sinne von „üblich" erscheinen. Die Häufigkeit, mit der Stresssymptome in Erscheinung treten, mildert jedoch die schwerwiegenden Folgen für die Gesundheit keinesfalls ab – eher im Gegenteil.

Objektive Daten bringen Klarheit und Ernüchterung und lösen im besten Fall die Motivation für eine Verhaltensveränderung aus. Zur wesentlichen neurobiologischen Diagnostik zählen biochemische und biophysische Parameter: Die Stressreaktion des ZNS kann über eine Neurotransmitter- und Hormonbestimmung, die Stressreaktion des vegetativen Nervensystems mit der Sympathikus-/Parasympathikusaktivität über die Messung der HRV erfolgen. Beide Ansätze der Stressdiagnostik stelle ich nachfolgend vor. Die komplexe und inhaltsdichte Thematik wird immer wieder durch Praxisbeispiele aufgelockert.

Selbstverständlich ist die objektive Datenbasis durch die subjektive Perspektive der Person zu ergänzen, um eine umfassende Anamnese zu gewährleisten, auf deren Basis entsprechende (Therapie-)Maßnahmen für die Person erarbeitet werden.

1.2.1 Subjektive Einschätzung durch wissenschaftlich fundierte Fragebogen

In der Stressdiagnostik werden unterschiedliche wissenschaftliche Fragebogen eingesetzt, die die allgemeinen Qualitätskriterien (Objektivität, Reliabilität und Validität) an Fragebogen und Tests erfüllen. Dazu zählen u. a. das Trierer Inventar oder die Screening-Skala zum chronischen Stress. Auch der Effort-Reward-Imbalance-Fragebogen sowie der Stressfragebogen PSS14 zum subjektiv wahrgenommenen Stress finden Anwendung. Psychische Störungen können z. B. mit dem Patient Health Questionnaire ermittelt werden. Weitere stressbedingte Erkrankungen wie Burn-out können mit dem Maslach oder Copenhagen Burnout Inventory ermittelt werden (vgl. Wolf & Calabrese, 2020).

1.2.2 Neurotransmitter und Stresshormone

Viele Vorgänge in unserem Körper werden durch biochemische Botenstoffe gesteuert. Unterschiedliche Hormone und Neurotransmitter sind an der Stressantwort des Körpers beteiligt. Neurotransmitter sind chemische Botenstoffe, die – vereinfacht erklärt – Reize von einem Neuron über Synapsen (Verbindungsstellen zwischen Neuronen) auf ein benachbartes Neuron übertragen.

Sowohl Hormone als auch Neurotransmitter wirken entweder erregend oder hemmend auf den Organismus. Die Ausschüttung der Botenstoffe ist eine Anpassungsreaktion des Körpers auf eine Belastungssituation. Der Körper reagiert mit einer Fight-or-Flight-Reaktion und mobilisiert die körpereigenen Energiereserven, um dem Feind oder dem wilden Tier zu entkommen oder diese zu besiegen. Wie bereits erläutert, ist es evolutionär betrachtet bei Stress also durchaus sinnvoll, dass sich der Atem beschleunigt, Puls und Blutdruck ansteigen (ausreichend Sauerstoff für die Muskeln), Verdauungstätigkeit und Libido gehemmt werden (wertvolle Energie sparen), sich die Gerinnungsfähigkeit des Blutes erhöht (Schutzfunktion vor Blutverlust), die Muskelspannung ansteigt (Kämpfen und Rennen) usw. Letztlich sicherten und sichern diese Reaktionen unser Überleben bei akuter Gefahr.

Doch die Stressfaktoren unserer Zeit haben sich geändert: Arbeitsverdichtung, Zeitdruck etc. sind die neuen „wilden Tiere". Vor diesem Hintergrund scheinen die Anpassungsreaktionen des Körpers wenig sinnvoll zu sein. Ausnahmen sind echte Gefahrensituationen, wenn Sie z. B. von einer Person angegriffen werden und sich zur Wehr setzen müssen oder Sie sich aus einem brennenden Haus retten müssen etc. Dann ist das Aktivieren des Notfallprogramms unabdingbar. Doch diese Umstände spiegeln nicht unseren Alltag wider (ausgenommen der Alltag in Kriegsgebieten).

> Stress bedeutet für unseren Körper nach wie vor Überlebenskampf.

Betrachten wir nun den Unterschied der biochemischen Stressantwort bei akutem im Vergleich zu chronischem Stress: Normalerweise folgt nach einer Belastungssituation wieder eine Entspannungsphase, in der sich die Botenstoffe wieder regulieren. Bei chronischem Stress (ungefähr nach 6–8 Wochen Dauerbelastung) findet jedoch entweder eine Dauerausschüttung von Stresshormonen und Neurotransmittern statt

1

oder eine signifikante Herunterregulierung als eine Art Schutzfunktion auf die Dauerbelastung. Als Folge steuert der Körper in beiden Fällen langsam, aber sicher auf einen Erschöpfungszustand zu (Wolf & Calabrese, 2020).

Ziel einer präventiven und wissenschaftlich gesicherten Labordiagnostik ist es, durch die Bestimmung biochemischer Parameter negative Entwicklungen und Risiken frühzeitig zu ermitteln und diesen durch entsprechende Maßnahmen entgegenzuwirken. Der Laborbefund ermöglicht eine objektive Beurteilung über den Anspannungs- und Erschöpfungsgrad. Die Messung erfolgt im Speichel und im zweiten Morgenurin.

Im Folgenden werden die Stresshormone Kortisol, Serotonin, Adrenalin, Noradrenalin und Dopamin betrachtet. Sie können – je nach Konzentration – gesundheitsförderlich oder schädlich wirken. Adrenalin, Noradrenalin und Dopamin gehören zu den Katecholaminen. Bei den Katecholaminen handelt es sich um biogene Amine, die hauptsächlich als Neurotransmitter im zentralen und vegetativen Nervensystem in Erscheinung treten, also als Überträger von Nervenimpulsen. Adrenalin und Noradrenalin nehmen zusätzlich eine Hormonfunktion wahr. Die Katecholamine wirken u. a. bei der Fight-or-Flight-Reaktion des Körpers mit. Anschließend werden Laborbefunde aus der Praxis vorgestellt und näher erläutert.

❯ Die hier vorgestellten therapeutischen Maßnahmen gelten nur für das jeweilige Laborergebnis und dürfen weder zur allgemeinen Anwendung noch zur Selbstmedikation verwendet werden!

■ **Kortisol**

Kortisol ist lebensnotwendig. Es ist unser wichtigstes Stresshormon, da es im Körper unterschiedliche Reaktionen zur Bewältigung der Stresssituation auslöst. Seine Hauptaufgabe ist die Energiebereitstellung aus den Energiespeichern des Körpers. Im Gegensatz dazu verringert es den Energieumsatz des Körpers in belastenden Situationen, z. B. bei physischen Anstrengungen oder psychischem Stress. Aufgrund dieser Funktionen wird es auch als Energiehormon bezeichnet (vgl. Davison et al., 2007). Einen Gegenspieler dazu stellt das Schlafhormon Melatonin dar (▶ Abschn. 3.4.2).

Kortisol gehört zur Gruppe der Glukokortikosteroide und steuert noch weitere Funktionen im Körper. Dazu zählen z. B. die Einflussnahme auf den Kreislauf, die Steigerung der Schlagkraft des Herzmuskels, des Blutdrucks und der Atemfrequenz sowie den Fettstoffwechsel und den Schlaf. Darüber hinaus hemmt Kortisol Entzündungen und fungiert als Gegenspieler zu Insulin, indem es den Blutzuckerspiegel anhebt und den Appetit anregt. Im ZNS erhöht Kortisol unsere Aufmerksamkeitsprozesse und die Informationsverarbeitung. Es wird in der Zona fasciculata der Nebennierenrinde aus Cholesterin gebildet und in der Leber abgebaut (Wolf & Calabrese, 2020).

Kurzfristig kann Kortisol unsere Leistungsfähigkeit und die Konzentration steigern. Langfristig ist ein chronisch erhöhter Kortisolspiegel jedoch gesundheitsschädlich.

❯ Ein dauerhafter Überschuss an Kortisol kann zu Konzentrationsschwierigkeiten, Schlafstörungen, Übergewicht, Bluthochdruck und Herzerkrankungen sowie weiteren Erkrankungen führen.

Die Kortisolbildung unterliegt einem Memory-Effekt, d. h., die Werte bleiben über die Dauer von ca. 8 Wochen stabil und können daher die Stressbelastung über einen längeren Zeitraum widerspiegeln.

Die Kortisolwerte unterliegen einem natürlichen Tagesrhythmus:

- Kortisol wird in der zweiten Nachthälfte produziert und steht morgens zwischen 07:00 und 08:00 Uhr in höchster Konzentration zur Verfügung (Kortisolaufwachreaktion bzw. „cortisol awakening response") um dem Körper einen Energieschub für anstehende Aufgaben und Tätigkeiten zu geben.
- Während des Tagesverlaufs sinken die Werte kontinuierlich ab.
- Am Abend sind die Kortisolwerte erheblich vermindert, gegen Mitternacht erreichen sie ihren Tiefpunkt.

Die Kortisoldiagnostik erfolgt im Speichel (Saliva). Um den natürlichen Tagesrhythmus analysieren zu können, sind drei Probenentnahmen notwendig, jeweils eine um 08:00 Uhr, um 14:00 Uhr und um 20:00 Uhr.

Die ◘ Abb. 1.8 zeigt unterschiedliche Kortisolwertverläufe exemplarisch auf:

- Ein Hyperkortisolismus mit erhöhten Kortisolwerten liegt bei Dauerstress vor, da der Körper versucht, sich an die Stressbelastung anzupassen.
- Der Bereich der Normalwerte veranschaulicht einen gesunden und natürlichen Tagesrhythmus.
- Die zirkadiane Inversion belegt eine vollständige Verschiebung der Kortisolwerte, die z. B. als Folge von Dauernachtschichten auftreten kann.
- Bei Hypokortisolismus liegen deutlich erniedrigte Kortisolwerte vor, was auf eine folgenschwere Erschöpfungsreaktion hinweisen kann. Nach einer sehr langen Phase der Verausgabung und der damit zusammenhängenden Kompensation

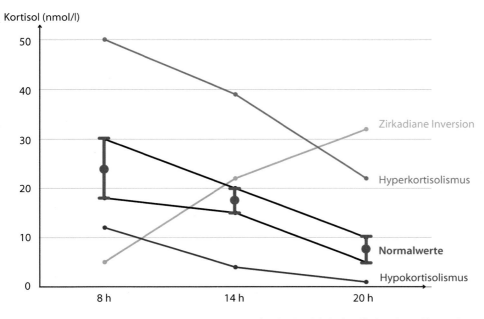

◘ **Abb. 1.8** Beispiele verschiedener Kortisoltagesprofile im Speichel. (Wolf, A., & Wolf F., 2017, eigene unpublizierte Daten; mit freundlicher Genehmigung von Alfred Wolf)

kann die erschöpfte Nebennierenrinde die Kortisolproduktion erheblich drosseln. Im Extremfall wird überhaupt kein Kortisol mehr produziert, und die Person kann nicht einmal mehr die Kraft aufwenden, um aus dem Bett aufzustehen. Ähnlich dem Ladestatus des Handys ist der Akku aufgebraucht – und leer ist leer.

Ursachen   Neben chronischem Stress zählen schwere persönliche Verlusterlebnisse, kardiovaskuläre Erkrankungen, Hypertonie, Schlafstörungen, affektive Störungen (z. B. Depressionen), posttraumatische Belastungsstörungen (PTBS), chronische Schmerzsyndrome und Adipositas, bestimmte (Lungen-)Tumore sowie Alkoholismus zu den Ursachen einer vom Normbereich abweichenden Kortisolbildung. Bei chronischem Stress können sich sowohl Hyperkortisolismus (kontinuierlich erhöhte Werte) als auch Hypokortisolismus (dauerhaft erniedrigte Werte) entwickeln.

Symptome:
- Hyperkortisolismus: Konzentrationsprobleme und Gedächtnisstörungen, Bluthochdruck, koronare Herzerkrankungen, geschwächtes Immunsystem, Niedergeschlagenheit (Gefahr von Depression und Panikattacken), Störungen des Schlaf-Wach-Rhythmus, steigender Blutzuckerspiegel (gesteigertes Diabetesrisiko), Libidoverlust sowie das Cushing-Syndrom.
- Hypokortisolismus: Zu den typischen Symptomen zählen u. a. Leistungsabfall, Müdigkeit, Energielosigkeit und Schwäche, Stimmungsschwankungen, Heißhunger, Schmerzen sowie niedriger Blutdruck. Sowohl erhöhte als auch erniedrigte Werte können u. a. bei Angst- und Panikstörungen sowie beim Burnout vorkommen (Kudielka & Wüst, 2010).

Therapie:
- Hyperkortisolismus: Nur durch Verhaltensänderungen können erhöhte Kortisolwerte wieder in den Normbereich gebracht werden. Dazu zählen stressreduzierende Wahrnehmungs- und Bewertungsmuster, Minderung von Stressoren, Achtsamkeitsübungen, qualitativ hochwertiger Schlaf sowie regelmäßige Entspannungsübungen (Maßnahmen nach dem VARESE-Konzept). Verausgabender Sport sowie koffeinhaltige Getränke sind zu vermeiden.
- Hypokortisolismus: Als erste Maßnahme wird häufig die diurnale (an die Tagesrhythmik angepasste) Gabe von Hydrokortison entsprechend den Kortisoldefiziten ärztlich verordnet. Langfristig sollte jedoch durch eine stressreduzierende Verhaltensänderung (Coping-Strategien), die Entspannungsübungen, Schlaf und gesundheitsförderliche Wahrnehmungs- und Bewertungsmuster integriert (Maßnahmen nach dem VARESE-Konzept), ein normaler Kortisolspiegel hergestellt werden. Liegt eine schwere Nebenniereninsuffizienz vor, muss unter Umständen lebenslang Kortisol verabreicht werden.

Praxisbeispiel: Erhöhter Morgenkortisolwert
Nils W., 43 Jahre, Geschäftsführer einer Strategieberatung, leidet an Bluthochdruck und musste jüngst seinen betagten Vater verabschieden, was ihn emotional sehr belastet hat. Er berichtet von häufigen, weniger schweren Infekten, die er früher nicht hatte, sowie von einer inneren Unruhe, Gereiztheit und von kleineren Konzentrations-

problemen, die er sich weder vor Kunden noch seinen Mitarbeitern erlauben will (übersteigerter Perfektionismus).

Sein Kortisoltagesprofil (■ Abb. 1.9) zeigt folgenden Befund: Der Morgenwert ist deutlich erhöht, der Mittagswert liegt im unteren, der Abendwert im mittleren Normbereich. Nach Auswertung der medizinischen und psychologischen Fragebogen deuten diese Werte auf eine Stressantwort mit hoher Belastung am Morgen hin.

Verausgabungsneigung und Erschöpfungstendenz werden im Coaching[4] besprochen. Ferner wurde ein Stressmanagementprogramm nach dem VARESE-Prinzip mit Nils erarbeitet: Verhaltensänderung (Perfektionismus und Reduktion von Stressoren), Achtsamkeit als Einstellung, Regeneration (Entspannungsübungen für das Büro und auf Dienstreisen, bessere Schlafqualität), vollwertige Ernährung (kein Koffein am Vormittag), Sport (aerob, nicht leistungssteigernd) und ergänzend zum Kortisolwert wird aufgrund der erhöhten Katecholaminwerte die Einnahme von Rosenwurz (Rhodiola rosea), einem Neuromodulator, in Form von Nahrungsergänzungsmitteln empfohlen.

Nils war stets motiviert, die besprochenen Maßnahmen umzusetzen. Trotz einzelner Rückfälle konnte er das Coaching nach einigen Sitzungen mit mehr Gelassenheit, wirksamen Coping-Strategien, erholsamerem Schlaf sowie besserem Konzentrationsvermögen erfolgreich beenden.

■ **Abb. 1.9** Kortisoltagesprofil mit erhöhtem Morgenwert. (© YourPrevention, 2022)

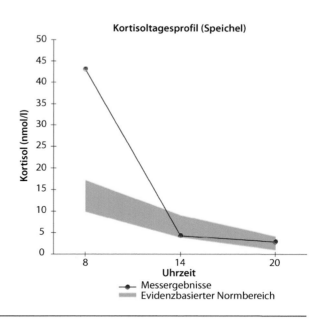

4   Abgrenzung Coaching und Psychotherapie: *Psychotherapie* ist die Diagnose und Behandlung krankhafter psychischer Störungen oder Leiden. Diagnostik und Behandlung dürfen nur von staatlich ermächtigten Personen wie approbierten Psychologen, Psychologischen Psychotherapeuten, Psychoanalytikern, Ärzten und Heilpraktikern für Psychotherapie ausgeübt werden. Die Selbstmanagementfähigkeiten des Patienten sind eingeschränkt. Ziel der Psychotherapie ist die Wiederherstellung der psychischen Gesundheit des Patienten auf ein funktional angemessenes Niveau. *Coaching* ist eher als psychosoziale Prozessbegleitung gesunder Klienten zu verstehen, in der professionelle Reflexions- und Entwicklungsarbeit stattfindet. Ziel des Coaching ist es, dem Klienten Hilfe zur Selbsthilfe zu ermöglichen und ihn bei der Entwicklung von Handlungsalternativen und Stärkung seiner Ressourcen zu unterstützen. Im Coaching-Prozess finden

1

Praxisbeispiel: Hypokortisolismus

Victoria V., 44 Jahre, in gehobener Leitungsfunktion in einem DAX-Unternehmen, spricht im Coaching über ihren subjektiv empfundenen Leistungsabfall, ihre Müdigkeit und über Energielosigkeit am Abend.

Ihr Kortisoltagesprofil (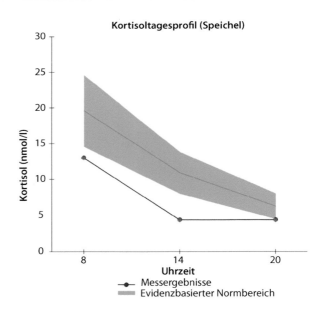 Abb. 1.10) zeigt folgenden Befund: Alle Werte liegen unterhalb des Referenzbereichs. Der endogene Biorhythmus (erhöhte Konzentration am Morgen, dann abfallend bis zum Abend) ist nur angedeutet sichtbar. Der Laborbefund dokumentiert eine deutliche Stressbelastung mit entsprechender Erschöpfungsreaktion.

Im Coaching wurde ein holistisches Verfahren nach dem VARESE-Prinzip gewählt: Analyse und Verringerung der Stressoren, Umstrukturierung von dysfunktionalen Kognitionen (Gedanken, Vorstellungen etc.), Verbesserung der Erholungsfähigkeit durch Achtsamkeit, Mikropausen, Entspannungsmethoden und erholsamen Schlaf sowie eine vollwertige, pflanzenbasierte Ernährung, die durch Hochseefisch zu ergänzen ist. Die Gabe von Hydrokortison zur Mittagszeit wurde für die ersten beiden Monaten in Betracht gezogen. Stark verausgabender Sport sowie Überstunden und Belastungen in der Freizeit sollten in den folgenden 9–12 Monaten weitgehend vermieden werden.

Victoria fiel es nicht leicht, ihre Leidenschaft für Triathlon gegen nicht kompetitive Sportarten im aeroben Belastungsbereich einzutauschen. Inzwischen hat sie große Freude an Yoga und Walking. Sie beendete das stressmedizinisch orientierte Coaching mit großer Zufriedenheit. Die Mehrzahl der zuvor beklagten Symptome gehören der Vergangenheit an.

■ **Abb. 1.10**   Kortisoltagesprofil bei Hypokortisolismus. (© YourPrevention, 2022)

u. a. auch Methoden aus der Psychotherapie Anwendung (kognitive Verfahren, Kreativitätsübungen etc.). Gleichzeitig ist auch eine Überschneidung im Vorgehen zu erkennen (Klärung des Anliegens, Vertrauensaufbau, Problemaktualisierung, Ressourcenaktivierung, Motivklärung, Unterstützung bei der Erarbeitung von neuen Wahrnehmungs-, Denk- und Verhaltensmustern).

■ **Serotonin**

Serotonin ist einerseits ein wichtiger Neurotransmitter, der vor allem das limbische System und über die Formatio reticularis eine bedeutende Schaltstelle für vegetative Reaktionen beeinflusst. Ein Serotoninmangel wurde lange mit dem Auftreten von Depressionen in Zusammenhang gebracht. Doch ein Mangel an einem einzelnen Botenstoff löst nicht so ein komplexes Erkrankungsbild, wie es bei der Depression auftritt, aus (Moncrieff et al., 2022; Uhrig, 2022). In einigen Studien konnte keine Korrelation zwischen Depressionen und einem erniedrigten Serotoninwert aufgezeigt werden (Kambeitz & Howes, 2015). Bei chronischem Stress wird verstärkt Serotonin verbraucht und gleichzeitig weniger gebildet. Da es zudem unsere Emotionen beeinflusst, wird Serotonin häufig auch als Glückshormon bezeichnet. Daneben steuert Serotonin viele weitere Prozesse. Über vegetative Nervenbahnen erfolgt eine Rückkopplung nicht nur zu fast allen Bereichen des ZNS wie dem Kortex und dem Hypothalamus, sondern auch zur Peripherie (vgl. Davison et al., 2007).

Außerdem ist Serotonin ein ubiquitäres Gewebshormon, das in diverse physiologische Funktionen integriert ist, die im ZNS und in der Peripherie mit wichtigen Abläufen gekoppelt sind und nimmt so u. a. Einfluss auf Blutdruck, Wundheilung, Immunsystem, Thermoregulation, Leberregeneration, Insulinausschüttung. Gebildet wird Serotonin hauptsächlich in der Darmschleimhaut, geringe Mengen werden im ZNS, der Leber und der Milz gebildet. Serotonin entsteht aus der Aminosäure Tryptophan.

Ursachen Häufige Ursachen für ein Serotonindefizit sind u. a. chronischer Stress, Schicksalsschläge, Entzündungen, bestimmte Medikamente und das Altern (Römmler, 2014).

Symptome Bei einem Mangel können zahlreiche Symptome auftreten: Hierzu gehören u. a. Antriebsarmut, Angststörungen, Panikattacken, Desinteresse, Ein- und Durchschlafstörungen, reduzierte Stressverarbeitung, fehlende Gelassenheit, verminderte Suchtkontrolle, verstärkter Appetit (vor allem Kohlenhydratheißhunger), verminderte Schmerztoleranz, Übergewicht, verminderte Libido sowie gestörtes Lernen, verminderte Neurogenese und nachlassendes Kurzzeitgedächtnis (Römmler, 2014).

Therapie Wird ein Serotoninmangel mittels Labordiagnostik ermittelt, kann als kurzfristige Maßnahme mit Präkursoren (Vorläufersubstanzen), z. B. 5-Hydroxytryptophan (5-HTP), gegengesteuert werden. Ziel ist es, den Serotoninwert auf hochnormale Werte anzuheben (Wolf & Calabrese, 2020). Langfristig ist eine stressverminderte Lebensweise zu empfehlen, dazu zählen vor allem Maßnahmen nach dem VARESE-Prinzip.

■ **Adrenalin**

Jeder, der bereits eine Vollbremsung vollzogen hat, kennt ihn: den Adrenalinschub, der sich durch Herzrasen, schnellen Atem, feuchte Hände und Schwitzen äußern kann. Auch durch Extremsport stellt sich regelmäßig ein Adrenalinkick ein, von dem sogar ein gewisses Suchtpotenzial ausgehen kann.

Das Hormon Adrenalin (auch Epinephrin genannt) ist ein Katecholamin, das in stressreichen Gefahrensituationen und bei Angstzuständen den Fight-or-Flight-Modus des Körpers aktiviert, sodass ausreichend Energie bereitsteht, um der Gefahr zu entkommen und das kurzfristige Überleben des Organismus zu sichern: Die Bron-

1

chien erweitern sich, die Atmung beschleunigt sich, der Blutdruck erhöht sich und in die zur Flucht benötigten Muskeln fließt mehr sauerstoffangereichertes Blut aus der Lunge. Glukose wird aus der Leber freigesetzt, um dem Körper mehr Energie zur Verfügung zu stellen, dadurch steigt der Blutzuckerspiegel und die Insulinproduktion, die für die Senkung des Blutzuckerspiegels verantwortlich ist, wird gehemmt. Das körpereigene Kühlsystem wird aktiviert und wir beginnen zu schwitzen. Die schnellstmögliche Bereitstellung von Energiereserven lässt den Körper auf Hochtouren laufen (Kleine & Rossmanith, 2014).

Adrenalin und Noradrenalin sind eng miteinander verwandt. Aus Noradrenalin kann enzymatisch Adrenalin gebildet werden. Beide können als Stresshormone bezeichnet werden, da sie das sympathische Nervensystem aktivieren. Adrenalin wirkt auch als Neurotransmitter, ist jedoch primär als Hormon wirksam, während Noradrenalin vorrangig ein Neurotransmitter ist.

Adrenalin wird im Nebennierenmark gebildet und verstärkt bei psychischen oder körperlichen Belastungen, Stress und Angst durch den Nervus splanchnicus, einem sympathischen Nerv des vegetativen Nervensystems, freigesetzt (Wolf & Calabrese, 2020). Im Kohlenhydratstoffwechsel ist Adrenalin der Gegenspieler des Insulins. In der Notfallmedizin wird Adrenalin u. a. zur Reanimation (Herz-Lungen-Wiederbelebung bei Atem- und Herzstillstand) verwendet.

Ursachen   Bei erhöhten Adrenalinwerten können Stress, Alkohol, Koffein oder Bluthochdruck sowie ein niedriger Blutzuckerspiegel (Hypoglykämie) oder Tumore in der Nebennierenrinde ursächlich sein. Aber auch bei Extremsportlern (Bungee-Jumping, Fallschirmspringen, House Running und anderen Extremsportarten) ist ein erhöhter Adrenalinwert zu finden. Bei erniedrigten Adrenalinwerten kann das auf eine Störung der Nebenniere zurückzuführen sein, da dort das Adrenalin gebildet wird. Ferner sind Alkoholabusus oder Diabetes mellitus zu nennen.

Symptome   Bei erhöhten Adrenalinwerten können folgende Symptome auftreten: extremes Schwitzen, hoher Blutdruck, starke Kopfschmerzen. Schwerwiegenden Komplikationen wie starke Herzrhythmusstörungen oder Blutungen im Bereich des Gehirns sind möglich, wenn ein erhöhter Adrenalinspiegel länger besteht und nicht behandelt wird (Braun & Dormann, 2013). Bei erniedrigten Werten können Schwindel, Kopfschmerzen, Schmerzen in der Herzgegend oder Ohrensausen auftreten.

Therapie   Um die Adrenalinwerte wieder in den Normbereich zu bringen, ist die Analyse und Beseitigung der Ursache relevant. Dies kann u. a. Stressreduktion, Entspannungsverfahren oder Koffeinentzug beinhalten.

■ **Noradrenalin**

Noradrenalin (Norepinephrin) ist ebenfalls ein Katecholamin und gilt als einer der wichtigsten Neurotransmitter des sympathischen Nervensystems (Sympathikus), das durch ihn exzitatorisch (aktivierend) für den Fight-or-Flight-Modus stimuliert wird. Noradrenalin wirkt außerdem als Hormon. Während das Hormon im Nebennierenmark gebildet wird, wird der Neurotransmitter im Locus caeruleus, also direkt im Nervensystem, und in den Neuronen des Sympathikus gebildet.

Noradrenalin ist eng mit Adrenalin verwandt, wobei die beiden Botenstoffe zum Teil unterschiedliche physiologische Wirkungen aufzeigen. Noradrenalin beeinflusst zahlreiche lebenswichtige Funktionen: Hierzu gehören u. a. die Kontraktion der Blutgefäße und die damit verbundene Steigerung des Blutdrucks, die Steigerung der Kontraktionskraft des Herzmuskels sowie die Beeinflussung der Steuerung der Atmung und des Appetits. Des Weiteren beeinflusst es u. a. die Motivation und die Wachheit sowie die Ausschüttung von Adrenalin aus den Nebennieren. Noradrenalin erhöht kurzfristig die Entzündungsneigung und hemmt bei langfristig überhöhten Werten die Aktivität von Immunzellen.

> Ein langfristig überhöhter Noradrenalinwert hemmt die Aktivität von Immunzellen.

Als Medikament findet Noradrenalin u. a. in der Notfall- und Schocktherapie Anwendung, um eine sofortige Anhebung des Blutdrucks sicherzustellen. Auch in der Therapie von Depressionen kommt es als Serotonin-Noradrenalin-Wiederaufnahmehemmer (SSNRI) zum Einsatz.

Noradrenalin wird aus der Aminosäure Phenylalanin bzw. Tyrosin (die ebenfalls Vorstufen von Dopamin sind) unter Mitwirkung von bestimmten Nährstoffen (Vitamin C, Vitamin B_6, Kupfer, Magnesium und Folat) synthetisiert. Noradrenalin kann in Adrenalin umgewandelt werden.

Ursachen Bei akutem Stress steuert Noradrenalin die Körperreaktionen, die die Anpassung des Organismus an die aktuelle Belastungssituation sicherstellen. Bei chronischem Stress kann im Labor ein erhöhter Noradrenalinspiegel bestimmt werden, der häufig mit einem Serotonindefizit einhergeht. Einen dauerhaft erhöhten Noradrenalinspiegel kann der Körper je nach Belastung jedoch nicht lange aufrechterhalten. Daher fällt der Noradrenalinwert nach einer zu langen Dauerbeanspruchung erheblich ab. In der Wissenschaft wird dies auch als ein möglicher Grund für Burn-out diskutiert (vgl. Wolf & Calabrese, 2020).

Symptome Ist Noradrenalin erhöht, können Nervosität und Unruhe, mangelnde Gelassenheit, Ruhelosigkeit sowie die Unfähigkeit zu entspannen und Entzündungen die Folge sein. Ist Noradrenalin erniedrigt, kann sich dies durch den Verlust von Antrieb und Motivation, Stimmungsschwankungen, Konzentrationsprobleme, Gedächtnisstörungen und den Verlust von Traumschlafphasen (REM-Phasen) äußern.

Therapie Bei erhöhten Katecholaminwerten wird die Einnahme von S-Adenosylmethionin (SAM) in Form von Nahrungsergänzungsmitteln empfohlen, bei erhöhtem Noradrenalinwert von Rosenwurz (Rhodiola rosea), bei erniedrigten Noradrenalinwerten von Juckbohne (Mucuna pruriens) und/oder L-Tyrosin.

■ Dopamin

Das Katecholamin Dopamin ist ein Neurotransmitter der Belohnungserwartung. Er wird bei Flow-Erlebnissen ausgeschüttet und spielt eine wichtige Rolle in unserem Belohnungszentrum, daher wird er auch häufig als Belohnungs- oder Glückshormon bezeichnet. Wenn das Gehirn ein Erlebnis als überlebenswichtig oder besonders positiv bewertet, schüttet es verstärkt Dopamin aus. Dies führt zu einer Steigerung unserer Motivation. Dopamin wirkt im Bauch und in den Nieren durchblutungsfördernd. Auch bei der Steuerung und Kontrolle von Bewegungen kommt Dopamin eine wichtige Funktion zu, die beim Absterben von dopaminergen Neuronen zu dem Krank-

1

heitsbild Morbus Parkinson mit den Symptomen Zittern, Muskelsteifheit und Gang- und Standunsicherheit führt.

Dopamin ist ein vorwiegend erregend wirkender Neurotransmitter im vegetativen Nervensystem, aber auch Vorläufer der Synthese von Adrenalin und Noradrenalin. Gebildet wird Dopamin aus der Aminosäure Tyrosin u. a. in postganglionären sympathischen Nervenendigungen und im Nebennierenmark als Vorstufe von Noradrenalin.

Ursachen Ein Dopaminmangel kann u. a. auch auf psychischen Ursachen wie chronischem Stress, Schlafmangel sowie psychischen und/oder physischen Belastungen basieren.

Symptome Wenn der Dopaminspiegel unterhalb des Referenzbereichs liegt, kann sich dies äußern durch eine geringe Motivation und Begeisterungsfähigkeit, Verlust der Aufmerksamkeit und des Erinnerungsvermögens, Kompensationsverhalten (Zucker, Kohlenhydrathunger, Rauchen, Alkohol) sowie Stimmungsprobleme bis hin zu Depressionen und einer verminderten Libido.

Therapie Ist der Dopaminmangel auf chronischem Stress, Schlafmangel oder einer verstärkten physischen Beanspruchung zurückzuführen, kann durch Entspannungsübungen wie Meditation, Hatha-Yoga und eine Reduktion von stressverschärfenden Wahrnehmungs- und Bewertungsmustern durch Coaching/Psychotherapie der Dopaminspiegel wieder auf normale Werte gebracht werden. Ebenfalls ist eine Zufuhr von Aminosäuren über eine ausgewogene Ernährung zu empfehlen (▶ Abschn. 4.3.5). Als weitere Intervention eignet sich die Einnahme von Juckbohne (Mucuna pruriens), die eine direkte Vorstufe von Dopamin enthält, in Form von Nahrungsergänzungsmitteln.

Praxisbeispiel: Laborbefunde Serotonin und Katecholamine

Victoria, deren Kortisoltagesprofil wir bereits kennen (◨ Abb. 1.10), äußerte im Coaching diverse Symptome. Sie berichtete über verstärkten Appetit auf Nudeln, Pizza, Pommes frites usw. Sie könne schlecht durchschlafen, reagiere impulsiv, nervös und wenig gelassen im Job und zu Hause. Früher konnte sie in der Sauna und bei der Massage entspannen, dies gelinge ihr seltsamerweise immer weniger. Eine Ruhelosigkeit treibe sie um.

Auszug und verkürzte Darstellung aus dem Laborbefund (◨ Abb. 1.11): Serotonin liegt unterhalb des Normbereichs, der Opponent Noradrenalin liegt dagegen an der oberen Normgrenze. Signifikant erhöht ist auch das Adrenalin. Dopamin liegt im mittleren Bereich. Gamma-Aminobuttersäure (GABA) und Glutamat liegen jeweils im Normbereich mit einer Verschiebung zugunsten des exzitatorischen (erregenden) Glutamats.

Das verminderte Serotonin sollte durch einen Präkursor (Tryptophan oder 5-HTP) angehoben werden. Ebenfalls ist auf eine ausreichende Versorgung mit B-Vitaminen (als Vitamin-B-Komplex) zu achten. Das deutlich erhöhte Noradrenalin ist als verstärkte Stressreaktion zu deuten und sollte durch Gabe eines Methyldonators gesenkt werden. Zur Reduktion des Glutamatwerts sollte darauf geachtet werden, dieses nicht zusätzlich über die Nahrung (überwiegend in industriell gefertigten Nahrungsmitteln) zuzuführen. Zudem wird ein ganzheitliches Stress-Coping nach dem VARESE-Prinzip empfohlen.

Im Coaching wurden mit Victoria die Bereiche Verhalten (Stressfaktoren, Lebensgebote), Achtsamkeit und Regeneration (Entspannungsübungen und erholsamer Schlaf), vollwertige Ernährung, Bewegung und sportliche Aktivität sowie Nahrungsergänzungsmittel betrachtet und individuelle Lösungen erarbeitet. Das Präsenz- und Online-Coaching erstreckte sich über 12 Monate.

Victoria setzte die besprochenen Maßnahmen erfolgreich um und nahm zeitnah eine signifikante Verbesserung ihres mentalen und körperlichen Zustands wahr. Auch die Folgemessung nach 12 Monaten dokumentierte ihren Erfolg: Ihre Laborwerte wiesen in fast allen Bereichen normale Werte auf.

Ein weiteres Praxisbeispiel können Sie sich als Video unter ▶ www.recalibration.de ansehen.

Nachdem die erste Möglichkeit, Stress objektiv durch diverse Laborparameter zu messen, ausführlich dargestellt wurde, wenden wir uns nachfolgend der zweiten Möglichkeit zu.

1.2.3 Herzratenvariabilität

Die HRV ist der frühste prognostischste Marker zur Risikoabschätzung für stressassoziierte Erkrankungen. Das moderne Biofeedbacksystem in Echtzeit gibt Auskunft über die Aktivität im vegetativen Nervensystem, das z. B. für das Funktionieren der inneren Organe wie Leber, Magen und Darm verantwortlich ist. Über diese solide wissenschaftliche Basis können unterschiedliche Parameter, z. B. die Entspannungs- und Erholungsfähigkeit am Tag und in der Nacht, gemessen werden.

Neurotransmitter	Ergebnis	Einheit	Norm-/Zielbereich	
x₀ Kreatinin im Urin 2 (enzymat.)	34,1	mg/dl		
x₀ pH-Wert im Urin	1,6			
x₀ Serotonin im Urin/Krea	53	µg/gKrea	55 - 97	
x₀ Adrenalin im Urin/Krea	18	µg/gKrea	3 - 8	
x₀ Noradrenalin im Urin/Krea	50	µg/gKrea	27 - 50	
x₀ Dopamin im Urin/Krea	170	µg/gKrea	143 - 200	
x₀ Glutamat im Urin/Krea	9,1	mg/gKrea	2,7 - 10,5	

◻ **Abb. 1.11**   Laborwerte Neurotransmitter. (© YourPrevention, 2022)

1

Die HRV misst den zeitlichen Abstand zwischen 2 aufeinanderfolgenden Herzschlägen in Millisekunden. Das Herz schlägt nicht immer im gleichen Rhythmus, sondern er variiert. Dies ermöglicht dem Herz eine Anpassung an internale und externale Bedingungen.

Eine hohe HRV kann als Zeichen eines gesunden Herzens gedeutet werden. Physische Gesundheit, gesteigerte Leistungsfähigkeit und höhere Lebensqualität sowie eine geringere Anfälligkeit für Krankheiten sind mit einer hohen HRV assoziiert.

Ein gesunder Lebensstil (am besten nach dem VARESE-Konzept) hat einen nicht zu unterschätzenden Einfluss auf die HRV, im Gegensatz zu genetischen Faktoren, die nur etwa 30 % ausmachen. Weiteren Einfluss auf die HRV können Stress, Erholung und Atmung, Training, Hormone sowie metabolische und kognitive Prozesse nehmen (Hoffmann, 2022).

Wie verläuft die Messung? Der Klient trägt dazu ein HRV-Messgerät mit medizinischer Güte, entweder in Form eines Brustgurts oder eines ca. 2 € großen Messgeräts in Herznähe.

Hinweis: Die meisten Wearables[5] können die HRV nur optisch mittels Fotoplethysmografie (PPG) über den Blutkreislauf erfassen und berechnen das Intervall zwischen den beiden Herzschlägen. Dies ist jedoch keine präzise Messung, die nur hochwertige Geräte aus dem Leistungssport oder der Medizin liefern können. Da die Messgröße im Millisekundenbereich liegt, ermöglichen nur exakte Daten eine valide Auswertung.

Um ein ausreichend langes Diagnosefenster zu erhalten, sollte die Messung zwischen 3 und 7 Tagen erfolgen (Wolf & Calabrese, 2020). Die Alltagsaktivitäten können wie gewohnt fortgeführt werden und sind während der Messung nicht beeinträchtigt. Die Person kann das HRV-Gerät selbst an- und ablegen und muss dazu nicht zum Stressexperten vor Ort.

Die in der ◘ Abb. 1.12 rot markierten Bereiche kennzeichnen eine Aktivität des Sympathikus (Leistungs- und Stressphasen). Die grün schraffierten Felder zeigen die parasympathische Funktion (Erholungsphasen) auf. Der Klient startet seinen Arbeitstag um 07:00 Uhr. Bis Arbeitsende um 16:00 Uhr ist der Sympathikus aktiv. Nach Feierabend bis zum Schlafengehen um 23:00 Uhr findet keine Aktivierung des Parasympathikus statt, auch in den ersten Schlafphasen nicht. Erst kurz vor 03:00 Uhr nachts wird der Parasympathikus – mit einigen Unterbrechungen – aktiviert (◘ Abb. 1.12).

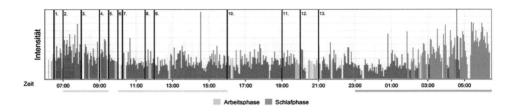

◘ **Abb. 1.12**   Beispiel für eine HRV-Messung. (© YourPrevention, 2022)

---

5   Wearables sind kleine vernetzte Computersysteme, die direkt am Körper oder Kopf getragen werden. Zu ihnen zählen Fitnesstracker, Smartwatches und intelligente Kleidung (Smart Clothes).

Die Nummerierung von 1–13 in ❏ Abb. 1.12 stellt Tagebuchmarker dar, denen der Klient bestimmte Aktivitäten der Uhrzeit zugeordnet hat. Dies dient vor allem dazu, in der nachfolgenden Besprechung Erkenntnisse darüber zu erlangen, welche Aktivitäten den Sympathikus oder den Parasympathikus aktivieren. Wie „entspannt" wir uns bei Aktivitäten fühlen, korreliert im Übrigen nur wenig mit der Parasympathikusaktivierung! Das gilt auch, wenn wir diese Aktivitäten als emotional guttuend empfinden und sie uns Freude bereiten wie Autofahren, Fernsehen, ein Abend mit Freunden o. Ä. Sie sind für unser Wohlbefinden zwar wichtig, ziehen jedoch fast immer eine Sympathikusaktivierung nach sich. Dieses Wissen ist besonders relevant, weil nach einem anspruchsvollen Arbeitstag, der Erledigung privater Verpflichtungen und ggf. der Ausführung sportlicher Tätigkeiten (alle führen zur Aktivierung des Sympathikus), regenerative Aktivitäten stattfinden sollten, die den Körper wieder in Richtung eines parasympathischen Gleichgewichts führen.

Durch frequenzbasierte Messparameter kann die Aktivierung von Sympathikus („low frequency, LF) und Parasympathikus („high frequency", HF) differenziert dargestellt werden. Die LF/HF-Ratio ist ein Maß für das Gleichgewicht zwischen Sympathikus und Parasympathikus, also für die sogenannte sympathovagale Balance. Zu den zeitbasierten Parametern gehört die „standard deviation of NN intervals" (SDNN), die Standardabweichung der NN-Intervalle im Messzeitbereich, ein Maß für die Gesamtvariabilität des Herzschlags, oder der „root mean square of successive differences" (RMSSD), der als Maß für das Regenerationsverhalten nach Stress, Sport und während der Nacht herangezogen werden kann (Wolf & Calabrese, 2020).

1.2.4 Messung der allostatischen Last

Die allostatische Last lässt sich anhand des Allostatic Load Index (ALI) bestimmen, der ein Maß dafür ist, welchen Einfluss die Stressbelastung auf die Gesundheit hat. Er gibt einerseits Aufschluss über die aktuelle gesundheitliche Situation, andererseits ermöglicht er eine Vorhersage, wie sich die Verfassung der Person in den nächsten 3–5 Jahren voraussichtlich entwickeln wird.

Versuchen wir zuerst zu verstehen, was das Konzept der Allostase bedeutet: Unterschiedliche vom Stress betroffene Organsysteme haben die Fähigkeit, sich an chronische Belastungen anzupassen (Wolf & Calabrese, 2020). Dieser langfristige Anpassungsmechanismus wird in der Psychologie als Allostase bezeichnet („allo" = variabel, „stase" = stehend). Im Gegensatz dazu steht die Homöostase, die als ein Parameter stabiler Regulationssysteme (z. B. Körpertemperatur, pH-Wert) verstanden werden kann.

Der sich im Stress befindende Organismus versucht über allostatisch-adaptive Prozesse eine physiologische und psychologische Anpassung und damit Stabilität zu erreichen. Das dynamische Konzept „stability through change" wurde erstmals von Sterling und Eyer (1988) formuliert und von McEwen und Stellar (1993) erweitert.

Die Fähigkeit zur Allostase ist von den kognitiven und den physischen Ressourcen einer Person abhängig (McEwen, 2003). Die sogenannte allostatische Last („allostatic load") beschreibt die anhaltende Aktivierung und Anpassungsleistung des Stresssystems (McEwen & Stellar, 1993).

1

> Je höher die allostatische Last ist, desto stärker treten Abnutzungserscheinungen (im Sinne von Verschleiß) sowie Alterungsprozesse („allostatic state") in Erscheinung.

Regenerative Ressourcen werden bei weiterer anhaltender Anpassungsleistung verbraucht, und das Risiko, an Burn-out zu erkranken, steigt an (Stangl, 2022). Der „allostatic overload" beschreibt einen Zustand, der das Ende der Adaptionsleistungen aufgrund einer permanenten Überbeanspruchung kennzeichnet. Ein stark erniedrigter Kortisolwert (Hypokortisolismus) sowie weitere schwerwiegende pathophysiologische Veränderungen und die Entwicklung von Krankheiten (z. B. Bluthochdruck, Arteriosklerose, chronische Entzündungen, metabolisches Syndrom) zählen zu den Folgen eines „allostatic overload" (McEwen, 2004).

Die allostatische Last kann objektiv bestimmt werden, da während des Anpassungsprozesses die Freisetzung von Katecholaminen und Kortisol erfolgt. Insgesamt werden sieben Organsysteme durch die allostatische Last beeinflusst (Wolf & Calabrese, 2020): sympathisches und parasympathisches Nervensystem, Hypothalamus-Hypophysen-Nebennierenrinden-Achse, Immunsystem, kardiovaskuläres System, Glukose- und Lipidstoffwechsel (nach Wiley et al., 2016). Durch Messung weiterer Biomarker (z. B. HRV, Entzündungsmarker wie Interleukin-6 [IL-6] und Tumornekrosefaktor [TNF]) kann der ALI errechnet werden.

Auf die eher theoretischen Inhalte zu Nervensystem und Stressdiagnostik folgen nun Strategien zum Stressabbau. Im Folgenden werden unterschiedliche Möglichkeiten vorgestellt, wie der Stress minimiert und vermieden werden kann. Dabei geht es zuerst um Stressoren, bevor stressverschärfende Gedanken und Einstellungen näher betrachtet werden.

1.3   Wie die akute Stresssituation unser Gehirn beeinflusst

Kennen Sie das? Ihnen fallen erst nach und nicht während eines wichtigen Meetings die besten Argumente ein.

Dies ist darauf zurückzuführen, dass in einer Stresssituation die Funktion des präfrontalen Kortex, der u. a. für Handlungsplanung, Problemlösung und Entscheidungsfindung zuständig ist, durch die Amygdala im limbischen System gestört wird. Logisches Denken wird also erschwert, da der präfrontale Kortex nicht zu 100 % funktioniert. Plakativ formuliert, macht Stress dumm.

Das limbische System spielt eine große Rolle bei der Verarbeitung von Emotionen. Die Amygdala, ein kleiner mandelförmiger Komplex von Nervenzellen, ist eine sehr bedeutende Hirnregion für das Erleben von Stress und Angst. Sie ist ein Jahrtausende altes und bewährtes „Gefahrenabwehrsystem", das unser Verhalten noch heute steuert.

> In unserer heutigen Zeit ist diese Kombination eher ungünstig, denn es treffen alte Abwehrmechanismen auf neue Gefahren.

Die Amygdala steuert zusammen mit anderen Hirnregionen unsere psychischen und körperlichen Reaktionen auf Stress und Angst auslösende Situationen. Ihre Nervenzellen werden aktiv, wenn wir etwas Neues oder Gefährliches wahrnehmen. Dadurch erhöht sich unsere Aufmerksamkeit. Überschreitet die Nervenaktivität eine bestimmte Schwelle, löst die Amygdala eine Stressreaktion aus und aktiviert dadurch die Fight-or-Flight-Reaktion.

Die Amygdala ist eng mit dem präfrontalen Kortex verbunden, einem stammesgeschichtlich jüngeren Teil unseres Gehirns, der für die Kontrolle von Emotionen eine wichtige Rolle einnimmt. Er ermöglicht uns, durch logische Analyse und Denkvorgänge unsere Emotionen zu beeinflussen. Ebenfalls unterstützt er uns bei der Einschätzung eines Stressors im Sinne von bewältigbar oder nicht bewältigbar und steuert unser Verhalten in der Stresssituation (vgl. Carter et al., 2014; ▶ Abschn. 1.1.1).

❯ Chronischer Stress kann die neuronalen Verknüpfungen im präfrontalen Kortex dahingehend verändern, dass das Treffen sinnvoller Entscheidungen schwieriger wird.

Praxistipp und Praxisbeispiel: Sich auf eine Stresssituation vorbereiten

Vor allem in Stresssituationen, die wir als „schwer" oder „nicht bewältigbar" bewerten, sind unsere kognitive Fähigkeiten eingeschränkt, da das Fight-or-Flight-Programm abläuft. Wenn Sie daher das Eintreten einer Stresssituation antizipieren können, sollten Sie sich in Ruhe darauf vorbereiten und sich mögliche Handlungsstrategien überlegen.

Vielleicht kennen Sie dieses Phänomen, dass Ihnen die besten Argumente ein paar Minuten nach einer Diskussion einfallen, wenn Sie z. B. wieder den Raum verlassen und auf den Weg in Ihr Büro sind. Unter Stress können wir nicht klar denken, daher ist die Einstellung „ich benötige keine Vorbereitung, das wird mir dann in der Situation schon einfallen" keine Erfolg versprechende Strategie.

Jan V., 35 Jahre, arbeitet als Key-Account-Manager bei einem Mittelständler. Aufgrund von gestiegenen Energiekosten müssen die Verkaufspreise erhöht werden. Die Preissteigerungen von bis zu 20 % muss er nun an seine Kunden weitergeben. Einige dieser Gespräche werden sicher nicht ohne Argumentation oder Drohung der Abwanderung verlaufen. Obwohl Jan bereits Erfahrung im Führen von Preisanpassungsgesprächen hat, bereitet er sich akribisch auf alle Gesprächspartner vor und überlegt sich für jede Kundensituation Argumente und Angebotspakete.

Wenn eine stressreiche Situation antizipiert werden kann, ist eine gute Vorbereitung sinnvoll, da wir uns unter Stress nicht auf unsere kognitiven Fähigkeiten verlassen können. Sollte Stress unangekündigt auftreten, können kurzfristige, vorsorgliche Stressbewältigungsstrategien die akute Stressreaktion dämpfen. Hierbei zeigt die Forschung auf, dass Strategien, die geringe kognitive Kontrolle (z. B. Ablenkung) benötigen, besser funktionieren als Emotionsregulationsstrategien (z. B. Neubewertung; Barnow et al., 2016).

1

Praxistipp: Wie Sie in einer akuten Stresssituation Ihren Ärger abbauen können
Sie erhalten eine sinnbefreite Aufgabe per E-Mail, eine ungerechtfertigte Beschwerde oder erleben eine Situation, die bei Ihnen umgehend eine Stressreaktion hervorruft. Wie können Sie damit umgehen? Wie können Sie die automatisiert ablaufende Fight-or-Flight-Reaktion unterbrechen, um kognitiv wieder zu 100 % klar zu sein?
Folgende Möglichkeiten unterstützen Sie bei der kurzfristigen Stressbewältigung:
- Abreagieren durch Bewegung und Sport: Gehen Sie eine Runde um den Block, machen Sie 100 Kniebeugen oder 50 Liegestütze. Spätestens nach der Arbeit sollten Sie die vom Körper zur Verfügung gestellte Energie abbauen.
- Entspannungs- und Atemübungen, z. B. die 4–7–8 Übung (▶ Abschn. 3.8.3).
- Ablenkung, z. B. Musik hören, einen Zeitungsartikel lesen, jemanden anrufen.
- Kommunikation, z. B. mit Kollegen (geteiltes Leid ist halbes Leid).
- Selbstfürsorge: Gehen Sie zeitnah einer freudebringenden Aktivität nach.
- Neubewertung: Werde ich mich in 10 Tagen oder 10 Monaten noch über diese Situation aufregen oder sie bereits vergessen haben?

1.4 Welche Stressauslöser gibt es?

Grob unterschieden werden können Stressfaktoren und dysfunktionale Kognitionen. Diese Differenzierung ist bedeutsam, da sie die Auswahl der unterschiedlichen Lösungsstrategien beeinflusst. Aus meiner Coaching-Erfahrung in der Arbeit mit Klientinnen und Klienten setzt sich die individuelle Stresskulisse häufig aus mehreren Stressauslösern aus beiden Bereichen zusammen.

Unter Stressfaktoren, auch Stressoren genannt, werden sowohl die äußeren als auch die inneren Anforderungen (im Sinne von Reiz, Situation, Ereignis) an den Organismus verstanden, die eine Anpassungsleistung von ihm erfordern.

Stressoren können nochmals in folgende Rubriken eingeteilt werden:
- *Physikalische Stressoren:* Lärm, Hitze, Kälte, Zugluft, keine ergonomische Arbeitsplatzgestaltung, ungenügende Lichtverhältnisse etc.
- *Physische Stressoren:* Schmerzen, Erkrankungen, Verletzungen, Hunger, schwere körperliche Arbeit etc.
- *Arbeits- und Leistungsstressoren:* Zeitdruck, Informationsflut oder -mangel, zu viele Überstunden, Über- und Unterforderung, häufige Unterbrechungen, ungenaue Arbeitsanweisungen und Ziele, Konkurrenzdruck etc.
- *Soziale Stressoren:* Konflikte mit Mitarbeitern/Kollegen/Vorgesetzten/Kunden, negatives Betriebsklima, Kontaktarmut (z. B. im Homeoffice), Isolation etc.
- *Private Stressoren:* Bei Singles Wunsch nach einem Partner, Kritik und häufige Meinungsverschiedenheiten in der Ehe, u. a. auch in Bezug auf Erziehungsfragen, fehlende Anerkennung, zu wenig gemeinsame Zeit/Aktivitäten/Interessen, zu wenig Kommunikation, unerfüllter Kinderwunsch, Schulprobleme/Krankheit der Kinder, Hauskauf oder -renovierung, Unsicherheit etc.
- *Kritische Lebensereignisse:* Tod einer nahestehenden Person, Scheidung, schwere Erkrankung, Berufswechsel, erhebliche Einkommensveränderung sowie finanzielle Krisen etc.

Die Stressoren können nach der Stressintensität in unterschiedliche Kategorien eingeteilt werden. Wir unterscheiden dabei „daily hassles", chronische Stressoren, kritische Lebensereignisse und traumatische Ereignisse:

- Unter *„daily hassles"* werden viele kleine alltägliche Stressoren verstanden: häufige Unterbrechungen und Störungen, mangelnder Informationsfluss, der tägliche Stau im Berufsverkehr usw. Je häufiger diese im Alltag auftreten und sich wiederholen, desto gestresster reagieren wir. Die Stressforschung zeigt, dass sie das wahrgenommene Stresslevel viel stärker erhöhen als einmalige Stressereignisse.
- *Chronische Stressoren* dauern über eine längere Zeitspanne an: ein angespanntes Verhältnis mit einem Kollegen, die Umstrukturierung des Unternehmens, drohender Arbeitsplatzverlust aufgrund von wirtschaftlichen Krisen etc.
- Wie *kritische Lebensereignisse* (ernsthafte Erkrankung, Tod des Partners, Scheidung etc.) verarbeitet werden, ist von der persönlichen Bewertung und den Ressourcen der Person abhängig. Vor allem Personen mit einer hohen Ausprägung der Resilienzfaktoren (Widerstandskraft/Krisenkompetenz) finden nach kritischen Lebensereignissen viel schneller wieder zu neuer Kraft als Personen, die in einer passiven Opferhaltung verweilen.
- Traumatische Ereignisse (schwere Unfälle, Naturkatastrophen, Gewalterfahrungen, Missbrauch etc.) führen in den meisten Fällen zu einer posttraumatischen Belastungsstörung (PTBS), die eine therapeutische und medizinische Begleitung erfordert (Berking & Rief, 2012). Die in diesem Buch vorgestellten Stressbewältigungsstrategien sind für PTBS nicht ausreichend.

Praxischeck: Welche Stressoren stören mich am meisten?

Ein Spaziergänger sieht einem Waldarbeiter zu, der gerade dabei ist, große Baumstämme mit einer Handsäge zu zerkleinern. Die Arbeit ist sehr anstrengend, und er kommt nur langsam voran. Der Spaziergänger erkennt, dass die Ursache eine stumpfe Säge ist, und fragt den genervten Waldarbeiter, warum er denn nicht zuerst seine Säge schärft. Der Mann deutet auf die vielen noch zu zerkleinernden Baumstämme und antwortet: „Ich habe keine Zeit."

Vielleicht Sie kennen diese Geschichte bereits? Menschen im Stress können ein größeres „Waldarbeiter-Verhaltensmuster" aufweisen, als sie annehmen. Zeitdruck bzw. mangelnde Klarheit über Prioritäten verhindern oft ein effektives Stressmanagement. Und da Zeitdruck ein häufiger Begleiter von Stress ist, trägt er dazu bei, dass weder Stressauslöser identifiziert werden noch über wirkungsvolle Lösungsstrategien nachgedacht wird.

So bleiben Stressoren nicht selten langfristig bestehen und können zusätzlich Demotivation, Unzufriedenheit bis hin zur Resignation auslösen. Interessanterweise haben viele von uns ein professionelles Problemlösemanagement, wenn es z. B. um die Lösung von fachlichen oder organisatorischen Themen geht: Der Ursachenanalyse folgt ein Brainstorming mit unterschiedlichen Lösungsansätzen, die anschließend nach sinnvollen Kriterien bewertet auf Umsetzung und Erfolgswahrscheinlichkeit überprüft werden. Das richtige Verhaltensmuster ist in anderen Lebensbereichen also zumeist bereits vorhanden sowie erfolgserprobt und kann nun auf den Umgang mit Stressoren übertragen werden.

1

Eine Analyse der Stressoren stellt eine wichtige Voraussetzung für eine effektive Stressbewältigung dar. Daher möchte ich Sie einladen, Ihre individuellen Stressoren in einem Selbstcheck nach Häufigkeit und Intensität zu analysieren. Unter ▶ www. recalibration.de finden Sie die 2-seitige Stressorenanalyse.

Im nächsten Abschnitt wenden wir uns den Lösungsstrategien für Stressoren zu.

1.5 Strategien für Stressfaktoren

Das Ziel nach der Identifikation der Stressoren ist es, diese zu verringern, zu vermeiden oder im besten Fall auszuschalten. Dieser Prozess sollte strategisch verfolgt werden, ähnlich wie auch andere fachliche Herausforderungen bewältigt und gemeistert werden.

Hierzu eignet sich u. a. das Modell „Love it, leave it, change it", das anhand einer Praxisübung und eines Fallbeispiels verdeutlicht wird. Im nächsten Abschnitt geht es dann um Methoden zur kognitiven Umstrukturierung.

❯ Auswahlmöglichkeiten reduzieren Stress.

Stressoren können Sie mit drei unterschiedlichen Lösungen begegnen:
- Love it – sieh es positiv: Wie kann ich an der Situation wachsen?
- Leave it – verlasse die Situation: Was wären Folgen und Konsequenzen?
- Change it – verändere es: Wie kann ich den Stressfaktor oder meine Einstellung dazu verändern?

Praxisübung: Wie Sie Ihre Stressoren verringern und ausschalten
Analysieren Sie Ihre Stressoren mit dem Selbstcheck und treffen Sie eine Auswahl, mit welchen 1–2 Stressfaktoren Sie starten möchten. Für die erste Anwendung des Modells empfehle ich die Wahl eines eher schwächeren Stressors und nicht gleich Ihres größten Ärgernisses. In der ersten Fahrschulstunde fahren wir auch nicht nachts auf die Autobahn.

Gehen Sie die einzelnen nachfolgenden Fragen durch und schreiben Sie Ihre Antworten am besten auf. Nicht jede Frage ist bei jedem Stressfaktor sinnvoll. Gehen Sie dann einfach zur nächsten Frage über. Vielleicht werden Sie feststellen, dass Ihnen Change it leichter fällt als Love it. Wir haben unterschiedlich ausgeprägte Strategien. Ziel ist es, dass Sie zu allen 3 Ansätzen Antworten auf die Fragen finden und dadurch mehrere Lösungen entwickeln können. Wie im Brainstorming werden zuerst viele Lösungsideen generiert und erst am Ende erfolgt die Auswahl.

Love it – sieh es positiv!
Nehmen Sie die Situation so wie sie ist an, ohne sie zu verändern und konzentrieren Sie sich auf die positiven Aspekte:
- Was ist das Gute an der Situation? Was bringt es mir?
- Was kommt mir entgegen? Was gefällt mir?

- Was würde mir fehlen, wenn ich die Situation verlasse?
- Wie kann ich die Situation als Lernerfahrung nutzen und daran wachsen?
- Was benötige ich, um die Situation zu akzeptieren? (z. B. anderes Mindset, Gegenangebot, Zugeständnis)

Leave it – verlasse die Situation!
Alleine der Gedanke, eine Situation zu verlassen, kann bereits stressminimierend wirken. Und wenn keiner der anderen Lösungsversuche erfolgreich war, steht diese (letzte?) Option zur Auswahl. Allerdings ist dabei die Kosten-Nutzen-Abwägung von großer Bedeutung:

- Will ich die Situation endgültig verlassen? Wenn ja, beantworten Sie die nächsten Fragen.
- Was sind die emotionalen/finanziellen Kosten, wenn ich die Situation verlasse?
- Was ist der emotionale/finanzielle Gewinn, wenn ich die Situation verlasse?

Emotionale Kosten: Wie geht es mir? Ärgere ich mich, bin ich wütend? Welche Emotionen löse ich bei den Betroffenen/Beteiligten aus?
   Emotionaler Gewinn: Wie geht es mir? Bin ich erleichtert, fühle ich mich befreit etc.?
   Hinweis: Eine Situation zu verlassen, ist nicht immer möglich (eigene Krankheit, pflegebedürftige Eltern), dann sind nur die Lösungen bei Love it oder Change it zu erarbeiten.
   Change it – verändere es!
   Hier kommen bekannte und bewährte Strategien zum Einsatz: Zeitmanagement, Arbeitsorganisation, Arbeitsplatzgestaltung, Priorisierung, Delegation, Informationssuche, Einbindung von Experten Weiterbildung, Aktivierung soziales Netzwerk, Führung von Gesprächen und Klärung von Konflikten etc.:

- Was kann ich an der Situation und in meiner Bewertung verändern, damit ich besser mit der Situation auskomme?
- Was benötige ich, um mich in der Situation wohlzufühlen?
- Wie kann ich die reale Situation verändern, ohne diese nicht zu verlassen?

In der Regel liegen nach Bearbeitung der Fragen mehrere Lösungsmöglichkeiten vor. Der Vorteil in der Auswahl mehrerer Lösungen besteht darin, dass dies bereits stressreduzierend wirken kann. Wer nur eine einzige Option hat, fühlt sich oft zu etwas gezwungen. Daher ist es sinnvoll, unterschiedliche Lösungswege zu erarbeiten. Auswahlmöglichkeiten tragen zu einem Gefühl der Freiheit bei. Im Anschluss daran erfolgt die Bewertung, Auswahl und Planung der Umsetzung.
   Nachfolgend verdeutlicht ein Fallbeispiel aus der Praxis die Anwendung.

Praxisbeispiel: Stressorenreduktion mit Love it, Leave it, Change it
Thorsten G., 38 Jahre, ist Projektleiter in einem IT-Softwarehaus. Privat ist er mit einer Key-Account-Managerin verheiratet, und gemeinsam haben sie 2 pubertierende Söhne im Alter von 14 und 16 Jahren. Seine Stresskulisse setzt sich aus insgesamt 2 privaten und beruflichen Stressoren zusammen:

1. Seit über 20 Jahren ist er Vorstandsmitglied im örtlichen Fußballverein. Er möchte die zeitintensive Aufgabe abgeben, doch es findet sich im Verein kein Freiwilliger als Ersatz. „Wenn er geht, dann bedeutet dies das Ende des Vereins", so die Vereins-mitglieder. Thorsten hat ein schlechtes Gewissen, denn das möchte er auf keinen Fall. Außerdem ist ihm Harmonie wichtig.
   - Love it: Er bleibt im Amt. Die Tatsache, dass er nicht schnell ersetzbar ist, schmeichelt seinem Ego und löst Motivation aus. Auch dass alle Vereins-mitglieder sich weiterhin sportlich betätigen können und die Vereinsfeiern weiter-hin stattfinden, begrüßt er. Der Verein ist für seine Gemeinde sehr wichtig.
   - **Leave it:** Er verlässt seinen Posten. Sein emotionaler Gewinn wären mehr Frei-zeit und Erleichterung, und er hätte eine Last weniger zu tragen. Wenn seine Amtsaufgabe eine Schließung des Vereins bedeuten würde, würde er das sehr bedauern (= emotionale Kosten). Die Aussage seiner Vereinskollegen „Wenn er geht, dann bedeutet dies das Ende des Vereins" konnte im Coaching erfolgreich umgedeutet werden zu „Wenn sich kein anderes der 220 Mitglieder dazu bereit erklärt, dieses Amt zu übernehmen, dann bedeutet dies das Ende des Vereins". Thorsten konnte mit dieser neuen Einstellung auch gut in die Kommunikation mit seinen Vereinskollegen gehen. Es gibt bei diesem Beispiel für Thorsten weder einen finanziellen Gewinn noch Kosten. Bei Schließung des Vereins könnten ggf. Kosten entstehen, jedoch nicht unmittelbar für ihn.
   - Change it: Es findet sich vor allem kein Nachfolger, da sein Amt sehr zeitauf-wendig ist. Ferner möchte keiner die Verantwortung tragen. Viele der Aufgaben könnten allerdings noch weiter digitalisiert werden, um so die benötigte Zeit zu reduzieren. Die Kosten dafür müssten nach Prüfung genehmigt werden. Dies dauert sicher eine Saison. Nach Strukturierung der Aufgaben könnte auch eine sinnvolle Aufgabenteilung erfolgen und 2 Personen könnten seinen Posten übernehmen. Thorsten wird sich im Coaching bewusst, dass er nach 20 Jahren im Vorstand mit gutem Gewissen einen Schritt zurücktreten kann.
   - → *Thorsten entscheidet sich für Leave it.*
2. Bei der Arbeit laufen mehrere abteilungsübergreifende Prozesse nicht zufrieden-stellend und führen bei seinem Team zu Mehrarbeit, Fehlern und Demotivation. Aufgrund von Fachkräftemangel und zu vielen aktuellen Projekten muss er selbst häufig Arbeiten seiner Mitarbeiter ausführen und hat wenig Energie, dieses Thema mit seinen Projektleiterkollegen anzugehen, vor allem, weil er weiß, dass unter-schiedliche Zielkonflikte bestehen.
   - Love it: Die Situation bleibt im Status quo bestehen. Die Tatsache, dass es in Organisationen immer Prozesse geben wird, deren Optimierung schwer oder nicht möglich sind, kann in einem gewissen Grad zur Toleranz gegenüber nega-tiven Auswirkungen beitragen. Thorsten sieht die Situation als Heraus-forderung, er reagiert mit Empathie und versucht, stets zu motivieren.
   - Leave it: Falls die Situation unerträglich erscheint, könnte eine Versetzung oder ein Jobwechsel in Betracht gezogen werden. Sein emotionaler Verlust wäre einen Job und ein Team zu verlassen, die ihm Freude bereiten. Sein emotionaler Gewinn wäre, sich nicht mehr mit leidiger Prozessoptimierung auseinander-setzen zu müssen. Ob bei einem Jobwechsel eher ein finanzieller Gewinn oder Verlust zu erwarten wäre, kann zu diesem Zeitpunkt nicht beantwortet werden.

— **Change it:** Thorsten könnte einen Workshop einberufen. Jede Abteilung soll im Vorfeld Probleme identifizieren und Bedingungen erarbeiten, die sie dann in einem gemeinsamen Meeting vorstellen. Thorsten könnte dieses Meeting durch einen externen, professionellen Moderator durchführen lassen und erhofft sich dadurch eine bessere und schnellere Klärung.

— → *Er entscheidet sich für Change it.*

Auf ▶ www.recalibration.de finden Sie noch weitere Beispiele, wie Thorsten seine anderen Stressoren verringert und ausgeschaltet hat. Des Weiteren können Sie sich ein Worksheet zu Love it, Leave it, Change it downloaden.

1.6 Stressverstärkende Denk- und Verhaltensmuster

» Ich habe in meinem Leben schon unzählige Katastrophen erlebt, die meisten davon sind nie eingetroffen.
    (Mark Twain, 1835–1910, US-amerikanischer Schriftsteller)

Mark Twain bringt es auf den Punkt. Unsere mentale Vorstellungskraft ist beachtlich und kann unter Stress in Schwarzsehen und negativen Gedankenspiralen münden. Die Stressgesamtbelastung setzt sich häufig aus Stressoren und dysfunktionalen, stressverschärfenden Kognitionen zusammen. Unter Kognitionen wird die Gesamtheit der mental ablaufenden Prozesse wie Wahrnehmungen, Gedanken, Vorstellungen, Vermutungen, Einstellungen, Wünschen und Absichten verstanden.

Ziel von kognitiven Stressbewältigungsstrategien ist das Erlernen von alternativen funktionalen Denkmustern, die eine stressvermindernde Bewertung von Gedanken und Stressoren ermöglicht. Zuerst stelle ich Ihnen die Methode der kognitiven Umstrukturierung vor, bevor es darum geht, die inneren Antreiber zu identifizieren.

1.6.1 Strategien zur kognitiven Umstrukturierung

Im Alltag kann es vorkommen, dass Personen mit einem nicht der Situation angemessen Stresslevel reagieren. Wir stehen im Stau oder wir verschütten vor einer wichtigen Präsentation Kaffee auf unser weißes Hemd und schon kann aus der Mücke ein Elefant werden.

Die nachfolgenden Ausführungen befassen sich mit der Bewertung bzw. mit dysfunktionalen Kognitionen nach der rational-emotiven Therapie von Albert Ellis. Ziel ist es dabei, das Zusammenwirken von Emotionen und Kognitionen zu verstehen, unangemessene Denk- und Bewertungsmuster aufzuspüren und diese zu reflektieren sowie angemessene Gedanken zu formulieren und diese in das Verhalten zu übertragen (Wilken, 2018).

Im ersten Schritt ist es notwendig, dass wir verstehen, dass ein auslösendes Ereignis („activating event", A) weder die emotionalen Konsequenzen („consequences", C), also das, was ich fühle, noch die körperlichen Reaktionen (Puls, Schwitzen) auslöst, sondern die eigene Bewertung („beliefs", B).

1

Praxisbeispiel und Praxisübung: Wie die eigene Bewertung als Stressverschärfer wirkt

A: Matthias P., 39 Jahre, Teamleiter in einem Pharmaunternehmen, hat seit ein paar Wochen einen neuen Chef, der ihm bei jeder delegierten neuen Aufgabe erklärt, wie Matthias diese ausführen soll.

C: Matthias ist wütend und ärgerlich. Er bekommt einen roten Kopf und sein Puls steigt an, nur wenn die Telefonnummer seines Chefs auf seinem Display erscheint. Er vermeidet mit seinem Chef in die Kantine zu gehen und hält jegliche Kommunikation kurz.

B: Matthias nimmt an, dass ihn sein Chef für unfähig hält, da er alles erklärt. „Er denkt wohl, ich bin ein Idiot", äußert Matthias im Coaching.

Nicht die Situation (A) führt zu den Gefühlen und dem Verhalten (C), sondern die Bewertung (B). Diese Bewertungen erfolgen nicht immer bewusst, sondern laufen häufig automatisiert ab. Es sind verinnerlichte Denkmuster, die sich im Verlauf unseres Lebens manifestiert haben.

Praxisübung: Anwendung des ABC-Modells

Denken Sie an eine Situation, in der Sie negative Emotionen hatten.

- Auslösendes Ereignis:
  - Erläutern Sie die Situation. Nennen Sie nur die Fakten, ähnlich einem Polizeibericht.
- Konsequenz:
  - Wie haben Sie sich verhalten? Wie haben Sie sich gefühlt? Wie lange und wie stark waren die Emotionen (Skala von 0 „gering" bis 10 „sehr stark")?
  - Hat Ihnen Ihre Emotion/Ihr Verhalten geholfen, die Situation zu Ihrer Zufriedenheit zu meistern?
  - Was waren die negativen Folgen Ihrer Reaktion?
  - Wo führt Sie Ihr Verhalten langfristig hin? Entspricht Ihr Verhalten Ihren Wünschen und langfristigen Zielen?
  - Finden Sie Ihr Gefühl/Verhalten in der Situation angemessen oder unangemessen?
  - Was würden Sie gewinnen oder verlieren, wenn Sie sich in der Situation anders verhalten würden?
  - Wie würden Sie sich gerne fühlen?
- Bewertung:
  - Welche Gedanken gingen mit den negativen Emotionen bzw. dem Verhalten einher?
  - Was ging Ihnen in der Situation durch den Kopf? Was haben Sie zu sich selbst gesagt?

Wenn Sie sich eine Neubewertung und eine Umstrukturierung dysfunktionaler Kognitionen erarbeiten möchten, dann wählen Sie bitte nur eine der Kognitionen aus der Praxisübung „Anwendung des ABC-Modells" aus.

Praxistipp: Stressreduktion durch mentale Neubewertung

Der Sokratische Dialog ist eine besondere Art der Gesprächsführung, der selbst-
ständiges Erkennen und Reflexion fördern will. Folgende Fragen können Sie dabei
unterstützen:

1. Realitätscheck:
   - Welche Zahlen, Daten, Fakten sprechen für diese Sichtweise?
   - Welch anderen Betrachtungsweisen der Situation gibt es?
   - Sehen Sie die negativen und die positiven Aspekte?
2. Ressourcencheck:
   - Welche andere ähnliche Situation haben Sie bereits gemeistert?
   - Welche Ressourcen und Kompetenzen haben Ihnen dabei geholfen?
   - Welche Ressourcen, Kompetenzen und Fähigkeiten können Sie für diese Situa-
     tion aktivieren? Was benötigen Sie?
3. Hedonistische Disputation:
   - Hilft Ihnen der Gedanke, sich so zu fühlen, wie Sie es möchten?
   - Welche Vor- und Nachteile hat Ihre Überzeugung? (im Hinblick auf Ihre Ziele)
   - Bringt Sie dieser Gedanke weiter?
4. Empirische Disputation:
   - Beruht dieser Gedanke auf Tatsachen? Können Sie Beispiele nennen?
   - Welchen Beleg haben Sie für diesen Gedanken/Aussage?
   - Was spricht für und was gegen Ihre Annahme?
5. Logische Disputation:
   - Ist der Gedanke logisch?
   - Welcher logische Fehler steckt in Ihrer Annahme?
6. Distanzierung durch Rollenwechsel:
   - Welche Empfehlung würden Sie einem guten Freund in einer ähnlichen Situa-
     tion geben?
   - Was würde Ihnen ein guter Freund raten?
   - Wen kennen Sie, der mit Ihrer Situation besser umgehen könnte als Sie? Was
     denkt oder sagt diese Person möglicherweise zu sich selbst?
7. Distanzierung durch zeitliche Relativierung:
   - Wie werden Sie in einer Woche, einem Monat und einem Jahr über die Sache
     denken?
   - Wie werden Sie in 10, 20 und 30 Jahren darüber denken?
8. Entkatastrophieren:
   - Was ist der Worst Case?
   - Wie wahrscheinlich tritt der Worst Case ein?
   - Wie würden Sie den Worst Case auf einer Skala von 0 (irrelevant) bis 10 (das
     Schlimmste, was Sie sich vorstellen können) bewerten?

Sie können sich die Fragen selbst stellen und beantworten oder gemeinsam mit einer
vertrauten Person den Sokratischen Dialog durchgehen.

1

Weitere dysfunktionale Bewertungsmuster können auch aufgrund von übersteigerten inneren Antreibern, sogenannten Lebensgeboten, entstehen. Ob diese Ihren Stresspegel unnötig erhöhen und mit welchen Strategien Sie diese Stressverschärfer wieder herunterregulieren können, darüber informiert der nächste Abschnitt.

1.6.2 Innere Antreiber

„Ein Indianer kennt keinen Schmerz", „Zeit ist Geld", „das Leben ist kein Ponyhof", „Vertrauen ist gut, Kontrolle ist besser", „zuerst die Arbeit, dann das Vergnügen" usw. Kennen Sie diese Leitsprüche? Sie zeigen beispielhaft die Existenz von Lebensgeboten im Alltag auf. Ergänzend kommen neben Perfektionismus und mangelnder Abgrenzung (z. B. nicht Nein sagen können) noch viele weitere stressverschärfende Antreiber dazu.

Innere Antreiber sind machtvolle Wahrnehmungs- und Bewertungsmuster sowie Überzeugungen und Einstellungen, nach denen wir unsere Bewertung und unser Handeln ausrichten. Das Problem dabei ist, dass wir einen inneren Druck bis hin zum Zwang verspüren, diese Lebensgebote zu erfüllen. Sie geben uns Orientierung, wie Aufgaben und Tätigkeiten verrichtet werden müssen, sonst lösen sie negative Emotionen wie Ärger, Unzufriedenheit oder Stress aus (vgl. Beck et al., 2017; Kaluza, 2015; Potreck-Rose & Jacob, 2010; Spitzer, 2016; Wilken, 2018).

■ **Wie entstehen Lebensgebote?**

Innere Antreiber werden häufig im Kindesalter von den Eltern und/oder zusätzlich durch unser soziales Umfeld (ältere Geschwister, Großeltern etc.) vorgelebt und durch Lob oder Strafe geprägt (Konditionierung). Ein Verstoß gegen diese Botschaften mit Absolutheitscharakter führt zu Entzug von (elterlicher) Aufmerksamkeit, Zuwendung und Liebe.

Praxisbeispiel: Wie Lebensgebote in der Kindheit geprägt werden

Sandro K. erzählt im Coaching, wie ihm sein Vater bei „schlechten" Schulnoten (bereits ab Note 2) die Aufmerksamkeit entzog, ihn keines Blickes würdigte und ihn zur Strafe auf sein Zimmer schickte. Sandro lernte als Kind, dass er Leistung bringen muss, um akzeptiert und geliebt zu werden.

Michael M. hatte wenig empathische Eltern. Als er bei größeren Verletzungen weinte und Trost suchte, wurde er stets mit dem Satz „Stell Dich nicht so an, ein Indianer kennt kein Schmerz" beschwichtigt. Michael lernte durch die Reaktion seiner Eltern, keine Schwäche zu zeigen. Zähne zusammenbeißen und stark sein um jeden Preis, wurden in seinem Zuhause geschätzt.

Sandra F. hörte in der Kindheit oft Sätze wie „sei lieb, sei nicht aufmüpfig, passe dich an, fall nicht auf", und so lernte sie nicht, ihre eigenen Bedürfnisse zu erkennen oder sie durchzusetzen.

Bei Erwachsenen sind die Lebensgebote in Form von Überzeugungen tief verinnerlicht, oftmals jedoch nicht als Treiber von Verhaltensmustern bewusst. Erst im Erwachsenenalter haben wir die Möglichkeit zu erkennen, dass es Alternativen zu den elterlichen, stressverschärfenden Botschaften gibt (Stahl, 2015).

Jeder Mensch hat unzählige Lebensgebote. Es werden dabei 3 Ausprägungen unterschieden:

- Positive Lebensgebote: z. B. „Ich schaffe das!", also alle positiv-stärkenden Überzeugungen
- Negative Lebensgebote: z. B. „Ich war schon immer schlecht in …!", also alle negativ-schwächenden Gedanken, die unser Selbstbild angreifen
- Lebensgebote, die je nach ihrer Ausprägung positiv oder negativ wirken können

Im weiteren Verlauf wollen wir uns der dritten Gruppe widmen. Dort gibt es auch zahlreiche ungünstige Bewertungen, jedoch treten bis zu 7 Lebensgebote bei sehr vielen Menschen im Stresskontext häufig überausgeprägt in Erscheinung. Bei normaler Ausprägung kann eine unbewusste Einstellung wie „Ich muss stark sein" durchaus positive Auswirkungen auf eine Person und ihr Handeln haben, z. B. indem sie sich anstrengt und nicht so schnell aufgibt. Die Menge macht das Gift. Bei Überausprägung wird die bestehende Stresskulisse jedoch unnötig verschärft.

Nachfolgend geht es um die Identifizierung dieser dysfunktionalen Kognitionen und das Erkennen ihrer negativen Funktionen im Alltag. Positiv-motivierende Funktionen sollen dabei wertgeschätzt und beibehalten werden. Anschließend werde ich Ihnen aufzeigen, wie Sie überhöhte, Stress auslösende Erwartungen und Überzeugungen durch alternative den Stress reduzierende Denkmuster ersetzen können.

Praxischeck: Welche Lebensgebote verstärken meinen Stresslevel?

Ich möchte Sie einladen, die Ausprägung Ihrer 7 mentalen Stressverstärker durch einen Selbstcheck zu überprüfen. Der Selbstcheck steht unter ► www.recalibration.de zur Verfügung. Es sind 49 Aussagen, die mithilfe einer Bewertungsskala (von „trifft zu" bis „trifft nicht zu") zu beantworten sind. Es gibt dabei keine richtigen oder falschen Antworten. Sie benötigen inklusive der Auswertung ca. 15 min.

Ihnen liegt Ihr Ergebnis vor? Gut! Sie haben den ersten Schritt in Richtung Lösung gemacht. Wie geht es Ihnen mit diesem Ergebnis? Was ist neu und überraschend, was ist bekannt? Gibt es übersteigerte Antreiber, die Sie bereits länger kennen und ggf. nicht loswerden?

Im nachfolgenden Abschnitt stelle ich Ihnen die 7 Antreiber aus dem Selbstcheck vor. Der Antreiber wirkt als Stärke, wenn Sie bis 11 Punkte haben. Er wirkt stressverstärkend und als Schwäche, wenn Sie mehr als 12 Punkte haben. Liegt Ihr Ergebnis über 16 Punkte, kann der Antreiber gesundheitsgefährdend wirken. Die Erlauber sind die jeweiligen Gegenspieler zu den übersteigerten Antreibern. Diese geben Ihnen einen ersten Eindruck über mögliche Lösungsansätze.

1

■ **Stressverstärker: Sei perfekt!**

Menschen mit einem übertriebenen Perfektionismus sehnen sich nach Anerkennung, die sie über eine fehlerfreie Leistung erarbeiten wollen. Dies gelingt jedoch nur aufgrund eines unverhältnismäßig hohen Einsatzes von Energie- und Zeitressourcen (Stichwort: Pareto-Prinzip, für die letzten 20 % vom Ergebnis wird 80 % der Zeit benötigt). Besonders stressverschärfend wirkt dieser Antreiber, wenn alle Lebensbereiche betroffen sind. Misserfolg oder Versagen wird als existenzielle Bedrohung des Selbstwertgefühls bewertet:

  ▬ *Stärken:* Ein hoher Qualitätsanspruch ist hilfreich bei allen Tätigkeiten, die Genauigkeit und Sorgfalt benötigen. Sie streben nach exzellenten Leistungen und sind überdurchschnittlich motiviert.
  ▬ *Schwächen:* Der permanente Zeitdruck wird von der Angst, Fehler zu machen, und einem Hang zur Pedanterie begleitet. Ihr Selbstwertgefühl basiert fast ausschließlich auf ihrer Leistung.
  ▬ *Erlauber:*
    – Ich darf Fehler machen. Fehler sind Lernchancen.
    – Ich bin gut, wie ich bin.
    – Ich bin es wert, geliebt zu werden, unabhängig von meiner Leistung.

■ **Stressverstärker: Mach schnell!**

ASAP – „as soon as possible" ist das Lebensmotto im Berufs- und Privatleben. Menschen mit diesem übersteigerten Stressverstärker mangelt es an innerer Ruhe und Gelassenheit, denn die Liste der Verpflichtungen und selbst gewählten Aktivitäten erscheint endlos. Sie werden nervös und ungeduldig, wenn Tätigkeiten oder Prozesse zu lange dauern. Auch im Sprech- und Bewegungsmuster zeigt sich dieser Antreiber, z. B. durch schnelles Sprechen, Fingertrommeln; auch die Körperhaltung kann von ständiger Bewegung gekennzeichnet sein:

  ▬ *Stärken:* Sie wirken dynamisch und können in der Regel schnell Entscheidungen treffen. Ihnen fällt es leicht, auf einer übergeordneten Ebene Konzepte oder Lösungen zu entwickeln.
  ▬ *Schwächen:* Sie verbreiten Hektik, was konzentriertes Arbeiten erschwert. Ebenfalls neigen sie zu Leichtsinns- und Flüchtigkeitsfehlern. Für Details haben sie keine Zeit, was sie oberflächlich erscheinen lässt. Ihr Durchhaltevermögen ist gering ausgeprägt.
  ▬ *Erlauber:*
    – Ich darf unterschiedliche Arbeitstempi haben.
    – Ich darf mir Zeit nehmen und Pausen einlegen.
    – Ich darf mir in Ruhe Gedanken machen.

■ **Stressverstärker: Streng Dich an!**

Ergebnisse sind nur dann wertvoll, wenn sie durch eine enorme Anstrengung und viel Aufwand erarbeitet werden. Interessant bei diesem Antreiber ist, dass die Qualität des Ergebnisses als weniger bedeutend als der leidvolle Weg bewertet wird. Ein müheloser Erfolg ist wenig/nichts wert. Sport, meist kompetitiver Natur, wird im Privatleben auf sehr hohem Leistungsniveau betrieben. Menschen mit diesem Stressverstärker fehlt es an der inneren Erlaubnis, Dinge leicht, locker und entspannt zu sehen:

- *Stärken:* Diese hohe Leistungsmotivation kann andere Menschen motivieren und inspirieren. Personen mit diesem Antreiber verfügen über ein ausgeprägtes Durchhaltevermögen sowie eine hohe Frustrationstoleranz.
- *Schwächen:* Sie sind unzufrieden, wenn es leicht geht, daher tendieren sie dazu, überall Probleme und Krisen zu sehen. Manchmal legen sie sogar Feuer, um Applaus für das Löschen zu erhalten. Sie schaffen ein kompetitives (berufliches) Umfeld, in dem ein ausgeprägtes Konkurrenzdenken herrscht.
- *Erlauber:*
  - Arbeit darf mir leicht fallen. Auch Low Hanging Fruits sind wertvoll.
  - Ich darf mich entspannen.
  - In der Freizeit darf ich es locker nehmen.

■ Stressverstärker: Mach es allen recht!

Menschen, die es allen recht machen wollen, die nicht Nein sagen können, vernachlässigen sich und ihre Bedürfnisse und Wünsche. Ihnen sind Anerkennung, Zugehörigkeit sowie Harmonie mit anderen Personen sehr wichtig. Sie wollen keinen enttäuschen, da sie Ablehnung und Ausgrenzung als Konsequenz befürchten. Ihre Sprache enthält viele kooperative und integrative Formulierungen (wir, ihr, alle, uns anstatt ich, meine, mir).

- *Stärken:* Sie sind hilfsbereit, teamfähig, empathisch und ihr Verhalten ist durch Bescheidenheit, Loyalität und hohe Verantwortungsübernahme geprägt. Sie sind in hohem Maße kompromissbereit und anpassungsfähig.
- *Schwächen:* Durch die mangelnde Abgrenzungsfähigkeit lassen sie sich häufig ausnutzen. Sie wollen Zurückweisung und Einsamkeit um jeden Preis verhindern und sind daher wenig/nicht konfliktfähig. Auch ihr Durchsetzungsvermögen ist unterdurchschnittlich ausgeprägt.
- *Erlauber:*
  - Ich nehme mich und meine Bedürfnisse wichtig.
  - Ich darf mich abgrenzen.
  - Ich bin wertvoll.

■ Stressverstärker: Sei stark!

Ein Indianer kennt keinen Schmerz, Heldentum um jeden Preis – Menschen mit diesem Stressverstärker bewerten Anzeichen von (vermeintlicher) Schwäche, z. B. Krankheit, Hilfsbedürftigkeit oder negative Emotionen, als Niederlage, die es zu verhindern gilt. Nur sehr vertrauten Personen aus ihrem inneren Kreis gegenüber äußern sie ihr Befinden. Sie sind Meister im Aus- und Durchhalten. Ihnen ist eine Trennung von Privatem und Beruflichem überaus wichtig.

- *Stärken:* Sie sind sehr belastbar und ehrgeizig. Sie wirken enorm selbstbewusst und fast schon unverwundbar. Durch dieses Erscheinungsbild können sie in unsicheren Situationen, wie Change-Projekten und Krisen den anderen als Anker Sicherheit und Orientierung vermitteln.
- *Schwächen:* Sie haben Angst, dass andere ihre Schwächen entdecken könnten. Sie wirken wenig empathisch, rücksichtsvoll und tendieren dazu, Angelegenheiten brachial zu erledigen. Zu den weiteren ungünstigen Verhaltensmustern zählen impulsives Verhalten sowie die Überschätzung ihrer körperlichen Leistungsfähigkeit.

1

- *Erlauber:*
  - Ich darf mir Unterstützung holen.
  - Ich darf auch negative Emotionen zeigen.
  - Sich zu öffnen, ist eine große Stärke.

■ **Stressverstärker: Behalte die Kontrolle!**

Menschen mit diesem Stressverstärker haben ein großes Bedürfnis nach Sicherheit und Kontrolle. Sie schätzen Checklisten sowie erfolgserprobte Vorgehensweisen. Sie sind gut organisiert und handeln verantwortungsvoll. Neuem gegenüber treten sie mit Zurückhaltung auf. Bei Planänderungen geraten sie leicht unter Stress. Insgesamt meiden sie riskante Situationen oder Sportarten. Sie nehmen statt Chancen eher mögliche Risiken war:

- *Stärken:* Durch ihre strukturierte Arbeitsweise behalten sie den Überblick. Sie können ausgesprochen gut organisieren und haben häufig einen Plan B ausgearbeitet. Eine hohe Verlässlichkeit und Genauigkeit prägen ihren Arbeitsstil.
- *Schwächen:* Sie prüfen alles auf mögliche Gefahren und Risiken, lesen z. B. AGBs und Kleingedrucktes. Die Entscheidungsfindung ist bei ihnen ein langer Prozess, da zuerst alle Informationen und Risiken abgewogen werden müssen. Delegation von Aufgaben findet aufgrund von mangelndem Vertrauen und des Gefühls des Kontrollverlustes wenig statt. Spontane Planänderungen werden als Stressfaktor bewertet.
- *Erlauber:*
  - Ich darf bereits getroffene Entscheidungen korrigieren.
  - Ich darf auf andere vertrauen und mich auf sie verlassen.
  - Ich behalte die Ruhe, wenn es spontane Änderungen gibt.

■ **Stressverstärker: Sei unabhängig!**

Menschen mit diesem Stressverstärker haben ein großes Bedürfnis nach Freiheit und Selbstbestimmung. Ihr Wunsch nach persönlicher Unabhängigkeit äußert sich im Privat- und Berufsleben. Flexible Vereinbarungen werden Verträgen mit langer Laufzeit vorgezogen. Ihr Autonomiemotiv verhindert, dass sie sich bei Bedarf Unterstützung holen:

- *Stärken:* Sie haben eine hohe Selbstwirksamkeit und großen Gestaltungswillen. Sie können sich gut strukturieren, organisieren und sind es gewohnt, sich allein in neue Aufgaben und Themengebiete einzuarbeiten.
- *Schwächen:* In Situationen, in denen sie auf andere angewiesen sind, fühlen sie sich unwohl. Sie können sich weniger gut in ein Team einfügen, um Unterstützung bitten und andere Regeln akzeptieren. Sie lassen sich nur mit großem Spielraum führen.
- *Erlauber:*
  - Ich darf um Unterstützung bitten.
  - Ich kann vertrauen und mich auf andere einlassen.
  - Ich behalte meine Freiheit und kann mich gleichzeitig zu einem Team bekennen.

Praxisübung: Anwendung von Erlauber-Sätzen im Alltag

Ab einem Punktwert von 12 für einen der 7 Stressverstärker aus dem (Online-)Selbstcheck können sich die Stärken der Antreiber als stressverschärfende bis gesundheitsschädigende Schwächen auswirken. Eine Regulierung in den Normbereich ist zu empfehlen.

Falls Sie mehrere erhöhte Antreiber haben, entscheiden Sie sich für einen, mit dem Sie starten wollen. Erst wenn Sie eine deutliche Verbesserung bei dem ausgewählten Antreiber wahrnehmen, können Sie sich einem weiteren überhöhten Antreiber widmen. Je länger der Antreiber Ihre Denk- und Verhaltensmuster steuert und je ausgeprägter dieser ist, desto länger kann die Bearbeitung dauern. Die Arbeit mit Lebensgeboten ist keine Tagesaufgabe. Unter Umständen können dysfunktionale Lebensgebote eine lebensbegleitende Aufgabe darstellen.

Um die inneren Antreiber wieder auf ein gesundes Maß zu regulieren, helfen Erlauber-Sätze. Wiederholen Sie diese täglich 1–2 min über mehrere Wochen bis Monate, damit sich neue neuronale Verknüpfungen in Ihrem Gehirn bilden können. Wiederholen Sie die neuen Lebensgebote auch vor und am besten während einer antreiberspezifischen Situation, z. B. bei einem erhöhten Antreiber „Mach schnell!": Sie stehen im Stau oder merken, dass Sie wieder einmal viel zu schnell essen. Wiederholen Sie in beiden Situationen einige Male die neuen Lebensgebote zu diesem Antreiber. Finden Sie eigene, situationsspezifische Erlauber-Sätze, z. B. „Ich nehme mir Zeit beim Essen."

Die Erlauber beginnen am besten mit dem Personalpronomen ich und enthalten keine Negation:

- Ungünstige Formulierung: „Übertriebene Perfektion muss nicht sein."
- Günstige Formulierungen: „Ich darf mir Fehler erlauben." Oder: „100 % reichen aus."

Nach der Vorstellung der unterschiedlichen Antreiber mit ihren jeweiligen Stärken und Schwächen folgen einige Praxisbeispiele, wie sich übersteigerte Lebensgebote im Alltag zeigen können.

Praxisbeispiel: Stressverstärker „Sei perfekt!"

Claudia N., 34 Jahre, verheiratet, Sohn (7 Jahre), Führungskraft in einem inhabergeführten Unternehmen, ist vor kurzer Zeit erneut befördert worden. Sie ist hoch motiviert, will keine Fehler machen und setzt sich sehr unter Druck. Häufig arbeitet sie bis spät in die Nacht, um alle Aufgaben mit Bravour zu erledigen. Sie will ihrer Vorgesetzten beweisen, dass sie die richtige Person für diese Position ist. Sie identifiziert sich sehr stark mit ihrem Job, der ihren Selbstwert in hohem Maße unterstützt. Claudia hat zudem den Anspruch, ihren neuen Aufgabenbereich sofort gänzlich auszufüllen und wie ein alter Hase zu beherrschen. Sie fühlt sich Zunehmens gestresst und leidet unter Schlafproblemen, Verspannungen im oberen Rücken, Magenschmerzen und Migräne. Auch im Privatleben tritt ihr Perfektionismus, der sie bereits seit der Schulzeit begleitet, immer massiver in Erscheinung: Als ein Stück von dem von ihr gebackenen Geburtstagskuchen in der Kuchenform hängen bleibt, wirft sie den ganzen Kuchen frustriert und ärgerlich in den Müll und fängt unverzüglich mit dem Backen eines

1

neuen Kuchens für ihren Sohn an. Als sie wenig später darüber nachdenkt, wird ihr klar, dass es so nicht weitergehen kann. Sie nimmt sich oft vor, Dinge lockerer zu sehen, schafft es jedoch nicht. Claudia entschließt sich, professionelle Unterstützung in Anspruch zu nehmen.

Im Coaching werden neben der Stressdiagnostik (Laborwerte: erhöhte Adrenalin- und Kortisolwerte, stark erniedrigte Serotoninwerte, HRV-Messung: Sympathikusdominanz mit eingeschränkter nächtlicher Erholung) auch Stressoren und Lebensgebote betrachtet. Sie entwickelt Lösungen für die Stressoren und definiert für sich neue, stressmindernde Erlauber: „Ich darf mir selbst Zeit in der Einarbeitungsphase geben. Ich darf Fehler machen. Ich bin eine tolle Frau, unabhängig von meiner Leistung." Außerdem soll sie möglichst den Handlungsanweisungen und Empfehlungen nach dem VARESE-Prinzip folgen.

Bereits nach wenigen Wochen haben sich ihre Stresssymptome deutlich reduziert. Ihr Wohlbefinden und ihre Leistungsfähigkeit haben sich durch die neu erlangte Leichtigkeit und Gelassenheit deutlich verbessert.

Praxisbeispiel: Stressverstärker „Sei stark!"

Stefan P., 46 Jahre, geschieden, 3 Kinder, Vertriebsleiter in einem produzierenden Unternehmen, klagte über eine zu große berufsbedingte Belastung und über Stresssymptome (Bluthochdruck, verstärktes Schwitzen, Vergesslichkeit, Reizdarm, täglicher Alkoholkonsum, Gefühl der Erschöpfung). Seine Laborwerte und die HRV-Messung dokumentierten eine deutliche chronische Stressbelastung. Im Selbstcheck zu den Lebensgeboten erreichte er 19 Punkte beim Stressverstärker „Sei stark!". Drei weitere Antreiber lagen mit über 16 Punkten ebenfalls im gesundheitsschädigenden Bereich. Stefan will als erstes den Antreiber „Sei stark!" verändern.

Er berichtet, dass er sich von dem Lebensgebot seit langer Zeit sehr stark unter Druck setzen lässt. Im Vertrieb wurde aufgrund seiner Empfehlung ein neues IT-System eingeführt, das nun zu zahlreichen Problemen und Kundenbeschwerden führt. Die Motivation in seinem Vertriebsteam sinkt stetig. Stefan versucht stets, auf die Vorteile und die Chancen des neuen Systems zu verweisen, und gibt sich abweisend, wenn sich seine Vertriebsmannschaft bei ihm beschwert. Er reagiert immer häufiger impulsiv und vergreift sich im Ton. Im Privaten tritt dieser Antreiber vor allem bei der Hausrenovierung auf. Stefan ist handwerklich einigermaßen begabt, doch mit der Renovierung und dem Ausbau eines Dachstuhls hat er keine Erfahrung. Dass es nur langsam und mühsam vorangeht, ärgert ihn sehr, was er gegenüber seinem sozialen Umfeld jedoch verbirgt.

Neben der Vermeidung und Eliminierung seiner größten Stressoren erarbeitet er im Coaching neue Lebensgebote: „Ich darf meinen Ärger über die mangelhafte Funktion des IT-Systems zeigen. Ich darf die IT-Entwickler um Unterstützung bitten. Ich hole mir einen Experten, der mit mir den Ausbau des Dachstuhls vornimmt."

Stefan setzt die besprochenen VARESE-Maßnahmen zur Stressreduktion mit hoher Disziplin um und nimmt eine Verbesserung seiner mentalen und körperlichen Gesundheit wahr. Er spürt neue Kraft und fühlt sich insgesamt jünger und vitaler.

Neben diesen 7 häufig im Stresskontext vorkommenden Lebensgeboten gibt es noch zahlreiche weitere, die sehr unterschiedlich sein können. Wann immer Sie einen starken inneren Druck wahrnehmen, etwas nach einer bestimmten Art und Weise tun zu müssen, obwohl Sie eigentlich gerne anders reagieren würden, kann sich eventuell ein übersteigertes Lebensgebot dahinter verbergen. Gönnen Sie sich einen Coach und lassen Sie sich von einem Experten begleiten, um Ihre inneren Antreiber wieder auf ein normales und gesundes Maß zu regulieren.

Nicht nur die Reduzierung von Stressoren oder inneren Antreibern wirkt sich positiv auf unser Stresslevel aus, sondern auch, wenn wir viel Schönes wahrnehmen. „Negatives abbauen, Positives aufbauen" lautet die Devise. Auf welchen Wegen uns dies gelingen kann, verrät der nächste Abschnitt.

1.7 Steigern Sie Ihre persönliche Stresstoleranz

Kennen Sie die Situation, dass Sie nach dem Urlaub Dinge gelassener und entspannter aufnehmen und regeln können? Dies liegt einerseits an der Tatsache, dass durch den Urlaub ein gewisser emotionaler Abstand herbeigeführt wurde, als auch daran, dass wir Zeit für Regeneration, Zeit für uns und Zeit für schöne Erlebnisse hatten. Ein dickes Fell, also eine größere Stresstoleranz, macht zufriedener und hilft, nicht schon bei der geringsten Kleinigkeit die Beherrschung zu verlieren. Sie kann gesteigert werden, wenn wir viel Positives und Freudebringendes wahrnehmen.

» Lachen ist eine körperliche Übung von großem Wert für die Gesundheit.
(Aristoteles, 384–322 v. Chr., griechischer Philosoph)

Als kleines Kind waren wir alle Meister darin, uns über Kleinigkeiten zu freuen und mit etwas zufrieden zu sein. Je nach Alter war es eine Pfütze, ein Papierflieger oder ein Fußball. Als Erwachsener ist uns diese Unbeschwertheit jedoch oft aufgrund vieler beruflicher und privater Verpflichtungen abhandengekommen. Doch wir können und sollten es wieder lernen, uns über Kleinigkeiten zu freuen, denn es steigert unsere Stresstoleranz.

Darüber hinaus gilt es auch, unsere Erfolge wieder als Erfolge zu feiern und sie zu würdigen. Sie konnten ein schwieriges Kunden- oder Mitarbeitergespräch zur Zufriedenheit aller führen? Sie haben eine wichtige Präsentation gut gemeistert? Sie haben eine komplexe Problemstellung lösen können? Wunderbar! Halten Sie inne und genießen Sie diesen Moment. Loben Sie sich oder bei einer guten Teamleistung Ihr Team. Halten Sie ggf. eine kurze Ansprache, stoßen Sie auf den Erfolg an, vielleicht bei einem gemeinsamen Abendessen, während eines Bowlingabends oder im Rahmen eines kleinen Ausflugs. Es gibt viele Möglichkeiten. Auch das Erreichen von Meilensteinen in einem Projekt darf gefeiert werden. Aus der bewussten Rückschau schöpfen wir Kraft und Motivation. Wir werden uns unseren Stärken und Ressourcen bewusst, die den Erfolg ermöglichen. Oft versäumen wir es allerdings auch bei größeren Erfolgen, innezuhalten und zu reflektieren. Nehmen Sie nicht gleich die nächste Herausforderung in Angriff.

❯ Positive Erlebnisse und Erfolgserlebnisse erhöhen die Stresstoleranz, Negativerlebnisse senken sie.

1

Dabei kommt es nicht auf die Dauer oder den Umfang an, wie wir den Erfolg feiern. Die Tatsache, dass wir ihn wahrnehmen und würdigen, ist entscheidend. Nehmen wir uns ein Beispiel am Fußball. Ein paar Sekunden den Erfolg genießen, Kraft, Freude und Motivation tanken – und eine Dopamin- und Serotoninausschüttung ist garantiert. Stellen Sie sich vor, weder der Torschütze noch sein Team freut sich über das Tor, und auch die Fans jubeln nicht mit. Wie wäre das? Sicher seltsam und auch schade. Genau dieses Verhalten zeigen wir zu oft in der Berufswelt. Sich freuen und den Erfolg würdigen, diese Strategie kann dazu beitragen, die Stresstoleranz dauerhaft zu erhöhen. Wie uns das noch besser gelingen kann, lesen Sie nach der interessanten Studie zur Dankbarkeit im Praxistipp.

Es gibt noch eine weitere Möglichkeit, sein dickes Fell, seine Zufriedenheit zu steigern: Prof. Dr. Robert Emmons (2007), der führende Forscher zu Dankbarkeit an der University of California, Davis, führte unterschiedliche wissenschaftliche Experimente durch: In einer Studie sollte die erste Versuchsgruppe 10 Wochen lang am Abend je 5 Dinge notieren, für die sie dankbar waren. Die zweite Versuchsgruppe notierte sich je 5 Ärgernisse des Tages. Die dritte Kontrollgruppe notierte je 5 wichtige Tageserlebnisse. Das Ergebnis war, dass die erste Gruppe nach dem Experiment signifikant dankbarer und zufriedener mit ihrem Leben war als die beiden anderen Gruppen. Zudem traten während des Versuchszeitraums weniger Kopfschmerzen auf, und die Versuchsteilnehmer betätigten sich sportlich mehr (Emmons, 2007). Eine andere Studie zeigte auf, dass positive Lebensereignisse eine stärkere Immunantwort auslösen als negative Lebensereignisse (Stone et al., 1994).

» Dein Glück hängt von den guten Gedanken ab, die du hast.
(Marcus Aurelius, 121–180 n. Chr., Philosoph und Römischer Kaiser)

Praxisübung und Praxistipp: Den Blick wieder auf Ressourcen und Erfolge richten

Zuerst möchte ich Sie zu einem kleinen Experiment einladen: Zählen Sie bitte für die Dauer von 60 s alle rechteckigen Formen in dem Zimmer, in dem Sie sich gerade befinden. Wenn Sie die Lektüre in Ihrem Garten lesen, gehen Sie kurz in ein Zimmer Ihrer Wahl.

Nun? Wie viele Rechtecke haben Sie gezählt? 20, 40, 170?

Unbeachtet der Anzahl ist es so, dass diese Rechtecke auch ohne Ihre direkte Aufmerksamkeit da sind. Aber was nutzt eine unbeachtete Koexistenz? So ähnlich verhält es sich mit den positiven Dingen. Sie existieren, doch wenn wir sie nicht wahrnehmen, setzen sie in uns weder Kraft noch Motivation frei.

Wie kann uns das wieder besser im Berufsleben und in zwischenmenschlichen Beziehungen gelingen? Ganz einfach: Tun Sie es aktiv! Täglich. Trainieren Sie Ihr Gehirn, Positives wahrzunehmen. Nehmen Sie sich dazu 1 min zum Nachdenken. Am besten immer zu einer gewohnten Zeit am Abend. Schaffen Sie eine Routine und beeinflussen Sie damit Ihre Wahrnehmungs- und Bewertungsmuster positiv!

▬ Ich bin dankbar für die kleinen Dinge (außer Familie, Gesundheit, Job):
  – Über welche 3 Dinge habe ich mich heute gefreut?
  – Über welche 3 Dinge habe ich mich gestern gefreut?

- Ich nehme meine Erfolge war, auch die kleinen:
  - Was ist mir in den letzten 4 Wochen besonders gut gelungen?
  - Worauf bin ich stolz?
  - Welche Aufgabe habe ich besser als gedacht meistern können? Welche meiner Fähigkeiten und Kompetenzen haben mich dabei unterstützt/konnte ich einsetzen?
- Ich feiere meine (kleinen) Erfolge:
  - Wie habe ich meine letzten Erfolge gefeiert?
  - Wie könnte ich meine Erfolge noch feiern?
- Ich habe regelmäßig jede Woche Freizeitaktivitäten, die mich erfreuen (z. B. Beachvolleyball spielen, auf Konzerte gehen, Familienbrunch, Ausflüge mit der Familie unternehmen):
  - Wenn nein, welche Aktivitäten würden mir Freude bereiten?
  - Welche Aktivitäten könnte ich noch zusammen mit meiner Familie und meinen Freunden unternehmen?
- Ich nehme nicht nur Fehler, Probleme und Defizite wahr, sondern vor allem Positives und Erfolge.

Dieses ressourcenorientierte Kommunikationsmuster eignet sich auch für Teammeetings, um die Teamstimmung zu heben und aus bisherigen Erfolgen neue Motivation und Zuversicht für anstehende Projekte zu gewinnen.

Am besten schreiben Sie Erfolge in einem Erfolgstagebuch auf. Ein Template hierzu finden Sie auf ▶ www.recalibration.de.

Aus Ihrem beruflichen oder privaten Alltag kennen Sie vermutlich den Umstand, dass 90 % eines Projekts gut laufen, allerdings nur wenig oder gar nicht gewürdigt werden. Anerkennung und Lob? Fehlanzeige. Hingegen wird auf die 10 %, die nicht gut laufen und Probleme bereiten, 95 % der Zeit im Meeting aufgewendet. So entsteht sowohl bei einem selbst als auch im Team der Eindruck, das Projekt laufe insgesamt schlecht (auch wenn das nicht der Fall ist), was Demotivation und Frust erzeugen kann.

Wie der Fokus auf Probleme und Defizite Stress erhöhen und Zufriedenheit verhindern kann, lesen Sie im Praxisbeispiel.

Praxisbeispiel: Wie negative Bewertungsmuster wirken können

Tim A., 36 Jahre, Abteilungsleiter, war mit seinem Leben unzufrieden, obwohl er von einem sinnvollen Job, den er mit Leidenschaft und Erfolg ausübte, einem wertschätzenden Chef, netten Kollegen, einer liebevollen Frau, gesunden Kindern und über einen guten Gesundheitszustand berichtete. Seine Projekte liefen bis auf Kleinigkeiten rund, und trotzdem war er damit nicht zufrieden. Auch zu Hause kritisierte er ständig und lebte seinen übersteigerten Perfektionismus aus.

Im Coaching konnten wir erarbeiten, dass durch seine Stärke der Optimierung seine Fehlerwahrnehmung und Defizitorientierung sehr ausgeprägt waren. Dies verhinderte, dass er auch Positives wahrnehmen konnte, denn er fokussierte sich stets auf Optimierungsmöglichkeiten.

1

Er entschloss sich, täglich das Dankbarkeitsritual sowie das Erfolgstagebuch zu führen und jede Woche 2 h für Hobbys einzuplanen (Schlagzeug spielen und Downhill-Bike fahren), die er seit der Geburt der Kinder nicht mehr ausgeübt hatte. Bereits nach wenigen Wochen bemerkte er positive Effekte in Bezug auf seinen Gemütszustand und seine Lebensfreude.

» Da es sehr förderlich für die Gesundheit ist, habe ich beschlossen glücklich zu sein.
   (Voltaire, 1694–1778, französischer Philosoph und Schriftsteller)

1.8   Burn-out

Zeitdruck, Arbeitsverdichtung, ständige Erreichbarkeit, permanente Veränderung – kein Wunder, dass sich viele Leistungsträger gestresst, müde, erschöpft und ausgebrannt fühlen. Doch wann wird der chronische Stress zum therapiebedürftigen Burn-out?

Das Auftreten des Burn-out (engl. „burning out" = ausbrennen) hat in den letzten Jahren bedauerlicherweise deutlich zugenommen. Fast jeder kennt einen oder mehrere Burn-out-Erkrankte im Kollegen- oder Familien- und Freundeskreis. Damit dieser stark körperliche und emotionale Erschöpfungszustand vermieden werden kann, wird im Folgenden das Burn-out-Syndrom näher betrachtet, bevor die Ursachen, die zu einem Burn-out führen können, erörtert werden. Anschließend wird der Frage nachgegangen, welche Personengruppen besonders gefährdet sind. Nachfolgend werden die einzelnen Phasen vorgestellt, die den Burn-out-Prozess kennzeichnen. Praxistipps zur Prävention finden sich ebenfalls in diesem Abschnitt.

1.8.1   Was ist das Burn-out-Syndrom?

Burn-out bezeichnet einen psychovegetativen Erschöpfungszustand mit verminderter Leistungsfähigkeit, der aufgrund einer chronischen, beruflich bedingten Belastungsreaktion entstanden ist (Burisch, 2006). Burn-out ist ein komplexes Syndrom von physischen, emotionalen, kognitiven sowie behavioralen Defiziten. Die Personen fühlen sich überfordert, müde, erschöpft, entkräftet, antriebslos und entwickeln häufig dysfunktionale Denkmuster und Verhaltensweisen (Schaufeli & Enzmann, 1998).

Geprägt wurde der Begriff Mitte der 1970er-Jahre von dem New Yorker Psychotherapeuten, Herbert Freudenberger (1974), der diesen Terminus erstmals zur Beschreibung eines Zustands verwendete, den er bei Ärzten, Krankenpflegern, Lehrern und Personen aus anderen helfenden Berufen beobachtet hatte.

Bis 2021 war Burn-out weder ein wissenschaftlich definierter Terminus noch eine medizinische Diagnose. Da Burn-out kein eigenes somatisches Krankheitsbild darstellte, fehlte auch die entsprechende Zuordnung im ICD-10-GM.[6] Dort war das Syndrom bisher als Inklusivum unter Z73.0 zu finden: „Probleme mit Bezug auf Schwierigkeiten bei der Lebensbewältigung". In der von der WHO im Jahr 2022 veröffentlichten, überarbeiteten 11. Revision, der ICD-11, wird das Burn-out-Syndrom nicht mehr im Kap. „Psychische Störungen" geführt, sondern im Kap. „Sonstige Faktoren, welche die Gesundheit beeinflussen" im Abschnitt QD8: „Probleme in Verbindung mit Arbeit oder Arbeitslosigkeit" (WHO, 2022). Wann die ICD-11 im klinischen Alltag Anwendung findet, ist noch unklar.

> ❯ Burn-out ist gekennzeichnet durch einen Verlust der natürlichen Regerationsfähigkeit.

Beim Burn-out geht die natürliche Regerationsfähigkeit verloren, was vor allem durch folgende Parameter deutlich wird (vgl. ▶ Abschn. 1.8.4):

- Sympathikusdominanz und mangelnde Aktivierung des Parasympathikus
- Erschöpfung der Nebennierenrinde und eine damit einhergehende verminderte Kortisolausschüttung
- Stark erhöhte oder verminderte Neurotransmitter- und Hormonwerte

Aufgrund der veränderten Stressantwort des Körpers eignet sich als Ausgleich nicht einfach ein entspannter Wellness-Urlaub, wie er von manchen unwissenden Kollegen, Familienmitgliedern oder Bekannten empfohlen wird. Die erforderliche Verhaltenstherapie ist zeitintensiv und komplex, da sie an den individuellen Faktoren, die das Burn-out-Syndrom ausgelöst haben, ansetzen muss. Dazu ist ein mehrmonatiger Aufenthalt in einer spezialisierten Klinik mit einer anschließenden ambulanten Therapie indiziert. Nicht selten dauert es bis zu einem Jahr oder länger, bis die ursprüngliche Leistungsfähigkeit wiederhergestellt ist. Eine verminderte Leistungsfähigkeit kann trotz Therapie bestehen bleiben, die einen Jobwechsel zur Folge haben kann.

Insgesamt wird in der Therapie eine gesundheitsförderliche Lebensführung erlernt. Diese beinhaltet instrumentelles, kognitives und regeneratives Stressmanagement sowie den Aufbau von Ressourcen und die Steigerung der Stresstoleranz. Diese Inhalte finden sich auch im VARESE-Konzept wieder, das in diesem Buch ausführlich vorgestellt wird.

> » In der einen Hälfte des Lebens opfern wir unsere Gesundheit, um Geld zu erwerben.
> In der anderen Hälfte opfern wir Geld, um die Gesundheit wiederzuerlangen.
> (Voltaire, 1694–1778, französischer Philosoph und Schriftsteller)

---

6 Die Internationale statistische Klassifikation der Krankheiten und verwandter Gesundheitsprobleme, 10. Revision, German Modification (ICD-10-GM) ist ein internationales medizinisches Klassifikationssystem der Weltgesundheitsorganisation. Die ICD enthält u. a. Codes für Krankheiten, Anzeichen und Symptome sowie auffällige Befunde und Beschwerden. Knapp 30 Länder verwenden dieses Codierungssystem für die Kostenerstattung und Ressourcenzuweisung im Rahmen ihres Gesundheitssystems.

1

Ist das Burn-out-Syndrom eine sozial annehmbarere Bezeichnung für Depression? Nein, wobei eine deutliche Überschneidung auf Symptomebene zwischen dem Burn-out-Syndroms und einer Major Depression und anderen psychosomatischen Störungen besteht (Kaluza, 2015; Wolf & Calabrese, 2020).

1.8.2 Sind Führungskräfte besonders gefährdet?

Das Burn-out-Syndrom tritt seit vielen Jahren nicht nur in Sozial- und helfenden Berufen, sondern auch in anderen Berufsgruppen auf. Jeder, der eine ausgeprägte Leistungsmotivation zeigt, der langfristig mit einer Überforderung im Alltag zu kämpfen hat, sich sehr stark mit seiner Arbeit identifiziert und ein hohes Commitment dem Arbeitgeber gegenüber aufweist, ist gefährdet.

Das höchste Risiko, an einem Burn-out-Syndrom zu erkranken, haben Personen, die eine hohe Verausgabungsbereitschaft zeigen (Siegrist et al., 2004). Diese Personen verausgaben sich stark, erhalten im Gegenzug aber zu wenig Anerkennung, Wertschätzung, Gehalt etc. Aufgrund dieses Missverhältnisses kann eine Gratifikationskrise entstehen, die sich gesundheitsschädigend auswirkt (Diagnostik durch den Effort-Reward-Imbalance-Test nach Siegrist et al., 2009).

Freudenberger beschrieb Burn-out als „super-achiever sickness". Diese Zuschreibung weckt Assoziationen wie „heldenhaft" oder „Erkrankung nach übermenschlichem Einsatz". Im Volksmund wird Burn-out auch als „Managerkrankheit" bezeichnet. Dies mag manchem Betroffenen helfen, das Burn-out-Syndrom eher zu akzeptieren.

Neben den chronischen Stressauslösern auf der Ebene der Arbeitsorganisation zählen auch individuelle Faktoren zu den Ursachen, die bei mangelnden Coping-Strategien einen Burn-out begünstigen können:

- **Ebene der Arbeitsorganisation:**
  - Zeitdruck und hohes Arbeitspensum
  - Unerfüllbare Vorgaben und hohe Arbeitsanforderungen
  - Unklare Ziele/Erfolgskriterien und große Verantwortung
  - Geringe Einwirkungs-, Kontroll- und Entscheidungsmöglichkeiten
  - Ständige Unterbrechungen des Arbeitsablaufs
  - Hohe emotionale Belastung (z. B. Beschwerdeabteilung, Helferberufe)
  - Mangelnde Wertschätzung, Anerkennung und Unterstützung durch Vorgesetzte
  - Schlechtes Betriebsklima und soziale Konflikte
  - Lange Anfahrtswege oder viele Dienstreisen
  - Angst vor Jobverlust
- **Persönliche Dispositionen:**
  - Übersteigertes Anspruchsniveau/Perfektionsstreben
  - Aufopferungsbereitschaft und Verausgabungsneigung (Workaholic)
  - Extreme Erfolgsorientierung und übermäßiges Verantwortungsbewusstsein
  - Hohe Identifikation mit dem Beruf/Arbeitgeber
  - Ausgeprägtes Karrierestreben und Bereitschaft zur Vernachlässigung des Privatlebens (Verzicht auf Freizeit, Hobbys, soziale Kontakte etc.)
  - Mangelnde Abgrenzung
  - Fehlende Coping-Strategien

Dabei müssen nicht alle Faktoren zutreffen, damit die Wahrscheinlichkeit steigt, ein Burn-out-Syndrom auszubilden. Welche Phasen mit hoher Wahrscheinlichkeit bis zu einem manifesten Burn-out durchlaufen werden, wird im nächsten Abschnitt erläutert.

1.8.3 Wie verläuft der Burn-out-Prozess?

Der Burn-out-Prozess verläuft langsam und schleichend. Ich werde die Auswirkungen der 12 Phasen auf der psychischen Ebene erläutern, bevor ein Fallbeispiel Einblicke in den Krankheitsverlauf gibt. Im Anschluss daran können Sie im Rahmen eines Selbstchecks Ihre persönliche Burn-out-Gefährdung prüfen, bevor wir die Auswirkungen des Burn-outs auf biochemischer und biophysischer Ebene betrachten.

Der Psychoanalytiker Herbert Freudenberger und seine Kollegin Gail North (1992) beschrieben 12 Phasen im Verlauf eines Burn-out-Syndroms (◘ Abb. 1.13), deren wissenschaftliche Evaluation dagegen noch aussteht. Das Modell bietet jedoch einen guten Überblick über den Verlauf. Nicht jede der 12 Phasen muss dabei durchlaufen werden oder weist abgrenzbare Symptome auf, auch die Reihenfolge der Phasen kann variieren.

Auf der **psychischen Ebene** treten in den 12 Phasen folgende Veränderungen ein:
1. Übersteigerter Ehrgeiz, sich selbst/anderen Personen etwas beweisen zu müssen
2. Extremes Leistungsstreben, um überhöhte hohe Erwartungen zu erfüllen
3. Workaholic-Mentalität bei gleichzeitiger Vernachlässigung persönlicher Bedürfnisse (z. B. soziales Netzwerk/Freunde, Hobbys, Erholung)
4. Verdrängung von Problemen und Konflikten
5. Zunehmend berufsbezogene Ausrichtung des alten Wertesystems (aus dem Privatleben)
6. Verleugnung und Herunterspielen körperlicher Warnsignale
7. Sozialer Rückzug und Abschottungstendenzen, emotionale Verflachung, nachlassendes Interesse an der Arbeit

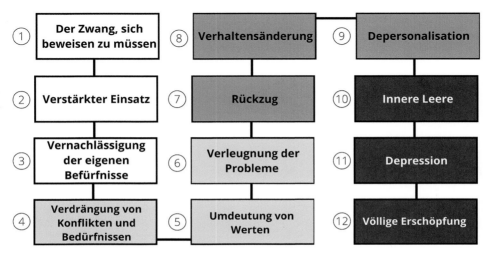

◘ **Abb. 1.13**   Das 12-Phasen-Modell des Burn-outs. (In Anlehnung an Freudenberger & North, 1992)

1

8. Beobachtbare Verhaltensänderungen, z. B. fortschreitendes Gefühl der Wertlosigkeit, Ablehnung von Unterstützung und Nähe
9. Depersonalisation (Bedürfnis- und Kontaktverlust zu sich und anderen Personen)
10. Kompensationsverhalten (Alkohol, Drogen), um die innere Leere auszugleichen; ggf. Panikattacken/Phobien
11. Manifeste Depression, Verzweiflung, Gleichgültigkeit, Hoffnungslosigkeit und Erschöpfung als einzig wahrnehmbare Emotionen, Wunsch nach Dauerschlaf, erste Suizidgedanken möglich
12. Vollständige mentale, emotionale und physische Erschöpfung, die von einer Schwächung des Immunsystems begleitet wird; wahrgenommene Sinnlosigkeit und existenzielle Verzweiflung kann zu ernsthaften Suizidabsichten führen

Wie Betroffene den Weg in den Burn-out wahrgenommen haben, habe ich für Sie als Audiofile aufgenommen.

Praxisbeispiel: Am Ende der Kraft
Wolfgang B., 39 Jahre, verheiratet, 3 Kinder, war Abteilungsleiter eines mittelständischen Unternehmens. Er beschreibt Rahmenbedingungen, Ursachen, mentale und körperliche Folgen und den Verlauf seiner Therapie in einem Erfahrungsbericht, den Sie sich anhören können.

Einen weiteren Erfahrungsbericht eines Genesenen stelle ich Ihnen ebenfalls im Rahmen unserer Podcast-Serie unter ▶ www.recalibration.de zur Verfügung.

Nachdem Sie nun einen Einblick in unterschiedliche Verläufe von Burn-out-Erkrankungen erhalten haben, können Sie nun Ihr eigenes Risikopotenzial in einem Selbstcheck prüfen.

Praxischeck: Wie Burn-out-gefährdet bin ich?
Es gibt verschiedene medizinische Testverfahren, dazu zählen neben dem Maslach Burnout Inventory (MBI) auch das Copenhagen Burnout Inventory (CBI).

Ich habe für Sie einen Fragebogen erstellt, der auf dem 12-Phasen-Modell basiert. Dieser Test gibt Ihnen eine erste grobe Einschätzung, ersetzt allerdings nicht die Diagnostik bei einem Arzt oder psychotherapeutischen Psychologen mittels der genannten Testverfahren. Der Selbstcheck steht Ihnen unter ▶ www.recalibration.de zur Verfügung.

Ein Burn-out wirkt sich nicht nur auf der psychischen Ebene aus. Welche gravierenden Veränderungen im Körper ablaufen, kann durch die Diagnostik von Stressparametern aufgezeigt werden.

1.8.4 Somatische und neurobiologische Diagnostik

Die Folgen eines Burn-outs können auch über eine Bestimmung der Neurotransmitter, Stresshormone und HRV aufgezeigt werden (Wolf & Calabrese, 2020):

- Der Burn-out-Prozess ist zu Beginn durch Begeisterung, einen verstärkten Einsatz und Euphorie gekennzeichnet. Dies hat insbesondere erhöhte Noradrenalin- und Dopaminwerte zur Folge. Ebenfalls sind die Kortisolwerte sowie die Sympathikusaktivierung als Antwort auf die Stressbelastung stark erhöht.
- Bleiben die Katecholaminwerte (Adrenalin, Noradrenalin und Dopamin) weiterhin erhöht, zeigen sich Symptome wie innere Unruhe, ein Gefühl der inneren Anspannung bis zu aufbrausendem und impulsivem Verhalten. Lange Arbeitszeiten oder das abendliche Gedankenkarussell können in Schlafstörungen münden. Der für die Erholung zuständige Parasympathikus wird nicht mehr (ausreichend) aktiviert. Auch bestehende Infekte können die Erholungsqualität in der Nacht deutlich mindern, da für die Infektabwehr der Sympathikus aktiviert wird.
- In den weiteren Burn-out-Phasen wird die Stressantwort des Körpers weiter eingeschränkt: Die gesamte Kortisolproduktion wird heruntergeregelt und fällt schließlich unter den Normbereich ab. Ebenso wird die Produktion des körpereigenen Energieträgers Adenosintriphosphat (ATP) in den Mitochondrien reduziert.
- Durch den chronischen Stress entsteht ein erhöhter Verbrauch an Neurotransmittern und Serotonin. In den Laborbefunden zeigt sich häufig einen Mangel an Noradrenalin. Die verminderte Neurotransmitterproduktion kann sich äußern in verminderter Kognition, verringertem Antrieb und eingeschränktem sozioemotionalem Erleben. Auch die Kortisolproduktion wird gebremst. Nicht selten kann dies durch die Erschöpfung der Nebennierenrinde zu einem Hypokortisolismus führen. Des Weiteren unterliegt der Sympathikus einer fast ununterbrochenen Aktivierung. Durch die HRV-Diagnostik (RMSSD, SDNN und LF/HF-Ratio) kann eine hohe Sympathikusaktivierung bei gleichzeitiger mangelhafter Erholungsreaktion aufgezeigt werden.
- Werden die Veränderungen in der Gesamtsumme betrachtet, so kann ein gesteigertes Risiko für psychische Erkrankungen festgestellt werden, die sich im Worst Case bis zu einer Suizidabsicht/zum Suizid entwickeln können.

Praxistipp: Wie kann ich präventiv einer Burn-out-Erkrankung vorbeugen?

Eine Präventionsstrategie beinhaltet sowohl die Vermeidung von chronischem Stress (Stressoren verringern/abbauen) als auch eine Verringerung stressverschärfender Lebensgebote. Andererseits spielen ein erfülltes Sozialleben sowie eine an die Belastung angepasste Regeneration, eine vollwertige pflanzenkostbasierte Ernährung, aerober Sport und regelmäßige Bewegung eine zentrale Rolle. Folgende Tipps gilt es zu beachten:

- Ein überzogenes berufliches Engagement ist schädlich für die Gesundheit und die Life-Balance. Bringen Sie in Ihr Leben wieder ins Gleichgewicht.
- Identifizieren Sie Stressoren und gehen Sie diese strategisch und mit Ausdauer an. Wenn die Lösung keinen Erfolg bringt, dann gilt es, neue Lösungen zu entwickeln und umzusetzen.

- Überprüfen Sie regelmäßig, ob übersteigerte innere Antreiber und unrealistische Zielsetzungen Ihren Stress verschärfen. Wenn Sie merken, dass Sie alleine nicht die gewünschten Fortschritte und Erfolge machen, lassen Sie sich von einem Coach/ Psychotherapeuten begleiten.
- Pflegen Sie Ihre sozialen Kontakte: Verabreden Sie sich mit Freunden und verbringen Sie eine gute, gerne auch sportlich-aktive Zeit zusammen.
- Verbessern Sie Ihre Regeneration: Legen Sie regelmäßig während des Tages Mikropausen ein, schlafen Sie ausreichend und erlernen Sie Entspannungstechniken (▶ Kap. 3).
- Eine ausgewogene Ernährung ist bei Stress wichtig, da im erhöhten Leistungsmodus besonders viele Vitamine, Mineralstoffe etc. benötigt werden. Verzichten Sie auf Koffein und Alkohol, um Ihren Körper nicht zusätzlich zu schwächen (▶ Kap. 4).
- Gönnen Sie sich Bewegung, am besten in der Natur. Die unter Stress vom Körper zur Verfügung gestellte Energie muss abgebaut werden, daher ist ein aerobes, nicht leistungssteigerndes Training zu empfehlen (▶ Kap. 5).
- Verwöhnen Sie sich. Richten Sie Ihre Aufmerksamkeit auf die positiven, schönen Dinge. Genießen Sie Massagen, meditative Auszeiten, Wellness-Anwendungen etc.

1.9   Zusammenfassung

- Stress ist ein vielschichtiges Phänomen unserer Leistungsgesellschaft, dem mit wirkungsvollen Strategien zu begegnen ist und das einen professionellen Umgang erfordert.
- Stress ist individuell und hängt von den Bewertungen und den Ressourcen einer Person ab.
- Die Stressreaktion ist eine evolutionäre Überlebensstrategie unseres Körpers bei Bedrohung und Gefahr, die in Bezug auf die heutigen Stressoren der Arbeitswelt wenig sinnvoll erscheinen mag, jedoch nach wie vor in lebensgefährlichen Situationen notwendig ist.
- Mit kurzfristigem Stress können wir gut umgehen, wenn nach einer Phase der Anspannung wieder eine Phase der Entspannung folgt.
- Chronischer Stress erhöht das Risiko für unterschiedliche Erkrankungen allerdings erheblich. Wenn weder ausreichend Stressreduktion noch Regeneration stattfindet, mehren sich zunächst die Stresssymptome, Infektionskrankheiten treten häufiger auf, bevor diese durch chronische und anschließend Autoimmunerkrankungen abgelöst werden.
- Der Körper reagiert auf Stress u. a. auf biochemischer und biophysischer Ebene mit zahlreichen Anpassungsleistungen. Während bei Akutstress die Sympathikus-Nebennierenmark-Achse aktiviert wird, wird bei Dauerstress die Hypothalamus-Hypophysen-Nebennierenrinden-Achse aktiviert.
- Leistung und Stress aktivieren den Sympathikus. Bei Erholung und Regeneration ist das parasympathische Nervensystem aktiv. Chronisch gestresste Menschen zeigen eine deutliche Sympathikusdominanz auf.

- Durch die Stressdiagnostik kann die Stressbelastung einer Person objektiv gemessen werden: Die Messung der HRV sowie die Bestimmung von Neurotransmittern und Hormonen vermitteln ein umfassendes Bild. Bestimmt werden neben Kortisol und Serotonin auch die Katecholamine Dopamin, Adrenalin und Noradrenalin.
- Die Stressoren lassen sich in physikalische, physische, soziale, private, Arbeits- und Leistungsstressoren sowie kritische Lebensereignisse unterteilen. Sie gilt es zu analysieren und dann zu minimieren, reduzieren oder auszuschalten. Dazu dienen unterschiedliche Strategien, z. B. Ursachenbekämpfung, Zeitmanagement, Kommunikation und klärende Gespräche, kognitive Umbewertung etc.
- Dysfunktionale Lebensgebote wirken als Stressverstärker. Sie bestimmen unser Handeln und können starken inneren Druck bis hin zum Zwang erzeugen. Ziel ist es, sie zu erkennen, die positiven Funktionen wertzuschätzen und die negativen zu ändern.
- Die Stresstoleranz kann gesteigert werden, wenn viel Schönes und Positives wahrgenommen wird. Dazu zählen neben kleineren und größeren Erfolgen auch alltägliche Dinge, für die wir dankbar sind.
- Burn-out ist ein langwieriger Prozess, der durch einen natürlichen Verlust der Regenerationsfähigkeit gekennzeichnet ist.
- Besonders gefährdet sind neben Personen aus Sozial- und helfenden Berufen auch Personen, die eine ausgeprägte Leistungsmotivation haben oder die langfristig eine Überforderung im Alltag erleben.
- Zu den chronischen Stressauslösern zählen sowohl Faktoren auf der Ebene der Arbeitsorganisation wie Zeitdruck, Informationsmangel etc. als auch Faktoren auf individueller Ebene wie Verausgabungsneigung, übersteigertes Anspruchsniveau etc. sowie mangelhafte Coping-Strategien des Individuums.
- Burn-out ist keine andere Bezeichnung für eine Depression (Major Depression), wobei es viele Überschneidungen auf Symptomebene gibt.
- In der Burn-out-Therapie wird eine gesundheitsförderliche Lebensführung erlernt, in der außer Nahrungsergänzungsmitteln alle Bereiche des VARESE-Konzepts wiederzufinden sind.

Literatur

Antonovsky, A. (1979). *Health, stress and coping: New perspectives on mental and physical well-being.* Jossey-Bass.

Barnow, S., Reinelt, E., & Sauer, C. (2016). *Emotionsregulation. Manual und Materialien für Trainer und Therapeuten.* Springer.

Beck, A. T., Rush, A. J., Shaw, B. F., & Emery, G. (2017). *Kognitive Therapie der Depression.* Beltz.

Becker, P., Bös, K., & Woll, A. (1994). Ein Anforderungs-Ressourcen-Modell der körperlichen Gesundheit: pfadanalytische Überprüfungen mit latenten Variablen. *Zeitschrift für Gesundheitspsychologie, 2,* 25–48.

Berking, M., & Rief, W. (Hrsg.). (2012). *Klinische Psychologie und Psychotherapie. Grundlagen und Störungswissen.* Springer.

Bierhoff, H.-W., & Herner, M. J. (2002). *Begriffswörterbuch Sozialpsychologie.* Kohlhammer.

Braun, J., & Dormann, A. J. (2013). *Klinikleitfaden Innere Medizin* (12. Aufl.). Urban & Fischer.

Burisch, M. (2006). *Das Burnout-Syndrom. Theorie der inneren Erschöpfung* (3. Aufl.). Springer.

Carter, R., Aldridge, S., Page, M., & Parker, S. (2014). *Das Gehirn. Anatomie, Sinneswahrnehmung, Gedächtnis, Bewusstsein, Störungen.* Random House.

1

Dahl, M. J., Mather, M., Düzel, S., Bodammer, N. C., Lindenberger, U., Kühn, S., & Werkle-Bergner, M. (2019). Rostral locus coeruleus integrity is associated with better memory performance in older adults. *Nature Human Behaviour, 3*(11), 1203–1214. https://www.nature.com/articles/s41562-019-0715-2. Zugegriffen am 23.08.2022.

Davison, G. C., Neale, J. M., & Hautzinger, M. (2007). *Klinische Psychologie. Lehrbuch* (8. Aufl.). Beltz.

Emmons, R. (2007). *Thanks! How the new science of gratitude can make you happier*. Houghton Mifflin Harcourt.

Faltermaier, T. (2017). *Gesundheitspsychologie. Grundriss der Psychologie* (2. Aufl., Bd. 21). Kohlhammer.

Freudenberger, H., & North, G. (1992). *Burn-out bei Frauen. Über das Gefühl des Ausgebranntseins.* Krüger.

Freudenberger, H. J. (1974). Staff burnout. *Journal of Social Issues, 30*, 159–165.

Grawe, K. (2004). *Neuropsychotherapie*. Hogrefe.

Heller, J. (Hrsg.). (2019). *Resilienz für die VUCA-Welt. Individuelle und organisationale Resilienz entwickeln*. Springer.

Hoffmann, T. (2022). Was ist die HRV und wieso ist sie wichtig? https://www.firstbeat.com/de/blog-de/was-ist-die-herzratenvariabilitaet-hrv-und-wieso-ist-sie-wichtig/. Zugegriffen am 25.08.2022.

Kaluza, G. (2015). *Stressbewältigung. Trainingsmanual zur psychologischen Gesundheitsförderung* (3. Aufl.). Springer.

Kaluza, G. (2018). *Stressbewältigung. Trainingsmanual zur psychologischen Gesundheitsförderung* (4. Aufl.). Springer.

Kambeitz, J. P., & Howes, O. D. (2015). The serotonin transporter in depression: Meta-analysis of in vivo and post mortem findings and implications for understanding and treating depression. *Journal of Affective Disorders, 186*, 358–366. https://doi.org/10.1016/j.jad.2015.07.034

Kleine, B., & Rossmanith, W. (2014). *Hormone und Hormonsystem. Lehrbuch der Endokrinologie* (3. Aufl.). Springer.

Kudielka, B. M., & Wüst, S. (2010). Human models in acute and chronic stress: Assessing determinants of individual hypothalamus-pituitary-adrenal axis activity and reactivity. *Stress, 13*, 1–14.

Lazarus, R. S. (1966). *Psychological stress and the coping process*. McGraw-Hill.

Maar, C., Hildebrandt, N., & Drechsler, M. (2011). *Vorteil Vorsorge – Die Rolle der betrieblichen Gesundheitsvorsorge für die Zukunftsfähigkeit des Wirtschaftsstandortes Deutschland*. Durchgeführt von Booz & Company für die Felix Burda Stiftung. https://www.felix-burda-stiftung.de/betriebliche-praevention/warum/studie-betriebliche-gesundheitsvorsorge. Zugegriffen am 25.08.2022.

McEwen, B. S. (2003). Interacting mediators of allostasis and allostatic load: Towards an understanding of resilience in aging. *Metabolism, 52*, 10–16.

McEwen, B. S. (2004). Protection and damage from acute and chronic stress. Allostasis and allostatic overload and relevance to the pathophysiology of psychiatric disorders. *Annals of the New York Academy of Sciences, 1032*, 1–7.

McEwen, B. S., & Stellar, E. (1993). Stress and the individual. Mechanisms leading to disease. *Archives of Internal Medicine, 153*(18), 2093–2101.

Moncrieff, J., Cooper, R. E., Stockmann, T., Amendola, S., Hengartner, M. P., & Horowitz, M. A. (2022). The serotonin theory of depression: A systematic umbrella review of the evidence. *Molecular Psychiatry*. https://doi.org/10.1038/s41380-022-01661-0

Potreck-Rose, F., & Jacob, G. (2010). *Selbstzuwendung, Selbstakzeptanz, Selbstvertrauen. Psychotherapeutische Interventionen zum Aufbau von Selbstwertgefühl* (5. Aufl.). Klett-Cotta.

Römmler, A. (Hrsg.). (2014). *Hormone. Leitfaden für die Anti-Aging-Sprechstunde*. Thieme.

Schaufeli, W. B., & Enzmann, D. (1998). *The burnout companion to study and practice*. Taylor & Fancis.

Selye, H. (1976). *Stress in health and disease*. Butterworth.

Siegrist, J., Starke, D., Chandola, T., Godin, I., Marmot, M., Niedhammer, I., & Peter, R. (2004). The measurement of effort-reward-imbalance at work. European comparison. *Social Science & Medicine, 58*, 1483–1499.

Siegrist, J., Wege, N., Pühlhofer, F., & Wahrendorf, M. (2009). A short generic measure of work stress in the era of globalization: effort-reward imbalance. *International Archives of Occupational and Environmental Health, 82*, 1005–1013.

Spitzer, N. (2016). *Perfektionismus und seine vielfältigen psychischen Folgen. Ein Leitfaden für Psychotherapie und Beratung*. Springer.

Stahl, S. (2015). *Das Kind in dir muss Heimat finden: Der Schlüssel zur Lösung (fast) aller Probleme*. Kailash.

Stangl, W. (2022). Online Lexikon für Psychologie und Pädagogik: Allostase. https://lexikon. stangl.eu/4233/allostase. Zugegriffen am 25.08.2022.

Sterling, P., & Eyer, J. (1988). Allostasis: A new paradigm to explain arousal pathology. In S. Fisher & J. T. Reason (Hrsg.), *Handbook of life stress, cognition, and health*. Wiley.

Stone, A. A., Neale, J. M., Cox, D. S., Napoli, A., Valdimarsdottir, H., & Kennedy-Moore, E. (1994). Daily events are associated with a secretory immune response to an oral antigen in men. *Health Psychology, 13*, 440–446.

Techniker Krankenkasse (TK). (Hrsg.). (2021). Gesundheitsreport Arbeitsunfähigkeiten: 20 Jahre Gesundheitsberichterstattung der TK. https://www.tk.de/resource/blob/2103660/ffbe9e82aa-11e0d79d9d6d6d88f71934/gesundheitsreport-au-2021-data.pdf. Zugegriffen am 25.08.2022.

Uhrig, S. (2022). Serotonin. Nicht die ganze Wahrheit. https://www.doccheck.com/de/detail/articles/39846-serotonin-nicht-die-ganze-wahrheit? Zugegriffen am 25.10.2022.

Weniger, W. (2019). *Gehirn und Nervensystem* (13. Aufl.). Facultas.

Wiley, J. F., Gruenewald, T. L., Karlamangla, A. S., & Seeman, T. E. (2016). Modeling multisystem physiological dysregulation. *Psychosomatic Medicine, 78*(3), 290–301.

Wilken, B. (2018). *Methoden der kognitiven Umstrukturierung. Ein Leitfaden für die psychotherapeutische Praxis* (8. Aufl.). Kohlhammer.

Wolf, A., & Calabrese, P. (2020). *Stressmedizin & Stresspsychologie. Epidemiologie, Neurobiologie, Prävention und praktische Lösungsansätze*. Schattauer.

World Health Oganization (WHO). (2022). OCD-11 for mortality and morbidity statistics. QD85 Burnout. https://icd.who.int/browse11/l-m/en#/http%3a%2f%2fid.who.int%2ficd%2fentity%2f129180281. Zugegriffen am 25.08.2022.

Zimbardo, P. G., & Gerrig, R. J. (2004). *Psychologie* (16. Aufl.). Pearson.

Achtsamkeit: Wie Sie durch Achtsamkeit leistungsfähiger, entspannter und gelassener werden

Inhaltsverzeichnis

2.1 **Was ist Achtsamkeit? – 66**
2.1.1 Vorteile von Achtsamkeit – 66
2.1.2 Achtsamkeit verstehen – 68
2.1.3 Zwischen neuem Trend und alter Tradition – 70
2.1.4 Wie ist die Praxis der Achtsamkeit entstanden? – 71
2.1.5 Wissenschaftliche Studien zur Achtsamkeit – 71
2.1.6 Vier Faktoren der Achtsamkeit – 72
2.1.7 Falsche Vorstellungen unter der Lupe – 74

2.2 **Achtsam durch den Alltag – 75**
2.2.1 Atemmeditation: zurück zum Ursprung innerer Gelassenheit – 76
2.2.2 Bodyscan: eine Körperreise zu mehr Entspannung – 76
2.2.3 Achtsam im Arbeitsalltag – 77
2.2.4 Achtsamkeit auf dem Teller – 78
2.2.5 Schönheit der Natur genießen – 78
2.2.6 Apps und weitere Inspirationen – 79

2.3 **Zusammenfassung – 81**

Literatur – 82

© Springer-Verlag GmbH Deutschland, ein Teil von Springer Nature 2023
S. Balaban, *Peak Performance halten*, https://doi.org/10.1007/978-3-662-61528-7_2

In diesem Kapitel werde ich zuerst die Vorteile der Fähigkeit der Präsenz aufzeigen, bevor unterschiedliche Formen von Achtsamkeit vorgestellt werden. Anschließend geht es um interessante Forschungsergebnisse. Ferner werde ich zu einem richtigen Verständnis von Achtsamkeit beitragen und „falsche" Vorstellungen ausräumen. Im Anschluss daran werden unterschiedliche Möglichkeiten vorgestellt, wie Achtsamkeit im Alltag gelebt werden kann. Zum Abschluss erhalten Sie eine Übersicht über die bekanntesten Achtsamkeits-Apps.

Ich wünsche Ihnen viel Freude beim Ausprobieren der Übungen und beim Erleben einer von Gelassenheit und innerer Ruhe geprägten Zeit.

2.1 Was ist Achtsamkeit?

» Wenn die Achtsamkeit etwas Schönes berührt, offenbart sie dessen Schönheit. Wenn sie etwas Schmerzvolles berührt, wandelt sie es um und heilt es.
(Thich Nhat Hanh, 1926–2022, ZEN-Meister und Botschafter buddhistischer Weisheiten)

Dieses Zitat fasst zusammen, was sich viele Menschen davon versprechen, wenn sie Achtsamkeit üben: Sie wollen das Schöne im Leben bewusster wahrnehmen und negative und auch schmerzvolle Erfahrungen transformieren. Achtsamkeit ist in unserer Leistungsgesellschaft zu einem Begleiter geworden. Verständlich, denn die positive Wirkung wurde in zahlreichen wissenschaftlichen Studien belegt (Kuss, 2021), die im Folgenden aufgeführt werden. Achtsamkeit ist daher weder Esoterik noch Trend, der in wenigen Jahren vom nächsten abgelöst wird.

Unter Achtsamkeit wird das bewusste Lenken der Aufmerksamkeit auf den gegenwärtigen Moment, das vorurteilslose und wertfreie Erleben des Hier und Jetzt verstanden. Jeder Gedanke, jede Emotion und jede Körperwahrnehmung wird wahrgenommen und beobachtet, ohne das Erleben zu kategorisieren, zu bewerten oder darauf zu reagieren. Jedes Abschweifen der Gedanken, Tagträumen oder gedankliche Verlieren in der Vergangenheit oder Zukunft soll bemerkt werden, damit die Gedanken losgelassen und die Aufmerksamkeit auf die Gegenwart gerichtet werden können (Frey, 2015).

2.1.1 Vorteile von Achtsamkeit

Wenn eine Praxis Jahrtausende der Tradition übersteht und heutzutage von zahlreichen Menschen genauso wie von namhaften Weltkonzernen genutzt wird, liegt die Vermutung nahe, dass sie mit gewissen Vorzügen in Verbindung steht.

Wer regelmäßig Achtsamkeit im Alltag praktiziert, profitiert von vielen Vorteilen. Unter anderem führt Achtsamkeit zu einer verstärkten Sensibilität für die Umwelt, mehr Offenheit gegenüber neuen Informationen und einem erhöhten Bewusstsein für unterschiedliche Perspektiven bei Problemen (Langer & Moldoveanu, 2000).

Stressreduktion auf Basis von Achtsamkeit hilft dabei, mit Stress, Angst, Schmerz und Krankheiten besser umzugehen. Durch die Entspannungsreaktion von Achtsamkeitsübungen werden negative Folgen des Stresserlebens abgemildert und der Körper kann sich noch besser regenerieren (Blickhan, 2018). Auch das Abschalten am Abend und am Wochenende gelingen dadurch besser.

Menschen, die sich selbst als achtsam bezeichnen, können ihre Emotionen besser wahrnehmen, beschreiben und steuern. In zwischenmenschlichen Situationen fühlen sie sich deshalb sicherer und reagieren weniger sozial ängstlich. Diese Kontrolle der eigenen Emotionen erhöht ebenfalls das Selbstwertgefühl (Brown & Ryan, 2003).

Außerdem wurde nachgewiesen, dass Achtsamkeit ebenfalls einen kognitiven Nutzen hat. Dadurch, dass Ablenkungen wie Tagträume, Sorgen oder starke Emotionen schnell registriert und der Fokus immer wieder auf die Gegenwart gelenkt wird, erhöht sich die Aufmerksamkeitsspanne auf natürliche Weise. Übenden gelingt es dadurch, sich länger zu konzentrieren. Diese erhöhte Konzentration steigert die Leistungsfähigkeit (Blickhan, 2018).

❯ Achtsamkeit steigert Aufmerksamkeit, Konzentration und Leistungsfähigkeit.

Unter anderem konnte dies in den Studien des Forschers Prof. Dr. Mihály Csíkszentmihályi (2002) nachgewiesen werden, der einen positiven Zusammenhang zwischen Achtsamkeit, Flow und Leistungsfähigkeit feststellte. Verwunderlich ist dementsprechend auch nicht, dass ein höherer Grad an Achtsamkeit mit einem höheren akademischen Abschluss in Verbindung steht (Kuschel, 2015).

Achtsamkeit führt zudem zu einer subjektiven Zunahme von empfundenen Freiheitsgraden, dazu zählen z. B. Flexibilität, Kontrollerleben, Selbstwirksamkeit und Selbstmanagement.

Die Vorteile einer Achtsamkeitspraxis sind dementsprechend beachtlich und gehen von einer erhöhten Leistungsfähigkeit bis hin zu positiven Effekten auf die psychische, physische und soziale Gesundheit.

Praxischeck: Mindfulness – What's in it for me?

Wenn Sie bis hierhin gelesen haben, gibt es vermutlich einen Grund dafür. Bevor Sie am Abschnittsende zur Durchführung von Achtsamkeitsübungen eingeladen werden, ist es empfehlenswert, sich diesen Grund einmal genauer anzusehen und daraus ein starkes „Warum?" zu formulieren, dass als Motivator für Ihre Achtsamkeitspraxis dienen kann.

Beantworten Sie dafür die folgenden Fragen:
- Was erhoffe ich mir von der Auseinandersetzung mit Achtsamkeit?
- Welche aktuellen Beschwerden würde ich gerne lindern?
- Welche positiven Effekte könnten sich durch das Üben einer Achtsamkeitspraxis in meinem Leben einstellen?

Nachdem Sie Ihre Motive und Vorteile auf individueller Ebene definiert haben und die Frage nach dem Warum beantwortet ist, geht es nun darum, die Achtsamkeit im Alltag zu betrachten.

Praxischeck: Wie häufig bin ich präsent?

Es kamen ein paar Suchende zu einem alten Zen-Meister. „Herr", fragten sie „was tust du, um glücklich und zufrieden zu sein? Wir wären auch gerne so glücklich wie du." Der Alte antwortete mit mildem Lächeln: „Wenn ich liege, dann liege ich. Wenn ich aufstehe, dann stehe ich auf. Wenn ich gehe, dann gehe ich und wenn ich esse, dann esse ich." Die Fragenden schauten etwas betreten in die Runde. Einer platzte heraus: „Bitte, treibe keinen Spott mit uns. Was du sagst, tun wir auch. Wir schlafen, essen und gehen. Aber wir sind nicht glücklich. Was ist also dein Geheimnis?" Es kam die gleiche Antwort: „Wenn ich liege, dann liege ich. Wenn ich aufstehe, dann stehe ich auf. Wenn ich gehe, dann gehe ich, und wenn ich esse, dann esse ich." Die Unruhe und den Unmut der Suchenden spürend fügte der Meister nach einer Weile hinzu: „Sicher liegt auch Ihr und Ihr geht auch und Ihr esst. Aber während Ihr liegt, denkt Ihr schon ans Aufstehen. Während Ihr aufsteht, überlegt Ihr, wohin Ihr geht, und während Ihr geht, fragt Ihr Euch, was Ihr essen werdet. So sind Eure Gedanken ständig woanders und nicht da, wo Ihr gerade seid. In dem Schnittpunkt zwischen Vergangenheit und Zukunft findet das eigentliche Leben statt. Lasst Euch auf diesen nicht messbaren Augenblick ganz ein und Ihr habt die Chance, wirklich glücklich und zufrieden zu sein." (überlieferte Geschichte aus dem Zen; zitiert aus Däfler, 2017, S. 20)

Uns Menschen schießen am Tag ca. 60.000 Gedanken durch den Kopf. Doch wie oft sind wir präsent in der Gegenwart? Überlegen Sie einen kurzen Moment, bevor Sie weiterlesen: Wie viel Prozent der Zeit sind Sie am Tag im Hier und Jetzt und wie viel Prozent in Gedanken in der Zukunft, um zu überlegen, was getan werden muss, oder in der Vergangenheit?

Haben Sie eine Zahl? Dann schätzen Sie einmal, wie viel Prozent Ihrer Gedanken aus Bewertungen und Beurteilungen über die gegenwärtige Situation bestehen.

Zum Vergleich: Studien haben herausgefunden, dass Menschen in der Regel nur 5–15 % der Zeit achtsam in der Gegenwart sind. Gleichzeitig sind 80 % ihrer täglichen Gedanken wertend. Eine Harvard-Studie von Killingsworth und Gilbert (2010) bestätigt einmal mehr, dass sowohl wertende als auch wandernde Gedanken mit weniger Glücksempfinden in Verbindung stehen als nichtwertende Gedanken im Hier und Jetzt.

2.1.2 Achtsamkeit verstehen

Unterschieden werden kann zwischen Achtsamkeit als Einstellung und der Achtsamkeitsmeditation:

- Achtsamkeit im Alltag bedeutet, jede Aktivität und Tätigkeit ohne Druck und Stress, sondern mit allen Sinnen, Sorgfalt, Muße und positiver Grundstimmung auszuführen.
- Die Meditation kann ganz allgemein als Technik zur Befreiung von kognitiv-mentalem Ballast und als Reduktion von psychischen und physischen Spannungszuständen definiert werden. Bei der Achtsamkeitsmeditation werden die aufkommenden Gedanken und Emotionen beobachtet und es wird ihnen mit einer neutralen, offenen, wertschätzenden und urteilsfreien Einstellung begegnet.

❯ Achtsamkeit verändert unsere Gehirnstruktur.

Wer Achtsamkeit regelmäßig praktiziert, der verändert dauerhaft und messbar seine Gehirnstruktur, so die Erkenntnisse der Neuropsychologie und Neurobiologie (Draganski et al., 2004; Schandry, 2011). Bildgebende Verfahren wie die funktionelle Magnetresonanztomografie (fMRT) liefern hochaufgelöste Bilder der verschiedenen Gehirnareale. Auch mittels Elektroenzephalografie (EEG), die die Aktivität des Gehirns misst, können wichtige Erkenntnisse gewonnen werden. Durch diese messbaren Belege können die Wirkung und die Vorteile von Achtsamkeit objektiv dokumentiert werden:

- Gehirnscans in zahlreichen Studien zeigen auf, dass die Amygdala, die Teil des limbischen Systems ist und die vor allem die Entstehung von Angstgefühlen steuert, durch regelmäßige Achtsamkeitspraxis schrumpft, während der Hippocampus wächst. Er ist für die Speicherung von Informationen zuständig (Esch et al., 2004).
- Durch die Entspannung bei der Meditation wird in den für den Hirnmetabolismus wichtigen Strukturen (Amygdala, die paralimbischen Regionen und die graue Substanz) das Zellwachstum angeregt (Lazar, 2012; Ott, 2012). Auch im orbifrontalen Kortex wurde bei Meditierenden mehr graue Substanz nachgewiesen (Draganski et al., 2004).
- Die Aufmerksamkeit steuernden Gehirnareale wachsen bereits nach kurzer Meditationspraxis.
- Bei einer Meditation entstehen (wie beim Sport auch) positive Gefühle. Während der Meditation wird der Parasympathikus aktiviert und der ganze Körper gleitet in einen ausgeglicheneren Zustand.
- Die Zusammensetzung unseres Blutes wird ebenfalls durch Achtsamkeit beeinflusst. Den molekularbiologischen Beleg liefern u. a. die Forschungsergebnisse von Prof. Dr. med. Tobias Esch von der Hochschule in Coburg: Die Benson-Meditation erhöhte die Dopamin- (Glücks- und Motivationshormon) und Melatoninwerte (Schlafhormon), dagegen sanken die Kortisol- (Leistungs- und Stresshormon) und die Noradrenalinwerte. Ob unser Glückshormon Serotonin und endogene Morphine (Endorphine) ebenfalls verstärkt ausgeschüttet werden, muss noch durch weitere Forschungsarbeiten verifiziert werden, was sich aufgrund komplexer Messmethodik als herausfordernd gestaltet (Esch, 2014).

Achtsam zu sein, ist für viele Menschen anfangs ein ungewohnter Zustand. Ihr Geist[1] ist daran gewöhnt, von einem Gedanken zum nächsten zu springen und sich an Bildern aus der Vergangenheit oder Zukunft festzuhalten.

Genauso wie der Aufbau von Muskeln erfordert Achtsamkeit Training. Der Lernprozess kann in 3 Phasen gegliedert werden: Zu Beginn ist es eher mühevoll, das

---

1 In der Psychologie wird unter „Geist" der Verbund von intellektuellen und mentalen Fähigkeiten einer Person verstanden. Kognitive psychische Prozesse formen den Geist. Zu ihnen zählen z. B. Aufmerksamkeit, Wahrnehmung, Gedächtnis, exekutive Funktionen wie logisches Schlussfolgern, Koordination. Die mentalen Fähigkeiten sind mehr oder weniger effizient, je nachdem, wie gut sich die Neuronen in den unterschiedlichen Teilen unseres Gehirns verbinden und aktivieren.

2

Gedankenspringen zu bändigen, dann wird es weniger anstrengend, bis die dritte Lernphase erreicht wird, in der es mühelos gelingt.

Zuerst wird durch Wissen das Fundament gelegt, bevor ich Sie in ▶ Abschn. 2.2 zu Übungsvariationen einlade. Wenn Sie wissen, wie Achtsamkeit entstanden ist, was Sie beim Einüben beachten sollten und welche falschen Vorstellungen häufig im Zusammenhang mit Achtsamkeit vorherrschen, wird Ihnen die praktische Anwendung deutlich leichter fallen und viel Freude bereiten.

2.1.3   Zwischen neuem Trend und alter Tradition

Achtsamkeit liegt im Trend und hat in den letzten Jahren eine steile Karriere hingelegt. Wer „Mindfulness" googelt, erhält über 120 Mio. Treffer, der Begriff schmückte das Cover des *Time Magazine* und ganze Zeitschriften (wie *Happinez* und *Flow*) widmen sich dem Thema. Es gibt Achtsamkeits-Apps, Bücher, Kurse, und große Unternehmen wie Google, Mercedes, Genentech (Pharmakonzern), Intel oder SAP bieten ihren Mitarbeitern Achtsamkeitstrainings an (Horx, 2015), und das teilweise schon seit über 20 Jahren.

Peter Bostelmann, Wirtschaftsingenieur, war lange Chief Mindfulness Officer (CMO) beim Walldorfer Software-Giganten SAP, bevor nun der Titel „Director Global Mindfulness Practice" auf seine Visitenkarte gedruckt wurde. Er bringt mit seinem Team einen ganzen Weltkonzern zum Meditieren. Die Reise war lang, erzählt er in einem Vortrag, bei dem ich zu Gast war. Er war ein Mann der Zahlen, der Logik und der Formeln. Ausdauersport und Triathlon waren seine gewählten Methoden, um den Stress zu verarbeiten. Allerdings erreichte er damit zu wenig Gelassenheit und innere Ruhe. Er hat über seine Lebensgefährtin zur Achtsamkeit gefunden und begann, privat zu meditieren. Zu Beginn hatte er die Achtsamkeitspraxis seiner Freundin lange belächelt. Doch ihre innere Ruhe, ihre Gelassenheit, ihre Fähigkeit, die Arbeit hinter sich zu lassen und abzuschalten, haben ihn neugierig gemacht.

Nach einem mühevollen und langen Weg an Überzeugungsarbeit haben nun über 10.000 Mitarbeitende von SAP, das einst von Google entwickelte Search-Inside-Yourself-Training absolviert. Weitere 8000 Kollegen stehen auf der Warteliste, um an den größten 50 Standorten weltweit Achtsamkeit zu trainieren. 43 SAP-interne Trainierende wurden ausgebildet, um neben ihrer Haupttätigkeit die Kollegen in Achtsamkeit zu schulen. Neben dem Search-Inside-Yourself-Training werden täglich halbstündige Meditationen angeleitet oder man kann z. B. schweigend die „Mindful Lunches" besuchen. Nicht selten eröffnen Manager und Führungskräfte Videocalls und Meetings mit Atem- oder Achtsamkeitsübungen. Die Vorteile von Achtsamkeit seien überragend. Das Engagement und das Vertrauen in die Führung sind signifikant gestiegen. Fehltage gingen zurück, sodass sich das Programm selbst bezahle. Der Return on Investment (ROI) liegt bei ca. 200 %. Peter wird auch von anderen Unternehmen wie der Thyssenkrupp AG eingeladen, um über Achtsamkeit zu referieren.

❯ Achtsamkeit im Unternehmen hat einen positiven ROI.

Kommen wir nun vom gar nicht so neuen Trend zur alten Tradition.

2.1.4 Wie ist die Praxis der Achtsamkeit entstanden?

Als eigener Übungsweg hat sich Achtsamkeit über die Jahrtausende hinweg vor allem in Indien, China, Japan und anderen ostasiatischen Ländern innerhalb der spirituellen Tradition entwickelt (Huppertz, 2015). In buddhistischen Praktiken wird Achtsamkeit seit über 2500 Jahre geübt. Auch im Christentum und anderen Weltreligionen sowie in der Philosophie ist die Praxis der Achtsamkeit fest verankert (Blickhan, 2018).

In der westlichen Welt gilt Prof. Dr. Jon Kabat-Zinn als Pionier der Achtsamkeitspraxis. Der promovierte Molekularbiologe forschte lange im Team von Medizin-Nobelpreisträger, Salvador Edward Luria, am Massachusetts Institute of Technology (MIT) in Cambridge, das als eine der weltweit führenden Spitzenuniversitäten gilt. Kabat-Zinn entwickelte die Methode der „Mindfulness Based Stress Reduction" (MBSR, achtsamkeitsbasierte Stressreduktion) Ende der 1970er-Jahre, um Schmerzpatienten einen besseren Umgang mit ihrem Dauerschmerz zu ermöglichen.

MBSR wurde weiterentwickelt und ist nun ein achtwöchiges Training (Kabat-Zinn, 2019), das für breite Schichten der Bevölkerung zugänglich ist, keine Vorkenntnisse erfordert und bei dem teilweise aus dem Hatha-Yoga, der Vipassana- und der Zen-Meditation stammende Aufmerksamkeitsübungen mit der Achtsamkeitsmeditation kombiniert werden.

2.1.5 Wissenschaftliche Studien zur Achtsamkeit

Welche Vorteile und welcher Nutzen ergeben sich nun aus der Achtsamkeit? Sie haben bereits einige Gehirnareale kennengelernt, die durch Achtsamkeit aktiviert und verändert werden (▶ Abschn. 2.1.2). Wissenschaftler entdeckten, dass z. B. die Aufmerksamkeitskontrolle (im anterioren Teil des Gyrus cinguli), die Emotionsregulation mit positiver Neubewertung oder Abschwächung der stressverschärfenden Situation (Hippocampus, Amygdala) und der Perspektivwechsel (z. B. im medialen präfrontalen Kortex und im posterioren Teil des Gyrus cinguli) durch Achtsamkeitsübungen beeinflusst werden (Hölzel et al., 2011).

Die Studienlage ist eindeutig: Achtsamkeitspraktizierende profitieren von einer positiveren Einstellung zum Leben und empfinden häufiger positive Emotionen wie Freude und Dankbarkeit (Hoffman et al., 2011; Schuttle & Malouff, 2011). Ferner sind achtsame Personen gewissenhafter, offener gegenüber Neuem und zeigen weniger neurotizistisches Verhalten, das durch emotionale Labilität, Ängstlichkeit und Unsicherheit gekennzeichnet ist (Giluk, 2009).

Weitere Studien bestätigen auch die klinisch-therapeutische Effektivität von Achtsamkeitsmeditationen (vgl. Astin, 1997; Miller et al., 1995):
- Reduktion von Bluthochdruck (Deepak et al., 2012)
- Reduktion von Angststörungen und Depressionen (Carmody & Baer, 2008)
- Reduktion von psychischen Störungen
- Positiver Effekt auf das psychische Wohlbefinden
- Verringerung von physischen Schmerzen und somatischen Beschwerden (Grossman et al., 2004)
- Positiver Effekt auf kognitive Fähigkeiten (Tang et al., 2015)

2

- Positiver Effekt auf die Neuroplastizität (Fähigkeit zur Veränderung und Anpassung von Nervenzellen oder ganzen Gehirnarealen; Lazar et al., 2005)
- Verbesserung der Entscheidungsfähigkeit (Gallant, 2016)
- Steigerung der Aufmerksamkeit (Amihai & Kozhevnikov, 2015)

Die Wirksamkeit und der Effekt sind abhängig von der Dauer der einzelnen Übungssequenzen, der entstandenen Entspannungstiefe (messbar durch Gehirnwellen mittels EEG) und der Meditationserfahrung des Anwenders (Lutz et al., 2008).

Durch diese und weitere wissenschaftliche Studien, die die positiven Auswirkungen dieses Programms auf das Wohlbefinden und die Gesundheit bestätigen, konnte die Achtsamkeitsmeditation den Beigeschmack der „Esoterik" bereits seit Jahren widerlegen und wird nicht nur von Gelassenheitssuchenden, sondern auch von Kliniken und Therapeuten eingesetzt und von Krankenkassen als Präventivprogramm bezuschusst (Jackob, 2020). Achtsamkeit ist demnach eine alte Tradition, die als aktueller Trend eine Renaissance erlebt.

Wer mehr zum Thema Meditation lesen möchte, dem kann ich u. a. die Bücher von Dr. Ulrich Ott, Deutschlands anerkanntestem Meditationsforscher empfehlen. Er erforscht seit über 20 Jahren veränderte Bewusstseinszustände an der Universität Gießen:

- *Meditation für Skeptiker. Ein Neurowissenschaftler erklärt den Weg zum Selbst* (2009)
- *Spiritualität für Skeptiker. Wissenschaftlich fundierte Meditationen für mehr Bewusstheit im Alltag* (2021)

Aber auch das Buch von Prof. Dr. Peter Sedlmeier, Professor für Forschungsmethodik und Evaluation am Institut für Psychologie der TU Chemnitz, ist empfehlenswert. Es ist erschienen unter dem Titel *Die Kraft der Meditation. Was die Wissenschaft darüber weiß* (2016). Zu seinen Forschungsgebieten gehört u. a. die Meditationsforschung.

Nach der Theorie, der Historie sowie den Forschungsergebnissen geht es nun um die Praxis der Achtsamkeit.

2.1.6 Vier Faktoren der Achtsamkeit

Wie bereits in der Einleitung beschrieben, wird unter Achtsamkeit das bewusste Lenken der Aufmerksamkeit auf die Gegenwart und das wertfreie Wahrnehmen des jetzigen Moments verstanden. Häufig tendieren wir dazu, einen großen Teil unseres Lebens gedankenlos, mit gewohnter Routine, fast schon „mechanisch" zu verbringen. Selten sehen wir unsere eigenen Gedanken, Emotionen und Reaktionen in einem größeren Zusammenhang. Dabei kann jede Alltagstätigkeit eine Möglichkeit sein, Achtsamkeit zu praktizieren: Rasieren, Duschen, Fahrradfahren, Tennisspielen usw. Diese informelle Achtsamkeitspraxis benötigt kein extra Zeitbudget. Wache Präsenz statt Autopilot – was einfach klingt, benötigt Übung. Wie gelingt dieses Umschalten am besten? Psychologen haben vier Faktoren festgelegt, die über diese Definition hinaus verdeutlichen, was Achtsamkeit bedeutet und worauf beim Üben zu achten ist (Buchheld et al., 2001).

■ **1. Gegenwärtige Aufmerksamkeit**

Durch Achtsamkeit entsteht eine direkte und unmittelbare Teilhabe an den Erfahrungen des Augenblicks. Für die Achtsamkeitspraxis bedeutet dies: Anhand bestimmter Anker für die Gegenwart (z. B. Atem, Sinneswahrnehmungen oder Körpergefühl) wird die Aufmerksamkeit immer wieder in das Hier und Jetzt zurückgebracht. Diese gegenwärtige Aufmerksamkeit kann im Alltag auch automatisch entstehen, z. B. wenn wir im Flow unserer Arbeit aufgehen, einen schönen Moment mit einem anderen Menschen teilen oder uns beim Sport nur auf die aktuelle Übung fokussieren.

■ **2. Akzeptierende, nicht urteilende Haltung**

Dieser Faktor der Achtsamkeit ist ebenfalls sehr wichtig und stellt häufig eine der größten Herausforderungen dar. Denn Achtsamkeitsübungen verfolgen, entgegen vieler Vermutungen, nicht das Ziel, dass währenddessen weder gedacht noch gefühlt wird. Im Gegenteil: Gedanken, Gefühle und Reaktionen werden auftauchen. In solchen Momenten sollen sie wertfrei akzeptiert und mit Geduld sowie Offenheit angenommen werden.

Folgende Metapher kann vielleicht dabei helfen, diese urteilsfreie Haltung besser zu verstehen: Unser Geist gleicht der Oberfläche eines Meeres. Oft gibt es kleinere oder größere Wellen. Ziel ist es nicht, diese Wellen zu verhindern, sodass die Meeresoberfläche spiegelglatt erscheint (diese irreführende Annahme ist häufig verbreitet). Es geht vielmehr darum, mit den Wellen zu leben oder – wie Jon Kabat-Zinn es ausdrückt – „You can't stop the waves, but you can learn to surf".

> **Praxisübung: Akzeptieren oder unterdrücken?**
> Gerne lade ich Sie zu einer kleinen Reflexionsübung ein: Wann haben Sie das letzte Mal Wut, Ärger, Frustration oder Traurigkeit gespürt? Konnten Sie Ihre Emotionen annehmen oder wollten Sie sie eher wegschieben und unterdrücken, indem Sie sich z. B. abgelenkt oder Ihre Emotionen beschwichtigt haben?
>
> Für diese Frage habe ich bewusst „negative" Gefühle ausgewählt, da es vielen Menschen nicht besonders leichtfällt, diese anzunehmen und zu akzeptieren. Wem dies noch nicht so gut gelingt, der kann von Achtsamkeitsübungen profitieren, denn durch sie lernen Menschen, sich selbst und ihre Emotionen zu schätzen und zu akzeptieren.

■ **3. Ganzheitliche Annahme**

Wie in der oben genannten Praxisübung thematisiert, stellt der Faktor der ganzheitlichen Annahme einen bewussten Umgang mit negativen Gefühlen und Empfindungen in den Fokus. Darüber hinaus macht er deutlich, dass durch Achtsamkeit ein Kontakt zu allen Erfahrungen (sowohl geistlich-mentalen als auch körperlichen) entsteht, aus dem Wissen gewonnen werden kann, dass sich auch auf andere Situationen übertragen lässt.

2

■ 4. Einsichtsvolles Verstehen

Wer sich über einen längeren Zeitraum in Achtsamkeit übt, wird mit der Zeit ein Bewusstsein für das eigene Innenleben und ein Verständnis für den ständigen Wandel der Gedanken, Gefühle und Reaktionen gewinnen. Durch dieses Verständnis reduziert sich nach einiger Zeit der Wunsch, ständig auf alle Empfindungen reagieren zu müssen.

> **Praxischeck: Reflexion der vier Faktoren der Achtsamkeit**
> Betrachten Sie noch einmal die 4 Faktoren und gehen Sie jeden einzelnen durch:
> — Welche Momente erleben Sie, in denen Sie völlig in der Gegenwart aufgehen und das Gedankenkarussell stehen bleibt?
> — Welche Gedanken, Gefühle und Reaktionen können Sie mit Leichtigkeit annehmen? Welche werten Sie dagegen ab?

2.1.7 Falsche Vorstellungen unter der Lupe

Bevor es um die Achtsamkeitsübungen geht, sollen einige der falschen Vorstellungen zur Achtsamkeit ausgeräumt werden. Vielleicht haben auch Sie schon einmal an einen der folgenden Punkte gedacht oder sich eine der Fragen gestellt:

■ „Achtsamkeit bedeutet, nichts mehr zu denken. Das gelingt mir nie."

Einige Menschen denken, sie machen etwas falsch, wenn sie eine Achtsamkeitsübung durchführen und dabei Gedanken oder Gefühle hochkommen. Die Wahrheit ist jedoch: Wir können unseren Gedankenfluss nicht stoppen, und dies ist auch kein Ziel der Achtsamkeitspraxis.

Bei den Übungen geht es darum, die Position eines Beobachters einzunehmen und die eigenen Gedanken und Gefühle aus einer Metaperspektive zu betrachten. Plötzlich stellen wir fest: „Ich *bin nicht* meine Gedanken und Gefühle. Ich *habe* Gedanken und Gefühle."

■ „Wieso soll ich meine negativen Emotionen annehmen? Dann ändert sich doch nichts an der Situation."

Die bewusste Annahme aller Emotionen, Körperempfindungen und Situationen ist ein fundamentaler Faktor der Achtsamkeit. Etwas anzunehmen heißt allerdings nicht, dass man es gut heißt und nichts daran ändern möchte. Häufig ist genau das Gegenteil der Fall: Durch die Annahme schaffen wir gedanklich Platz für die Suche nach einer Lösung, weil der innere Dialog, der die Situation durch negative Bewertungen häufig noch verschlimmert, zur Ruhe kommt.

■ „Gedanken an die Vergangenheit und Zukunft können doch nützlich sein. Wieso sollte ich damit aufhören?"

Unser Gehirn ist nicht umsonst mit der Fähigkeit ausgestattet, gedanklich in die Vergangenheit und in die Zukunft zu reisen. Diese analytische Fähigkeit ist einer der entscheidenden Entwicklungsvorteile der Spezies Mensch gegenüber dem Tierreich.

Dennoch sind viele der Gedanken über die Vergangenheit und die Zukunft unnötig und zum Teil sogar belastend und stressverschärfend.

Natürlich ist es sinnvoll, sich bewusst mit der Vergangenheit auseinanderzusetzen, Fehler zu erkennen und aus den Erfahrungen Schlüsse für die Gegenwart zu ziehen. Genauso macht es Sinn, über die Zukunft nachzudenken, Dinge zu planen und sich auf etwas zu freuen. Wichtig hierbei ist allerdings die Erkenntnis, dass die Vergangenheit einen Nutzen für die Gegenwart bringen kann und die Zukunft aus den Handlungen des jetzigen Moments entsteht. Egal wie viel wir gedanklich abschweifen, das wahre Leben findet immer nur im Jetzt statt.

Wer sich in Achtsamkeit trainiert, kann gedankliche Reisen in die Vergangenheit und in die Zukunft bewusst nutzen, um das Leben in der Gegenwart zu bereichern. Gleichzeitig wird durch Achtsamkeit ein schneller Ausstieg aus negativen Gedankenkarussells gewährleistet, die im schlimmsten Fall zu Depressionen oder Angststörungen führen können.

- **„Meditation und Achtsamkeit sind mir zu spirituell."**

Auch wenn die Achtsamkeitspraxis ihren Ursprung in vielen religiösen und spirituellen Praktiken hat, kann sie heute komplett weltanschauungsfrei durchgeführt werden. Die Vorteile von Achtsamkeit wurden, wie bereits eingehend beschrieben, durch zahlreiche Studien wissenschaftlich belegt.

- **„Meditation ist nichts für mich."**

Meditation ist eine klassische Übung, die als Achtsamkeitspraxis angeboten wird, sie ist allerdings längst nicht die einzige. Prinzipiell lässt sich Achtsamkeit in jeder Alltagssituation üben, wie Sie im Folgenden lesen werden. Darüber hinaus gibt es zahlreiche verschiedene Übungen. Ich empfehle: Probieren Sie verschiedene Praktiken aus, bis Sie etwas gefunden haben, dass zu Ihnen passt.

2.2 Achtsam durch den Alltag

Nachdem Sie eine ausführliche Einführung in die Achtsamkeit erhalten haben, wissen, was bei der Praxis zu beachten ist, und über falsche Annahmen aufgeklärt sind, sind Sie nun bereit, Achtsamkeit in Ihren Alltag zu integrieren. Sie werden merken, dass sich der Ablauf bei den im Folgenden aufgelisteten Übungen ähnelt. Die sich wiederholenden Punkte sind sogenannte Anker der Achtsamkeit (Puddicombe, 2016).

Diese Anker lenken den Fokus auf die Gegenwart und können auch im Alltag jederzeit angewendet werden. Zu den Ankern gehören u. a. folgende:

1. *Sinneswahrnehmungen:* Durch ein bewusstes Hören, Riechen, Sehen, Schmecken oder Fühlen sind wir automatisch im Hier und Jetzt und nehmen die Umwelt bewusst wahr.

2. *Atem:* Die Atmung ist unser ständiger Begleiter. Den Atem bewusst zu spüren, ohne ihn beeinflussen zu wollen, bringt uns automatisch in den gegenwärtigen Moment.

2

3. *Körpergefühl:* Auch unseren Körper haben wir immer bei uns und können Achtsamkeit üben, indem wir bewusst die verschiedenen Körperregionen, entweder in Ruhe oder bei einer Bewegung, wahrnehmen.

Wie die Anker in Übungen integriert werden, lesen Sie in den folgenden Punkten.

2.2.1 Atemmeditation: zurück zum Ursprung innerer Gelassenheit

Atmen ist Leben – ein wahres Wunder, bei dem wir am Tag mit frischer Energie versorgt werden und verbrauchte abgeben. Im Durchschnitt beträgt die Atemfrequenz eines Erwachsenen im Ruhezustand zwischen 10 und 15 Atemzügen pro Minute, pro Jahr sind das zwischen 5 und 8 Mio. Atemzüge.

Eine tiefe und entspannte Bauchatmung haben viele Menschen jedoch verlernt. In der operativen Hektik des Alltags haben wir oft eine flache Brustatmung. Und obwohl wir schon zig Millionen Male in unserem Leben geatmet haben, wird uns die bewusste Konzentration auf den Atem ein Gefühl von innerer Ruhe und des „Ganz-bei-sich-Seins" schenken.

Die Atemmeditation ist eine der klassischen Achtsamkeitsübungen. Gerade am Anfang lohnt es sich, diese Art der Meditation in einem Kurs zu erlernen oder eine geführte Meditation, z. B. über eine App (▶ Abschn. 2.2.6) oder YouTube, zu hören.

Bei der Atemmeditation wird, wie aus dem Begriff bereits ersichtlich, der Fokus auf den Atem gelegt. Übende nehmen das Ein- und das Ausströmen der Luft wahr, spüren, wie sich der Brustkorb sowie die Bauchdecke heben und senken, und bringen ihre Aufmerksamkeit immer wieder zurück zum Atem, wenn ihre Gedanken abschweifen. In einigen Übungen werden die Atemzüge gezählt oder mit gedanklichen Begriffen wie „Ein" und „Aus" belegt, um den Fokus bei dem Körpergefühl zu halten.

Für eine Atemmeditation brauchen Sie einen ruhigen Ort, an dem Sie ungestört für ein paar Minuten sitzen oder liegen können, um die Übung durchzuführen. Unter ▶ www.recalibration.de finden Sie sowohl diese als auch die nachfolgenden Übungen zum Download.

2.2.2 Bodyscan: eine Körperreise zu mehr Entspannung

Ähnlich wie bei der Atemmeditation spielt auch beim Bodyscan das körperliche Empfinden eine große Rolle als Anker für die Gegenwart. Auch hierbei lohnt es sich, die Übung anfangs geführt zu machen, um die Technik zu lernen.

Beim Bodyscan wird die Aufmerksamkeit auf die einzelnen Körperteile gerichtet. Praktizierende fühlen von der Zehenspitze bis zum Kopf in sich hinein und nehmen jedes Körpergefühl wahr, ohne es zu bewerten, z. B. „meine Füße sind warm, mein Knie schmerzt oder mein Rücken ist verspannt". Die Bewertung wie „ärgerlich, dass mein Knie schmerzt/dass mein Rücken verspannt ist", bleibt jedoch aus.

Gerade für Menschen, die Schwierigkeiten haben, ihre Emotionen und ihren Körper zu spüren, ist diese Übung sehr hilfreich.

Der Bodyscan steht Ihnen ebenfalls zum kostenfreien Download unter ▶ www.recalibration.de zur Verfügung.

2.2.3 Achtsam im Arbeitsalltag

Es gibt zahlreiche Möglichkeiten, Achtsamkeit im Arbeitsalltag zu integrieren. Sie dauern jeweils nur wenige Minuten und haben zahlreiche positive Effekte auf Psyche und Körper. Es folgen einige Vorschläge für kurze Achtsamkeitsübungen im Alltag:

- **Nackenentspannung**

Stress, Druck und Anspannung äußert sich häufig in Form einer verkrampften Nackenmuskulatur. Daher wird es oft als eine Wohltat empfunden, wenn diese Region gelockert wird. Lassen Sie 3 Mal täglich ganz bewusst den Nacken los, während Sie tiefe Atemzüge in den Bauch nehmen. Lassen Sie Ihren Kopf langsam kreisen und spüren Sie, wie sich die Anspannung Ihrer Muskulatur verändert.

- **Achtsames Kauen**

Jeden Bissen zwischen 32 und 50 Mal zu kauen, empfehlen die Experten je nach konsultierter Studie. In einem sind sich die Experten einig: Wir kauen zu wenig und verhindern damit eine optimale Verwertung der enthaltenen Nährstoffe, eine geschmeidige Verdauung und einen früheren Sättigungspunkt. Fangen Sie mit kleinen Schritten an. Kauen Sie bewusst einen Apfel, Kerne, Nüsse, Trockenobst o. Ä, nicht gleich eine ganze Mahlzeit.

- **Kaffeepause**

Oft befindet sich unser Geist nicht an dem Ort, an dem unser Körper ist. Wir sind physisch z. B. in der Kaffeeküche oder in einem Café, doch in unseren Gedanken beschäftigen wir uns bereits mit dem nächsten Meeting. Wirklich schade, denn erstens nehmen wir kaum die Schönheit oder Besonderheit des Orts wahr, an wir uns gerade befinden, und zweitens ist so die Kaffeepause nicht wirklich erholsam. Genießen Sie das Hier und Jetzt. Machen Sie Pause in Ihrer Kaffeepause!

- **Mikropausen**

Mikropausen sind mehrmals am Tag stattfindende 3- bis 5-minütige Pausen. Die Dauerstressbelastung wird unterbrochen, und der Parasympathikus wird aktiviert. So können Sie wichtige Impulse für Ihre Regeneration setzen. Die regelmäßige Ansteuerung und Aktivierung des Parasympathikus sind von großer Bedeutung, um Entspannung zu üben und die Balance zwischen der Sympathikus- und der Parasympathikustätigkeit wiederherzustellen.

- **Meeting-Marathon**

Nicht selten jagt ein Videocall den nächsten. In Gedanken sind wir thematisch noch beim vorhergehenden Call, schreiben uns eventuell anschließend anstehende Tätigkeiten auf und versuchen währenddessen im nächsten Call bereits einen freundlichen und konzentrierten Eindruck zu hinterlassen und dem neuen Thema zu folgen. In manchen Unternehmen wie SAP, Google, Apple starten und enden Videocalls nicht selten mit einer 2- oder 5-minütigen Atem- oder Achtsamkeitsübung, sodass die Konzentration und der Fokus wieder gebündelt werden können.

2

2.2.4   Achtsamkeit auf dem Teller

In unserer heutigen Leistungsgesellschaft ist Essen für viele Menschen während der Arbeitswoche fast zu einer Nebensächlichkeit geworden, der wenig Aufmerksamkeit geschenkt wird. Wir vertilgen die To-Go-Nahrung, während wir weiterarbeiten, nur damit das Magenknurren endlich aufhört. Wir lesen Zeitung, surfen durch das Internet, essen während der Autofahrt zum nächsten Kundentermin. Das hat fatale Folgen, denn der Körper benötigt Ruhe, um sich der Verdauung widmen zu können. Zudem essen Menschen im abgelenkten Zustand (z. B. vor dem Fernseher, Tablet, Handy) nachweislich mehr als sie bräuchten. Eine gelegentlich durchgeführte Achtsamkeitsübung beim Essen kann hilfreich sein, um Speisen wieder besser wahrnehmen und wertschätzen zu können.

Für diese Übung brauchen Sie etwas zu Essen, Zeit und Ruhe – Single- statt Multitasking. Beginnen Sie damit, die Speise mit allen Sinnen wahrzunehmen, bevor Sie den ersten Bissen nehmen. Welcher Geruch steigt Ihnen in die Nase? Was können Sie sehen, wenn Sie die Speise betrachten? Welche Geräusche hören Sie beim Kauen? Wie fühlt sich die Textur im Mund an? Beobachten Sie gleichzeitig auch Ihre Gedanken: Welche Bewertungen haben Sie gegenüber dem Essen? Werden Sie ungeduldig und möchten am liebsten sofort den ersten Bissen nehmen?

Zum Beginn habe ich für Sie zwei unterschiedliche Achtsamkeitsgenussübungen vorbereitet: Die erste eignet sich für alle, die gerne unterschiedliche Speisen ausprobieren möchten. Die zweite Achtsamkeitsgenussübung ist eine Schokoladen-Achtsamkeitsmeditation, die ich für Sie aufgenommen habe. Sie benötigen 5 min Zeit sowie ein Stück Schokolade, am besten mit einem Schokoladenanteil von mindestens 70 %, und dann kann der Genuss starten unter ▶ www.recalibration.de.

Wenn Sie diese Übungen mehrmals in Ruhe durchgeführt haben, können Sie sie auch in Alltagssituationen, in denen es häufig unruhiger zugeht, durchführen. Lenken Sie den Fokus immer wieder auf die Speise, essen und trinken Sie bewusst langsamer. Nach einiger Zeit werden Sie merken, dass Sie sowohl die Lebensmittel stärker wahrnehmen als auch Ihrem Körper etwas Gutes tun.

2.2.5   Schönheit der Natur genießen

Ein achtsamer Spaziergang ist vor allem für all diejenigen geeignet, die körperlich gerne aktiv sind und es nicht lange aushalten, still zu sitzen. Bei dieser Übung wird sowohl ein Fokus auf das Körpergefühl als auch auf die Atmung und die Sinneswahrnehmung gelegt.

Beginnen Sie damit, beim Spazieren die Umwelt bewusst wahrzunehmen. Was können Sie sehen? Welche Geräusche hören Sie? Steigt Ihnen ein bestimmter Geruch in die Nase?

Beobachten Sie die Umwelt so lange, wie es Ihnen guttut, und richten Sie anschließend den Fokus auf Ihren Körper. Fühlen Sie in die rhythmische Bewegung Ihrer Schritte hinein, dann in Ihre Beine, in die hängenden Arme bis hoch zum Kopf. Wenn Ihre Gedanken während des Laufens auf Wanderschaft gehen, kann Ihr Körper als Anker dienen, um den Geist wieder zurückzuführen. Auch die Beobachtung Ihres Atems ist dabei hilfreich.

Ein achtsamer Spaziergang verbindet Bewegung mit Entspannung und kann als gute Alternative zu einer sitzenden oder liegenden Meditation z. B. in der Mittagspause eingesetzt werden.

Eine ähnliche Übung ist die Gehmeditation, die sowohl in der Natur als auch in einem geschlossenen Raum praktiziert werden kann. Setzen Sie dabei die Füße im (sehr, sehr langsamen) Tempo des Ein- und Ausatmens voreinander. Der Blick ist auf den Boden gerichtet. Bei jedem Schritt wird bewusst gespürt, wie zuerst die Ferse aufsetzt, sich der Fuß abrollt und zum Schluss die Zehenspitzen den Boden berühren. Die Schultern hängen entspannt nach unten. Ohne Schuhe kann das langsame Abrollen der Füße intensiver wahrgenommen werden. Starten Sie mit 2 min und steigern Sie sich langsam. Geübte genießen halb- oder einstündige Gehmeditationen in der Natur.

2.2.6 Apps und weitere Inspirationen

Nun haben Sie einen Überblick erhalten, welche Achtsamkeitsübungen Sie im Alltag umsetzen können. Es ist nicht für jeden einfach, die Motivation für die Meditation aufrechtzuhalten, besonders wenn die Techniken zu Beginn ausschließlich aus einem Buch gelernt werden, wovon ich abrate. Es ist hilfreicher, zum Erlernen von Achtsamkeits- und/oder Meditationsübungen eine Gruppe Gleichgesinnter zu suchen. Auch Apps mit geführten Meditationen können hierbei von Nutzen sein.

Um die Achtsamkeit langfristig zu etablieren und eine Vielzahl von Übungen ausprobieren zu können, sind weiterführende Ressourcen hilfreich. Es folgt eine Auswahl von Apps für Meditationen und Achtsamkeitsübungen, die hierfür geeignet sind:

- **Headspace**

Mehr als 5 Mio. Downloads verzeichnet diese Meditations-App. Mit ihr sollen Alltagsstress gedämpft und die Konzentrationsfähigkeit und Aufmerksamkeit gesteigert werden. Im Paket sind ebenfalls zahlreiche Sitzungen zu diversen Themen wie Schlafproblemen, Copingstrategien bei Stress und Angststörungen, Performance-Pakete für mehr Kreativität, Balance und Konzentration etc. enthalten. Kurzübungen für akute Krisen sowie eine Anleitung für die Überwindung von Meditationsblockaden ergänzen das Programm. Eine Anmeldung ist obligatorisch. Die Menüführung könnte etwas übersichtlicher gestaltet sein, es dauert einen Moment, bis man sich zurechtfindet.

Nach einer kostenlosen Testphase kostet die App monatlich ca. 10 €, als Jahresabo ca. 72 €.

- **7Mind Meditation**

Mit knapp einer Million Downloads ist dies eine der am häufigsten genutzten Apps rund um Meditation und Achtsamkeit in *deutscher* Sprache. 7Mind will dem Nutzer in Kursen zu 7 min an 7 Tagen mehr Ruhe und Gelassenheit im Alltag vermitteln sowie einen besseren Umgang mit Stresssituationen vermitteln und gesunden Schlaf fördern. 7Mind bietet neben zahlreichen Meditationsinhalten auch vertiefende Inhalte zu Themen wie Stressmanagement, Konzentrationsübungen etc. Ferner sind

2

Meditationskurse für den Nachwuchs verfügbar. Wissenschaftlich begleitet wird das Projekt von Prof. Dr. med. Tobias Esch.

Die App kann ohne Anmeldung genutzt werden. Wer seinen Fortschritt verfolgen möchte, kann ein kostenloses Profil erstellen.

Die App bietet kostenlose Inhalte für Einsteiger. Zugriff auf alle Inhalte erhält man mit dem Jahresabo für ca. 5 € pro Monat.

- **Calm**

Calm holt die Natur ins Homeoffice. Beim Öffnen der App erscheinen animierte Bilder und Klänge: Blätter im Regen, Sonnenaufgang am Stand mit leichten Wellen etc. Die App setzt auf Naturfotografien und -geräusche, um unseren gestressten Geist durch Musik- und Klangwelten, Atemübungen sowie Einschlafprogramme zu entschleunigen. Es gibt kurze Übungen für die Meditationspause nach dem Lunch mit einer Länge von 3 min, aber auch bis zu 25 min lange Entspannungsübungen nach dem Feierabend. Dabei sind die Übungen thematisch gegliedert und können je nach Bedarf ausgewählt werden: z. B. CalmKids und Commuting für Pendler. Des Weiteren stehen viele Schlafgeschichten und Relax-Sounds zur Verfügung. Wer mehr will, kann sich das Buch *Calm* vom App-Gründer, Michael Acton Smith, bestellen (auch in Deutsch verfügbar).

Gratis sind Naturimpressionen, ein Grundkurs zur Meditation sowie 2 Achtsamkeitsübungen. Weitere Inhalte sind im Monatsabo für ca. 10 € oder im Jahresabo für ca. 36 € erhältlich.

- **Stop, Breath & Think**

Die Einsteiger-App ist ein Non-Profit-Projekt der Organisation „Tools for Peace", die das Ziel verfolgt, das Ritual kurzer Achtsamkeitsübungen zu etablieren. Mit „How are you?" startet die App, die nach Analyse der eigenen aktuellen Stimmungslage unterschiedliche Meditationskurse mit Längen zwischen 3 und 20 min anbietet. Meditationen können auch ohne Gefühlscheck ausgewählt werden.

Download und Nutzung der meisten Übungen sind kostenfrei. Es gibt neben In-App-Käufen ab ca. 1 € auch eine Premiumfunktion für ca. 11 € pro Monat, das Jahresabo kostet ca. 65 €. Die Einnahmen werden für Partnerprogramme an Schulen und Universitäten verwendet, in denen benachteiligte Schüler das Meditieren kennenlernen können.

- **Prana Breath**

Die App fokussiert sich auf Atemübungen der indischen Yogalehre, denn die Atmung steuert über den Vagusnerv direkt unser vegetatives Nervensystem an. Eine ruhige und tiefe Bauchatmung kann Stress, Angst und Herzschlag positiv beeinflussen. Viele der Übungen sind kürzer als 10 min und können daher sehr gut in den Alltag eingebaut werden. Eine Übersicht, die Erinnerungsfunktion und zusätzliche Gesundheitstests komplettieren das umfangreiche Angebot.

Prana Breath ist aktuell die App mit den meisten Atemübungen auf dem Markt. Sie ist kostenfrei in der Basisvariante mit Zugang zu den meisten Übungen erhältlich, im Jahresabo für ca. 4 € pro Monat.

- **Sleepfulness**

Hier steht gesunder Schlaf im Mittelpunkt. Der User erhält durch verschiedene Übungen Unterstützung in den 4 Bereichen Einschlafen, Aufwachen, Tagsüber und Schlafprobleme. Die App ermittelt anhand der Uhrzeit automatisch den richtigen Bereich und stellt Übungen zur Auswahl. Die 4 Bereiche können allerdings auch manuell ausgewählt werden. Die App ist übersichtlich und einfach gestaltet – eine Freude für Minimalisten.

Pro Bereich sind 2–4 Übungen kostenfrei. Weitere Übungen können einzeln ab 1 € dazugebucht werden. Der Gesamtpreis liegt bei ca. 10 €.

- **Weitere Angebote**

Darüber hinaus können Sie auch auf **Spotify** und/oder **YouTube** gezielt nach weiteren Meditationen, Achtsamkeitsübungen, Fantasiereisen, Bodyscans etc. suchen. Das Angebot ist sehr groß und vielfältig.

Empfehlenswert sind zudem folgende Bücher des Beststellerautors, Chade-Meng Tan:

- *Search Inside Yourself: Optimiere dein Leben durch Achtsamkeit* (2015)
- *Joy On Demand. The Art of Discovering the Happiness Within* (2017)

Nach der Vorstellung der Grundlagen, wissenschaftlicher Studien, der Vorteile und des Nutzens, der Richtigstellung falscher Annahmen sowie der Vorstellung der Faktoren der Achtsamkeit und diverser Übungen folgt abschließend eine Zusammenfassung zum Thema Achtsamkeit.

2.3 Zusammenfassung

- Achtsamkeit ist eine Einstellung, eine Lebensweise. Sie beinhaltet das bewusste Lenken der Aufmerksamkeit auf den gegenwärtigen Moment. Sie stellt das vorurteilslose und wertfreie Erleben im Hier und Jetzt in den Mittelpunkt.
- Achtsamkeit ist wissenschaftlich umfassend erforscht. Es handelt sich weder um Esoterik noch einen vorübergehenden Trend.
- Achtsamkeit kann auch in Achtsamkeitsmeditationen praktiziert werden.
- Achtsamkeit verbessert auf vielfältige Weise die psychische, physische und soziale Gesundheit:
  - Positivere Einstellung zum Leben
  - Häufiger positive Emotionen wie Freude, Dankbarkeit, Glück
  - Steigerung der emotionalen Stabilität
  - Regulation von Bluthochdruck
  - Verringerung von psychischen Störungen, Angststörungen und Depressionen
  - Positiver Einfluss auf das psychische Wohlbefinden
  - Verbesserung kognitiver Fähigkeiten, z. B. Steigerung der Aufmerksamkeit
  - Besserer Umgang mit Stress (Ausstieg aus dem negativen Gedankenkarussell)
  - Verbesserte Neuroplastizität
  - Nachweislicher Einfluss auf das Gehirn (Vergrößerung des Hippocampus, Verkleinerung des Mandelkerns) durch regelmäßige Achtsamkeitsübungen
  - Bessere Fähigkeit, negative Emotionen zu regulieren

- Bessere Fähigkeit, Entscheidungen zu treffen
- Erleichterung eines Perspektivwechsels
- Trainingseffekte stellen sich ein: Die Fähigkeit zur Achtsamkeit wird mit jedem Üben besser.
- Zahlreiche Weltkonzerne praktizieren Achtsamkeit und nutzen die verschiedenen Vorteile.
- Eine achtsame Haltung kann (fast) ohne Zeitaufwand in jeden Alltag integriert werden.
- Es gibt zahlreiche Kurse und Apps, in und mit denen Achtsamkeit praktiziert werden kann.
- Achtsamkeit kann präventiv, therapeutisch und kurativ eingesetzt werden.

Literatur

Amihai, I., & Kozhevnikov, M. (2015). The influence of Buddhist meditation traditions on the autonomic system and attention. *BioMed Research International, 2015,* 731579. https://doi.org/10.1155/2015/731579

Astin, J. A. (1997). Stress reduction through mindfulness meditation: Effects on psychological symptomatology, sense of control, and spiritual experiences. *Psychotherapy and Psychosomatics, 66,* 97–106.

Blickhan, D. (2018). *Positive Psychologie: Ein Handbuch für die Praxis* (2. Aufl.). Junfermann.

Brown, K., & Ryan, R. (2003). The benefits of being present and its role in psychological wellbeing. *Journal of Personality and Social Psychology, 84*(4), 822–848.

Buchheld, N., Grossmann, P., & Walach, H. (2001). Measuring mindfulness in insight meditation (Vipassana) and meditation-based psychotherapy: The development of the Freiburg Mindfulness Inventory (FMI). *Journal of Meditation Research, 1,* 11–34.

Carmody, J., & Baer, R. A. (2008). Relationships between mindfulness practice and levels of mindfulness, medical and psychological symptoms and well-being in a mindfulness-based stress reduction program. *Journal of Behavioral Medicine, 31,* 23–33.

Csíkszentmihályi, M. (2002). *Flow: The classic work on how to achieve happiness.* Rider.

Däfler, M.-N. (2017). *Das Passwort fürs Leben heißt Humor.* Springer.

Deepak, D., Sinha, A. N., Gusain, V. S., & Goel, A. (2012). A study on effects of meditation on sympathetic nervous system functional status in meditators. *Journal of Clinical and Diagnostic Research, 6*(6), 938–942.

Draganski, B., Gaser, C., Busch, V., Schuierer, G., Bogdahn, U., & May, A. (2004). Neuroplasticity: Changes in grey matter induced by training. *Nature, 427,* 311–312.

Esch, T. (2014). Die neuronale Basis von Meditation und Achtsamkeit. *Sucht, 60*(1). https://doi.org/10.1024/0939-5911.a000288

Esch, T., Guarna, M., Bianchi, E., & Stefano, G. B. (2004). Meditation and Limbic Processes. *Biofeedback, 32,* 22–32.

Frey, D. (Hrsg.). (2015). *Psychologie der Werte: Von Achtsamkeit bis Zivilcourage.* Springer.

Gallant, S. N. (2016). Mindfulness meditation practice and executive functioning: Breaking down the benefit. *Consciousness and Cognition, 40,* 116–130.

Giluk, T. L. (2009). Mindfulness, big five personality, and affect. A meta-analysis. *Personality and Individual Differences, 47,* 805–811.

Grossman, P., Niemann, L., Schmidt, S., & Walach, H. (2004). Mindfulness-based stress reduction and health benefits. A meta-analysis. *Journal of Psychosomatic Research, 57,* 35–43.

Hoffman, S. G., Grossman, P., & Hinton, D. E. (2011). Loving-kindness and compassion meditation. Potential for psychological interventions. *Clinical Psychology Review, 31,* 1126–1132.

Horx, M. (2015, Dezember). ZukunftsInstitut. Gibt es einen Megatrend Achtsamkeit? https://www.zukunftsinstitut.de/artikel/future-forecast/gibt-es-einen-megatrend-achtsamkeit/. Zugegriffen am 25.08.2022.

Hölzel, B. K., Lazar, S. W., Gard, T., Schuman-Olivier, Z., Vago, D. R., & Ott, U. (2011). How mindfulness meditation work? Proposing mechanisms of action from a conceptual and natural perspective. *Perspectives on Psychological Science, 6*, 537–558.

Huppertz, M. (2015). *Achtsamkeitsübungen: Experimente mit einem anderen Lebensgefühl* (2. Aufl.). Junfermann.

Jackob, S. (2020, 11. Januar). Achtsamkeit: Von der Schwierigkeit im Hier und Jetzt zu sein. https://utopia.de/ratgeber/achtsamkeit-lernen-mbsr-achtsamkeitsuebungen-achtsamkeitstraining-achtsamkeitsmeditation-hier-und-jetzt/. Zugegriffen am 25.08.2022.

Kabat-Zinn, J. (2019). *Gesund durch Meditation: Das große Buch der Selbstheilung mit MBSR*. Knaur.

Killingsworth, M. A., & Gilbert, D. T. (2010, November 12). A wandering mind is an unhappy mind. https://www.science.org/doi/abs/10.1126/science.1192439. Zugegriffen am 20.03.2022.

Kuschel, H. (2015). Achtsamkeit. In D. Frey (Hrsg.), *Psychologie der Werte: Von Achtsamkeit bis Zivilcourage*. Springer.

Kuss, M. (2021, 6. Mai). Psychologie: Achtsamkeit. Planet Wissen. https://www.planet-wissen.de/gesellschaft/psychologie/achtsamkeit/index.html. Zugegriffen am 25.08.2022.

Langer, E., & Moldoveanu. (2000). The construct of mindfulness. *Journal of Social Issues, 56*(1), 1–9.

Lazar, S. (2012). Die neurowissenschaftliche Erforschung der Meditation. In M. Zimmermann, C. Spitz, & S. Schmitz (Hrsg.), *Achtsamkeit. Ein buddhistisches Konzept erobert die Wissenschaft* (S. 71–81). Hans Huber.

Lazar, S. W., Kerr, C. E., Wasserman, R. H., Gray, J. R., Greve, D. N., Treadway, M. T., et al. (2005). Meditation experience is associated with increased cortical thickness. *Neuroreport, 16*(17), 1893–1897.

Lutz, A., Brefczynski-Lewis, J., Johnstone, T., & Davidson, R. J. (2008). Regulation of the neural circuitry of emotion by compassion meditation: Effects of meditative expertise. *PLoS ONE, 3*, e1897.

Miller, J. J., Fletcher, K., & Kabat-Zinn, J. (1995). Three-year follow-up and clinical implications of a mindfulness meditation-based stress reduction intervention in the treatment of anxiety disorders. *General Hospital Psychiatry, 17*(3), 192–200. https://doi.org/10.1016/0163-8343(95)00025-m

Ott, U. (2012). Atmen, Fühlen, Gleichmut und das Gehirn. In M. Zimmermann, C. Spitz, & S. Schmitz (Hrsg.), *Achtsamkeit. Ein buddhistisches Konzept erobert die Wissenschaft* (S. 83–89). Hans Huber.

Puddicombe, A. (2016). *Mach mal Platz im Kopf* (4. Aufl.). Knaur.

Schandry, R. (2011). *Biologische Psychologie* (3. Aufl.). Beltz.

Schuttle, N. S., & Malouff, J. M. (2011). Emotional intelligence mediates the relationship between mindfulness and subjective well-being. *Personality and Individual Differences, 50*, 1116–1119.

Tang, Y. Y., Hölzel, B. K., & Posner, M. I. (2015). The neuroscience of mindfulness meditation. *Nature Reviews Neuroscience, 16*(4), 213.

Regeneration: Wie Sie ausgeruht Ihre Erfolge noch leichter erreichen

Inhaltsverzeichnis

3.1   **Erholungskompetenz – der Erfolgsfaktor für die Zukunft – 87**

3.2   **Warum ist Regeneration so bedeutend? – 88**
3.2.1   Wissenschaftliche Erkenntnisse – 88
3.2.2   Aktive und passive Entspannungsmethoden – 89
3.2.3   Pausen im Alltag – 90

3.3   **Wie wir schlafen – 95**
3.3.1   Zirkadiane Rhythmen und der Einfluss innerer Uhren – 100
3.3.2   Wie der Chronotyp die Leistungsfähigkeit beeinflusst – 101
3.3.3   Wirkung des Schlafhormons Melatonin – 102
3.3.4   Weitere Einflussfaktoren, die unseren Schlaf beeinträchtigen – 103

3.4   **Wie kann die Schlafqualität gemessen werden? – 114**
3.4.1   Subjektive Bewertung: der Schlaffragebogen – 114
3.4.2   Objektive Messung: das Schlafhormon Melatonin – 114
3.4.3   Objektive Messung: Herzratenvariabilität – 116

3.5   **Praxistipps zur Verbesserung der Schlafqualität – 117**
3.5.1   Schlaffördernde Präparate – 118
3.5.2   Unterstützung durch Coaching – 118

3.6   **Leide ich an einer Schlafstörung? – 119**

© Springer-Verlag GmbH Deutschland, ein Teil von Springer Nature 2023
S. Balaban, *Peak Performance halten*, https://doi.org/10.1007/978-3-662-61528-7_3

3.7 **Welche Rolle spielen Entspannungstechniken bei der Regeneration? – 121**

3.7.1 Neurobiologische Grundlagen der Entspannungsverfahren – 121

3.7.2 Körperliche Auswirkungen von Entspannungsreaktionen – 122

3.7.3 Mentale Auswirkungen von Entspannungsreaktionen – 122

3.8 **Aktive Entspannungstechniken – 123**

3.8.1 Autogenes Training nach Johannes Schultz – 123

3.8.2 Progressive Muskelentspannung nach Edmund Jacobson – 124

3.8.3 Atementspannung – 126

3.8.4 Meditation – 127

3.8.5 Exkurs: Mehr Erholung im Urlaub – 130

3.9 **Zusammenfassung – 131**

Literatur – 133

In diesem Kapitel wird zuerst der Nutzen einer ausreichenden Regeneration erläutert, bevor die Erholungsqualität von aktiven und passiven Entspannungsmethoden betrachtet wird. Anschließend werden die Vorteile von Pausen im Alltag vorgestellt, um dann nachfolgend auf die längste Regenerationsphase, unseren Schlaf, einzugehen. Dabei werden Sie einerseits die Schlafphasen und -zyklen, andererseits die Funktion und Wirkweise unseres Schlafhormons kennenlernen. Ferner zeige ich weitere Einflussfaktoren auf, die unseren Schlaf erheblich stören können. Dazu zählen bekannte Parameter wie Kaffee, Alkohol, Sport, Social Jetlag und Schichtarbeit. Im Folgenden werden Ihnen zwei Möglichkeiten präsentiert, wie die Schlafqualität nach objektiven Kriterien gemessen werden kann. Ergänzend dazu werden Ihnen Empfehlungen für einen erholsamen Schlaf mitgegeben. Zum Kapitelabschluss lade ich Sie ein, nach einer kurzen Erläuterung der aktiven Entspannungstechniken unterschiedliche Entspannungsübungen für sich selbst auszuprobieren.

Ich wünsche Ihnen nach dieser Kapitellektüre eine bessere Regeneration sowie schnelles Einschlafen, tiefes Durchschlafen und erholtes Aufwachen!

3.1   Erholungskompetenz – der Erfolgsfaktor für die Zukunft

» Der Schlaf ist die einzige unentgeltliche Gabe der Götter.
   (Plutarch, 350–432 n. Chr., antiker griechischer Schriftsteller)

Schlaf und Erholung sollten uns heilig sein, denn sie beeinflussen neben der Leistungsfähigkeit auch das Immunsystem, unser Wohlbefinden sowie unseren gesamten Organismus.

Erholungskompetenz ist eine wichtige Ressource und gilt als eine Zukunftskompetenz, denn in unserer Leistungsgesellschaft lässt sich aufgrund der zunehmenden Arbeitsverdichtung sowie der Digitalisierung und der Flexibilisierung der Arbeitsverhältnisse die Grenze zwischen Arbeit und Freizeit nicht mehr trennscharf ziehen. Gleichzeitig hat sich durch die neue Arbeitswelt eine Kultur der ständigen Erreichbarkeit etabliert (Berkowsky, 2013). Als Folgen sind z. B. erhöhte Fehlerhäufigkeit, Konzentrationsmangel, Erschöpfung und erhöhte Infektanfälligkeit, mangelnde Gelassenheit, erhöhtes Stresserleben und ein Nicht-mehr-Abschalten-können zu nennen. Doch nur 60 % der Erwachsenen haben einen erholsamen Schlaf, wie die Studie „Schlaf gut, Deutschland" der Techniker Krankenkasse aufzeigt (TK, 2017).

❯ Regeneration ist die (neue) Basis für berufliche Höchstleistung.

Erholungskompetenz besteht aus 3 unterschiedlichen Säulen, und zwar echten Pausen im Alltag, erholsamem Schlaf und aktiven Entspannungsmethoden.

3

3.2   Warum ist Regeneration so bedeutend?

Den Weltrekord im Wachbleiben hält der Brite, Tony Wright, der mehr als 11 Tage und Nächte ohne Schlaf auskam. Er blieb 266 h wach. Inzwischen werden Wettkämpfe, die potenziell lebensbedrohend sein können, nicht mehr von dem Wettkampfkomitee angenommen. Schlafentzug gehört dazu und ist eine Qual. Schlafentzug ist Folter.

> Ohne Schlaf ist kein Leben möglich.

Der massive Schlafentzug führt zu einer erheblichen Schwächung des menschlichen Immunsystems, das dann nicht mehr über ausreichend Kraft verfügt, den Körper von Infektionen zu heilen. Schlafentzug bei Ratten führte in einem Experiment des Schlafforschers, Allan Rechtschaffen, in den 1980er-Jahren bereits nach 3–4 Wochen zum Tod: Zuerst fraßen die Tiere weniger, dies wurde von Gewichtsverlust und einem Absinken der Körpertemperatur begleitet. Dann entwickelten sich Tumore und Infektionskrankheiten. Durch den Schlafentzug kam offenbar der Stoffwechsel aus dem Gleichgewicht und das Immunsystem brach zusammen.

Was uns zu der Frage führt, warum Regeneration so bedeutend ist. Während des Schlafs arbeitet unser Körper eigentlich auf Hochtouren. Unser Körper ist ein sich immer wieder selbst regenerierendes System, das nach einer aktiven Phase eine Phase der Ruhe benötigt. Während der Ruhephasen, z. B. im Schlaf, erfolgen in unserem Körper wichtige Regenerations- und Speichervorgänge: Das Immunsystem ist hauptsächlich nachtaktiv, Zellschäden werden behoben, neue Zellen werden gebildet und der Stoffwechsel wird angekurbelt.

Ergänzend dazu bildet sich im Schlaf unser Gedächtnis: Das Gehirn verarbeitet die Sinneseindrücke, die während des Tages im Kurzzeitspeicher des Gehirns, im Hippocampus, gelandet sind. Die Gedächtnisbildung ist ein hochkomplexer Prozess, denn neu Erlebtes wird mit alten Erinnerungen verknüpft, neue Lerninhalte werden konsolidiert und Unwichtiges wird aussortiert. Im Schlaf regenerieren wir auch emotional. Vielschläfer reagieren gelassener auf Stress, Schlafentzug hingegen verstärkt besonders negative Emotionen.

Die Erholung durch Schlaf ist demzufolge für unsere Gesundheit und Leistungsfähigkeit essenziell. Oder wie es Leistungssportler formulieren:

> Die Pause gehört zum Trainingsplan dazu.

3.2.1   Wissenschaftliche Erkenntnisse

Die Relevanz von Schlaf für unsere körperliche Gesundheit analysierten u. a. Prather et al. (2015) in ihrer Untersuchung. Insgesamt umfasste die Stichprobe der Studie 164 gesunde Männer und Frauen (Altersgruppe 18–55 Jahre). Mithilfe von Handgelenkmessgeräten und Schlaftagebüchern wurden die Schlafdauer und die Schlafkontinuität über 7 aufeinander folgende Tage bewertet. Die Teilnehmer wurden im Anschluss unter Quarantäne gestellt. Hier wurden ihnen Nasentropfen, die das Rhinovirus enthielten, verabreicht. Über einen Zeitraum von 5 Tagen wurden sie hinsichtlich der Entwicklung einer klinischen Erkältung überwacht. Die Studienergebnisse zeigten, dass Menschen mit wenig Schlaf 4 Mal so häufig an Grippe, Erkältung etc. erkrankten als die Probanden mit ausreichend Schlaf (Prather et al., 2015).

Ebenfalls wirkt sich Schlafmangel negativ auf über 700 unserer Gene aus, so britische Forscher. Dies betrifft vor allem Gene, die für Entzündungen, für die Immunantwort und für die Stressreaktion verantwortlich sind.

> **Praxischeck: Wie hoch ist mein tägliches Energielevel?**
> Sie schlafen dann ausreichend, wenn Sie tagsüber leistungsfähig sind und besonders während ruhiger Tagesphasen nicht müde werden, bis in die Abendstunden ebenfalls wenig bis keine Müdigkeit verspüren und abends noch Kraft und Lust für Familie, Freunde und Hobbys haben.
>
> Wenn Sie regelmäßig mehr als 2 Tassen Kaffee pro Tag konsumieren, können Sie Ihr wahres Müdigkeitslevel nur sehr schwer einschätzen. Um eine belastbare Datenbasis zu erhalten, ist Koffeinverzicht wichtig. Ersetzen Sie für 1–2 Wochen Kaffee durch koffeinfreien Kaffee oder Kräutertee. Wenn Sie merken, Sie sind müde, gönnen Sie sich mehr Schlaf. Wichtig ist eine persönliche Schlafroutine, die an den individuellen Schlafrhythmus angepasst werden sollte. Sie werden in diesem Kapitel noch zahlreiche Schlaftipps erhalten, die Ihnen ein konstant hohes Energielevel sichern können.

3.2.2 Aktive und passive Entspannungsmethoden

Bei den Entspannungstechniken sind passive und aktive Methoden zu unterscheiden:
- Die passive Form der Entspannung erfolgt gewissermaßen nebenher. Dementsprechend steht die Entspannung nicht im Vordergrund, sondern die Zufriedenheit, die durch die Tätigkeit erlangt wird. Beispiele hierfür sind Musikhören bzw. selbst Musizieren, Spazierengehen, leichte Garten- und Handwerksarbeiten, Kochen, Lesen etc.
- Bei der aktiven Entspannung werden hingegen gezielt Methoden eingesetzt, um der Anspannung im Organismus entgegenzuwirken. Sie erfordern Übung, sind jedoch langfristig effektiver als die passive Entspannung. Interessant ist die Tatsache, dass das innere Wohlbefinden und das Erleben von Gelassenheit und Zufriedenheit hoch positiv mit körperlicher Entspannung korreliert (Kaluza, 2015).

Es existiert eine Vielzahl diverser aktiver Entspannungsmethoden und -techniken, z. B. autogenes Training, progressive Muskelentspannung, Atemübungen, (Achtsamkeits-)Meditation, Qigong, Tai-Chi, Yoga, die präventiv und/oder kurativ zur Anwendung kommen. Alle Methoden verfolgen dabei das Ziel, körperliche und mentale Anspannung und Erregung zu verringern.

Diese Unterscheidung ist relevant, wenn nachfolgend Pausen während des Alltags betrachtet und diese gestaltet werden sollen. Ebenfalls kann vorweggenommen werden, dass die Erholungsqualität bei aktiven Entspannungsmethoden durch die Herzratenvariabilität (HRV) messbar höher ist als bei passiven (Schnack, 2016).

3.2.3 Pausen im Alltag

Arbeiten Sie häufiger in der Mittagspause durch, weil ein Meeting das nächste jagt? Erledigen und organisieren Sie in der Pause private Angelegenheiten? Sicher kennen Sie diese und ähnliche Situationen. Wer hoch motiviert an einer Aufgabe arbeitet, verspürt oft noch kein Bedürfnis nach einer Pause, obwohl der Körper bereits ermüdet ist. Doch wer arbeitet, bis er nicht mehr kann, steigert unnötig sein Stresslevel. Dies mindert neben der Produktivität auch das Wohlbefinden.

Pausen im Alltag stellen eine häufig unterschätzte Regenerationsphase dar. Der Mini-Break ist altbekannt und gleichzeitig eine der am häufigsten vernachlässigten Möglichkeiten, dem gesamten Organismus eine dringend benötigte Verschnaufpause zu gönnen.

Hand aufs Herz: Wann haben Sie das letzte Mal in einer Pause wirklich Pause gemacht? Lange her? Folgender Praxischeck bringt Klarheit.

Praxischeck: Wie gestalte ich meine Pausen im Alltag?
- Ich lese schon im Bett oder während des Frühstücks zu Hause berufliche E-Mails.
- Ich verbringe meine Mittagspause häufiger vor dem Laptop und esse nebenbei.
- Ich mache wenig Pausen während des Tages, auch wenn ich es mir vornehme.
- Ich erledige private Dinge (z. B. Überweisungen, Anrufe etc.) während meiner Pausen.
- Ich verabrede mich mit Kollegen zum Lunch, um vor allem aktuelle Projekte und berufliche Themen zu besprechen.
- Ich lese häufig berufliche E-Mails nach Feierabend oder am Wochenende.
- Ich kann abends und/oder am Wochenende eher schlecht abschalten.
- Ich bin am Abend und/oder am Wochenende für Kollegen, Kunden etc. erreichbar.

Je häufiger Sie mit „ja" geantwortet haben, umso wichtiger ist es, Ihre Erholungskompetenz zu steigern.

> Pausen sind nicht nur Unterbrechung der Arbeit. Pausen sind im Sinne der Erholung zu gestalten. Pausen helfen dabei, anschließend besser und schneller arbeiten zu können.

Dabei stellt sich die Frage, ob jede Arbeitsunterbrechung als Pause zu bewerten ist. Es werden 4 Typen von Pausen unterschieden (nach Grandjean, 1987):
- Spontane Arbeitsunterbrechungen (kurze selbstbestimmte Erholungszeit, um die Arbeitsermüdung abzubauen)

— Versteckte Pausen (z. B. Büromaterial holen, Ablage erledigen; auch wichtig, jedoch nur Entspannung gegenüber der Haupttätigkeit)
— Arbeitsbedingte Unterbrechungen (störungsbedingte Wartezeiten, z. B. aufgrund
technischer Probleme; sie sind nicht als Ruhezeiten zu bewerten)
— Vorgeschriebene Pausen nach dem Arbeitszeitgesetz und/oder Tarifvertrag

Wenn nachfolgend von Pausen gesprochen wird, sind sowohl die spontanen Arbeitsunterbrechungen als auch die vorgeschriebenen Pausen gemeint, sofern Sie die Pausen auch erholsam gestalten!

Eine Studie der Initiative Gesundheit & Arbeit (IGA), eine Kooperation der
Kranken- und Unfallkassen, kam zu dem Ergebnis, dass nur 5,7 % der 316 Studien-
teilnehmenden immer eine Pause einplanen. 22,2 % planen häufig, 23,4 % nur manchmal und 29,1 % selten eine Erholungsphase in den Tagesablauf ein. 19,6 % gab an,
nie eine Pause einzuplanen (Paridon et al., 2017). Studien, in denen die Pausendauer
im Homeoffice untersucht wurde, kommen zu dem Schluss, dass im Homeoffice eher
weniger und noch kürzere Pausen als im Büro gemacht werden und dass zudem
private Verpflichtungen wie Einkaufen, das Ausräumen des Geschirrspülers oder
Kochen in die Pause gelegt werden. In einer Studie der Allgemeinen Ortskranken-
kasse (AOK) aus der Prä-Corona-Homeoffice-Zeit gaben die Befragten (*n* = 2001)
an, dass die Erschöpfung im Betrieb mit 66 % unter der wahrgenommenen Erschöpfung im Homeoffice mit 73,4 % liegt (Badura et al., 2019).

Die ◼ Abb. 3.1 zeigt Gründe auf, die dafür verantwortlich sind, dass Pausen ausfallen. Zeit- und Termindruck führen die Rangliste der Ursachen an. Wie ist die Si-

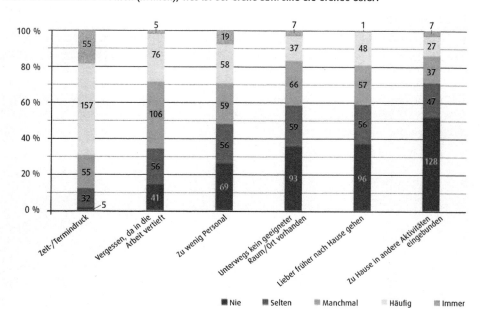

◼ **Abb. 3.1** Gründe für einen Pausenausfall nach Häufigkeit. (Aus: Paridon et al., 2017)

3

tuation bei Ihnen? Finden Sie sich in dem Ergebnis wieder oder gibt es bei Ihnen noch ganz andere Gründe?

Zwei ungünstige stressverschärfende Verhaltensweisen lassen sich in der Arbeitswelt beobachten: Entweder wird die Pause nicht oder nicht ausreichend lange gemacht und/oder die Pausen werden häufig nicht im Sinne einer Pause gestaltet.

Praxisbeispiel: Sympathikusaktivierung während der Mittagspause

Eine nicht erholsame Mittagspause zeigt die HRV-Messung in ◼ Abb. 3.2 auf. Ralf D., Führungskraft, 37 Jahre, berichtete von einer dauerhaften Anspannung, die nur am späteren Abend nachlasse. Er beschrieb seinen Tag wie ein Formel-Eins-Rennen ohne Boxenstopp, mit dem Wunsch, abends alle Ersatzteile auszuwechseln.

Die HRV-Messung ergab folgenden Verlauf: Nach einer Sympathikusdominanz am Morgen wird von 12:00 bis ca. 12:45 Uhr ein Lunchbreak eingelegt (Tagebucheintrag Nr. 9). Eine Aktivierung des Parasympathikus, die auf Entspannung hindeuten würde, ist allerdings in der Messung nicht zu erkennen, auch wenn die Dauer der Pause angemessen war. Auf meine Frage, wie er seine Arbeitsunterbrechung verbracht habe, antwortete er, er sei entspannt mit Kollegen in der Kantine gewesen und hätte sich locker über aktuelle Projekte ausgetauscht.

Wie so häufig zeigt sich auch hier erneut die Tatsache, dass die subjektive Wahrnehmung von Entspannung nicht mit körperlicher Entspannung einhergehen muss. Beim Austausch über Projekte, beim Zuhören und dem Stellen von Fragen etc. wird der Sympathikus aktiviert. Die Empfehlung lautete, sich künftig nur noch kurz über berufliche, dann über positive (private) Themen auszutauschen und entweder zum Abschluss der Pause einen kurzen Spaziergang oder eine Entspannungsübung zu machen.

Der Gang in die Kaffeeküche, der unterhaltsame Plausch mit Kollegen auf dem Flur – was einst in der Berufswelt zum normalen Alltag gehörte, ist in unserer heutigen zeitoptimierten Arbeitswelt fast schon Mangelware. In einer Umfrage der Bundesanstalt für Arbeitsschutz und Arbeitsmedizin (BAuA, 2015) gaben 26 % der 17.000 Befragten an, die vorgeschriebenen Pausen ausfallen zu lassen. Im Gesundheitswesen und anderen Branchen sind es weit mehr als 26 %.

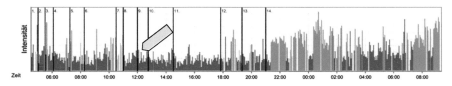

◼ **Abb. 3.2**   HRV-Messung – Sympathikusaktivierung während der Mittagspause (s. Pfeil). (© Your-Prevention, 2022)

Dabei steigern die Vorhersehbarkeit und das Einhalten von Pausen den Erholungseffekt (Wendsche & Lohmann-Haislah, 2018). Wer die Pause jedoch am Arbeitsende nimmt, um sich einen früheren Feierabend zu verschaffen, hat keinen Erholungswert durch die Pause. Wer sich regelmäßig bei der Arbeit Pausen gönnt, kann Informationen besser verarbeiten und behalten, so Wendsche, Arbeitspsychologe bei der BAuA, der sich der Erforschung beruflicher Pausen widmet (Wendsche & Lohmann-Haislah, 2018).

❯ Erholung sollte geplant, im Alltag fest verankert und eingehalten werden.

Für das Kürzen oder das Streichen der Pausen am Tag und am Abend (Überstunden, Wochenendarbeit etc.) ist nicht selten das Phänomen der „interessierten Selbstgefährdung" verantwortlich. Mitarbeiter fühlen sich für den Erfolg von Projekten in einem Maße verantwortlich, dass dafür die eigene Gesundheit gefährdet wird, sowohl unbewusst als auch bewusst. Vor allem im Homeoffice verschwimmen die Grenzen immer mehr und damit auch die kontemplativen Phasen zur geistigen Regeneration. Damit Pausen – vor allem im Homeoffice – wieder fester Bestandteil des Arbeitstages werden, kann die Information, ob und wie das Gehirn im Pausenmodus aktiv ist, zu einer neuen Motivation beitragen.

▪ **Welche Prozesse laufen im Gehirn während einer Pause ab?**
Aus Sicht der Hirnforschung sind bestimmte Hirnregionen in der Pause hoch aktiv. Dies konnten Neurowissenschaftler mittels Messung des Sauerstoff- und Energieverbrauchs mithilfe der funktionellen Magnetresonanztomografie (fMRT) messen. Das Gehirn ist im sogenannten Default-Mode-Netzwerk aktiv, um neue Inhalte, soeben Erlebtes nochmals zu überdenken oder bei Problemstellungen nach Lösungen zu suchen. Wenn wir also scheinbar nichts tun, ist dieses Netzwerk aktiv. Die Synapsen sortieren sich durch diesen Prozess neu. Das Default-Mode-Netzwerk ist beim Abruf semantischer (Allgemeinwissen, Fakten) oder autobiografischer Informationen aus dem Langzeitgedächtnis involviert. Wir können auf Vorwissen zurückgreifen, das beim fokussierten Grübeln eher vernachlässigt wird. Und wer hat nicht schon einmal selbst die Situation erlebt, dass einem die besten Ideen/Lösungen bei Aktivitäten mit geringer kognitiver Beteiligung wie Duschen, Kaffeekochen, Gartenarbeit einfallen? Dieses Phänomen ist auch durch Schlaf zu beobachten.

Pausen von weniger als 10 min reichen bereits aus, um das Default-Mode-Netzwerk zu aktivieren, so der Neurowissenschaftler Björn Schott vom Leibniz-Institut für Neurobiologie (LIN) in Magdeburg (Soch et al., 2017).

❯ Mikropausen von wenigen Minuten aktivieren das Default-Mode-Netzwerk.

Hinzu kommt, dass durch die Unterbrechung der Stressbelastung der Parasympathikus aktiviert wird. Die regelmäßige Ansteuerung des Parasympathikus ist wichtig, um die Balance zwischen Sympathikus und Parasympathikus wiederherzustellen und schneller und effektiver in Erholungsphasen wechseln zu können.

Es scheint, als müssten wir Altbekanntes neu lernen, denn bereits in der Antike galt die Pause für Dichter und Denker als eine wichtige Quelle der Inspiration. Folgende Praxistipps können Ihnen dabei helfen, Ihre Erholungskompetenz zu steigern sowie langfristig arbeitsfähig und gesund zu bleiben.

Praxistipp: Wie Sie Ihre Erholungskompetenz im Alltag steigern können

- Planen und gönnen Sie sich regelmäßig Entspannung und kurze Pausen, in denen Sie keine To-do-Listen abarbeiten. Unproduktiv sein, atmen, den Blick schweifen lassen, nichts tun – lernen Sie Müßiggang. Wie wäre es neben der To-do-Liste mit einer To-relax-Liste, in der Sie festlegen, wann Sie heute kurze Entspannungspausen einlegen möchten?
- Am Anfang der kurzen Pause ist der Erholungseffekt am größten. Zu lange Pausen während des Arbeitstages bringen Sie dagegen aus dem Arbeitsfluss. Der Erholungseffekt ist bei langen Pausen nicht wesentlich größer als bei einer kurzen Pause von wenigen Minuten.
- Ich empfehle eine Kombination aus festgelegten Pausenzeiten und flexiblen Kurzpausen mit einer Länge von 3–10 min. Bei geringer Aufgabenvielfalt oder repetitiven Tätigkeiten sind mehrere Kurzpausen besser, bei wenig sozialem Austausch (z. B. im Homeoffice) können/sollten Pausen für den sozialen Austausch genutzt werden, bei kognitiv anspruchsvollen Tätigkeiten sollte spätestens nach 90 min eine Kurzpause erfolgen.
- Verbringen Sie Ihre Mittagspause in der Natur. Ein Spaziergang unter freiem Himmel, in der Natur oder in einem Park kann Ihr Stresserleben lindern.
- Genießen Sie Ihr Essen und essen Sie bewusst. Gönnen Sie sich mindestens 15, besser 45 min Mittagspause.
- Verabreden Sie sich mit Kollegen zum Lunch und sprechen Sie mehr als 60 % der Zeit über private, leichte oder angenehme nichtberufliche Themen wie Hobbys oder Urlaub.
- Auch ein Powernap, ein bis zu 20-minütiger (Mittags-)Schlaf hilft, die Motivation und die Konzentrationsfähigkeit am Nachmittag zu steigern. Das Maximum liegt jedoch bei 20 min, sonst gleiten Sie in die Tiefschlafphase und sind dann müder als zuvor.
- Nutzen Sie die Zeit in öffentlichen Verkehrsmitteln, um Ihre Gedanken schweifen zu lassen. Wenn möglich, schließen Sie Ihre Augen und atmen Sie tief durch. Lesen Sie keine Nachrichten, schreiben Sie keine E-Mails.
- Erledigen Sie nicht nur Anrufe während der Autofahrt, sondern hören Sie z. B. Ihre Lieblingsmusik, singen Sie oder hören Sie ein unterhaltsames Hörbuch. Verzichten Sie allerdings auf Podcasts. Neuer berufsbezogener Input für Ihr Gehirn ist nicht sinnvoll. Ihr Gehirn benötigt, ähnlich wie eine Maschine, eine Wartungszeit, um ohne Einfluss des bewussten Denkens z. B. Eindrücke zu verarbeiten und Gedächtnisinhalte neu zu strukturieren.
- Akzeptieren Sie Nichterreichbarkeit. Gönnen Sie sich Digital-Detox-Phasen.

Wie Sie im Homeoffice noch besser abschalten können, erkläre ich Ihnen gerne anhand des DRAMMA-Modells aus der Erholungsforschung (Download unter ▶ www. recalibration.de).

Doch nicht nur Pausen und Erholung im Alltag sind essenziell, um die Gesundheit und die Leistungsfähigkeit zu sichern, sondern auch der Schlaf, der die längste Erholungspause darstellt.

3.3 Wie wir schlafen

Ein Drittel bis ein Viertel unseres Lebens verbringen wir im Schlaf. Schlaf ist noch immer ein geheimnisvoller Zustand, der von der Wissenschaft noch nicht abschließend erforscht ist.

Die Somnologie (Schlafforschung) konstatiert, dass jeder Mensch einen persönlichen Schlafrhythmus sowie eine individuelle Schlafdauer hat. Das Schlafbedürfnis ist teilweise genetisch vorgegeben und wenig zu beeinflussen. Dabei gelten im Erwachsenenalter 7–9 h als normal. Während Schlaf in der frühen Kindheit für Lernprozesse wichtig ist, werden mit zunehmendem Alter Reparaturprozesse bedeutender.

Beim Schlafen durchläuft der Körper einen Schlafzyklus mit verschiedenen Schlafphasen (auch Schlafstadien), die zwischen 70 und 110 min lang sind und sich mehrfach wiederholen. Diese durchschnittlich 90-minütigen Phasen werden auch als BRAC („basic rest activity cycle") bezeichnet, da es unter Wissenschaftlern die These gibt, dass eine Reihe anderer Rhythmen wie Magenbewegungen und die Urinproduktion damit teilweise ebenfalls synchronisiert sind. Die Schlafstadien unterscheiden sich in Bezug auf die elektrische Aktivität des Gehirns.

Pro Nacht werden bei einer Schlafdauer von 7–9 h ungefähr 4–5 BRAC-Zyklen durchlaufen (◨ Abb. 3.3).

Jeder Schlafzyklus besteht aus unterschiedlich tiefen und unterschiedlich langen Schlafphasen, die sich mit zunehmendem Schlafzyklus verändern: In den ersten beiden Schlafzyklen ist die Tiefschlafphase länger, zum Morgen hin die REM-Phase (REM = „rapid eye movement"). Wir träumen in jeder Schlafphase, allerdings wird in der REM-Phase am meisten geträumt. Mit dem Alter ändert sich unsere Schlafarchitektur.

Nachweisbar sind die einzelnen Schlafstadien z. B. über Hirnstrommessungen mit dem Elektroenzephalogramm (EEG). Die Schlafphasen werden in REM- und Non-REM-Phasen (N1 bis N3) eingeteilt.[1] Der REM-Schlaf hat einen Anteil von 20 bis 25 %, ungefähr 75–80 % entfallen auf den Non-REM-Schlaf (N1–N3).

Die Ruhe- und Einschlafphase beschreibt den Übergang zwischen Wachen und Schlafen. In dieser Phase ist der Schlaf sehr oberflächlich und kann leicht durch Störungen unterbrochen werden. Die Muskelaktivität verlangsamt sich.

---

1   Die frühere Nomenklatur von Allan Rechtschaffen und Anthony Kales aus dem Jahr 1968, die bis 2007 Bestand hatte, war in zwei Leichtschlaf- und zwei Tiefschlafstadien gegliedert. Die beiden Tiefschlafstadien werden seit 2007 als N3 zusammengefasst. Es finden sich immer noch zahlreiche Abbildungen und Beschreibungen, die auf der alten Nomenklatur fußen.

3

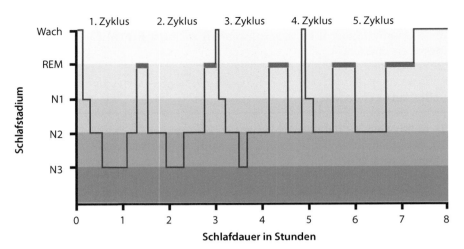

□ **Abb. 3.3** Hypnogramm – Zyklen der verschiedenen Schlafstadien. (© [M] Molloy Cordelia/Science Photo Library)

Die darauffolgende Phase ist die Leichtschlafphase N1. Die Atem- und Herzfrequenz verlangsamen sich und die Hirnaktivität ist auf niedrige Frequenzen, Theta-Wellen von 4 bis 7 Hertz (Hz), beschränkt. Charakteristisch sind zudem entspannte Muskeln und nahezu keine Augenbewegungen. Ungefähr 5 % unseres Schlafs verbringen wir in dieser Phase. Puls, Atemfrequenz und Blutdruck sinken.

Die nächste Schlafphase, N2, kennzeichnet den stabilen Schlaf. Damit treten wir in das nächste Schlafstadium ein. Die Muskeln entspannen sich immer mehr und das Bewusstsein schwindet. Im EEG sind starke Ausschläge als K-Komplexe erkennbar. Ferner treten Schlafspindeln auf. Dies sind schnelle Abfolgen mehrerer abgrenzbarer Wellen mit einer Dauer von bis zu 2 s. K-Komplexe und Schlafspindeln sind typisch für N2 und wirken schlafstabilisierend. Insgesamt steigt die Amplitude des EEG-Signals, während die Frequenz stetig abnimmt. N2 hat ungefähr einen Anteil von 45 bis 55 % am Gesamtschlaf.

N3 ist die Tiefschlafphase. Sie ist gekennzeichnet durch tiefen bis sehr tiefen Schlaf mit rhythmischer und ruhiger Atmung und wenig Muskel- und Hirnaktivität (sehr niedrige Frequenzen im EEG). Es ist das Stadium der tiefsten körperlichen Erholung. Vor allem im Tiefschlaf, wenn unser Denkorgan in langen Deltawellen schwingt (0,1–4 Hz), findet die Gedächtnisbildung statt und verfestigen sich Erinnerungen. Je mehr Deltawellen, desto tiefer der Schlaf. Der Schlafende ist während dieser Tiefschlafphase nicht leicht aufzuwecken. Reden während des Schlafs oder Schlafwandeln sind möglich. Die Tiefschlafphase hat bei einer gesunden Person ungefähr einen Anteil von 20 bis 25 % am Gesamtschlaf.

Die letzte Phase ist der REM-Schlaf, der oft auch als Traumschlaf bezeichnet wird. Der Name der Phase ergibt sich aus den schnellen Augenbewegungen in dieser Phase. In diesem Schlafstadium wird am intensivsten geträumt. Häufig sind die Träume emotional, und man erlebt sich aktiv-handelnd. Im REM-Schlaf besteht größtenteils ein Verlust der Muskelspannung. Diese vom Gehirn gesteuerte Maßnahme soll verhindern, dass der Schlafende seine Trauminhalte umsetzt. Gehirnareale, die Träume auf Realität und Plausibilität prüfen, sind inaktiv. In den anderen Schlafphasen träumt man eher von abstrakt-kognitiven Inhalten.

Wird der Schlafende in der REM-Phase geweckt, kann sich der Geweckte am häufigsten an bestimmte Trauminhalte erinnern. Zudem kann ein plötzliches Aufwachen in der REM-Phase zu dem kurzfristigen Gefühl beitragen, man könne sich nicht gut bewegen. Anders als in den Phasen zuvor, ist in der REM-Phase eine hohe Gehirnaktivität zu verzeichnen. Es treten hauptsächlich Theta-Wellen mit 4–7 Hz auf, ähnlich wie in Phase N1, mit zusätzlichen schnellen Augenbewegungen. Im letzten Schlafzyklus kann der REM-Schlaf bis zu 1 h andauern.

Einige Schlafforscher vermuten hier die Verarbeitung von emotionalen Sinneseindrücken und Informationen. In der REM-Phase sind das räumliche Bewusstsein und die Bewegungssteuerung deaktiviert, jedoch werden vegetative Funktionen aktiviert, dazu zählen z. B. Puls, Atemfrequenz und Blutdruck, die ansteigen können. Die REM-Dauer verlängert sich mit jedem Schlafzyklus. Im ersten Zyklus beträgt die REM-Dauer nur ca. 5–10 min, in der letzten können es auch 20–30 min sein.

> **Praxisbeispiel: Aktivierung des Parasympathikus während des Schlafs**
> Karin E., 44 Jahre, ist Geschäftsführerin eines mittelständischen Unternehmens. Ihre 72-stündige HRV-Messung wies sehr unterschiedliche Tagesprofile auf. In der
> ◘ Abb. 3.4 ist der zweite Tag abgebildet. Während des Arbeitstages wechseln sich Leistungs- und Erholungsreaktionen ab. Vor dem Zubettgehen während des Lesens zwischen 21:50 und 23:00 Uhr ist eine Aktivierung des Parasympathikus zu erkennen (grün), die sich dann, bis auf eine kurze Unterbrechung, über die gesamte Schlafenszeit ab 23:15 Uhr fortsetzt. Karin wacht erholt auf, hat Energie für den Tag und fühlt sich leistungsbereit.

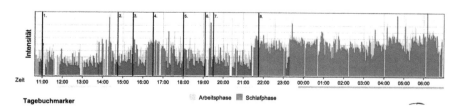

◘ **Abb. 3.4**   HRV-Messung bei ausreichender Schlafdauer und guter Schlafqualität. (© YourPrevention, 2022)

3

Schlafdauer und -qualität beeinflussen das Wohlbefinden, die Leistungsfähigkeit, das Immunsystem, das Lernen und die Gedächtniskonsolidierung. Schneider-Helmert (2013) zeigte in seinen Untersuchungen, dass Leistungseinbußen bei Menschen mit chronischen Schlafstörungen meist schon morgens auftraten. Außerdem wiesen diese Personen eine deutlich höhere Müdigkeit als Menschen ohne Schlafstörungen auf. Zur üblichen Arbeitszeit von 08:00 bis ca. 16:45 Uhr konnten die Probanden die Müdigkeit und die damit einhergehende Leistungsreduktion durch ihre Anstrengung, am Arbeitsplatz etwas leisten zu müssen, relativ gut ausgleichen. Insbesondere nahm die Müdigkeit, bei Menschen mit chronischen Schlafstörungen nach 16:00 Uhr zu, wodurch das Wohlbefinden in der Freizeit am stärksten beeinflusst wurde. Die Probanden beschrieben, dass sie sich nach der Arbeit erschöpft fühlen und keine Energie mehr für Hobbys haben.

Etwa 33 % der deutschen Bevölkerung schläft schlecht ein oder nicht durch und 15 % leiden unter behandlungsbedürftigen Schlafproblemen, wie die Schlafstudie „Schlaf gut, Deutschland" der Techniker Krankenkasse ermittelte (TK, 2017).

> **Praxisbeispiel: Sympathikusdominanz während des Tages und der Nacht**
> Die HRV-Messung des dritten Tages von Karin zeigt ein hohes Stressprofil (◘ Abb. 3.5). Bis in den Nachmittag sind Stressreaktionen zu erkennen, die sich sowohl am Spätnachmittag als auch in den Abendstunden fortsetzen. Der gesamte Nachtschlaf ab ca. 22:50 Uhr ist von Stressreaktionen geprägt. Karin wacht am Morgen müde und erschöpft auf. Am folgenden Tag klagt sie über Tagesschläfrigkeit, die sie vor dem Coaching noch durch einen gesteigerten Kaffeekonsum zu überbrücken versuchte.

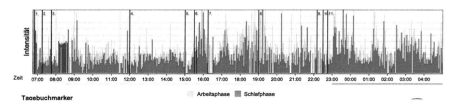

◘ **Abb. 3.5**   HRV-Messung bei ungenügender Schlafqualität. (© YourPrevention, 2022)

Wer sich weniger als 7 h Schlaf gönnt, muss mit einem nachteiligen Einfluss auf den Alterungsprozess rechnen. Werden 7 h Schlaf eingehalten, ist laut Forschungsergebnissen die Schwelle für eine normale Telomerlänge erreicht. Telomere sind die Schutzkappen unserer Chromosomen und zählen zu den wichtigsten biologischen Grundlagen, die den Alterungsprozess steuern. Telomere verkürzen sich mit zunehmendem Alter. Jedoch kann die Telomerlänge zusätzlich durch einen ungesunden Lebensstil verringert werden. Wer über 7 h eine hervorragende Schlafqualität vorweisen kann, bei dem reduziert sich hingegen der altersbedingte Rückgang der Telomerlänge (Blackburn & Epel, 2017). Wer sein biologisches Alter verlangsamen oder zurückdrehen möchte, sollte daher länger schlafen.

Praxischeck: Ist der Schlaf vor Mitternacht erholsamer?
Kennen Sie die Empfehlung „Der Schlaf vor Mitternacht ist der beste!" Stimmt die Aussage? Nun, in den ersten beiden Schlafphasen sind die Tiefschlafphasen am längsten. Daher sind sie die erholsamsten Schlafphasen. Die Qualität der ersten beiden Schlafphasen ist relevant, nicht die Zubettgehzeit!

Nach aktuellen Erkenntnissen der Schlafforschung wird zwischen der sogenannten Vitalschlaf- und der Optionsschlafphase unterschieden. Zu der Vitalschlafphase zählen die ersten 4 h: Der Körper regeneriert und erholt sich, bedeutende Erlebnisse des Tages werden verarbeitet. Diese Phase ist ein absolutes Muss. Alle Stunden nach der Vitalschlafphase werden als Optionsschlaf bezeichnet. Auch hier finden Regeneration und Erlebnisverarbeitung statt. Dauer und Häufigkeit des Optionsschlafs wären verzichtbar, haben allerdings großen Einfluss auf unser Wohlbefinden und die Leistungsfähigkeit.

Nicht nur die nächtlichen Erholungspausen sind von großer Bedeutung, sondern auch die Pausen während des Tages. Die HRV-Messung in ◨ Abb. 3.6 zeigt einen aktiven Morgen mit Arbeitsbeginn um 08:00 Uhr. Bis 11:00 Uhr ist der Sympathikus aktiv (rot). Zwischen 11:00 und bis kurz vor 12:00 Uhr werden Tätigkeiten ausgeübt, die als entspannend wahrgenommen werden. Ab 12:00 Uhr startet die Mittagspause mit einem Powernap (grün).

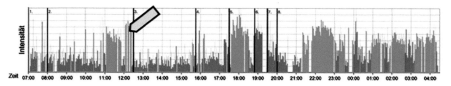

◨ **Abb. 3.6** HRV-Messung – Parasympathikusaktivierung während eines Powernaps (s. Pfeil). (© YourPrevention, 2022)

Nachfolgend lesen Sie Empfehlungen für einen Powernap. Ich wünsche gute Erholung!

Praxistipp: Powernap – tiefe Erholungsphasen während des Tages

Leider lässt sich der Nachtschlaf nicht nachholen, da er eine andere Schlafarchitektur als ein Powernap aufweist. Nichtsdestotrotz steigert der Mittagsschlaf die Leistungsfähigkeit und das Wohlbefinden. Die Wurzeln des Powernapping liegen weit vor unseren zeitgenössischen Bemühungen, Produktivität zu steigern: In Japan ist es kulturell verankert und damit ganz selbstverständlich auf dem Gehweg (!) oder in der S-Bahn ein „Inemuri" zu halten. Ein gesetzlicher Anspruch auf Mittagsschlaf ist u. a. in Artikel 49 der chinesischen Verfassung verankert.

Vorgehen beim Powernapping:

- Suchen Sie sich einen ruhigen, ungestörten Ort.
- Machen Sie es sich bequem.
- Schlafen Sie 10 bis maximal 20 min. Nutzen Sie die Weckfunktion im Handy.
- Wenn Sie den Raum nicht abdunkeln können, tragen Sie eine (kühlende) Augen- oder Schlafmaske oder ein gefülltes Augenkissen, das durch den leichten Druck den Vagusnerv, der für Entspannung sorgt, ansteuert.
- Dösen Sie, lassen Sie Ihre Gedanken ziehen oder machen Sie ein Nickerchen.
- Geben Sie sich nach dem Aufwachen einige Minuten Zeit, bis Sie wieder ganz klar und fit sind. Gähnen und strecken Sie sich.
- Wenn Sie möchten, können Sie auch kaltes Wasser in Ihren Nacken und auf Ihre Stirn klopfen.

Sie profitieren im weiteren Verlauf des Nachmittags von einer gesteigerten Konzentrationsfähigkeit, einer geringeren Fehlerquote und fühlen sich gelassener und ausgeruhter.

3.3.1 Zirkadiane Rhythmen und der Einfluss innerer Uhren

Es gibt unterschiedliche biologische Rhythmen, die viele Prozesse im Körper steuern. Innere Uhren sorgen für einen zirkadianen Rhythmus, der ca. 24 h umfasst. Der wichtigste zirkadiane Rhythmus für den Menschen ist der Schlaf-Wach-Rhythmus. Dabei bildet der Wechsel zwischen Tag und Nacht den hauptsächlichen exogenen, also äußeren Taktgeber.

Ultradiane Rhythmen haben eine kürzere Periode als der 24-Stunden-Rhythmus. Hierzu gehört z. B. das Hungergefühl. Länger als 24 h andauernde Zeitperioden werden als infradiane Rhythmen bezeichnet, dazu zählen z. B. Darmentleerung und Sexualität. Daneben gibt es noch den zirkannualen Rhythmus, der etwa ein Jahr umfasst. Er äußert sich z. B. dadurch, dass wir in den Wintermonaten ein größeres Schlafbedürfnis und mehr Lust auf Nudeln, Kartoffeln und deftige Gerichte haben.

Neben den exogenen Rhythmen gibt es auch endogene. Diese inneren Taktgeber sind Rhythmen, die unser Körper selbst erzeugt, z. B. Herz- und Atemfrequenz oder die rhythmische Hormonfreisetzung: Die Bauchspeicheldrüse schüttet 3 Mal täglich unabhängig von der Nahrungsaufnahme Insulin aus (Fauteck, 2017). Endogene Rhythmen sind unabhängig von den Umgebungsbedingungen und bleiben weitgehend stabil.

Unser Körper wird von einer „Master-Clock" und zahlreichen „Nebenuhren" gesteuert. Die Master-Clock, der Nucleus suprachiasmaticus (SCN) gilt als wichtigster Koordinator bei der Regulation des zirkadianen Rhythmus. Der SCN wird durch Helligkeit und Dunkelheit jeden Tag aufs Neue auf den 24-Stunden-Rhythmus kalibriert. Er beeinflusst u. a. auch Immunreaktion, körperliche Aktivität, mentale Leistungsfähigkeit, Schmerzempfindlichkeit, Temperaturregulierung und Ausschüttung von Stresshormonen (Kortisol etc.), Steuerungshormonen, die unser Essverhalten regeln (Ghrelin, Leptin), oder Sexualhormonen, die für die Fortpflanzung wichtig sind. Der SCN sitzt im Gehirn und ist ein Bestandteil des ventralen Hypothalamus. Wenn der SCN durch degenerative Hirnerkrankungen in seiner Funktion gehemmt wird, z. B. bei der Alzheimer-Erkrankung, hat dies eine Störung des zirkadianen Rhythmus und einen Verlust normaler Schlafmuster zur Folge.

> Künstliches Licht am Abend und in der Nacht, z. B. bei der Schichtarbeit, stört den SCN.

Streng genommen sind wir Menschen Tageslebewesen. Künstliches Licht verschiebt unsere biologischen Rhythmen: Bei Schichtdiensten und Nachtschichten wird der zirkadiane Rhythmus in besonderem Ausmaß missachtet. Dies führt zu gesundheitlichen Störungen, wenn zu wenig Zeit für eine Resynchronisation eingeplant wird.

Viele Katastrophen und Unfälle finden im Zeitfenster zwischen Mitternacht und 4 Uhr statt: z. B. die Nuklearkatastrophe von Tschernobyl, die Tankerkatastrophe der Exxon Valdez vor Alaska, Bedienungsfehler bei Mannschaften nuklearer U-Boote, Auto- bzw. Lkw-Unfälle, ebenso treten zu dieser Zeit die meisten Herzinfarkte auf (Birbaumer & Schmidt, 2010).

3.3.2 Wie der Chronotyp die Leistungsfähigkeit beeinflusst

In der Schlafforschung gibt es 3 verschiedene Schlaf- bzw. Chronotypen bei Menschen. Diese Chronotypen sind genetisch bedingt, wodurch eine Anpassung an das soziale und berufliche Leben meist nur beschränkt möglich ist. Definiert wird der jeweilige Chronotyp über die Schlaf- und Wachphasen und den Zeitpunkt des täglichen Leistungshochs, aber auch physiologische Parameter wie Hormonspiegel und Körpertemperatur sind relevant.

Die „Lerchen" bzw. der Morgentyp hat morgens sein Leistungshoch und kann sich abends nur selten und quälend lange wachhalten. Die „Eulen" bzw. der Abendtyp hat dagegen Schwierigkeiten, morgens aus dem Bett zu kommen, und wird gegen Abend immer aktiver und leistungsfähiger. Hinzu kommt der Normaltyp, der zwischen den beiden einzuordnen ist. Die beiden Extremtypen Lerche und Eule sind sehr selten.

Das Lebensalter beeinflusst unseren Schlaf-Wach-Rhythmus, da die Melatoninproduktion im Alter von 1–3 Jahren am höchsten ist und dann mit zunehmendem Alter sinkt. Im Hinblick auf die menschliche Entwicklung ist daher der Morgentyp bei (Klein-)Kindern häufiger zu finden. Mit dem Älterwerden geht jedoch eine Veränderung einher, und Jugendliche bzw. junge Erwachsene werden zu Abendtypen. Ab dem mittleren Erwachsenenalter entwickelt sich der Chronotyp dann wieder tendenziell zum Morgentyp zurück, sodass Senioren oft wieder zu Lerchen werden. So

3

hat eine 70-jährige Person häufig weniger als ein Zehntel des Höchstwerts an Melatonin als zu Lebensbeginn. Das kann auch eine Ursache für Ein- und Durchschlafprobleme im zunehmenden Alter sein.

> **Praxischeck: Zu welchem Chronotyp gehöre ich?**
> Eine rein biologische Ursache für den individuellen Chronotyp ist noch nicht bekannt. Um herauszufinden, welchem Chronotyp Sie angehören, beantworten Sie für sich selbst folgende Fragen:
> ▬ Wenn Sie die ideale Arbeitszeit für sich wählen könnten, welche wäre das?
> ▬ Wann sind Sie am leistungsfähigsten?
>
> Falls Sie Ihre Arbeitszeit nicht ganz nach Ihrem Chronotyp ausrichten können, sollten Sie komplexe Aufgaben so gut es geht dann einplanen, wenn Sie Ihr Leistungshoch erreichen. Denken Sie daran: Nicht jeder ist ein extremer Eulen- oder Lerchentyp – es gibt fließende Übergänge.

Neben den zirkadianen Rhythmen und dem Chronotyp gibt es noch einen weiteren wichtigen Protagonisten, der unsere Regeneration steuert, und zwar das Schlafhormon Melatonin.

3.3.3 Wirkung des Schlafhormons Melatonin

Melatonin (N-acetyl-5-methoxy-tryptamin) wurde erst Mitte der 1950er-Jahre von dem Dermatologen, Aaron Lerner, entdeckt. Die Hauptaufgabe des Schlafhormons Melatonin ist die Regulierung des Tag-Nacht-Rhythmus. Dieser Botenstoff synchronisiert den Wechsel von Aktivität und Ruhe. Er sorgt für eine ausreichende Regeneration in den Ruhephasen, indem er an fast alle Zellen und an alle wichtigen Organe und Körperfunktionen das Signal zur Regeneration weiterleitet. Dies ist vor allem für Leistungsträger bedeutend, um weiterhin auf hohem Niveau agieren zu können.

Der Taktgeber Melatonin wird verstärkt bei Dunkelheit in der Zirbeldrüse aus Serotonin, dem Glückshormon, gebildet und fördert das Einschlafen. Die Zirbeldrüse ist ein kleines, zapfenförmiges Organ, das in unser Zwischenhirn ragt und als Schaltzentrale für unsere biologischen Rhythmen bezeichnet werden kann.

Melatonin wirkt als potentes Antioxidans, das unseren Körper vor freien Radikalen schützt (freie Radikale beschleunigen Alterungsprozesse, schädigen Zellen und können Krankheiten mitverursachen). Es setzt den Energieverbrauch herunter, senkt den Blutzuckerspiegel und die Körpertemperatur und kurbelt das Immunsystem an. Des Weiteren beeinflusst Melatonin die Ausschüttung von Sexualhormonen sowie das Lernen und die Gedächtnisbildung.

Helligkeit und Licht hemmen die Melatoninproduktion dagegen. Licht animiert die Nebennieren, Kortisol zu produzieren. Tagsüber ist der Melatoninspiegel ca. 3–12 Mal niedriger als nachts (◘ Abb. 3.7; Fauteck, 2017).

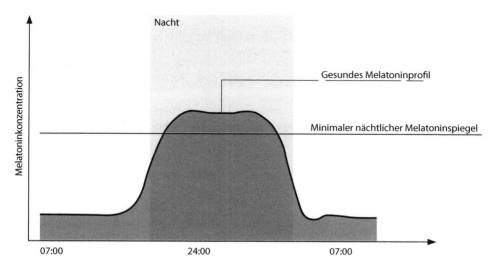

● **Abb. 3.7**   Schematische Darstellung des normalen Melatoninzyklus eines Erwachsenen. (Aus: Fauteck, 2017, S. 24; mit freundlicher Genehmigung)

Ist der Melatoninzyklus gestört, wird der Schlaf-Wach-Zyklus beeinträchtigt. Außer einem nicht erholsamen Schlaf bringt ein gestörter Melatoninzyklus andere neuronale, metabolische und psychologische Probleme mit sich.

Wenn in der Laboranalyse ein Mangel an Melatonin festgestellt wurde, sollte auch immer der Serotoninspiegel biochemisch betrachtet werden, da der Körper für die Bildung von Melatonin Serotonin benötigt. Ein Serotoninmangel kann neben Schlafstörungen auch für andere Krankheiten, z. B. Depressionen, Antriebslosigkeit und Darmprobleme, mitverantwortlich sein. Ein Serotoninmangel entsteht durch chronischen Stress, latente Entzündungsprozesse im Körper (Stichwort: „silent inflammation"), einen Mangel an Vitaminen und Hormonen sowie fehlendes Tageslicht in den mittel- und nordeuropäischen Wintermonaten. Im ▶ Abschn. 3.4.2 werden in einem Praxisbeispiel die Melatoninwerte analysiert.

Doch nicht nur ein Mangel an Melatonin oder Serotonin bringen uns um den Schlaf, es gibt zahlreiche selbstverursachte Störfaktoren.

3.3.4 Weitere Einflussfaktoren, die unseren Schlaf beeinträchtigen

Unterschiedliche Genussmittel, Alltagsgeräte wie Handy und Laptop oder auch der Wechsel zu anderen Zeitzonen können unseren Schlaf negativ beeinflussen bzw. das Einschlafen verzögern. Nachfolgend werden die Auswirkungen von Kaffee, Alkohol, künstlichem Licht, LED-Bildschirmen sowie die Problematik des Jetlags und weitere schlafstörende Faktoren näher erläutert.

■ **Kaffee und andere koffeinhaltige Nahrungsmittel**

Koffein ist der Hauptwirkstoff des Kaffees und wird bei einem Mittags- oder Leistungstief häufig als Wachmacher genutzt. Und so ist es nicht verwunderlich, dass neben der Tasse Kaffee am Morgen viele Menschen gerne auch nach dem Lunch oder Abendessen noch weitere trinken.

Das Koffein puscht den gesamten Organismus: Aufmerksamkeit und Konzentrationsvermögen werden gesteigert, die Speicherkapazität verbessert sich, wodurch der Lernprozess erleichtert wird, die körperliche Leistungsfähigkeit wird gesteigert und aufgetretene Ermüdungserscheinungen werden beseitigt.

Doch Koffein unterdrückt die Müdigkeit nur. Was der Körper wirklich benötigt, ist eine Erholungspause und/oder qualitativ erholsameren Schlaf. Diese ausbleibenden echten Regenerationsphasen schädigen den gesamten Organismus.

> ❯ Langfristig kann eine Pause nicht durch Koffein ersetzt werden, denn das Gefühl einer permanenten Anspannung und des Nicht-mehr-Abschalten-Könnens wird durch den Koffeinkonsum verstärkt.

Weltweit ist Koffein die am häufigsten konsumierte pharmakologisch wirksame Substanz. Neben Nikotin und Alkohol zählt auch Koffein zu den psychoaktiven Drogen, die international von der Bevölkerung eher als Genussmittel eingestuft werden.

Reines Koffein ist ein weißes geruchloses Pulver mit bitterem Geschmack, das aus Pflanzen extrahiert oder synthetisch hergestellt werden kann. Neben Kaffeebohnen zählen Kakaobohnen und Teeblätter zu den natürlichen Koffeinquellen. Bei dem früher im Schwarztee als Thein/Tein bezeichneten Wirkstoff handelt es sich ebenfalls um Koffein.

Koffein wird im Körper über den Magen-Darm-Trakt ins Blut geschleust. Nach 15–30 min tritt die anregende Wirkung des Stimulans ein, und bereits 45 min nach dem Koffeinkonsum ist es fast vollständig aufgenommen und steht dem Stoffwechsel zur Verfügung. Nicht selten wird im Restaurant ein Glas Wasser zum Kaffee gereicht. Mit kohlensäurehaltigen Getränken beschleunigt sich die Resorption. Die Bioverfügbarkeit liegt zwischen 90 und 100 %. Fast ungehindert kann der Wachmacher die Blut-Hirn-Schranke passieren. Seine stimulierende Wirkung entfaltet Koffein hauptsächlich im Zentralnervensystem (ZNS; vgl. ▶ Abschn. 1.1.5).

Koffein wirkt in unserem Organismus auf unterschiedlichen Ebenen:
— Das ZNS wird angeregt.
— Die Herztätigkeit wird erhöht.
— Die Bronchien erweitern sich.
— Die Peristaltik des Darms wird angeregt.
— Die Harnbildung wird gesteigert.
— Die Blutfließgeschwindigkeit im Gehirn und im Darmbereich verringert sich.

Aufgrund der Ergebnisse der Schlafforschung liegt ferner die Vermutung nahe, dass viele Fälle von Schlafstörungen auf einen gestörten Adenosinregelkreis zurückzuführen sind, so die Forschenden um Robert Greene von der Universität von Texas in Dallas (Bjorness & Greene, 2009). Schauen wir uns dazu an, wie Koffein im Gehirn wirkt: Im Hirnstamm gibt es Zentren, die die Wachheit kontrollieren. Wenn Zellen in diesen Zentren über einen längeren Zeitraum aktiv sind, wird das Ribonukleosid Adenosin freigesetzt. Es handelt sich um einen Botenstoff, der Schläfrigkeit fördert, indem er die Ausschüttung von wachmachenden und belebenden Neurotransmittern wie Dopamin oder Noradrenalin blockiert. Adenosin dockt an bestimmte Nervenzellrezeptoren an und gibt den Zellen das Signal, die Aktivität der Neuronen zu regulieren. Diese Kettenreaktion überträgt sich auf weitere Hirnbereiche und macht uns müde. Denn wenn die Neuronen, z. B. in einer Pause oder im Schlaf, weniger aktiv sind, kann das Gehirn wieder Energie tanken. Im Schlaf wird Adenosin abgebaut.

Koffein weist eine ähnliche chemische Struktur wie Adenosin auf. Daher blockiert es diesen Rückkoppelungsprozess, indem sich das Koffein an die Adenosinrezeptoren bindet, diese jedoch nicht aktiviert. Adenosin kann dann nicht mehr an diesen Rezeptoren andocken, und die Neuronen erhalten kein „Müde-Signal". Infolgedessen arbeiten sie auch bei steigender Adenosinkonzentration weiter. Koffeinhaltige Lebensmittel machen nicht wach, sondern verhindern nur, dass wir unsere Müdigkeit wahrnehmen.

Die Datenlage ist eindeutig: Die meisten Menschen schlafen nach Kaffeekonsum deutlich schlechter (vgl. Drake et al., 2013). Diese Ergebnisse decken sich mit einer weiteren Untersuchung, in der der Zusammenhang zwischen Kaffeekonsum und Melatoninproduktion analysiert wurde. Die Resultate zeigten, dass eine Tasse Kaffee die Melatoninproduktion um mehrere Stunden verzögern kann (Burke et al., 2015). Das Gleiche gilt für Schwarzen Tee und koffeinhaltige Limonaden sowie für bestimmte Sorten von koffeinhaltiger Schokolade (Fauteck, 2017).

> Koffein: Ab welcher Dosis wird der Wachmacher zum Schlafräuber?

Ein weiterer interessanter Aspekt betrifft die Halbwertszeit von Koffein. Die Halbwertszeit beschreibt den Zeitpunkt, bei dem etwa die Hälfte des im Kaffee enthaltenen Koffeins im Körper abgebaut ist. Der Koffeingehalt wird neben der Menge auch von der Zubereitungsart, der Kaffeebohnensorte und der Röstungsmethode beeinflusst:

- Eine kleine Tasse Kaffee (150 ml) enthält je nach Sorte ca. 30 bis 100 mg Koffein.
- Eine Tasse Espresso (30 ml) enthält ca. 40 mg Koffein.
- In Schokolade findet sich ca. 90 mg Koffein pro 100 g Schokolade.

Bei gesunden Erwachsenen liegt die biologische Halbwertszeit von Koffein zwischen 2 und 8 h. Beeinflussende Faktoren sind neben Alter und Gewicht auch die individuelle Empfindlichkeit, die Gesundheit der Leber, Medikamenteneinnahme und die regelmäßig konsumierte Menge (EFSA, 2015). Bei rauchenden Kaffeetrinkern reduziert sich die Halbwertszeit um ca. 30 bis 50 %, während sie bei Frauen, die orale Kontrazeptiva einnehmen, doppelt so hoch ausfällt.

Eine Dosis von bis zu 200 mg Koffein, das innerhalb kurzer Zeit konsumiert wurde, stellt kein gesundheitliches Risiko dar, so das Gutachten der Europäischen Lebensmittelsicherheitsbehörde (EFSA, 2015). Ab dieser Menge zeigen sich die stimulierenden Wirkungen auf das ZNS. Höhere Konzentrationen können auch die motorischen Gehirnzentren beeinflussen.

3

Als Tagesgesamtdosis sollten nach Einschätzung der ESFA jedoch nicht mehr als 400 mg pro Tag aufgenommen werden (ausgenommen Stillende und Schwangere), dies entspricht etwa 5,7 mg pro Kilo Körpergewicht, ausgehend von 70 kg Körpermasse.

❯ Das am Tag aufgenommene Koffein sollte bis zum Schlafengehen abgebaut sein.

Um einen entspannten Feierabend und einen erholsamen Schlaf zu fördern, sollte bis zum Abend die Koffeinkonzentration abgebaut sein. Im nachfolgenden Praxischeck können Sie Ihre Tagesgesamtkoffeinmenge berechnen. Häufig wird für Berechnungen eine Halbwertszeit von 4 h zugrunde gelegt. Zuerst wird an einem Beispiel veranschaulicht, wie die Berechnung erfolgt, bevor Sie Ihren individuellen Koffeingehalt am Abend selber bestimmen können.

Praxisbeispiel: Welche Folgen Koffeinkonsum haben kann
Sebastian I. trinkt um 07:00 Uhr eine, kleine eher mittelstarke Tasse Kaffee mit seiner Familie am Frühstückstisch (60 mg Koffein). Um 11:00 Uhr sind noch 30 mg Koffein in seinem Körper. Während der Besprechung um 11:00 Uhr trinkt er nochmals eine große Tasse (300 ml) starken Kaffee. Dies entspricht ca. 160 mg Koffein. Gemeinsam mit den 30 mg aus dem Frühstückskaffee ergeben sich damit 190 mg.
Um das Nachmittagstief zu überbrücken, trinkt er regelmäßig gegen 15:00 Uhr mit seinen Kollegen einen doppelten Espresso, was ca. 80 mg Koffein entspricht. Es befinden sich noch 80 mg Koffein in seinem Blutkreislauf, plus der 80 mg aus dem Espresso ergibt sich eine Summe von 160 mg. Unter Berücksichtigung der Halbwertszeit von 4 h sind es um 19:00 Uhr also noch 80 mg und um 23:00 Uhr noch 40 mg Koffein.
Sebastian klagt am Abend über einen nervösen Unruhezustand und kann schlecht abschalten und einschlafen. Er wacht nachts häufig auf und berichtet über einen insgesamt unruhigen Schlaf. Am Morgen fühle er sich eher müde und erschöpft, obwohl er 7,5 h schlafe, berichtet er im Coaching.
Als eine Maßnahme wurde Sebastian die Reduktion seines Kaffeekonsums empfohlen. Seine letzte Tasse koffeinhaltigen Kaffee trinkt er nun am Vormittag. Am Nachmittag trinkt er nur noch koffeinfreien Kaffee oder auch mal eine Tasse Tee. Bereits kurze Zeit später nimmt er eine deutliche Verbesserung seines Zustands wahr. Er kann schneller einschlafen, besser durchschlafen und hat längere Tiefschlafphasen, in denen der Körper erholen kann.

Praxischeck: Wie viel Koffein ist in meinem Körper am Abend noch vorhanden?
Um Ihre Koffeinmenge berechnen können, müssen Sie folgende Daten zusammentragen (am besten in einem Tagesprotokoll):
- Welche koffeinhaltigen Getränke trinken Sie (Kaffee, Espresso, Cappuccino, Schwarzer Tee, Cola, Energydrinks, Eistee)?
- Wieviel Koffein beinhalten diese Getränke (s. folgende Auflistung)?

- Wann trinken Sie diese Getränke?
- Wann gehen Sie zu Bett und wie viel Koffein ist zu diesem Zeitpunkt noch in Ihrem Körper?

Koffeingehalt in Getränken und Lebensmitteln:
- Eine kleine Tasse Kaffee (150 ml) enthält ca. 30–100 mg Koffein, je nach Kaffeesorte (Arabica-Bohnen enthalten weniger Koffein als z. B. die Sorte Robusta) und Zubereitungsform:
    - 100 ml Mokka: bis zu 260 mg Koffein
    - 100 ml Matcha-Tee: ca. 90 mg Koffein
    - 100 ml Cold Brew Coffee: 73 ml Koffein
    - 100 ml Filterkaffee: 60–70 mg Koffein
    - 100 ml Schwarzer Tee: ca. 30 mg Koffein
    - 100 ml Cappuccino: ca. 18 mg Koffein
    - 100 ml Latte Macchiato: ca. 13 mg Koffein
    - 30 ml Espresso: ca. 40–60 mg Koffein
- 100 ml Cola: ca. 8 mg Koffein
- Bei Energydrinks schwankt der Koffeingehalt. Bitte lesen Sie dazu die Nährwertangaben auf der Verpackung. In der Fruchtsaft- und Erfrischungsgetränkeverordnung ist die Höchstgrenze von 32 mg Koffein/100 ml festgelegt.
- 100 g Schokolade: ca. 90 mg Koffein (Zartbitter mehr als Vollmilch)
- Die Koffeinmenge in kakaohaltigen Getränken hängt von Art und Menge des in den verschiedenen Produkten enthaltenen Kakaos ab.

Die im Grünen und Schwarzen Tee vorkommenden sekundären Pflanzenstoffe (Polyphenole), bewirken eine langsamere Aufnahme des Koffeins und eine längere Wirkung als bei kaffeehaltigen Getränken.

Eltern sollten auch auf den Koffeinkonsum ihrer Kinder achten (Schokoladenriegel und -eis, heißer Kakao, Cola etc.). 3 mg Koffein/kg Körpergewicht pro Tag gelten als unbedenklich. Jedoch ist auch hier die Halbwertszeit zu beachten.

Weniger wirkt besser: Wenn Sie täglich Koffein konsumieren, baut Ihr Körper eine Toleranz auf und das Stimulans ist insgesamt weniger wirksam.

Die Uhrzeit und die Menge an konsumiertem Koffein bestimmen, ob eher die Vor- oder die Nachteile überwiegen. So warnt das Bundesinstitut für Risikobewertung (BfR, 2015) vor unerwünschten Nebenwirkungen eines erhöhten Koffeinkonsums: Durchfall, Nervosität, verstärktes Schwitzen, Schlaflosigkeit oder Herzrasen sind möglich.

❯ Personen mit Bluthochdruck oder anderen koronaren Beschwerden sollten einen hohen Koffeingehalt vermeiden.

Vor allem beim Konsum von Energydrinks kann der Blutdruck durch Koffein ansteigen, anders als im Kaffee, in dem sich Chlorogensäure befindet, die den Blutdruck senkt.

3

Ein stetig hoher Kaffee- bzw. Koffeinkonsum fördert in herausfordernden Zeiten das Risiko, u. a. in eine Erschöpfungsdepression zu rutschen oder an der schweren neuroimmunologischen Erkrankung, dem chronischen Erschöpfungssyndrom („chronic fatigue syndrome", CFS), zu erkranken.

Wenn Sie sich entschließen, Ihrem Körper weniger Koffein zuzuführen, dann empfehle ich ein langsames Ausschleichen. Denn Koffein wirkt wie eine Droge, die u. a. durch Toleranzbildung und Entzugserscheinungen gekennzeichnet sind. Wenn Sie über einen längeren Zeitraum regelmäßig Koffein konsumiert haben, können folgende Symptome bei Koffeinverzicht auftreten: Neben Kopfschmerzen, Schläfrigkeit und niedrigem Energieniveau sind auch Stimmungsschwankungen möglich.

Sie möchten auf den Kaffeegeschmack nach dem Mittag- oder dem Abendessen nicht verzichten? Dann genießen Sie entkoffeinierten oder noch besser koffeinfreien Kaffee (z. B. Lupinen-, Dinkelkaffee).

■ **Rauchen und Alkoholkonsum**

Rauchen schädigt auf mannigfaltige Weise unsere Gesundheit. Unter anderem senkt es auch den Melatoninspiegel und beschert uns dadurch Schlafstörungen.

Ein weiterer Einflussfaktor auf unseren Schlaf ist Alkohol. Der sogenannte Schlummertrunk gilt bei vielen Menschen als Mittel der Wahl bei Einschlafproblemen. Jede/r Zehnte quer durch alle Bildungs- und Einkommensgruppen in Deutschland greift vor dem Einschlafen zu Alkohol (Meier, 2004). Durch den Konsum von Alkohol fühlt man sich entspannt und beruhigt. In unterschiedlichen Studien zeigte sich, dass Alkohol beim Einschlafen helfen mag, da er die natürlichen Botenstoffe unterstützt, die für die Vorbereitung auf den Schlaf zuständig sind; der Rhythmus des Schlafs wird jedoch gehörig durcheinandergebracht (vgl. Ebrahim et al., 2013; Gross et al., 1975). Die zweite Nachthälfte ist durch die Verarbeitung des Alkohols geprägt von oberflächlichem Schlaf mit häufigem Erwachen. Darüber hinaus ist der Schlaf weniger erholsam und traumlos.

Ein weiterer schlafstörender Aspekt ist der mit dem Alkohol verbundene gesteigerte Harndrang. Die durch das Aufsuchen der Toilette entstehende Schlafunterbrechung ist für erholsamen Schlaf nicht förderlich. Der regelmäßige Konsum von Alkohol vor dem Einschlafen führt zudem zu einem Gewöhnungseffekt, wodurch immer größere Mengen benötigt werden, um denselben entspannenden Effekt zu erzielen. Beim Verzicht auf Alkohol, nach regelmäßigem Konsum, verlängert sich die Einschlafzeit deutlich, und es kommt zu langen Traumschlafphasen, die intensive (Alb-)Träume beinhalten können. Der nächtliche Schlummertrunk kann darüber hinaus zu einer Alkoholabhängigkeit führen.

Praxisbeispiel: Wie Alkohol die Schlafqualität stört
Tobias L., 52 Jahre alt, ist Abteilungsleiter in einem produzierenden Unternehmen. Enge Taktungen, Fachkräftemangel und offene Stellen, eine hohe Arbeitsdichte und ein multikulturelles Team, in dem aktuell Konflikte vorhanden sind, machen ihm zu schaffen. Auch die mangelhaften Schulnoten seines 16-jährigen Sohnes sowie die fortschreitende Demenzerkrankung seiner Mutter beschäftigen ihn am Abend. Um abzuschalten, versucht Tobias, Sport zu machen, für den er jedoch häufig zu müde ist. Als Belohnung nach einem anstrengenden Arbeitstag am Abend trinkt er regelmäßig 2–3 Bier.

Die ◨ Abb. 3.8 zeigt einen Tag, der durch eine Sympathikusaktivierung gekennzeichnet ist. Erholsame Pausen fanden weder während des Arbeitstages noch am Abend statt. Zwischen 20:30 und 22:00 Uhr werden 3 Einheiten Alkohol vor dem Fernseher (20:30 bis 01:00 Uhr) konsumiert. Um 01:00 Uhr geht Tobias ins Bett. Bis um 05:00 Uhr ist der Schlaf nicht erholsam, da der Sympathikus weiterhin aktiv ist (rot). Die Leber arbeitet auf Hochtouren, um den Alkohol abzubauen. Auch die Herzrate ist deutlich erhöht (blaue Linie). Erst in den frühen Morgenstunden, ab ca. 05:00 Uhr, wird der Parasympathikus aktiviert (grün), und ein erholsamer Schlaf ist mit kleinen Unterbrechungen bis 07:30 Uhr möglich. Die Schlafdauer von 6,5 h ist insgesamt zu kurz, gleichzeitig ist die Schlafqualität deutlich herabgesetzt. Der Körper konnte sich nur während der 2,5-stündigen Parasympathikusaktivierung erholen. Tobias kommt am Morgen nur langsam aus dem Bett und fühlt sich müde und erschöpft, was er durch mehrere Tassen Kaffee am Vormittag zu unterdrücken versuchte.

Auch hier konnte mit einer Verhaltensänderung, d. h. den Verzicht auf Alkohol, zeitnah ein qualitativ guter Schlaf etabliert werden.

Praxistipp: Wenn Alkohol, dann wenig und früh am Abend
Wenn Sie gelegentlich nicht auf ein Bier oder das Glas Wein verzichten wollen, dann empfehle ich den Konsum früh am Abend. Wenn Sie sich um 18:00 Uhr ein kleines Glas einschenken, ist der Alkohol bis zum Schlafengehen um 22:00 Uhr wieder abgebaut. Ein Abstand von 4 h sollte zwischen einem gemäßigten (!) Konsum und der Zubettgehzeit ungefähr liegen.

Auch ein alkoholfreies Bier oder alkoholfreie Cocktails können schmecken. Besser ist es jedoch, wenn Sie aktive Erholungsverfahren zur Regeneration wählen, da diese auf jeden Fall Ihr parasympathisches System aktivieren, das eine tiefe Entspannung garantiert.

Nicht nur Alkohol, sondern auch Licht stört unsere Regeneration.

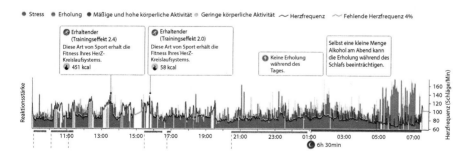

◨ **Abb. 3.8** HRV-Messung mit Alkoholkonsum. (© YourPrevention, 2022)

3

■ **Social Jetlag**

Künstliches Licht am Abend ist der natürliche Feind des Hormons der Dunkelheit. In der heutigen Zeit benutzen immer mehr Menschen vor dem Einschlafen elektronische Geräte wie Tablets, Smartphones, E-Reader etc. Deren Monitore sind zumeist mit lichtemittierenden Dioden („light-emitting diodes", LEDs) ausgestattet. Diese strahlen vermehrt blaues Licht mit einer Wellenlänge im Bereich von 464 Nanometern aus. Einige Studien aus der Schlafforschung haben gezeigt, dass dieser Bereich des Lichtspektrums über das Auge die Freisetzung von Melatonin hemmt (Losch, 2015).

Durch den Blaulichtanteil während der Bildschirmnutzung wird die Ausschüttung des schlaffördernden Hormons Melatonin verzögert. Eine Studie der Universität Basel zeigte, dass der Blaulichtanteil im Spektrum der LCD-Displays die Melatoninproduktion hinauszögert und somit die Müdigkeit verringert. Parallel dazu untersuchten Chang et al. (2015) die Verwendung von elektronischen Displays zum Lesen (E-Reader) im Vergleich zum Lesen mit Büchern vor dem Schlafengehen. Auch sie kamen zu dem Ergebnis, dass der Melatoninspiegel durch die Verwendung eines E-Readers verringert wird und die Schlafphasen verzögert einsetzen. Dann liegt eine Chronodisruption vor, also eine Störung der biologischen Uhr.

❯ Blaulicht hemmt die Melatoninbildung und lässt uns schlechter schlafen.

Es bleibt zu hoffen, dass neue Leuchtmittel mit anderer Wellenlänge auf den Markt kommen, bei denen die Melatoninproduktion weniger stark beeinträchtigt wird, z. B. mit einem höheren Anteil von rotem Licht.

Zudem ist häufig die Art der Nutzung von Smartphones, Tablets etc. ein Grund für das erschwerte Einschlafen. Im Internet surfen, E-Mails beantworten usw. können das kognitiv-emotionale Anspannungsniveau erhöhen, da dadurch das Stresshormon Kortisol produziert wird und somit das Einschlafen verspätet eintritt. Besonders die Nutzung von Second oder Third Screens, die gleichzeitige oder wechselnde Nutzung mehrerer Bildschirme, erhöht den Stress im Gehirn. Durch den ständigen Wechsel der Aufmerksamkeit wird das Gehirn deutlich stärker beansprucht, und zwar auf Kosten der Regeneration.

Lange Fernsehzeiten korrelieren positiv mit schlechter Schlafqualität: 72 % der Cineasten klagen über schlechten Schlaf (TK, 2017).

Weitere negative Begleiterscheinungen von Smartphone- oder Tabletnutzung im Schlafzimmer sind Muskelverspannungen und Schlafunterbrechungen durch eingehende Textnachrichten. Der meist spezifische Benachrichtigungston oder auch der Vibrationsalarm kann bei leichtem Schlaf stören und diesen unterbrechen (Chang et al., 2015).

Zu wenig Dunkelheit oder anders gesagt zu viel Licht am Abend unterdrückt bzw. verschiebt die Produktion unseres Schlafhormons. Diese häufig selbst initiierte Störung unseres Schlaf-Wach-Rhythmus wird als „Social Jetlag" bezeichnet und seine Folgen können durchaus mit einem Jetlag nach Überseeflügen verglichen werden.

> **Praxistipp: Wie Sie noch besser einschlafen können**
>
> Um besser einschlafen zu können, eignen sich die folgenden Maßnahmen:
>
> Kaufen Sie sich für die abendliche Lektüre entweder wieder ein Buch, wählen Sie in dem E-Reader oder Laptop den Nachtmodus mit Blaulichtfilter oder sehen Sie nur TV, wenn Sie eine Blaulichtfilterbrille tragen.
>
> Merke: Blauwelliges Licht am Abend hemmt die Fähigkeit der Zirbeldrüse, Melatonin zu produzieren und auszuschütten.
>
> Ebenso sind die konsumierten Inhalte entscheidend: Wer einen Actionfilm, eine politische Talkshow, ein Fußballspiel o. Ä. im TV schaut oder spannende Literatur oder Fachbücher liest, der aktiviert den Sympathikus. Bevorzugen Sie daher leichte oder humoristische Inhalte.
>
> Weitere Tipps, um mehr mentalen Abstand zwischen Berufs- und Privatleben zu bringen, erhalten Sie im Instagram-Post „Mit Erholungskompetenz besser abschalten", der in meinem Instagram-Kanal „Schneller einschlafen, besser durchschlafen und erholter Aufwachen" unter ▶ www.instagram.com/re_calibration zur Verfügung steht.

- **Jetlag durch Interkontinentalflüge und Schichtarbeit**

Viele Geschäftsreisen sind während der Covid-19-Pandemie gecancelt worden und die Meetings fanden online statt. Wenn Sie allerdings häufiger nur für kurze Zeit in andere Zeitzonen fliegen, dann ist der Jetlag ein steter, wenn auch unliebsamer Begleiter, denn er ruft eine Desynchronisation der äußeren Zeit und der inneren Uhr hervor. Durch Reisen über verschiedene Zeitzonen hinweg passt das individuelle Schlafbedürfnis nicht mehr in den 24-Stunden-Rhythmus der neuen Zeitzone. Je mehr Zeitzonen überschritten werden, desto stärker äußert sich der Jetlag. Allerdings kann er schon bei einer Zeitdifferenz von 1–2 h zwischen Start- und Zielort auftreten. Bereits die Zeitumstellung von 1 h wie bei der Umstellung von Sommer- auf Winterzeit stört bei vielen Personen den Schlaf-Wach-Rhythmus.

Beim Jetlag durch Interkontinentalflüge ist die Flugrichtung entscheidend. Flüge Richtung Osten rufen seltener Symptome eines Jetlags hervor als Flüge nach Westen, da die biologische Uhr leichter gedehnt als gestaucht werden kann. Es ist demnach leichter, länger wach zu bleiben als schneller einzuschlafen. In einer Studie wurde untersucht, wie sich die Zeitverschiebung auf die Leistungsfähigkeit auswirkt. Dazu wurden die Probanden zwischen Europa und den USA hin- und hergeflogen. Sie erreichten ihre Höchstleistung bei der Bearbeitung von Standardaufgaben durchschnittlich nach 2–4 Tagen wieder, wenn die Flugrichtung nach Westen ging. Bei Flügen nach Osten benötigten die Probanden allerdings 9 Tage (Klein & Wegmann, 1974).

Die Symptome des Jetlags verschwinden wieder, sobald der Ausgleich der inneren Uhr an die neue Zeitzone vollzogen ist. An dieser Stelle ist anzumerken, dass diese Resynchronisation bei jedem Menschen individuell unterschiedlich ist. Verantwortlich für den Jetlag ist die Zirbeldrüse, in der das Melatonin gebildet wird. Sie benötigt häufig einige Tage, bis sie ihre Melatoninproduktion der neuen Zeitzone angepasst hat. Im Allgemeinen kann pro Stunde Zeitverschiebung ein Tag für die Rhythmussynchronisation angesetzt werden.

3

Ein Jetlag kann unterschiedliche Symptome nach sich ziehen, die sich in ihrer Häufigkeit und Stärke von Mensch zu Mensch unterscheiden können. Hinsichtlich des Schlafverhaltens kommt es zu einer Veränderung der Schlaftiefe, einer Umgruppierung von Schlafstadien und vermehrten Ein- und Durchschlafproblemen. Weitere Symptome können ein gestörtes Allgemeinbefinden, verminderte Leistungsfähigkeit, Müdigkeit und Verdauungsprobleme sein. Die stärksten Auswirkungen sind nach der Ankunft am Zielort bemerkbar, können jedoch auch erst Tage später auftreten.

Praxistipp: Wie Sie den Jetlag gut überwinden können
- Passen Sie sich an die soziale Umwelt und die Zeitzone des Zielorts an: Gehen Sie ins Freie, auch wenn es zu Hause mitten in der Nacht ist.
- Passen Sie Ihre Essgewohnheiten an die am Zielort üblichen Hauptmahlzeiten an und versuchen Sie, Ihren Hunger durch kleinere Zwischenmahlzeiten zu stillen.
- Gehen Sie nach draußen, wenn Sie müde werden. Sonnen- bzw. Tageslicht (auch bei bewölktem Himmel) hemmt die Melatoninproduktion.
- Versuchen Sie, den neuen Schlafrhythmus einzuhalten. Bei sehr langen Wachphasen am Zielort, empfehle ich jedoch eine kleinere Kurzschlafphase, um den erhöhten Schlafdruck nicht zu groß werden zu lassen (Abbau von Adenosin).
- Bleiben Sie bei Flügen Richtung Westen bereits einige Tage vor der Reise etwas länger wach als üblich. Der erhöhte Schlafdruck erleichtert das Einschlafen, und Sie erwachen gemäß Ihrer inneren Uhr in den frühen Morgenstunden des Zielorts.
- Bei Flügen Richtung Osten sollten Sie dagegen früher als gewöhnlich ins Bett zu gehen.
- Die kurzfristige Einnahme von 1–3 mg Melatonin um 23:00 Uhr Ortszeit im Zielland hilft, die Verschiebung des Schlaf-Wach-Rhythmus zu regulieren. Konsultieren Sie vor der Einnahme einen Arzt, um Kontraindikationen und Nebenwirkungen abzuklären!

Auch die Umstellung von Früh-, Spät- und Nachtschicht greift erheblich in unser System ein. Diese akute Chronodisruption hinterlässt schwerwiegende gesundheitliche Folgen: Schichtarbeiter leiden wesentlich häufiger an Verdauungsproblemen, Schlafstörungen, Konzentrationsproblemen, herabgesetzten Gedächtnisleistungen, Tagesmüdigkeit, Nervosität, Diabetes mellitus Typ 2, Bluthochdruck, Herzkrankheiten und Krebs (Fauteck, 2017).

❯ Schichtarbeit begünstigt die Entstehung diverser Erkrankungen!

Des Weiteren zeigen Untersuchungen, dass in der Nachtschicht zwischen 02:00 und 03:00 Uhr die meisten Unfälle passieren. In der Schichtplanerstellung sollte berücksichtigt werden, dass der Körper pro Stunde Zeitverschiebung einen Tag für die Synchronisation seines Rhythmus benötigt.

■ **Medikamente**
Sie nehmen am Abend Acetylsalicylsäure (ASS, z. B. Aspirin), Ibuprofen, Betablocker (Blutdrucksenker) oder Antidepressiva ein? Diese Medikamente hemmen die

Melatoninbildung und/oder -freisetzung (dies gilt jedoch nicht für alle Anti-depressiva). Fragen Sie Ihren Arzt, ob diese Medikamente am Morgen oder am Vormittag eingenommen werden können. Die abendliche Einnahme von Paracetamol hingegen unterdrückt die Melatoninbildung weit weniger als Aspirin oder Ibuprofen.

Ebenso blockieren Schlafmittel (Benzodiazepine) die Melatoninbildung und -freisetzung! Schlafmittel sollten, wenn überhaupt, nur eine sehr kurzfristige Lösung sein.

■ Leistungssteigernder Sport

Bewegung und Sport sind während des Tages für einen erholsamen Schlaf förderlich. Jedoch beeinflussen Uhrzeit und Intensität die Schlafqualität. Leistungssteigernder Sport sollte 4 h vor dem Schlafengehen beendet sein. Wir mögen uns nach dem Auspowern und Duschen erholt fühlen und vielleicht gelingt das Einschlafen nach körperlicher Betätigung auch gut, jedoch bleibt der Sympathikus nach Höchstleistung noch ca. 4 h aktiviert und verhindert so einen entspannenden Schlaf mit Parasympathikusaktivität. Eine HRV-Messung mit Sport am Abend wird in ▶ Abschn. 5.4.2 erläutert.

■ Spätes Abendessen

Aufgrund des hohen Arbeitspensums haben Sie Ihr Mittagessen ausfallen lassen und haben nun einen Bärenhunger am Abend? Oder gehören Sie vielleicht zu den Kulinarikern, die abends gerne kochen und schlemmen? Wer kurz vor dem Schlafengehen noch ein schwer verdauliches Abendessen oder scharfe Speisen zu sich nimmt, der schläft schlechter, bestätigen zahlreiche Studien.

Die letzte große Hauptmahlzeit sollte 3 oder besser 4 h vor der Schlafenszeit verzehrt werden. Der Grund ist einfach: Nach einer großen Mahlzeit muss der Körper Energie für den mehrstündigen Verdauungsprozess aufbringen. Die Verdauungsorgane arbeiten auf Hochbetrieb. Während des Schlafs verlangsamt sich die Verdauung jedoch. Der Schlafprozess des Körpers steht der Verdauungstätigkeit des Magens entgegen.

Besonders negativ wirkt sich der Konsum von Zucker und stark verarbeiteten Kohlenhydraten (Weißmehl) sowie Fertigprodukten auf den Schlaf aus. Im Gegensatz dazu wirken sich andere Lebensmittel förderlich auf den Schlaf aus: Hülsenfrüchte (besonders Linsen, Limabohnen, Sojabohnen) sowie Nüsse (Haselnüsse, Erdnüsse, Cashewkerne) und Fisch (Forelle, Kabeljau, Lachs, Thunfisch) enthalten viel Tryptophan, eine Aminosäure, die zur Bildung des Schlafhormons Melatonin benötigt wird.

❯ Anders essen, besser schlafen.

Wer spät abends noch einmal Hunger verspürt, der kann eine Kleinigkeit essen: Eine kleine Schale Bio-Speisequark und dazu eine Handvoll Cashewkerne oder ein Stück gebratene Bio-Hähnchenbrust/eine Scheibe gekochter Schinken, aber auch ein Stück Käse (z. B. Edamer, Brie) oder Eier enthalten reichlich Tryptophan.

■ Weitere extrinsische Faktoren

Straßenlärm oder das Schnarchen des Partners können zu Schlafstörungen führen. Daher hat das Umweltbundesamt (2019) WHO-Leitlinien für Umgebungslärm für

3

die Europäische Region zum Schutz vor nächtlicher Lärmbelästigung eingeführt: Der Grenzwert liegt bei 40 Dezibel, was einer ruhigen Straße in einem Wohngebiet entspricht. Wer über einen längeren Zeitraum mehr als 55 Dezibel ausgesetzt ist, kann an psychischen Störungen und an Bluthochdruck erkranken. Ebenfalls erhöht sich das Risiko, einen Herzinfarkt zu erleiden (2019).

Ferner kann eine zu kühle oder zu warme Raumtemperatur den Schlaf stören. Das Ideal liegt zwischen 16 und 20 °C.

Wie dargelegt, können innere und äußere Faktoren den Schlaf stören, wobei es verschiedene Möglichkeiten gibt, wie Sie den Schlaf verbessern können. Wenn Sie diese Empfehlungen umsetzen und sich noch immer kein erholsamer Schlaf einstellt, kann eine weiterführende Diagnostik sinnvoll sein. Welche Möglichkeiten es gibt, lernen Sie nun kennen.

3.4   Wie kann die Schlafqualität gemessen werden?

Sie schlafen zwischen 7–9 h und fühlen sich morgens trotzdem nicht fit und energetisiert? Dann können Sie Ihre Schlafqualität analysieren lassen. Bevor Sie zu einer Untersuchung ins Schlaflabor gehen, gibt es drei unterschiedliche Möglichkeiten, mit denen die Schlafqualität gemessen werden kann: Schlaffragebogen, Messung des Schlafhormons Melatonin und Messung der HRV.

3.4.1   Subjektive Bewertung: der Schlaffragebogen

Der klinisch validierte Schlaffragebogen Pittsburgh Sleep Quality Index (PQSI) gibt Ihnen eine erste Auskunft über Ihre Schlafqualität. Er erfragt retrospektiv für einen Zeitraum von 4 Wochen 19 Items. Darunter: die Häufigkeit schlafstörender Ereignisse, die Einschätzung der Schlafqualität, die gewöhnlichen Schlafzeiten, Einschlaflatenz und Schlafdauer, die Einnahme von Schlafmedikationen sowie die Tagesmüdigkeit. Eine differenzialdiagnostische Einteilung in verschiedene Schlafstörungsarten leistet der Fragebogen nicht, er kann jedoch eine schnelle Übersicht über Art und Ausmaß der Störungsproblematik liefern.

3.4.2   Objektive Messung: das Schlafhormon Melatonin

Wie bereits erwähnt, fördert das Schlafhormon Melatonin das Einschlafen. Serotonin ist eine Vorstufe von Melatonin. Ist der Serotoninspiegel erniedrigt, fällt häufig auch der Melatoninspiegel geringer aus. Das Melatoninnachtprofil und der Serotoninspiegel können im Labor bestimmt werden und bieten durch die objektiven Daten einen wichtigen Beitrag zur Ursachenanalyse.

Praxisbeispiel: Melatoninprofil einer Geschäftsführerin

Bettina R. ist Geschäftsführerin eines mittelständischen Unternehmens und berichtet über Einschlafprobleme sowie häufiges Aufwachen in der Nacht. Die Laboranalyse bestätigt das subjektive Erleben (◘ Abb. 3.9). Der erste Melatoninwert um 22:00 Uhr ist deutlich erniedrigt und der zweite Wert um Mitternacht ist im unteren Referenzbereich angesiedelt. Nur der dritte Wert beim Aufwachen am Folgemorgen liegt im mittleren Normbereich. Auch der Serotoninwert von Bettina lag unterhalb des Referenzbereichs.

Durch Verhaltensänderung (s. Praxistipps zur Verbesserung der Schlafqualität; ► Abschn. 3.5), Bearbeitung der Lebensgebote im Coaching (übertriebener Perfektionismus und Sei-stark-Antreiber) und eine kurzfristige Einnahme von Serotoninpräkursoren konnte ihr kurz- und langfristig wieder zu einem erholsamen Schlaf verholfen werden.

Praxisbeispiel: Melatoninprofil eines Topmanagers

Auch die Laborwerte von Topmanager Peter O., 58 Jahre, zeigen ähnliche Defizite des Melatoninhaushalts auf (◘ Abb. 3.10).

Die abendliche Blaulichtexposition wurde reduziert (z. B. kein Beantworten von E-Mails am Abend, weniger Fernsehen), abendlicher Alkoholkonsum wurde massiv eingeschränkt, spätes üppiges Essen wurde durch eine leichte Kost ersetzt. Zusätzlich zu der mentalen Verhaltensänderung (Bearbeitung der Stressoren und Lebensgebote) wurde zu Beginn ein Melatoninpräparat mit pulsatiler Ausschüttung empfohlen. Bereits nach wenigen Tagen trat eine deutliche Verbesserung der Schlafqualität ein.

Speicheldiagnostik	Ergebnis	Einheit	Norm-/Zielbereich		
Melatonin im Speichel 1 (22:00 Uhr)	<0,5	pg/ml	4,5 - 8,6		◄
Melatonin im Speichel 2 (00:00 Uhr)	10,07	pg/ml	> 10,00		I
Melatonin im Speichel 3 (Aufwachen)	6,45	pg/ml	< 10,00		I

◘ **Abb. 3.9** Melatoninprofil einer Geschäftsführerin. (© YourPrevention, 2022)

Speicheldiagnostik	Ergebnis	Einheit	Norm-/Zielbereich		
Melatonin im Speichel 1 (22:00 Uhr)	<0,5	pg/ml	4,5 - 8,6		◄
Melatonin im Speichel 2 (00:00 Uhr)	10,07	pg/ml	> 10,00		I
Melatonin im Speichel 3 (Aufwachen)	6,45	pg/ml	< 10,00		I

◘ **Abb. 3.10** Melatoninprofil eines Topmanagers. (© YourPrevention, 2022)

3

3.4.3 Objektive Messung: Herzratenvariabilität

Neben Schlaffragebogen und der Labordiagnostik besteht noch die Möglichkeit, die HRV zu messen. Sie gibt Auskunft, ob in der Nacht das sympathische oder das parasympathische Nervensystem aktiv ist.

Praxisbeispiel: Sympathikusaktivierung während der Nacht

Nadine F., 46 Jahre, Führungskraft in einem Tech-Unternehmen, kam mit dem Wunsch ins Coaching, wieder besser abschalten zu können und in einen besseren und erholsameren Schlaf zu finden. Das Arbeitspensum des Tages raube ihr jegliche Kraft für Hobbys am Abend. Immer häufiger habe sie Erkältungskrankheiten und fühle sich zunehmends erschöpft.

Die HRV-Messung (◘ Abb. 3.11) zeigte eine durchgängige Sympathikusaktivierung während des Tages, am Abend und in der Nacht auf. Nur während einer sehr kurzen Mittagspause gegen 12:00 Uhr wurde der Parasympathikus aktiviert. Auch die Laborwerte bestätigten eine hohe Stressbelastung, die bereits länger als 2 Monate andauerte.

Im Coaching konnten nach dem VARESE-Prinzip Empfehlungen für einen besseren Umgang mit Stressoren, Lebensgeboten sowie Erholungspausen während des Tages erarbeitet werden. Nadine entdeckte die progressive Muskelentspannung für sich, baute aerobe Sporteinheiten (Golf und Schwimmen) in ihre Wochenplanung ein und unterstützte ihren Körper in den ersten Monaten mit diversen Präkursoren, um den Neurotransmitter- und Stresshormonlevel wieder ins Gleichgewicht zu bringen.

Nach knapp 8 Wochen berichtete Nadine bereits von einem besseren und erholsameren Schlaf. Die Begleitung erfolgt über einen Zeitraum von 9 Monaten. Sie konnte die Empfehlungen und Tipps langfristig in ihr Leben integrieren. Nadine fühlt sich gesund, ausgeschlafen, vital und voller Energie.

In den Praxisbeispielen wurden bereits einige Schlaftipps erläutert, die nachfolgend für Sie zusammengefasst sind.

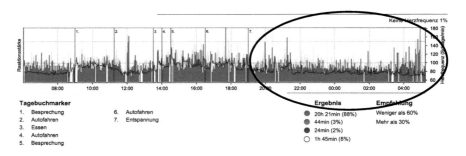

◘ **Abb. 3.11**   HRV-Messung – Sympathikusaktivierung am Tag und während der Nacht (eingekreister Bereich). (© YourPrevention, 2022)

3.5 Praxistipps zur Verbesserung der Schlafqualität

Was beim Einschlafen wirklich hilft? Nachfolgend erhalten Sie Empfehlungen, wie Sie Ihre Schlafqualität verbessern können:

Praxistipp: Wie kann ich meinen Schlaf erholsamer gestalten?

- *Künstliches/blaues Licht vermeiden:* TV, Handy und Laptop hemmen die Melatonin-produktion. Besser sind gedämpftes Licht, Kerzenlicht (nicht einschlafen wegen der Brandgefahr!), Licht mit warmen Gelb- und Rottönen. Nicht vor dem TV-Gerät einschlafen; dies ist ein Garant dafür, später wach im Bett zu liegen.
- Für *Business-Reisende*: Die Straßenlampe im Hotel ist zu hell? Oder Sie wollen im Flugzeug schlafen? Eine Schlaf- oder Augenmaske kann Abhilfe schaffen.
- *Leichte und gesunde Kost:* mindestens 2–4 h vor dem Schlafen nicht mehr schwer/scharf essen. Nahrungsmittel wählen, die reich an Mineralien und Vitaminen sind, insbesondere Vitamin B_3, B_6 und B_{12}, Tryptophan sowie Kalzium und Magnesium. Empfehlenswert sind z. B. Bananen, Zuckermais, Ingwer, Tomaten, Linsen, Weizenvollkornmehl, Hafer, Reis, Gerste, Tofu, Milch, Joghurt, Hüttenkäse, Lachs, Thunfisch, Krabben, Hühnerleber, Puten- und Hühnerfleisch, Mandeln, Kürbis- und Sonnenblumenkerne, Erdnüsse.
- Nach 13:00 Uhr *keine koffeinhaltigen Getränke*, die gefäßnervenaktiv sind, z. B. Kaffee, Grüner/Schwarzer Tee und Energydrinks.
- *Kein Alkohol:* Er fördert rascheres Einschlafen, führt allerdings zu weniger tiefem Schlaf. Regelmäßiger Alkoholkonsum stört nachhaltig die Schlaftiefe und -kontinuität. Alkohol reduziert die erholsamen Tiefschlafphasen.
- *Fadeout:* Geben Sie Ihrem Körper Zeit, um von 100 auf 0 runterzuschalten. Entschleunigende Abendrituale helfen, Abstand von der Hektik des Alltags zu gewinnen.
- *Leistungssteigernden Sport* mindestens 4 h vor dem Schlafen beenden.
- *Entspannungstechniken* fördern die Parasympathikusaktivität.
- Einen *konstanten Schlaf-Wach-Rhythmus* auch am Wochenende (sonst Störung der zirkadianen Rhythmik) etablieren und feste Schlafrituale schaffen.
- Für *günstige Schlafbedingungen* sorgen: „Kerzenlichtambiente" (s. o.), leise Umgebung, Raumtemperatur zwischen 16 und 20 °C, passende Matratze (maximal 10 Jahre alt).
- *Beruhigende reizarme Gedanken:* Durchbrechen Sie Ihr Gedankenkarussell mit Stress und Problemen. Dies können Sie gezielt im Coaching lernen.
- *Erst bei Müdigkeit ins Bett:* Das Bett ist nur zum Schlaf da, Lesen von Unterhaltungslektüre ist erlaubt.
- Einschlafhilfen wie „warme Milch" spielen durch den *Placeboeffekt* beim Einschlafen eine wichtige psychologische Rolle.

Weiterführende Informationen zu einem erholsamen Schlaf erhalten Sie auf meinem Instagram-Kanal unter ▶ www.instagram.com/re_calibration.

Falls Sie diese Schlaftipps noch durch pflanzliche Entspannungs- und Schlafförderer ergänzen möchten, stelle ich Ihnen gerne die aus der Natur stammenden Helfer vor.

3

3.5.1 Schlaffördernde Präparate

Pflanzliche Mittel

Hilfreich können bei Ein- und Durchschlafproblemen auch rezeptfreie Phyto-pharmaka mit Baldrian, Hopfen, Lavendel oder Passionsblume sein, die sich zur längerfristigen Einnahme eignen. Diese wirken jedoch erst nach ca. 14–28 Tagen.

Die sicherlich bekannteste Pflanze ist Baldrian. Egal ob als Tinktur, Tabletten oder Dragees, der Baldrianextrakt aus der Wurzel wirkt entspannend und schlaf-fördernd. Tagsüber eingenommen wirkt Baldrian beruhigend, abends hat er eine schlafanstoßende Wirkung und verbessert die Schlafqualität. Es gibt Präparate, die nur Baldrian enthalten, oder Kombinationen mit Hopfen, Melisse und/oder Passions-blume, die die beruhigende und schlaffördernde Wirkung unterstützen.

Etwas anders wirkt konzentriertes Lavendelöl: Wenn unsere Reizfilter überlastet sind und zu viele Reize zu Unruhe und Schlafstörungen führen, kann Lavendelöl be-ruhigend und ausgleichend wirken. Dadurch wird die Schlafqualität verbessert und ein erholsamer Schlaf möglich.

Chemische Schlafmittel

Auf chemischen Substanzen wird hier nur kurz eingegangen, da diese letztlich keine sinnvolle Alternative darstellen und der ärztlichen Verordnung unterliegen. Sie ver-ändern das Schlafmuster und vermindern die Schlafqualität. Synthetische Mittel re-duzieren sowohl die Tiefschlafphase, die wir für einen erholsamen Schlaf benötigen, als auch die REM-Schlafphase.

Zudem ist das Abhängigkeitspotential hoch bis sehr hoch, da sich die Nerven an die chemische Unterstützung gewöhnen und die körpereigene Schlafeinleitung nicht mehr ausreicht. Des Weiteren können unterschiedliche Nebenwirkungen wie Übel-keit, emotionale Abstumpfung etc. auftreten. Dies gilt vor allem beim Einsatz von Benzodiazepinen, weniger bei schlafanstoßenden Antidepressiva. Gleichermaßen kann das Absetzen von Schlafmitteln körperliche Entzugserscheinungen wie Kopf-schmerzen und unwillkürliches Muskelzucken (Tremor) hervorrufen.

❯ Der Einsatz von Schlafmitteln darf nur unter ärztlicher Begleitung erfolgen und sollte Ausnahmefällen vorbehalten sein.

3.5.2 Unterstützung durch Coaching

Manche nehmen die Herausforderungen der Arbeit mit in den Feierabend. Das an-stehende Pensum, laufende Projekte, die zu lösenden Probleme fungieren als Treiber des Gedankenkarussells. Aber auch private Probleme, familiäre Konflikte sowie Ängste, Stress oder Geldsorgen können einem den Schlaf rauben. Und wer nicht aus-reichend Schlaf bekommt, wird krank.

Wenn Sie Ihren Schlaf verbessern möchten, kann Sie ein stressmedizinisch-orientiertes Coaching dabei unterstützen. Die Vorteile dabei sind einerseits die sub-jektive und objektive Datenbasis, andererseits die Ursachenbekämpfung. Denn rezeptfreie oder verschreibungspflichtige Medikamente lindern kurzfristig nur die Symptome und verschreibungspflichtige machen abhängig! Im Coaching können nachhaltige und funktionale Wahrnehmungs-, Bewertungs- und Verhaltensmuster erlernt werden. Besser abschalten zu können, besser zu schlafen und sich erholter und kraftvoller zu fühlen, wird durch Schlafberatung und Coaching zum greifbaren Ziel.

Sie haben nun erfahren, was Ihren Schlaf beeinträchtigen kann und wie Sie ggf. wieder zu einem gesunden Schlaf mit einer hohen Schlafqualität finden können. Wenn Ihnen diese Lösungen nicht zu einem erholsamen Schlaf verhelfen sollten, kann eine ernste Schlafstörung vorliegen.

3.6   Leide ich an einer Schlafstörung?

Grübeln Sie abends noch über die Vergangenheit nach, machen Sie sich Sorgen über die Zukunft oder versuchen Sie, regelmäßig zu später Stunde berufliche Herausforderungen zu lösen? Wachen Sie am Morgen viel zu früh vor dem Weckerklingeln auf, weil Sie in Gedanken bereits bei einem wichtigen anstehenden Termin sind? Das alles ist so lange kein Problem, wie es sich um Ausnahmen handelt. Treten diese Probleme allerdings regelmäßig auf, könnte eine behandlungsbedürftige Schlafstörung vorliegen. Erste Hinweise kann Ihnen der nachfolgende Praxischeck geben.

Praxischeck: Leide ich eventuell an einer Schlafstörung?

	Nie	2×/Monat	1–2×/Woche	Mindestens 3×/Woche
Ich benötige länger als 30 min, um einzuschlafen.				
Ich habe abends noch viele Gedanken und kann nicht gut abschalten.				
Ich wache in der Nacht mehrmals auf.				
Ich schlafe unruhig.				
Ich wache immer vor dem Klingeln des Weckers auf.				
Ich fühle mich in der Früh nicht fit.				
Ich bin während des Tages sehr müde.				
Ich habe nach der Arbeit und Erledigung privater Verpflichtungen wenig Kraft für Hobbys und aktive Dinge am Abend (nicht TV sehen, sondern Freunde treffen etc.)				

> Sie leiden wahrscheinlich an einer Schlafstörung (Insomnie), wenn Sie bei nur einem Punkt eine der beiden rechten Spalten, also entweder 1–2×/Woche oder mindestens 3×/Woche, angekreuzt haben *und* Ihr Verhalten/die Störung über einen Zeitraum von 1–3 Monaten auftritt (in Anlehnung an die ICD-10-GM).[2]

Personen, die höchstwahrscheinlich an einer Schlafstörung leiden, sollten dringend einen Experten aufsuchen. Nehmen Sie Schlafstörungen nicht hin, sondern ernst. Schlafstörungen sind kein Schicksal, es gibt Lösungen.

> Schlafstörungen müssen behandelt werden.

Zu den häufigsten Schlafstörungen zählen Insomnie (Ein- und Durchschlafstörungen), Hypersomnie, schlafstadiengebundene Störungen und Störungen des Schlaf-Wach-Rhythmus. Mit einer fundierten Diagnostik (Schlaflabor etc.) kann ein Experte die Ursachen ermitteln.

Mehr als 50 % aller Schafstörungen liegen endogene Ursachen zugrunde. Zu den endogenen Ursachen zählen Melatoninmangel oder eine verzögerte Melatoninfreisetzung. Zu den exogenen Ursachen zählen (Social) Jetlag, Schichtarbeit etc.

Nach der Ursachenermittlung kann eine entsprechende Therapie (ggf. mit Melatoninsubstitution) sowie ein Coaching bei einem Schlafexperten oder eine kognitive Verhaltenstherapie erfolgen. Wer Schlafstörungen hinnimmt, muss mit ernsthaften Folgen rechnen!

- **Was sind die Folgen von Schlafstörungen?**

(nach Schneider-Helmert, 2013)
- Seelische Unausgeglichenheit, Stimmungsschwankungen
- Sinkende Gedächtnisleistung
- Tagesschläfrigkeit (Hypersomnie), erhöhte Unfallgefahr (laut ADAC [2021] wirkt sich ein 24-stündiger Schlafentzug auf den Körper wie etwa 1,0 Promille Alkohol im Blut aus)
- Konzentrationsprobleme, verminderte Leistungsfähigkeit
- Erhöhter Kortisolspiegel (Stresshormon) mit dem Gefühl, „ständig unter Strom zu stehen"
- Mangelnde Zellregeneration und verzögerter Wundheilungsprozess
- Schwächung des Immunsystems, gehäufte Infekte
- Erhöhtes Risiko für chronische Erkrankungen
- Störung des Stoffwechsels (Übersäuerung)
- Anstieg des Blutzuckerspiegels, erhöhtes Risiko für Übergewicht und Diabetes mellitus Typ 2
- Mangelnde Entgiftung
- Erhöhtes Risiko für Depression, Herz-Kreislauf-Erkrankungen, Schlaganfälle, Demenz, verkürzte Lebenserwartung

---

2   Internationale statistische Klassifikation der Krankheiten und verwandter Gesundheitsprobleme, 10. Revision, German Modification. ► https://www.bfarm.de/DE/Kodiersysteme/Klassifikationen/ICD/ICD-10-GM/_node.html.

Wer unter Schlafapnoe leidet, das durch wiederholtes Aussetzen der Atmung im Schlaf gekennzeichnet ist, oder wer schnarcht, der muss durch die verringerte Dauer von erholsamem Schlaf neben den oben genannten Folgen von Schlafstörungen auch noch mit einer zusätzlichen/schnelleren Verkürzung von Telomeren rechnen, durch die der Alterungsprozess beschleunigt wird (Puterman et al., 2010; Wichers et al., 2012).

Hinweis: Ernste und dauerhafte Schlafstörungen lassen sich mit den Tipps für erholsamen Schlaf nur begrenzt lindern. Sinnvoll ist dann eine Untersuchung bei einem Neurologen, Psychiater oder bei einem Schlafmediziner im Schlaflabor.

Bisher wurden die ersten beiden Säulen der Erholungskompetenz, die Regeneration und der Schlaf, unter verschiedenen Aspekten eingehender betrachtet. Zu der dritten Säule zählen die aktiven Entspannungsmethoden. Warum diese nichts mit Esoterik zu tun haben und wie sie funktionieren, lesen Sie im nachfolgenden Abschnitt.

3.7 Welche Rolle spielen Entspannungstechniken bei der Regeneration?

3.7.1 Neurobiologische Grundlagen der Entspannungsverfahren

Entspannung ist ein biologisches Reaktionsmuster des Menschen. Dieser körperliche Prozess verläuft als Ausgleich von Aktiviertheit und Nicht-Aktiviertheit.

Verschiedene Entspannungsmethoden (autogenes Training, Meditation, progressive Muskelentspannung) führen zu unterschiedlichen oder identischen Entspannungsreaktionen, die kurzfristige und langfristige physiologische Veränderungen im Körper hervorrufen können. Zu den kurzfristigen Veränderungen gehören beispielsweise die Verbesserung der Stimmung und des Körperempfindens sowie unterschiedliche physiologische Veränderungen, die im folgenden Abschnitt erläutert werden.

Um die gewünschten Entspannungsreaktionen längerfristig aufrechtzuerhalten, ist systematisches Üben und Durchführen der Entspannungsmethoden notwendig. Ähnlich wie beim Konditions- oder Muskelaufbau bei sportlicher Betätigung gilt auch hier: Stellt man das Training wieder ein, schwinden Muskeln und Kondition wieder. Dranbleiben lautet die Devise.

Bei einer erlernten Entspannungsreaktion können sich langfristige, positive Effekte einstellen, die im Allgemeinen in der Verminderung der sympathoadrenergen Erregungsbereitschaft und in der Modulation zentralnervöser Prozesse bestehen (das ZNS betreffend: Gehirn und Rückenmark). Was bedeutet das? Zum Beispiel verringert sich der Muskeltonus, und die Atmung verlangsamt sich. Die Pulsfrequenz und der Blutdruck sowie die kortikale Aktivität werden reduziert. Diese Reaktionen werden zum Teil durch eine verminderte Ausschüttung von Stresshormonen, insbesondere Kortisol und Adrenalin, hervorgerufen. Bemerken wird man dies u. a. durch eine Veränderung des eigenen Stresserlebens und beim Einsatz von Stressbewältigungsstrategien (Petermann & Vaitl, 2009).

3

3.7.2 Körperliche Auswirkungen von Entspannungsreaktionen

Nachfolgend wird eine Auswahl von physiologischen Reaktionen, die während der Entspannung auftreten können, vorgestellt.

Durch Entspannung nimmt die Atemfrequenz ab und es stellen sich gleichmäßige Atemzyklen ein. Darüber hinaus schlägt das Herz langsamer und der Blutdruck sinkt. Dementsprechend wirkt Entspannung unmittelbar entlastend auf das Herz-Kreislauf-System. Des Weiteren kommt es bei Entspannung zu einer Erweiterung peripherer Gefäße. Die Extremitäten, vor allem die Hautareale der Hände und Füße, erwärmen sich und kribbeln. Diese Empfindungen entstehen durch den vermehrten Blutzufluss infolge der lokalen Gefäßerweiterung. Ferner kann es zu einer Verminderung von Schmerzen kommen. Durch das „Ruhigstellen" des Körpers können neuromuskuläre Veränderungen auftreten, durch die sich Verspannungen vermindern bzw. nicht weiter aufbauen. Ein weiteres körperliches Kennzeichen einer Entspannungsreaktion ist die Senkung der Hautleitfähigkeit, die durch die Änderung der Schweißdrüsenaktivität hervorhergerufen wird.

Insgesamt kann davon ausgegangen werden, dass bei aktiven Entspannungstechniken der Parasympathikus aktiviert wird.

> **Praxisbeispiel: Parasympathische Aktivierung während einer aktiven Entspannungspause**
> Die HRV-Messung (◘ Abb. 3.12) von Alexander C., 39 Jahre, Führungskraft und Vater von 3 Kindern, zeigt auf, wie erholsam eine aktive Entspannungsphase am Nachmittag sein kann. Bei Besorgungen am Samstagvormittag ist der Sympathikus aktiv. Von ca. 14:30 bis 16:20 Uhr führt Alexander eine 50-minütige progressive Muskelentspannung durch. Anschließend gönnt er sich noch einen achtsamen Spaziergang in der Natur.

3.7.3 Mentale Auswirkungen von Entspannungsreaktionen

Entspannungstechniken können auch mentale Auswirkungen hervorrufen. Insbesondere bei regelmäßiger Anwendung kann sich ein allgemein ruhigeres und ausgeglicheneres Wohlbefinden einstellen. Negative emotionale Reaktionen nehmen ab. Die erlebte Anspannung und innere Alarmbereitschaft werden verringert. Das Gefühl von geistiger Frische wird nach den Übungen in Form von körperlicher und

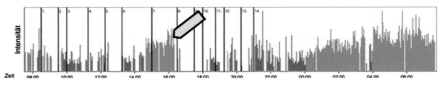

◘ **Abb. 3.12**   HRV-Messung bei aktiver Entspannungsübung am Nachmittag. (© YourPrevention, 2022)

geistiger Entspannung und Erholung empfunden. Zudem wird eine innere Standhaftigkeit der eigenen Person gefördert.

Durch das Ausblenden von Außenreizen wie Geräuschen, Beleuchtungsänderungen o. Ä. und die anhaltende Konzentration bei regelmäßigen Entspannungstrainings werden die Konzentrationsfähigkeit, die Leistungsfähigkeit und die Aufmerksamkeit im Allgemeinen gesteigert.

Studien haben gezeigt, dass sich beispielsweise das autogene Training längerfristig positiv auf unterschiedliche psychische Prozesse auswirken (vgl. Badura, 1973; Schejbal et al., 1978). Es kann zur Veränderung habitueller Persönlichkeitsmerkmale führen. Sapier und Mitarbeiter (1965, zitiert nach Petermann & Vaitl, 2009) konnten beispielsweise die Abnahme von Depressionswerten durch autogenes Training nachweisen.

3.8 Aktive Entspannungstechniken

Nachfolgend wird eine Auswahl verschiedener Entspannungsmethoden vorgestellt. An dieser Stelle wird darauf hingewiesen, dass nicht jede Methode für jeden Menschen gleichermaßen wirksam und geeignet ist. Finden Sie mit der bekannten Trial-and-Error-Methode Ihre persönlichen Favoriten. Von besonderer Bedeutung ist die regelmäßige Durchführung.

» Wer nicht jeden Tag etwas für seine Gesundheit aufbringt, muss eines Tages sehr viel Zeit für die Krankheit opfern.
    (Sebastian Kneipp, 1821–1897, Priester, Naturheilkundler und Begründer der Kneipp-Medizin)

3.8.1 Autogenes Training nach Johannes Schultz

Das vom Berliner Psychiater, Johannes Heinrich Schultz, in den 1920-Jahren entwickelte autogene Training gilt als Klassiker unter den Entspannungsmethoden. Es gilt als eine einfach erlernbare und vielfältig anwendbare Methode, die nahezu für jeden geeignet ist und von Medizinern und Krankenkassen anerkannt wird. Es zielt auf die Entspannung durch innere Ruhe ab. Durch eine muskuläre Entspannung wird dem Gehirn der Eindruck einer ruhigen Peripherie vermittelt. Die autonom ablaufenden Körperfunktionen wie Herzschlag, Atmung und Blutdruck sollen reguliert werden. Es ist eine Art „Selbsthypnose", in der bestimmte Körperfunktionen „erdacht" werden, die aber auch physikalisch nachweisbar sind. Hierunter fallen das Erleben der Schwere, der Wärme, die Herz- und Atmungsregulierung sowie die Bauchwärme und die Stirnkühlung.

Das autogene Training gilt als sehr wirksame und vielseitig einsetzbare Entspannungstechnik. Sobald Sie es beherrschen, können Sie es in verschiedenen Kontexten einsetzen, z. B. um kleinere oder größere Beschwerden zu lindern, die Stresswahrnehmung zu verringern, Schlafbeschwerden zu senken, Ihre Leistungsfähigkeit zu steigern etc. Durch regelmäßiges Üben kann die körperliche Veränderung durch die gezielte Vorstellung dieser Veränderung erreicht werden. Die Übungen können durch Autosuggestion, einen Tonträger mit Anleitungen zum Selbststudium oder Training in verschiedenen Kursen erfolgen.

3

- **Wie wirksam ist autogenes Training?**
- ▬ Es ist von Anfang an wirksam.
- ▬ Es funktioniert gleich in der ersten Übungsstunde.
- ▬ Es wird effektiver, je mehr Erfahrung Sie damit haben.

- **Wie wird autogenes Training konkret angewandt?**
- ▬ Sie erteilen sich selbst einen Auftrag, eine Selbstinstruktion.
- ▬ Es gibt 3 unterschiedliche Stufen:
    1. Grundübungen (Ruhe, Schwere, Wärme)
    2. Rücknahme (5-4-3-2-1, wach und klar wieder in den Alltag)
    3. Vorsatzformeln (Stirn ist kühl, Herzschlag ist ruhig und regelmäßig, Förderung der Verdauung etc.)

- **Kontraindikationen**

Autogenes Training eignet sich nicht beim Vorliegen folgender Beschwerden:
- ▬ Während einer Migräneattacke
- ▬ Bei Personen mit posttraumatischer Belastungsstörung, Trauma, Depression
- ▬ Krampfleiden
- ▬ Epilepsie
- ▬ Schizophrenie

Praxisübung: Schwereübung

Legen oder setzen Sie sich entspannt hin und geben Sie sich etwas Zeit, um zur Ruhe zu kommen. Konzentrieren Sie sich ein paarmal auf das Ein- und das Ausatmen. Fangen Sie dann damit an, folgende Formel in Gedanken aufzusagen:
- ▬ Mein rechter Arm ist schwer. (5–7 Mal wiederholen)
- ▬ Mein linker Arm ist schwer. (5–7 Mal wiederholen)
- ▬ Beide Beine sind schwer. (5–7 Mal wiederholen)

Auf Ihren Körper hat diese Übung folgende Wirkung: Durch die gedankliche Beeinflussung Ihres Nervensystems erweitern sich Ihre Blutgefäße. Durch die gesteigerte Durchblutung entsteht ein Wärme- und Schweregefühl.

3.8.2 Progressive Muskelentspannung nach Edmund Jacobson

Die progressive Muskelentspannung, auch progressive Muskelrelaxation genannt, wurde 1929 von dem amerikanischen Arzt und Neurophysiologen, Edmund Jacobson (1885–1976), beschrieben. Progressive Muskelentspannung ist eine langjährig angewandte und wissenschaftlich breit untersuchte Methode zur Entspannung (vgl. Cannici et al., 1983; Isa et al., 2013; Lee et al., 2012; Simeit et al., 2004). Anwendungsgebiete sind beispielsweise Schlafstörungen, chronischer Stress, Angststörungen und Kopfschmerzen.

Ziel dieser Entspannungstechnik ist eine kurzzeitige, bewusste Anspannung einiger Muskelgruppen, mit der eine tiefere Entspannung des ganzen Körpers erreicht werden soll. Muskuläre Verspannungen entstehen häufig durch zu viel Druck/Stress, aber auch durch unterdrückte Emotionen. Mithilfe der progressiven Muskelentspannung werden in einer gewissen Reihenfolge die jeweiligen Muskelpartien kurz angespannt, diese Spannung kurz gehalten und anschließend wieder gelöst. Dieses Wechselspiel von Anspannung und dem Lösen der Spannung fördert u. a. die Körperwahrnehmung, den Stressabbau und eine seelische und körperliche Entspannung.

Progressive Muskelentspannung gilt als leicht erlernbare Entspannungstechnik, die sich für eine Vielzahl von Personen eignet. Es werden keinerlei Hilfsmittel benötigt, wodurch eine gute Integration der Übungen in den Alltag ermöglicht wird.

Die Übungen können nach Belieben im Liegen, Sitzen oder Stehen durchgeführt werden. Zu Beginn empfiehlt es sich jedoch, die Übungen im Sitzen zu erlernen. Zur Vorbereitung sollten Sie einige Punkte beachten: Wählen Sie einen geräuscharmen, störungsfreien Raum aus und tragen Sie, wenn möglich, bequeme Kleidung. Lassen Sie sich vor allem in der Anfangszeit genügend Zeit für die Übungen und machen Sie sich keinen Druck, ob alle Übungen wirklich 100 %ig richtig von Ihnen ausgeführt werden.

- **Wie wird progressive Muskelentspannung angewandt?**

Es gibt 5 Stufen:
1. Konzentration auf die jeweilige Muskelgruppe
2. Anspannen („Anspannen jetzt")
3. Spannung halten (ca. 7 s, ruhige tiefe Atmung!)
4. Loslassen (Muskelanspannung komplett lösen: „Und lösen")
5. Nachspüren (Unterschiede zur Phase 1 wahrnehmen, nicht bewerten!)

- **Kontraindikationen**

Progressive Muskelentspannung eignet sich in folgenden Fällen nicht:
- Bei ADHS
- Bei schweren, akuten Magen-Darm-Krankheiten
- Während einer Migräneattacke
- Für kleine Kinder bis ca. 7 Jahre aufgrund mangelnder Konzentrationsfähigkeit

Praxisübung: Progressive Muskelentspannung

Nehmen Sie eine entspannte Grundhaltung im Sitzen oder Liegen ein und atmen Sie, wenn möglich mit geschlossenen Augen, ruhig und natürlich:

- *Konzentration und Hineinspüren:* Lenken Sie die Aufmerksamkeit auf die jeweilige Körperregion, mit der Sie arbeiten wollen, z. B. Ihre rechte Hand. Wie fühlt sich Ihre rechte Hand an? Warm, kalt, verspannt etc.? Nehmen Sie nur wahr, bewerten Sie dabei nicht, ob das, was Sie wahrnehmen, gut oder schlecht ist.
- *Anspannungsphase:* Einhergehend mit dem Einatmen spannen Sie nun die jeweilige Muskelpartie an. In diesem Fall spannen Sie die Muskulatur der Hand an, indem Sie Ihre rechte Hand zur Faust ballen.
- *Spannung halten:* Halten Sie die Spannung für ca. 5–7 s. Die Anspannungsstärke sollte maximal 60–70 % betragen. Spannen Sie also nicht mit Maximalkraft an. Achten Sie darauf, dass keine Verkrampfung, sondern eine angenehme Spannung vorliegt. Halten Sie Ihren Atem nicht an, sondern atmen Sie ruhig und normal weiter.

3

- *Lösen der Spannung/Entspannungsphase:* Beim Ausatmen lösen Sie die Muskelspannung wieder.
- *Nachspüren:* Atmen Sie 3 Mal tief ein und aus und nehmen Sie die Veränderung bewusst wahr. Was ist nun anders als vor der Anspannung?
- *Wiederholungen:* Wiederholen Sie die oben genannten Schritte, bevor Sie zur nächsten Muskelpartie, z. B. im rechten Arm, wechseln. Die Reihenfolge besteht insgesamt aus 16 Muskelgruppen gegliedert in 5 Bereiche: Hände, Arme, Gesicht, Rumpf und Beine. Die Langversion mit 16 einzelnen Muskelgruppen nimmt ca. 45 min in Anspruch. Nach einiger Übung können Muskelgruppen kombiniert angespannt werden, sodass sich die Dauer auf 15–20 min verkürzt. Es kann allerdings auch nur mit einzelnen Muskelgruppen gearbeitet werden.
- *Abschluss:* Gehen Sie den Weg der Entspannung in Ihrem Körper noch einmal in Gedanken durch und überprüfen Sie für jede Muskelgruppe den Unterschied der Wahrnehmung im Vergleich zum Ausgangszustand vor Anwendung der progressiven Muskelentspannung, z. B. ob die jeweiligen Muskelpartien lockerer und entspannter als zuvor sind. Zum Schluss atmen Sie nochmals tief durch und öffnen Sie die Augen. Schütteln Sie Ihre Arme und Beine aus, strecken Sie sich.

Die Krankenkassen bezuschussen 2 Mal im Jahr Entspannungskurse. Online gibt es ebenfalls zahlreiche Anleitungen.

3.8.3 Atementspannung

Eine weitere einfache Übung zur Entspannung ist die Atementspannung. Zentral ist hierbei die Kontrolle der Atmung zum Abbau körperlicher Spannungszustände. In Stresssituationen oder bei Druck atmen wir gewöhnlich flacher, wodurch weniger Sauerstoff ins Blut und somit ins Gehirn gelangt. Allerdings erhöhen sich der Blutdruck sowie die Herzfrequenz, wenn wir unter Stress stehen. Häufig empfinden wir ein Gefühl der Anspannung. Mithilfe einer entspannenden Atemtechnik kann diesem Gefühl entgegengewirkt werden. Wichtig ist hierbei ein individueller Rhythmus, der gekennzeichnet ist von tiefem, gleichmäßigem und bewusstem Atmen. Außerdem sollte zur Steigerung der Sauerstoffzufuhr mehrmals am Tag gelüftet werden.

Praxisübung: Anti-Stressatmung 4-7-8

Sie sind gestresst, verärgert oder können nicht schlafen? Dann kann sich die folgende Atemübung als nützlich erweisen:

- Legen oder setzen Sie sich bequem hin, legen Sie eine Hand auf Ihren Bauch und die andere auf Ihre Brust.
- Bauchatmung: Atmen Sie durch die Nase ein und durch den Mund wieder aus. Achten Sie dabei darauf, dass sich die Hand auf Ihrem Bauch beim Einatmen hebt und beim Ausatmen senkt. Die Hand auf Ihrer Brust bewegt sich dagegen nicht.
- Einatmen: Atmen Sie durch die Nase ein und zählen Sie dabei in Gedanken bis 4.
- Atem anhalten: Halten Sie Ihren Atem an und zählen Sie bis 7.

- Ausatmen: Dann atmen Sie durch den Mund aus und zählen bis 8. Die oberen Zähne berühren dabei die untere Lippe und Sie ahmen das Geräusch eines Fahrradreifens nach, aus dem Luft strömt.
- Wiederholen Sie diesen Zyklus 6–12 Mal.
- Wenn Sie die einsetzende Entspannung fühlen, stellen Sie sich vor, dass die Anspannung mit jedem Ausatmen aus Ihrem Kopf hinausströmt.

Integrieren Sie die bewusste Atemeinheit so oft wie möglich in Ihren Alltag.

3.8.4 Meditation

» Die größten Ereignisse sind nicht unsere lautesten, sondern unsere stillsten Stunden.
(Friedrich Wilhelm Nietzsche, 1844–1900, deutscher Philosoph)

Meditation hat bereits eine weitreichende Historie, die insbesondere in verschiedenen Religionen vertreten ist. Damit einhergehend existiert eine Vielfalt an verschiedenen Meditationsmethoden. Wir können in der westlichen Welt wunderbar meditieren, ohne eine spirituelle Übung praktizieren oder uns einer Religion anschließen zu müssen.

Das Wort „Meditation" stammt vom lateinischen Verb „meditari" ab, das soviel bedeutet wie „nachdenken, nachsinnen und überlegen". Im Allgemeinen zielt Meditation auf ein inneres Gleichgewicht zwischen Körper und Geist ab. Relevant ist hierbei ein konzentrierter und zugleich offener Bewusstseinszustand, der die Beschäftigung mit sich selbst, einem bestimmten Gedanken oder einem bestimmten Objekt beinhaltet. Mit verschiedenen Meditationstechniken können zudem klinisch nachweisbare positive Wirkungen bei Störungsbildern wie Stress, hohem Blutdruck oder Angst hervorgerufen werden.

Hinsichtlich der klinischen Anwendung der Meditation konnte gezeigt werden, dass während der Meditation Gehirnregionen aktiviert werden, die das autonome Nervensystem und die Aufmerksamkeit regulieren.

Die Meditation bringt viele Vorteile:
- Lösen von Verspannungen
- Abbau von stressbedingten Störungen wie Schlaflosigkeit oder Bluthochdruck
- Steigerung von Konzentrationsfähigkeit und geistiger Klarheit
- Stärkung von mentaler und körperlicher Widerstandsfähigkeit
- Reduktion negativer körperlicher Effekte bei hohen Belastungen

❯ Meditation zählt zu den wirkungsvollsten aktiven Entspannungstechniken, die mit etwas Übung von jeder Person gut erlernbar ist.

Bei vielen aktiven Entspannungstechniken, vor allem bei der Mediation, kann eine Änderung der Gehirnwellen hervorgerufen werden. Es lassen sich 5 Kategorien unterscheiden: Delta-, Theta-, Alpha-, Beta- und Gamma-Wellen:

3

- In der Tiefschlafphase und in Trance produzieren wir ausschließlich die langwelligen Delta-Wellen. Diese haben die niedrigste Frequenz (0,5–4 Hz). 1 Hz entspricht 1 Welle pro Sekunde, 4 Hz entsprechen 4 Wellen pro Sekunde.
- Theta-Wellen (4–7 Hz) sind Wellen des Unbewussten und kommen besonders häufig im REM-Schlaf vor. Bei fortgeschrittenen Meditierenden zeigen sich häufig Theta-Wellen-Aktivitäten (Petermann & Vaitl, 2009).
- Alpha-Wellen (7–13 Hz) treten bei Entspannung und beispielsweise bei Tagträumen auf. Studien zufolge zeigte sich im EEG bei Meditierenden anfänglich eine Zunahme der Alpha-Wellen (Petermann & Vaitl, 2009). Alpha-Wellen sind bei der Meditation als Brücke notwendig, um die Informationen aus dem Theta-Bereich in das Wachbewusstsein zu übertragen.
- Beta-Wellen (13–40 Hz) beschreiben die Hirnwellen des normalen Wachzustands. Hohe Frequenzen treten vor allem bei innerer Unruhe, Stress, Angst etc. auf. Dementsprechend können Beta-Wellen auch in der REM-Phase, beispielsweise bei Albträumen, beobachtet werden.
- Die höchsten Frequenzen von 40–200 Hz zeigen die Gamma-Wellen. Sie treten z. B. bei Spitzenleistungen und hohem Informationsfluss auf.

Weitere spannende neurowissenschaftliche Inhalte erläutert Ulrich Ott (2019) in seinem Buch *Meditation für Skeptiker. Ein Neurowissenschaftler erklärt den Weg zum Selbst* (◐ Abb. 3.13).

Die nachfolgende Übung zeigt ein Beispiel für das breite Spektrum der Meditation.

Praxisübung: Einstieg in die Meditation
- Suchen Sie sich einen ruhigen Ort, an dem Sie nicht gestört werden.
- Nehmen Sie eine bequeme Sitzposition ein, in der Sie länger verweilen können.
- Konzentrieren Sie sich auf ein Objekt, ein Geräusch, einen Gedanken oder ein Wort, z. B. Tasse, Baum, Wasserplätschern, zwitschernde Vögel, „Ich bin ruhig und gelassen", „Entspannung".
- Bleiben Sie zu Beginn ca. für 5 min, später für ca. 15–20 min in dieser Haltung.
- Falls Ihnen andere Gedanken „dazwischenkommen", lassen Sie sie einfach weiterziehen. Kehren Sie wieder zu Ihrem Konzentrationsobjekt zurück.
- Zeichnen Sie anschließend auf ein Blatt Papier auf der x-Achse die Zeit (z. B. 5 min) und auf der y-Achse die gefühlte Anzahl Ihrer Gedanken ein. Fertigen Sie nach jeder Meditationseinheit diese Auswertung an und vergleichen Sie diese später miteinander. Was stellen Sie z. B. zwischen der 1. und der 10. Sitzung fest?

◼ Abb. 3.13 Gehirnwellen. (©
longquattro/► stock.adobe.com)

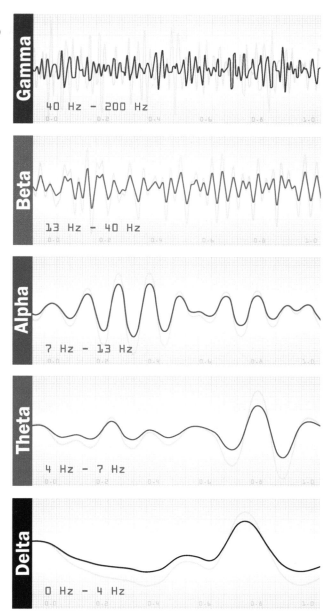

Gamma
40 Hz – 200 Hz

Beta
13 Hz – 40 Hz

Alpha
7 Hz – 13 Hz

Theta
4 Hz – 7 Hz

Delta
0 Hz – 4 Hz

3

3.8.5   Exkurs: Mehr Erholung im Urlaub

Kennen Sie die Situation, dass Sie im Urlaub sind und in der ersten Woche nicht richtig abschalten können? Oder Sie werden in den ersten Tagen krank? Beide Situationen weisen auf ein erhöhtes chronisches Stresslevel hin. Zudem sind die positiven Effekte des Urlaubs nicht so andauernd, wie wir es uns oft wünschen.

» Nimm Dir Zeit. Ein Acker, der ausruhen konnte, liefert prächtige Ernte.
   (Ovid, 43 v. Chr.–17 n. Chr., antiker römischer Dichter)

Wie können Sie mehr Erholung im Urlaub erleben? Nachfolgend lesen Sie hierzu einige Tipps.

Praxistipp: Mehr Entspannung im und nach dem Urlaub

— Insgesamt stärken Sie Ihre Gelassenheit, wenn Sie regelmäßig aktive Entspannungsverfahren in Ihren Alltag einbauen. 3 Mal ca. 15–20 min pro Woche reichen aus, um Ihr Entspannungskonto langfristig aufzuladen.

— Berücksichtigen Sie bei der Urlaubsbuchung Ihren Stresslevel: Eine Rundreise kann spannend, aber auch sehr anstrengend sein, besonders wenn Ihr Stresslevel vorab schon hoch ist. Wenn Sie an einen bekannten Ort reisen, kann die Entspannung ggf. schneller einsetzen, da Sie sich auf bekanntem Terrain bewegen.

— Damit Sie im Urlaub gleich zu Beginn gut abschalten können, gönnen Sie sich mindestens einen Tag zu Hause, um den Stress der letzten Tage abzubauen. Ungünstig ist es, wenn Sie bis Freitagabend arbeiten und Samstag früh abfliegen. Da reist der Stress häufig mit.

— Damit das Abschalten im Urlaub gelingt, gilt Folgendes: Wenn möglich keine E-Mails, Telefonate etc. Das stört die Erholung erheblich! Sprechen Sie ab, unter welchen Umständen Sie kontaktiert werden müssen und was Kollegen und Mitarbeiter selbst entscheiden können oder welche Entscheidung auch nach Ihrem Urlaub getroffen werden kann.

— Sie müssen im Urlaub erreichbar bleiben? Das Gehirn mag Routinen. Entscheiden Sie sich, wann Sie am besten E-Mails bearbeiten und für Ihre Mitarbeiter erreichbar sein wollen und kommunizieren Sie das (z. B. maximal je 30 min am Morgen und am Abend). Vermeiden Sie es, mehrmals am Tag E-Mails zu lesen. Ihr Gehirn benötigt eine Pause. Digital Detox ist das Motto.

— Viele Leistungsträger nutzen den Urlaub für Sport. Sport baut Stresshormone ab und regt die Ausschüttung von Dopamin, dem Belohnungshormon, an. Doch Vorsicht! Anaerober Sport sollte 4 h vor dem Schlaf abgeschlossen sein, sonst wird der Parasympathikus nicht aktiviert. Dieser ist für einen erholsamen Schlaf wichtig.

— Auch Alkohol stört den erholsamen Tiefschlaf. Zum Beispiel sollten nach dem Trinken von 2 kleinen Gläsern Wein ungefähr 4 h bis zum Schlaf vergehen (je nach Alter, Größe, Geschlecht etc.).

— Quality Time mit der Familie. Jeder hat im Urlaub andere Bedürfnisse und Erwartungen. Sprechen Sie am besten vor dem Urlaub oder in den ersten Urlaubstagen offen darüber, was die Erwartungen sind: Entspannung, was Neues erleben, Zeit für sich haben, Sport etc. Durch eine transparente Kommunikation werden schlechte Stimmung und Konflikte vermieden.

- Gönnen Sie sich Entspannung: Hierzu gehören erholsamer Schlaf, Massagen für den Körper und Tiefenentspannungsmethoden für Ihre mentale Fitness, z. B. autogenes Training, progressive Muskelentspannung, Atem- oder Achtsamkeitsübungen, Hatha-Yoga, MBSR etc., die am besten täglich mindestens 20 min durchzuführen sind. Auch der Bau einer Sandburg kann eine Achtsamkeitsübung sein: Hören Sie das Meer rauschen, spüren Sie den Sand in Ihren Händen und konzentrieren Sie sich ganz auf den Moment.
- Minimieren Sie auch Ihr Pensum von Nachrichten, Podcasts und Fachliteratur. Vielleicht werden Sie für den mentalen Leerlauf belohnt und Ihnen kommen innovative Ideen in den Sinn.
- Machen Sie Urlaub im Urlaub. Erleben Sie Schönes, lachen Sie, genießen Sie das Leben. Schützen Sie Ihre Ressourcen und nutzen Sie den Urlaub, um diese wieder aufzubauen. Verplanen Sie nicht jedes Wochenende oder jeden Urlaub für Hausrenovierungen etc.
- Wenn möglich sollten Sie für eine adäquate Urlaubsvertretung sorgen, damit die Arbeit während des Urlaubs nicht ganz unbearbeitet bleit.
- Starten Sie nach dem Urlaub nicht mit einer 5-Tage-Woche. Besser ist es, mit einer 3- oder 4-Tage-Woche wieder sanft in den Alltag zu starten.
- Haben Sie nicht den perfektionistischen Anspruch, alles Liegengebliebene innerhalb der ersten Tage aufzuarbeiten. Sonst sind die Erholungseffekte innerhalb kürzester Zeit aufgebraucht.
- Achten Sie nach dem Urlaub auf ausreichend Erholung am Abend und am Wochenende, um die Erholung aus dem Urlaub länger aufrechtzuerhalten.
- Gönnen Sie sich mehrmals im Jahr Urlaub. Wenn möglich, sollte einer dieser Urlaube 21 Tage am Stück umfassen. Das sorgt für mehr Entspannung und Abstand zum Alltag. Notieren Sie sich zuvor alle wichtigen Passwörter, da diese bei längerer Abwesenheit vergessen werden können.
- Schaffen Sie sich kleine Urlaubsinseln, z. B. verlängerte Wochenenden. Vorfreude ist die schönste Freude.

In diesem Kapitel zur Regeneration wurden Pausen, erholsamer Schlaf und aktive Entspannungsmethoden thematisiert. Eine Übersicht über Tipps und Empfehlungen finden Sie in der folgenden Zusammenfassung.

3.9 Zusammenfassung

- Erholungskompetenz ist eine Zukunftskompetenz und eine wichtige Grundlage für Selbstfürsorge.
- Mehrere Kurzpausen während des Tages, aktive Entspannungsmethoden und ein erholsamer Schlaf sind die Basis für Leistungsfähigkeit und psychische sowie physische Gesundheit.
- Wer eine Pause erst bei drohender Erschöpfung einlegt, bei dem fallen die Erholungseffekte deutlich niedriger aus als bei einer frühen Pause. Die Gewissheit und das Einhalten von Pausen steigern den Erholungseffekt.

3

- Wer ein hohes Belastungslevel aufweist, dem reichen in der Regel passive Entspannungsmethoden (z. B. Gartenarbeit, Lesen) nicht aus, um seine Ressourcen wieder aufzuladen.
- Es gibt eine Vielzahl von aktiven Entspannungstechniken, die sehr unterschiedlich anzuwenden sind: Es gibt körperorientierte (z. B. progressive Muskelentspannung, Yoga) und mental-kognitive Verfahren (z. B. autogenes Training, Meditation).
- Aktive Entspannungstechniken sind wissenschaftlich umfassend erforscht. Die eintretende Entspannung lässt sich im EEG anhand von Gehirnwellen, in der HRV-Messung anhand der Aktivierung des Parasympathikus und im Labor anhand der Ausschüttung stresssenkender Neurotransmitter belegen.
- Bei einem mittleren bis hohen Belastungslevel empfehle ich, mindestens 4 Mal pro Woche 15–20 min Entspannungstechniken auszuüben. Die gewählte Uhrzeit ist dabei nicht relevant. Sie können in der Mittagspause, am Nachmittag, am Abend oder kurz vor dem Zubettgehen praktiziert werden.
- Selbst gewählte Freizeitaktivitäten, die Freude bereiten (Familienbrunch, Sport etc.) und ggf. auch sinnstiftend sind (soziales Engagement wie Freiwillige Feuerwehr/Fußballverein etc.) aktivieren nur sehr selten den Parasympathikus! Diese Aktivitäten sind für das Wohlbefinden zwar auch wichtig, tragen allerdings nicht zur Entspannung bei. Berücksichtigen Sie diesen Umstand bei Ihrer Wochenplanung.
- Sport ist wichtig für den Abbau von Stresshormonen und Energie, die für den evolutionsbiologischen Überlebenskampf bereitgestellt wurde. Allerdings ist Sport keine parasympathische Aktivität! Beim Sport wird immer der Sympathikus aktiviert.
- Häufig unterminieren wir durch ungünstige Verhaltensmuster (Koffein, Blaulichtexposition und Alkoholkonsum oder belastenden Sport am Abend etc.) unsere Erholung.
- Abends benötigen Kopf und Körper einen 60- bis 90-minütigen Fadeout, ein langsames Abschalten und Runterfahren. Hierfür sollten Sie Vorkehrungen treffen: gedämpftes Licht, keine E-Mails, kein Fernsehen, keine negativ gefärbten oder spannenden actionreichen Inhalte. Wählen Sie beruhigende und angenehme Aktivitäten: Beispielsweise können Sie das Feuer im Kamin beobachten, Ihren Hund streicheln, entspannende Musik oder Audio-Meditationen hören etc.
- Jegliches Licht unterdrückt die Melatoninproduktion, nicht nur Blaulicht. Daher sollten Sie Lichtquellen am Abend dimmen. Am besten eignet sich langwelliges Licht mit hohem Gelb- und Rottonanteil. Schlafen Sie in einem dunklen Raum (Verdunkelungsvorhang, digitale Wecker/Uhren umdrehen, Augenmaske für Dienstreisen einpacken etc.).
- Ein regelmäßiger Schlaf-Wach-Rhythmus hilft dem Körper dabei, eine gute Routine aufzubauen. Das heißt, man sollte, wenn möglich, immer zur gleichen/ähnlichen Zeit ins Bett und morgens aus dem Bett aufstehen – auch am Wochenende.
- Neben der Schafdauer ist vor allem die Schlafqualität entscheidend. Die Schlafqualität kann anhand der Melatoninbestimmung und der HRV objektiv gemessen werden.
- Wer Schlafstörungen hinnimmt, muss mit ernsthaften gesundheitsschädlichen Folgen rechnen. Schlafcoaching, Schlafmedizin, Schlaflabor – es gibt zahlreiche Interventions- und Therapiemöglichkeiten.

- Die biologische Uhr zurückdrehen, gelingt durch den Erhalt möglichst langer Telomere. Ihre Länge kann mit 7 h Schlaf und einer guten Schlafqualität positiv beeinflusst werden.
- Schichtarbeit ist für unseren Körper eine extreme Belastung, die nicht selten individuelle Beanspruchungsfolgen mit sich bringt.
- Wer Erholung hauptsächlich in die Urlaubszeit auslagert, kann dem Organismus langfristig nicht ausreichend Entspannung bieten. Auch in den restlichen 46 Wochen des Jahres sollten Erholung und Regeneration regelmäßig in den Alltag integriert werden.

» Die Kunst des Ausruhens ist ein Teil der Kunst des Arbeitens.
   (John Steinbeck, 1902–1968, US-amerikanischer Schriftsteller)

Literatur

Allgemeiner Deutscher Automobil-Club (ADAC). (Hrsg.). (2021, 27. Juli). Müdigkeit am Steuer: Lebensgefährlicher Blindflug. https://www.adac.de/verkehr/verkehrssicherheit/verkehrsmedizin/muedigkeit-sekundenschlaf-auto/. Zugegriffen am 25.08.2022.

Badura, B., Ducki, A., Schröder, H., & Klose, J. (2019). *Fehlzeiten-Report 2019*. Springer.

Badura, H. O. (1973). Vergleichende Untersuchungen von Persönlichkeitsvariablen bei Versagern im autogenen Training mit Hilfe des MMPI. *Psychotherapeutische medizinische Psychologie, 23*, 200–205.

Birbaumer, N., & Schmidt, R. F. (2010). *Biologische Psychologie* (7. Aufl.). Springer.

Berkowsky, R. W. (2013). When you just cannot get away: Exploring the use of information and communication technologies in facilitating negative work/home spillover. *Information, Communication & Society, 16*(4), 519–554.

Bjorness, T. E., & Greene, R. W. (2009). Adenosine and sleep. *Current Neuropharmacology, 7*(3), 238–245. https://doi.org/10.2174/157015909789152182

Blackburn, E., & Epel, E. (2017). *Die Entschlüsselung des Alterns. Der Telomer-Effekt*. Goldmann.

Bundesanstalt für Arbeitsschutz und Arbeitsmedizin (BAuA). (2015). *Arbeiten ohne Unterlass? Ein Plädoyer für die Pause. BIBB/BAuA-Faktenblatt 04* (2. Aufl.). https://www.baua.de/DE/Angebote/Publikationen/Fakten/BIBB-BAuA-04.html. Zugegriffen am 25.08.2022.

Bundesinstitut für Risikobewertung (BfR). (2015). Koffein. https://www.bfr.bund.de/de/a-z_index/koffein-5015.html. Zugegriffen am 25.08.2022.

Burke, T. M., Markwald, R. R., McHill, A. W., Chinoy, E. D., Snider, J. A., Bessman, S. C., & Wright, K. P. (2015). Effects of caffeine on the human circadian clock in vivo and in vitro. *Science Translational Medicine, 7*(305), 305ra146. https://doi.org/10.1126/scitranslmed.aac5125

Cannici, J., Malcolm, R., & Peek, L. A. (1983). Treatment of insomnia in cancer patients using muscle relaxation training. *Journal of Behavior Therapy and Experimental Psychiatry, 14*(3), 251–256.

Chang, A. M., Aeschbach, D., Duffy, J. F., & Czeisler, C. A. (2015). Evening use of light-emitting eReaders negatively affects sleep, circadian timing, and next-morning alertness. *Proceedings of the National Academy of Sciences, 112*(4), 1232–1237.

Drake, C., Roehrs, T., Shambroom, J., & Roth, T. (2013). Caffeine effects on sleep taken 0, 3, or 6 hours before going to bed. *Journal of Clinical Sleep Medicine, 9*(11), 1195–1200.

Ebrahim, I. O., Shapiro, C. M., Williams, A. J., & Fenwick, P. B. (2013). Alcohol and sleep I: Effects on normal sleep. *Alcoholism: Clinical and Experimental Research, 37*(4), 539–549.

European Food Safe Authority (EFSA). (2015). *EFSA erklärt Risikobewertung: Koffein*. https://www.efsa.europa.eu/sites/default/files/corporate_publications/files/efsaexplainscaffeine150527de.pdf. Zugegriffen am 25.08.2022.

Fauteck, J.-D. (2017). *Melatonin. Das Geheimnis eines wunderbaren Hormons*. Brandstätter.

Grandjean, E. (1987). *Physiologische Arbeitsgestaltung* (2. Aufl.). OH-Verlag.

3

Gross, M. M., Hastey, J. M., Lewis, E., & Young, N. (1975). Slow wave sleep and carry-over of functional tolerance and physical dependence in alcoholics. In M. M. Gross (Hrsg.), *Alcohol intoxication and withdrawal* (S. 477–493). Springer.

Isa, M. R., Moy, F. M., Razack, A. H. A., Zainuddin, Z. M., & Zainal, N. Z. (2013). Impact of applied progressive deep muscle relaxation training on the health related quality of life among prostate cancer patients – A quasi experimental trial. *Preventive Medicine, 57,* 37–40.

Kaluza, G. (2015). *Stressbewältigung. Trainingsmanual zur psychologischen Gesundheitsförderung* (3. Aufl.). Springer.

Klein, K. E., & Wegmann, H. M. (1974). The resynchronisation of human circadian rhythms after transmeridian flights as a result of flight direction and mode of activity. In L. E. Scheving, F. Halberg, & J. E. Pauly (Hrsg.), *Chronobiology* (S. 564–570). Igaku.

Lee, E. J., Bhattacharya, J., Sohn, C., & Verres, R. (2012). Monochord sounds and progressive muscle relaxation reduce anxiety and improve relaxation during chemotherapy: A pilot EEG study. *Complementary Therapies in Medicine, 20*(6), 409–416.

Losch, D. (2015). Zusammenhang von elektronischen Displays, Melatonin und Schlafverhalten. *Zentralblatt für Arbeitsmedizin, Arbeitsschutz und Ergonomie, 65*(6), 366–367.

Meier, U. (2004). Das Schlafverhalten der deutschen Bevölkerung: Eine repräsentative Studie. *Somnologie, 8*(3), 87–94.

Paridon, H., Lazar, N., Initiative Gesundheit & Arbeit (IGA) et al (2017). *Regeneration, Erholung, Pausengestaltung – alte Rezepte für moderne Arbeitswelten. Report Nr. 34.* Zukunft der Arbeit. https://www.iga-info.de/veroeffentlichungen/igareporte/igareport-34. Zugegriffen am 25.08.2022.

Petermann, F., & Vaitl, D. (2009). *Entspannungsverfahren. Das Praxishandbuch* (4. Aufl.). Beltz.

Prather, A. A., Janicki-Deverts, D., Hall, M. H., & Cohen, S. (2015). Behaviorally assessed sleep and susceptibility to the common cold. *Sleep, 38*(9), 1353–1359.

Puterman, E., Lin, J., Blackburn, E., O'Donovan, A., Adler, N., & Epel, E. (2010). The power of exercise: Buffering the effect of chronic stress on telomere length. *PloS one, 5*(5), e10837. https://doi.org/10.1371/journal.pone.0010837

Schnack, G. (2016). *Der große Ruhenerv. 7 Sofort-Hilfen gegen Stress und Burnout.* Herder.

Schneider-Helmert, D. (2013). Auswirkungen der chronischen Insomnie auf Leistungsfähigkeit und Gesundheit. In K. Hecht, M. Poppei, A. Engfer, & J. H. Peter (Hrsg.), *Schlaf, Gesundheit, Leistungsfähigkeit* (S. 19–27). Springer.

Schejbal, P., Kröner, B., & Niesel, W. (1978). Versuch einer Objektivierung der Auswirkungen des Autogenen Trainings und der Transzendentalen Meditation auf Persönlichkeitsvariablen eines Persönlichkeitsfragebogens. *Psychotherapie und medizinische Psychologie, 28*(8), 158–164.

Simeit, R., Deck, R., & Conta-Marx, B. (2004). Sleep management training for cancer patients with insomnia. *Supportive care in Cancer, 12*(3), 176–183.

Soch, J., Deserno, L., Assmann, A., Barman, A., Walter, H., Richardson-Klavehn, A., & Schott, B. H. (2017). Inhibition of information flow to the default mode network during self-reference versus reference to others. *Cerebral Cortex, 27*(8), 3930–3942. https://doi.org/10.1093/cercor/bhw206

Techniker Krankenkasse (TK). (2017). *Schlaf gut, Deutschland: TK-Schlafstudie 2017.* https://www.tk.de/resource/blob/2033604/118707bfcdd95b0b1ccdaf06b30226ea/schlaf-gut-deutschland-data.pdf. Zugegriffen am 25.08.2022.

Umweltbundesamt. (Hrsg.). (2019, Juli). Position/Juli 2019. WHO-Leitlinien für Umgebungslärm für die Europäische Region: Lärmfachliche Bewertung der neuen Leitlinien der Weltgesundheitsorganisation für Umgebungslärm für die Europäische Region. https://www.umweltbundesamt.de/sites/default/files/medien/1410/publikationen/190805_uba_pos_who_umgebungslarm_bf_0.pdf. Zugegriffen am 25.08.2022.

Wendsche, J., & Lohmann-Haislah, A. (2018). Arbeitspausen gesundheits- und leistungsförderlich gestalten. In R. van Dick, J. Felfe, S. Ohly, & J. Wegge (Hrsg.), *Managementpsychologie* (3. Aufl.). Hogrefe.

Wichers, M., Peeters, F., Rutten, B. P., Jacobs, N., Derom, C., Thiery, E., Delespaul, P., & van Os, J. (2012). A time-lagged momentary assessment study on daily life physical activity and affect. *Health psychology: official journal of the Division of Health Psychology, American Psychological Association, 31*(2), 135–144. https://doi.org/10.1037/a0025688

Ernährung: Wie Sie durch Ernährung Krankheiten vorbeugen und Ihre Leistungsfähigkeit stärken

Inhaltsverzeichnis

4.1 Ernährung: Schlüssel zu einem gesunden Leben!? – 136

4.2 Gesunde Ernährung, aber wie? – 137
4.2.1 Die gesündesten Orte der Welt – 138
4.2.2 Was eine gesundheitsförderliche Ernährung leisten kann – 141
4.2.3 Wie das Mikrobiom auch unsere mentale Gesundheit beeinflusst – 142
4.2.4 Gemüse und Obst: Basis jeder gesunden Ernährung – 144

4.3 Die Bestandteile unserer Ernährung – 149
4.3.1 Exkurs: Zucker ist nicht gleich Zucker – 149
4.3.2 Getreide: volle Kraft durchs volle Korn – 155
4.3.3 Fette: von gesundheitsfördernd bis dickmachend – 160
4.3.4 Proteine: Auf die Quelle kommt es an – 165
4.3.5 Salz und Gewürze: guter Geschmack in der eigenen Küche – 171
4.3.6 Getränke: Flüssigkeit mit großer Wirkung – 172

4.4 Weniger essen, länger leben – 178
4.4.1 Warum Fasten in unseren Genen liegt – 179
4.4.2 Heilfasten: Wie sich Fasten auf den Körper auswirkt – 180
4.4.3 Intervallfasten: die Kur für den Alltag – 182

4.5 Zusammenfassung – 184

Literatur – 188

© Springer-Verlag GmbH Deutschland, ein Teil von Springer Nature 2023
S. Balaban, *Peak Performance halten*, https://doi.org/10.1007/978-3-662-61528-7_4

4

In diesem Kapitel geht es zunächst darum, wie eine gesunde Ernährung aufgebaut ist. Ich nehme Sie mit auf eine Reise durch die „Blue Zones", d. h. die Orte der Welt, an denen die gesündesten Menschen leben, und stelle Ihnen danach die Hauptnährstoff- und Lebensmittelgruppen vor, die essenziell für eine bewusste Ernährung sind, um am Ende einen Abstecher in die Welt der Getränke und Gewürze zu machen. Anschließend gebe ich Ihnen einen Einblick in das wichtige und spannende Thema Fasten, und Sie können lernen, wie Essenspausen auf den Körper wirken und wie sie einfach in den Alltag integriert werden können. Abschließend sind alle wichtigen Ernährungstipps und einige Alltagstipps für die Entwicklung eines bewussten Umgangs mit der Ernährung zusammengefasst. Dieses Kapitel enthält viele Informationen, die einerseits zum Basiswissen gehören und die Sie bereits vielleicht kennen und/oder umsetzen, andererseits sind weitere spannende Details dabei, bei denen ich davon ausgehe, dass diese noch nicht allzu bekannt sind. Neben der Theorie finden Sie auch einige Selbsttests, um aktiv Ihr eigenes Essverhalten reflektieren zu können. Tipps und Rezepte laden zur praktischen Umsetzung des Gelernten ein.

Ich wünsche Ihnen viel Freude beim Lesen und einen guten Appetit bei der Umsetzung!

4.1   Ernährung: Schlüssel zu einem gesunden Leben!?

» Eure Nahrungsmittel sollen eure Heilmittel sein, und eure Heilmittel sollen eure Nahrungsmittel sein.

   (Hippokrates, ca. 460–370 v. Chr., griechischer Arzt und Lehrer)

Heilmittel haben nicht den Anspruch zu schmecken, doch wenn wir „Heilmittel" nach Hippokrates auch hedonistisch betrachten wollen, muss die Variable Genuss integriert werden. Auch sie darf bei der Diskussion nicht zu kurz kommen! Das verspreche ich Ihnen, denn Essen ist Genuss.

Die Ernährung spielt zweifellos eine der wichtigsten Rollen, wenn es darum geht, ein gesundes, langes Leben zu führen. Die Wissenschaft hat belegt, dass bei 70 % aller chronischen Krankheiten heutzutage die Ursache in einer falschen Ernährung liegt. Gleichzeitig rückt die Bedeutung der Gene und medizinischen Versorgung für die Gesundheit zunehmend in den Hintergrund. Dies ist eine gute Nachricht, denn sie zeigt, dass wir mit unserem aktiven Handeln Krankheiten entgegensteuern können und damit das Lebensglück selbst in der Hand haben (Michalsen, 2019).

Mit einer gesundheitsförderlichen, pflanzenkostbasierten und vollwertigen Ernährung können wir nicht nur mehr Lebensqualität, sondern sogar Jahre des Lebens dazugewinnen.

Dieses Kapitel soll Ihnen Wissen und Impulse für diesen kulinarischen Weg mitgeben. Sie werden viele Informationen über eine gesunde und schmackhafte Ernährung erhalten, die auf zahlreichen Studien beruhen und die uralten genetischen Voraussetzungen und Stoffwechselprozesse des Menschen einbeziehen.

Praxischeck: Ernährungstagebuch

Wissen Sie, was Sie den ganzen Tag über essen und trinken? Vom morgendlichen Kaffee, über ein Stück Kuchen im Büro (ein Kollege hatte mal wieder Geburtstag) bis zu den Chips am Abend auf der Couch – es werden häufig viele Details bei der Betrachtung unserer Ernährung vergessen.

Aus diesem Grund besteht in der Ernährungsberatung eine erste Intervention darin, eine Bestandsaufnahme der Nahrungsmittel zu machen, die ein Klient täglich zu sich nimmt, um danach genauer zu analysieren, wie sich seine Ernährung zusammensetzt.

Auch Sie können so ein Ernährungstagebuch führen, um einen Eindruck von Ihrer Ernährungsweise zu bekommen. Beginnen Sie genau jetzt und schreiben Sie einmal auf, was Sie heute bisher gegessen und getrunken haben. Für den Anfang reichen grobe Aussagen wie „zwei Scheiben Brot mit Käse und eine große Tasse Kaffee".

Wenn Sie die folgenden Informationen über eine gesunde Ernährung auf Ihr Leben beziehen und sie in dieses integrieren möchten, ist es unerlässlich, zuerst eine Bestandsaufnahme vorzunehmen. Eine Vorlage für ein Ernährungstagebuch finden Sie unter
▶ http://www.recalibration.de.

4.2 Gesunde Ernährung, aber wie?

Informationen über eine gesunde Ernährung gibt es heutzutage wie Sand am Meer: in zahlreicher Fachliteratur, Magazinen und im Internet. Um Sie über eine gesunde Ernährung zu informieren, bräuchte ich dieses Kapitel nicht schreiben, denn diese Aufgabe haben bereits zahlreiche Autoren übernommen.

Dennoch können die Grundpfeiler einer gesunden Ernährung nicht oft genug wiederholt werden, aber vor allem ist es wichtig, falsche Informationen aus dem Weg zu räumen. Denn neben der zahlreichen Fachliteratur tummeln sich mindestens genauso viele Falschaussagen in der bunten Ernährungswelt. Damit Sie zukünftig alles, was Sie lesen, besser einordnen können, erfahren Sie hier wichtige Grundlagen.

Die Integration in den Alltag spielt neben den grundlegenden Informationen eine mindestens genauso große Rolle, denn wäre eine Ernährungsumstellung so einfach, wie es beim Lesen eines Buchs oder Artikels wirkt, dann müsste darüber nichts mehr geschrieben werden und die Ausprägung zahlreicher Zivilisationskrankheiten wäre drastisch zurückgegangen. Deswegen lade ich Sie in jedem der folgenden Abschnitte zum aktiven Mitmachen ein.

4

4.2.1   Die gesündesten Orte der Welt

Viele Ernährungsstudien basieren auf Laboruntersuchungen, in denen Tiere (meist Mäuse) mit einer bestimmten Ernährungsweise gefüttert werden und geschaut wird, wie lange diese leben. Der italienische Mediziner und Altersforscher, Gianni Pes, und der Astrophysiker und Demograf, Michel Poulain, hatten die Idee, die Frage nach einer gesunden Ernährung anderweitig anzugehen. Sie führten eine Erhebung durch, um weltweit alle Regionen zu finden, in denen die Menschen am längsten und gesündesten leben, markierten diese Orte auf der Karte mit einem blauen Stift und schufen damit den Begriff „Blue Zones" (Michalsen, 2019).

> Länger und besser leben durch eine vollwertige Ernährung.

Diese Blue Zones wurden auf die Frage hin untersucht, warum die dort lebenden Menschen älter werden als der Durchschnitt und welche Rolle dabei die Ernährung neben Nikotinverzicht, einem aktiven Familienleben, sozialem Engagement und körperlicher Aktivität spielt. Das Resultat war überraschend: Als entscheidender Faktor stellte sich die Ernährung heraus, vor allem eine traditionelle, für die jeweilige Region übliche Ernährung. Im Folgenden finden Sie eine Erläuterung zur Ernährungsweise der gesündesten Menschen der Welt:

- **Die Insel Okinawa in Japan**
Diese Insel, die etwa 1500 km von Tokio entfernt liegt, wird als die „Insel der Unsterblichkeit" bezeichnet. Von den 1,3 Mio. Einwohnern sind 900 Menschen über 100 Jahre alt oder älter. Die meisten von Ihnen leben eigenständig und sind körperlich immer noch aktiv. Woran könnte das liegen? Es folgt ein Einblick in die traditionelle Ernährungsweise:
  - Fast alle Familien (vor allem auf dem Land) bauen ihre eigenen Lebensmittel an und besorgen alles Weitere auf regionalen Märkten (damit verzichten sie größtenteils auf Importware).
  - Hauptnahrungsmittel sind Süßkartoffeln, Miso-Suppe mit Gemüse (zum Frühstück), Algen, Tofu, fermentierte Sojabohnen und Reis, der mit Zwiebeln, Pfeffer und Kurkuma gewürzt wurde.
  - Den ganzen Tag über wird Grüner Tee getrunken.
  - Tierisches Protein in Form von Fisch oder Schweinefleisch bildet die Ausnahme und wird lediglich an Festtagen gegessen.
  - Grünblättriges Gemüse wird in großen Mengen verzehrt.
  - In Okinawa wird „Hara hachi bun me" praktiziert, eine konfuzianische Essensweise, bei der man sich nur zu 80 % satt isst (welche Vorteile eine Kalorienrestriktion noch bietet, wird in ▶ Abschn. 4.4 erläutert). Falls Ihnen die asiatische Küche bisher wenig vertraut war, könnte die nachfolgende italienische Küche eventuell eher Ihren Geschmack treffen.

- **Die griechische Insel Ikaria und die italienische Provinz Nuoro auf Sardinien**
Auf der Insel Ikaria ist der Anteil der 90-Jährigen 10 Mal so hoch wie im europäischen Durchschnitt. Und in der Bergregion Barbagia auf Sardinien leben die meisten 100-Jährigen. Erstaunlich ist hier, dass die Lebenserwartung von Frauen und Männern annähernd gleich hoch ist (normalerweise leben laut Statistischem Bundesamt

Frauen 2–5 Jahre länger). Die Menschen in dieser Region halten sich durch eine mediterrane Ernährung gesund, die sich wie folgt gestaltet:

- Ein hoher Anteil an Hülsenfrüchten, Oliven, Wildgemüse (doppelt so viel Gemüse am Tag wie die Deutschen) und Obst
- Nüsse und Mandeln (mindestens 3 Mal pro Woche, eher eine Handvoll täglich)
- Reichlich Gewürze, Zwiebeln und Knoblauch
- Vollkorngetreide mit vielen Ballaststoffen (Vollkornbrot, Vollkornpasta, Vollkornreis)
- Wenig Milchprodukte, Fleisch und Süßigkeiten

Neben der Ernährung erwiesen sich als förderlich:
- Viel körperliche Arbeit und Bewegung
- Siesta (Mittagsschlaf) zur Stressreduktion

Praxischeck: Testen Sie Ihren kulinarischen Mittelmeerfaktor
Geben Sie sich für jede zutreffende Aussage einen Punkt.
1. Ich benutze in meiner Küche Olivenöl als hauptsächliche Fettquelle.
2. Ich esse täglich mindestens 4 Esslöffel Olivenöl.
3. Ich esse am Tag mindestens 2 Portionen Gemüse (eine Portion = 200 g). Davon besteht eine Portion aus rohem Gemüse oder Salat.
4. Ich esse am Tag mindestens 3 Portionen Obst.
5. Ich esse täglich weniger als eine Portion rotes oder verarbeitetes Fleisch (eine Portion = 100–150 g).
6. Ich esse täglich weniger als eine Portion Butter, Margarine oder Sahne (eine Portion = 12 g).
7. Ich trinke selten Softdrinks.
8. Ich trinke in der Woche maximal 7 Gläser Rotwein mit je 100 ml.
9. In der Woche esse ich mindestens 3 Portionen Hülsenfrüchte (z. B. Bohnen, Linsen oder Kichererbsen).
10. Ich esse mindestens 3 Portionen (eine Portion = ca. 150 g) Fisch pro Woche (Bio-Qualität).
11. Ich esse weniger als 3 Mal pro Woche Süßigkeiten.
12. Ich esse mindestens 3 Mal eine Portion Nüsse pro Woche (jeweils 30 g).
13. Ich bevorzuge weißes Fleisch wie Hühnchen und Pute statt rotem wie in Hamburgern und Würstchen.
14. Ich esse 2 Mal in der Woche Sofrito (eine Soße aus Tomaten, Zwiebeln, Knoblauch und Olivenöl).

Je mehr Punkte Sie haben, desto mediterraner ist Ihre Ernährungsweise. Im Vergleich zu 7 oder weniger Gesamtpunkten sinkt ab 10 Punkten das Risiko für ein ernsthaftes Herz-Kreislauf-Ereignis (Schlaganfall, Herzinfarkt) um 50 %.

- **Die Siebten-Tags-Adventisten in Loma Linda**

Die Anhänger dieser Protestantischen Freikirche in der Nähe von Los Angeles haben eine besondere Vorstellung von ihrem Körper: Sie sehen ihn als das „Haus Gottes".

4

Damit ist ihre gesunde, pflanzenbasierte Ernährungsweise (meist vegetarisch oder vegan) religiös begründet. Für die Forschenden, die diese große Gruppe an Menschen untersuchten, bot sich ein ideales Umfeld, denn durch die gemeinsame Religion unterschied sich der Alltag und Lebensstil bei den einzelnen Individuen nur sehr wenig (normalerweise ist dies ein großer Störfaktor bei Ernährungsstudien).

Bei ihrer Langzeituntersuchung über 2 Jahrzehnte mit je 60.000 und 97.000 Teilnehmenden kamen sie zu dem beeindruckenden Ergebnis, dass die Adventisten etwa 10 Jahre länger leben als der durchschnittliche US-Bürger. Folgende Faktoren erwiesen sich dabei als ausschlaggebend:

— Verzicht auf Nikotin und Alkohol
— Größtenteils Verzicht auf Fleisch und Fisch
— Hoher Verzehr an Hülsenfrüchten, Gemüse, Obst und Nüssen
— Regelmäßige Bewegung
— Intensive soziale Kontakte

> **Praxistipp: Was zeichnet die langlebigsten und gesündesten Menschen der Welt aus?**
> Ihre Nahrung besteht hauptsächlich aus folgenden Bestandteilen:
> — Überwiegend unverarbeitete, naturbelassene und regionale Lebensmittel
> — Viel Gemüse und Obst
> — Nüsse
> — Hülsenfrüchte
> — Wenig oder kein Fleisch, wenig Fisch
> — Wenig oder keine Milchprodukte
> — Viel Vollkorngetreide
> — Keinen oder wenig Zucker
> — Überwiegend fettarme Nahrungsmittel
> — Im mediterranen Raum viele pflanzliche Fette (Nüsse, Olivenöl)
> — Viele Ballaststoffe (Vollkorngetreide, Obst, Gemüse)
> — Insgesamt weniger (leichte Kalorienrestriktion oder regelmäßiges Fasten)
>
> Außerdem:
> — Viel Bewegung
> — Eine gute Einbindung in das soziale Leben
> — Verzicht auf Alkohol und Nikotin

Die Reise zu den Blue Zones hat einen ersten Eindruck davon gegeben, wie eine gesunde Ernährung aufgebaut sein kann und sollte. Um Ihr Verständnis für die einzelnen, teils schon genannten Lebensmittel und Lebensmittelgruppen zu erweitern, den Nutzen zu verstehen, falsche Informationen aus dem Weg zu räumen und Alltagstipps zu übermitteln, ist in den folgenden Abschnitten alles Wichtige für Sie zusammengefasst.

4.2.2 Was eine gesundheitsförderliche Ernährung leisten kann

„Du bist, was Du isst", sagte Ludwig Feuerbach, Deutscher Philosoph, bereits vor ungefähr 200 Jahren. Wie recht er hatte. Eine vollwertige und pflanzenkostbasierte Ernährung kann uns bedingt vor vorzeitigen Alterungsprozessen, stillen Entzündungen („silent inflammations"), die den Alterungsprozess beschleunigen, und vielen Krankheiten schützen. Sie können durch einen gesunden Lebensstil (gesunde Ernährung, regelmäßige Bewegung und Sport, wenig Stress, erholsamen Schlaf, Verzicht von Alkohol und Zigaretten, keine Umweltgifte) epigenetisch jünger sein als nach ihrem Geburtsdatum (in der Wissenschaft sind mittlerweile 300 epigenetische Marker bekannt, mit denen das Alter bestimmt werden kann). Eine verständliche Zusammenfassung ist in dem Buch des Arztes für innere Medizin, Dr. Bruker (2016), zu finden.

Zu den ernährungs(mit)bedingten und durch Ernährung beeinflussbaren Zivilisationskrankheiten, die sich teilweise erst nach längerer Zeit der Fehlernährung zeigen können (manche Erkrankungen treten erst nach 20 Jahren Fehlernährung auf), zählen nachweislich (Bruker, 2016, S. 43):

1. Gebissverfall, Zahnkaries, Parodontose und Zahnfehlstellungen; Letztere als Folge der Ernährungsfehler der vorigen Generation.
2. Erkrankungen des Bewegungsapparats, die sogenannten rheumatischen Erkrankungen, die Arthrose und Arthritis, Wirbelsäulen- und Bandscheibenschäden.
3. Alle Stoffwechselkrankheiten wie Fettsucht, Zuckerkrankheit, Leberschäden, Gallensteine, Nierensteine, Gicht usw.
4. Die meisten Erkrankungen der Verdauungsorgane wie Stuhlverstopfung, Leber-, Gallenblasen-, Bauchspeicheldrüsen- sowie Dünn- und Dickdarmerkrankungen, Verdauungs- und Fermentstörungen.
5. Gefäßerkrankungen wie Arteriosklerose, Herzinfarkt, Schlaganfall und Thrombosen.
6. Mangelnde Infektabwehr, die sich in immer wiederkehrenden Katarrhen und Entzündungen der Luftwege, den sogenannten Erkältungen, und in Nierenbecken- und Blasenentzündungen äußert
7. Die meisten sogenannten Allergien.
8. Manche organischen Erkrankungen des Nervensystems.
9. Auch an der Entstehung des Krebses ist die Fehlernährung in erheblichem Maße beteiligt.

» Krankheiten befallen uns nicht aus heiterem Himmel, sondern entwickeln sich aus täglichen Sünden wider die Natur. Wenn sich diese gehäuft haben, brechen sie unversehens hervor.

(Hippokrates, ca. 460–370 v. Chr., griechischer Arzt und Lehrer)

Wer unter entzündlichen Erkrankungen wie Rheuma, Arthritis und entzündlichen Darmerkrankungen o. Ä. leidet, der kann von einer antiinflammatorischen Ernährung profitieren. Diese beeinflusst den Prostaglandinstoffwechsel und damit die

4

Entzündungsreaktionen des Gewebes. Die antientzündliche Ernährung verspricht eine Reduktion von Entzündungsprozessen im Körper, wodurch langfristig auch die Einnahme von antientzündlichen Medikamenten verringert werden kann. Auf dem Speiseplan sollten frisches Obst und Gemüse, Fisch, Nüsse, Knoblauch, Zwiebeln, frische Kräuter, Vollkornprodukte und Pseudogetreide (z. B. Buchweizen, Quinoa, Amaranth) sowie stilles Wasser und kalt gepresste Öle stehen. Dagegen sind entzündungsfördernde Lebensmittel wie isolierter Zucker, Weißmehl und Weißmehlprodukte, Fleisch, Wurst, Transfette (die durch starkes Erhitzen von Ölen beim Frittieren oder Braten entstehen, z. B. Bratwurst, Pommes frites), Milch, Softdrinks, industriell verarbeitete Lebensmittel und Alkohol zu meiden.

Doch unsere Lebensmittel können noch mehr. Auch für die Krebsprävention und in der Krebstherapie können die richtigen Lebensmittel unterstützend wirken, so das Deutsche Krebsforschungszentrum (2019). Zu den weiteren Risikofaktoren für zahlreiche Krebsarten zählen Übergewicht und Bewegungsmangel.

Eine pflanzenbasierte Ernährung mit zwei Dritteln Gemüse und einem Drittel Obst kann das Risiko verschiedener Krebsarten verringern. Vegetarier scheinen auch seltener an Krebs zu erkranken, wobei sie insgesamt auch häufiger einen gesundheitsförderlichen Lebensstil mit viel Bewegung, Verzicht auf Alkohol und Nikotin pflegen. Zudem haben Vegetarier seltener zu viele Kilos auf der Waage. Und Übergewicht ist bei der Krebsentstehung ein wesentlicher Risikofaktor. Die Weltgesundheitsorganisation (WHO) geht davon aus, dass ca. 30 % aller Krebsfälle in der westlichen Welt auf ungünstige Ernährungs- und Bewegungsgewohnheiten zurückzuführen sind. Doch auch ein noch so gesunder Lebensstil mit gesunder Ernährung, regelmäßigem Sport und wenig Stress bietet keinen 100 %igen Schutz vor Krebs!

❯❯ Ernährung spielt eine zentrale Rolle bei der Prävention von Krankheiten.

4.2.3 Wie das Mikrobiom auch unsere mentale Gesundheit beeinflusst

Einige psychische Erkrankungen wie Depressionen könnten ihren Ursprung im Darm haben. Genauer gesagt kommt es darauf an, aus welchen Bakterienstämmen sich das intestinale Mikrobiom im Darm zusammensetzt. Aber auch die Stimmungslage, Übergewicht und die Prävention von Krankheiten beeinflussen die Mikrobenbesiedelung im Darm. Zuerst wird betrachtet, was die Mikroorganismen im menschlichen Verdauungstrakt sind, bevor die Aufgaben, die Zusammensetzung und dem präventiven Nutzen eines vielfältigen Mikrobioms thematisiert werden.

Das Mikrobiom ist unsere Darmflora und ein eigener Mikrokosmos der aus Billionen einzelner Mikroorganismen, besteht: hauptsächlich Bakterien sowie ein paar Pilze und Viren. Die Darmflora regelt nicht nur unsere Verdauung, sondern beeinflusst das Immunsystem sowie die Vitamin- und Hormonproduktion und steht im Zusammenhang mit zahlreichen Erkrankungen. Das Mikrobiom ist kein Leichtgewicht, es kann 1–2 kg wiegen. Vier Bakterienstämme machen einen Großteil der Besiedelung aus: Firmicutes (Anteil 45–70 %), Bacteroides (Anteil 20–60 %), Proteobakterien und Aktinobakterien. Ein Prozent der Bakterienstämme umfassen eine

Vielzahl (300–1000) von anderen, meist anaeroben Bakterien und anderen Darmbewohnern (Wolf & Calabrese, 2020).

Die Zusammensetzung des Mikrobioms wird durch unterschiedliche Parameter beeinflusst: Geburt (Kaiserschnitt vs. natürliche Geburt), Ernährung des Säuglings (Muttermilch vs. Flaschennahrung), Medikamente (vor allem Antibiotika!), Ernährung, Lebensstil (z. B. durch Verhältnis von Stress zu Erholung), Lebensalter, Gesundheitslevel, Blutwerte, Stuhlgewohnheiten und geografischer Region.

Die Darmflora ist anpassungsfähig, da sie sich u. a. innerhalb von Tagen den Ernährungsgewohnheiten des Menschen anpassen kann. Weißmehlprodukte, viel tierisches Protein und Fett lassen die Vielfalt unserer mikrobiellen Mitbewohner schwinden, was negativ zu bewerten ist. Bei chronisch-entzündlichen Darmerkrankungen wie Colitis ulcerosa oder Morbus Crohn ist die Vielfalt der Darmbakterien eingeschränkt. Das Mikrobiom spielt bei der Krankheitsentstehung eine ursächliche Rolle, so die Forschung. Bei adipösen Personen liegt die Firmicutes-Bacteroides-Ratio zwischen 3:1 und maximal 200:1. Bei Stoffwechselgesunden liegt die Ratio bei 1:1 bis 3:1.

In einem Experiment mit Mäusen wurde von einem Forscherteam bereits im Jahr 2019 entdeckt, dass chronischer Stress die Bakteriengattung Ruminococcus schwinden lässt. Wer an Depressionen leidet, hat ebenfalls niedrigere Mengen von Ruminococcus in seinem Mikrobiom im Vergleich zu gesunden Personen aus der Kontrollgruppe (Lukić et al., 2019).

Die Zusammensetzung der Darmbewohner soll auch Diabetes mellitus, neurologische Störungen wie multiple Sklerose und die Entstehung von Störungen wie Depression und Autismus beeinflussen. In welchem Ausmaß das der Fall ist, wird zukünftige Forschung zeigen. Prof. Dr. Dirk Haller, Professor für Ernährungswissenschaft an der Technischen Universität München, ist einer der Pioniere auf dem Forschungsgebiet des Mikrobioms, das seit Mitte der Nullerjahre einen Boom erlebt. Es bleibt spannend, welche Diagnosen und Therapiemöglichkeiten entwickelt werden können.

Praxistipp: So stärken Sie Ihre Darmflora
- Ernähren Sie sich pflanzenkostbasiert, vielseitig und abwechslungsreich mit vielen Ballaststoffen und Pflanzenfasern. Essen Sie am besten täglich Vollkornprodukte, Gemüse, Salate und Obst.
- Ersetzen Sie Weißmehlprodukte wie Weißbrot, Nudeln, Kekse und tierische Proteine (Fleisch, Wurst etc.) sowie tierische Fette durch Vollkornprodukte und verwenden Sie zum Kochen Lebensmittel mit der Geschmackrichtung umami, also herzhaftem fleischigem Geschmack (Pilze, Knoblauch, Zwiebeln, reife oder getrocknete Tomaten, Parmesan, Anchovis, Sardellen, Algen, Sojasoße etc.).
- Essen Sie häufig probiotische und fermentiere Lebensmittel wie Sauerkraut, Kimchi, Kefir, Joghurt und saure Gurken.
- Reduzieren Sie Stress und achten Sie auf ausreichend Erholung.
- Antibiotika sollten nur wenn unbedingt notwendig eingesetzt werden, da auch alle guten Keime im Darm abgetötet werden. Sie können Ihre Darmflora unterstützen, indem Sie nach Antibiotikagabe 3 h zeitversetzt Probiotika einnehmen. Ihr Apotheker berät Sie sicher gerne dazu.

4.2.4   Gemüse und Obst: Basis jeder gesunden Ernährung

„Iss mehr Obst und Gemüse", ist ein zeitloser Ratschlag, den vermutlich jeder schon einmal gehört hat. Sicher ist vielen ebenfalls die Empfehlung der Deutschen Gesellschaft für Ernährung (DGE) bekannt, 5 Portionen Obst und Gemüse am Tag zu essen, womit je 130 g (pro Portion) gemeint sind. Dies ist kein Maximalwert, sondern das Minimum, denn je mehr Obst und Gemüse gegessen wird, desto geringer ist das Risiko für zahlreiche Zivilisationskrankheiten.

Gemüse und Obst sind kalorienarm und gleichzeitig voll bepackt mit Vitaminen, Mineralstoffen, Ballaststoffen und sekundären Pflanzenstoffen, die Ihr Gehirn und der gesamte Körper für eine optimale Leistung braucht.

Bewiesen wurde, dass durch den regelmäßigen Verzehr von Gemüse das Risiko für Bluthochdruck, Herzerkrankungen und Schlaganfälle sinkt. Nicht im selben Maße gesichert, aber immer noch mit einer hohen Wahrscheinlichkeit wurde in Studien festgestellt, dass Gemüse das Risiko für gewisse Krebskrankheiten, Rheuma, Asthma, Osteoporose, diverse Augenkrankheiten und Demenz vermindert.

Dabei ist die Wirkung der einzelnen Gemüsesorten auf die Gesundheit keinesfalls gleich stark. Sowohl in Bezug auf die antioxidative Kapazität als auch auf die Reduktion von Krebs zeigen sich unterschiedliche Ausprägungen. Antioxidanzien bieten dem Körper Schutz gegen sogenannte freie Radikale. Diese werden teilweise im Körper selbst gebildet oder kommen durch Umweltfaktoren wie UV-Licht oder Zigarettenrauch in den Organismus. Nimmt die Anzahl der freien Radikale überhand, werden Krankheiten wie Arteriosklerose, Herz-Kreislauf-Erkrankungen, Arthritis und Herzerkrankungen mitbefördert (Verbraucherzentrale, 2021). Obst und Gemüse mit einem hohen Anteil an Antioxidanzien bieten dementsprechend einen Schutz gegen diese Krankheiten.

Anhand von ◻ Tab. 4.1 und 4.2 können Sie die antioxidative Kapazität und die krebshemmende Wirkung von ausgewählten Gemüsesorten nachvollziehen.

Die tabellarischen Übersichten verdeutlichen, dass vor allem Kreuzblütler (z. B. Rosenkohl, Brokkoli, Blumenkohl, Grünkohl oder Rucola) und Zwiebelgewächse gemeinsam mit dunkelgrünem Blattgemüse bei der Prävention von Krebs

◻ **Tab. 4.1**   Antioxidative Kapazität, angegeben als ORAC-Wert (ORAC = Oxygen Radical Absorbance Capacity), ausgewählter Gemüsesorten. (In Anlehnung an Rittenau & Copien, 2022)

Gemüse	ORAC-Wert in µmol Trolox-Äquivalent (TE) pro ml
Knoblauch	41
Rosenkohl	33
Rote Bete	24
Zwiebeln	12
Radieschen	7
Blumenkohl	4
Gurke	1,5

○ **Tab. 4.2** Krebshemmende Wirkung ausgewählter Gemüsesorten. (In Anlehnung an Rittenau & Copien, 2022)

Gemüse	Prozentuale Inhibition der Krebszellenproliferation
Knoblauch	100
Rosenkohl	100
Rote Bete	100
Zwiebeln	100
Grünkohl	100
Brokkoli	100
Blumenkohl	100
Weißkohl	100
Spinat	95
Rotkohl	92
Staudensellerie	70
Gurke	42
Radieschen	5
Kopfsalat	1,5

und in Bezug auf die antioxidative Wirkung an der Spitze stehen. In einer wissenschaftlichen Veröffentlichung über die chemopräventive Wirkung von Kreuzblütlern schreiben Roysten und Tollefsbol (2015), dass die Antwort der Krebsprävention der Menschheit vielleicht schon seit Anbeginn der Zeit zur Verfügung stünde. Kreuzblütler seien ihnen zufolge nicht nur wichtige Nährstoffquellen, sondern vielleicht sogar der Schlüssel, um Krebs als lebensbedrohliche Krankheit zu eliminieren.

Rote Bete, die in beiden Tabellen zu finden ist, ist zusätzlich ein hervorragendes Mittel gegen Bluthochdruck. Täglich ein Viertel Liter Rote-Bete-Saft (oder eine entsprechende Menge frische Rote Bete) wirkt genauso wie ein blutdrucksenkendes Medikament (Michalsen, 2019).

Die Fakten legen nahe: Machen Sie das Gemüse zum Zentrum Ihrer Mahlzeit, nicht tierische Produkte wie Fleisch oder Fisch. Alle Gemüsesorten und Zuchtpilze eignen sich besonders für eine gesunde Ernährung, ob roh, gekocht oder gedünstet (Hinweis: grüne Bohnen, Kartoffeln, Maniok und einige Pilze nie roh verzehren!).

Es gibt wenig pflanzliche Nahrungsmittel, von denen Sie zu viel essen könnten, solange die Produkte naturbelassen und nicht hochgradig verarbeitet sind (wie z. B. Industriezucker, Weißmehlprodukte, Pommes frites oder Chips). Auch wenn die Kreuzblütler und Zwiebelgewächse mit ihrer gesundheitlichen Wirkweise nicht zu toppen sind, ist jeder Konsum von Gemüse ein Gewinn für Sie!

4

Praxistipp: Gemüse optimal lagern und zubereiten
- Tiefkühlgemüse bildet eine gute Alternative zu frischem Gemüse, da es nach der Ernte schnell eingefroren wird und dadurch nur wenige Nährstoffe verloren gehen.
- Tiefgefrorenes Gemüse sollte immer luftdicht verpackt sein.
- Bei der Reinigung und dem Schälen des Gemüses sollten nur die Bestandteile entfernt werden, die nicht zum Verzehr geeignet sind (z. B. müssen Möhren in der Regel nicht geschält werden).
- Gemüse sollte erst gewaschen und dann zerkleinert werden.
- Die Zubereitungsweise sollte bevorzugt aus Dämpfen und Dünsten bestehen. Wenn Gemüse gekocht wird, gehen viele wasserlösliche Vitamine ins Kochwasser über. Wird dies nicht weiterverwendet (z. B. in Suppen), landen die Vitamine im Abfluss.

Extratipp: Zubereitung von Kreuzblütlern
Die krebshemmenden Stoffe in Kreuzblütlern sind vor allem Isothiocyanate, auch als Senföle bekannt. Sie werden in Kreuzblütlern wie Brokkoli, Grünkohl oder Rucola mithilfe eines Pflanzenenzyms gebildet, dass zu wirken beginnt, sobald die Zellwände der Pflanze aufgebrochen werden. In der Praxis bedeutet dies: Das Enzym wirkt, sobald das Gemüse zerkleinert wird. Beim Kochen des Gemüses wird das nötige Enzym allerdings zerstört, sodass keine Isothiocyanate gebildet werden. Um dies zu verhindern, gibt es drei Möglichkeiten:
1. Essen Sie Kreuzblütler roh. Leckere Rezepte finden Sie unter ▶ http://www.recalibration.de.
2. Hacken und warten: Zerkleinern Sie das Gemüse und warten Sie ca. 40 min, damit sich in dieser Zeit die krebshemmenden Stoffe durch die Einwirkung des Enzyms gebildet haben. Diese werden beim anschließenden Kochen nicht zerstört.
3. Fügen Sie den gekochten Kreuzblütlern rohe hinzu. Durch das Enzym im rohen Gemüse können die Isothiocyanate gebildet werden (z. B. indem Sie etwas rohen, gehackten Brokkoli auf eine gekochte Brokkolisuppe geben).

Während bei Gemüse ein allgemeiner Konsens darin besteht, dass der Verzehr gesund ist, scheiden sich bei Obst (zumindest in der öffentlichen Meinung) die Geister. „Fruchtzucker" wird in verallgemeinernden Aussagen als ungesund bezeichnet, ohne zu beachten, in welchem Lebensmittel dieser steckt. Softdrinks, Maissirup oder Agavendicksaft, denen Fruchtzucker zugesetzt wurde, wirken völlig anders auf den menschlichen Organismus als Obst, das diese Form des Zuckers ebenfalls enthält.

Die Mehrheit der Studien zeigt ganz klar: Regelmäßiger Obstverzehr senkt das Risiko für koronare Herzerkrankungen, Schlaganfälle, Diabetes mellitus Typ 2 sowie Brust- und Magenkrebs. Obst macht nicht dick und begünstigt weder die Entstehung einer Stoffwechselerkrankung noch einer nichtalkoholischen Fettleber – ein Freispruch für das Obst in allen Anklagepunkten.

In der „Global Burden of Disease Study", die 1990 begann und bis heute andauert, wird untersucht, welche Ernährungsmuster zu einer frühen Mortalität und Invalidität führen. Sie wird von über 500 Wissenschaftlern aus über 50 Ländern be-

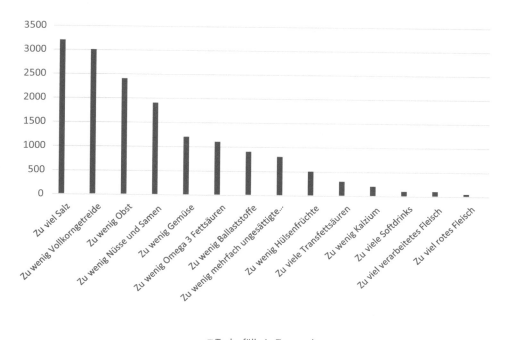

■ Todesfälle in Tausend

❏ Abb. 4.1   Beteiligung von Ernährungsfehlern an ernährungsbedingten Todesfällen

gleitet und ist die zurzeit größte Studie zum Thema Lebensführung und Gesundheit (GBD 2017 Diet Collaborators, 2019).

In dieser Studie steht der zu geringe Verzehr von Vollkornprodukten, Obst und Gemüse mit an der Spitze der Ernährungsfehler, wie die ❏ Abb. 4.1 zeigt. Alle weiteren, gravierenden Ursachen wie zu viel Salz oder zu wenig Vollkornprodukte werden in den folgenden Abschnitten aufgegriffen.

Auch, wenn jede Obstsorte gesund ist, gibt es genauso wie beim Gemüse Unterschiede in Bezug auf die antioxidative Kapazität. In der ❏ Tab. 4.3 ist diese anhand einer Auswahl von Obstsorten dargestellt.

Unter dem Obst sind Pflaumen und Beeren die absoluten Superfoods. Die Wirkung von Blaubeeren wurde bei Krebs, Entzündungen, Bluthochdruck, Darmerkrankungen und Diabetes mellitus Typ 2 untersucht un`d zeigte durchweg positive Ergebnisse. Zusätzlich verbessern Beeren die Sehkraft bei Bildschirmarbeit und sind deshalb vor allem für diejenigen zu empfehlen, die viel Zeit vor dem Computer verbringen. Exotische Beeren wie Goji und Acai, die in den letzten Jahren an Popularität gewonnen haben, sind nicht gesünder als heimische Beeren und unter Umständen sogar stärker mit Pestiziden belastet (Michalsen, 2019).

Auch die berühmte Empfehlung „an apple a day keeps the doctor away" ist aufgrund seiner sekundären Pflanzenstoffe wie Quercetin, Catechin, Kaempferol oder Phloridzin zu empfehlen. Sie sind starke Antioxidanzien, die als entzündungshemmend gelten. Weitere gesunde Vitamine (Vitamin A, C, B_1, B_6) sowie Mineralstoffe (Magnesium, Eisen oder Mangan) befinden sich hier allerdings größtenteils in und direkt unter der Schale, weswegen diese so oft wie möglich mitgegessen werden sollte.

148   **Kapitel 4** · Ernährung: Wie Sie durch Ernährung Krankheiten vorbeugen und Ihre Leistungsfähigkeit...

4

◻ **Tab. 4.3**   Antioxidative Kapazität, angegeben als ORAC-Wert (ORAC = Oxygen Radical Absorbance Capacity), ausgewählter Obstsorten

Obst	ORAC-Wert in µmol Trolox-Äquivalent (TE) pro 100 g
Pflaumen	6100
Himbeeren	5100
Heidelbeeren	4600
Erdbeeren	4300
Apfel	4300
Birne	2400
Kiwi	1200
Banane	800
Wassermelone	140

Während ein Stück ganzes Obst in jedem Fall gesundheitlich wertvoll ist, sollte ein kritischer Blick auf Fruchtsäfte und Smoothies geworfen werden. Obstsäfte schneiden in einigen Studien schlecht ab, da sie eine große Menge an Fruktose und damit viele Kalorien enthalten. Bei der Herstellung gehen die Ballaststoffe verloren, die normalerweise die Zuckermoleküle binden und dafür sorgen, dass der Fruchtzucker nur langsam in die Blutbahn abgegeben wird. Dadurch wird verhindert, dass der Körper mit Fruktose, Glukose und Insulin überflutet wird. Deshalb ist das Obst in seiner Naturform immer zu bevorzugen. Wählen Sie (wenn überhaupt) einen Saft, der noch Fruchtfleisch enthält, und trinken Sie diesen bevorzugt zu den Mahlzeiten, um eine permanente Insulinausschüttung zu vermeiden.

Beim Pürieren von Obst für einen Smoothie bleiben die wertvollen sekundären Pflanzenstoffe und Ballaststoffe erhalten. Dennoch sollten Smoothies nicht zu süß geraten und am besten aus einer Kombination von einem Drittel Obst und zwei Dritteln Gemüse (z. B. Spinat, Grünkohl) bestehen. Trinken Sie frisch gemixte Smoothies bitte nur in Maßen, denn in flüssiger Form ist es möglich, große Mengen an Obst in kurzer Zeit zu verspeisen. 1 l Smoothie, der die Menge von 5 Stück Obst enthält, belastet durch den hohen Anteil an Fruchtzucker den Magen und den Darm, kann eine Fettleber fördern (!) und ist nicht gesund. Ein Smoothie kann bei Magenempfindlichen auch zu erheblichen Verdauungsproblemen führen, da die Vorverdauung der Kohlenhydrate im Mund beim Kauen von Obst und Gemüse durch die enzymatische Aufspaltung der im Speichel enthaltenen Amylase Ptyalin beim Trinken von Saft fast nicht stattfindet.

Praxistipp: Kauf und Lagerung Obst
- Kaufen Sie, wann immer möglich, Bio-Ware. Sie nehmen dadurch nicht nur weniger Pestizide und andere Chemikalien auf, sondern profitieren auch vom Hormesis-Prinzip (mehr dazu in ▶ Abschn. 4.4).
- Bevorzugen Sie Obst mit einem hohen Gehalt an Antioxidanzien.

- Wählen Sie wilde Blaubeeren anstatt Kulturheidelbeeren, da diese eine deutlich höhere Menge an gesundheitsförderlichen Stoffen enthalten.
- Tiefgefrorenes Obst enthält etwa gleich viele Antioxidanzien, Vitamine und sekundäre Pflanzenstoffe wie frisches Obst, dass wenige Tage gelagert wurde.
- Essen Sie Obst vorzugsweise mit Schale und möglichst frisch, da durch längere Lagerung Nährstoffe verloren gehen.
- Bevorzugen Sie immer die ganze Frucht.
- Achten Sie bei der Zubereitung von Smoothies auf die Menge des Obstes und fügen Sie Gemüse sowie Gewürze hinzu.

→ Achtung Falschinformation: Obst erhöht das Diabetesrisiko nicht! Der Konsum von Fruchtsäften und zugesetzter Fruktose erhöht das Diabetesrisiko, Obstverzehr bewirkt genau das Gegenteil. Ein vermehrter Obstkonsum gilt auch für Diabetiker als gesundheitlich fördernd, solange er Teil eines vollwertigen Speiseplans ist.
Buchtipp: A. W. Dänzer. (2014). *Die unsichtbare Kraft in Lebensmitteln. Bio und Nichtbio im Vergleich. Kristallationsbilder aus der Forschung.* Verlag Bewusstes Dasein

4.3 Die Bestandteile unserer Ernährung

4.3.1 Exkurs: Zucker ist nicht gleich Zucker

Im vorherigen Abschnitt zum Obst und auch in einem der folgenden zum Getreide (▶ Abschn. 4.3.2) geht es im Allgemeinen um die Lebensmittelgruppe der Kohlenhydrate, eine Zusammensetzung von Zuckermolekülen. Da diese in einigen Ernährungsratgebern zu allgemein und zum Teil sehr negativ dargestellt werden, soll in diesem Abschnitt auf gute und schädliche Zuckerarten eingegangen werden, damit Sie diese unterscheiden können. Eine scharfe Trennung zwischen dem „Zucker", der als Kohlenhydrat in ganzen, natürlichen Lebensmitteln in Verbindung mit anderen Vitaminen, Mineralstoffen, Spurenelementen und Enzymen vorkommt und dem Kohlenhydrat „isolierten und raffinierten Zucker/Fabrikzucker/Haushaltszucker" ist sehr wichtig, da Letzterer vitamin- und mineralstofffrei sowie hochkalorisch ist. Wenn in diesem Abschnitt von Zucker gesprochen wird, ist immer der isolierte Zucker gemeint. Doch bevor auf die Zuckerarten und die Folgen von überhöhtem Zuckerkonsum eingegangen wird, soll unsere Lust auf Süßes zunächst aus evolutionsbiologischer Sicht betrachtet werden.

Der Mensch hat eine angeborene Süßpräferenz, weil süße Beeren und Zuckerquellen wie Honig im Laufe der Evolution eine Rarität darstellten und gleichzeitig essenziell für die Energiebereitstellung unseres Gehirns waren. Das Gehirn kann nur den Energieträger Glukose verwerten, Proteine hingegen nicht! Der süße Geschmack eines Lebensmittels suggeriert in der Natur, dass es ungiftig und energiereich ist. Deshalb wird beim Verzehr von Süßem das Belohnungs- und Glückzentrum im Gehirn aktiviert. Zucker besänftigt und dämpft ähnlich wie Alkohol die Stressreaktion.

4

Der Drang nach Süßem ist vor allem bei Kindern zu beobachten. Des Weiteren trägt häufig die Erziehung zu einer Süßpräferenz bei: Als Belohnung bekommen Kinder einen Schokoriegel, beim Geburtstag oder bei sonstigen positiven Anlässen werden nicht selten süße Speisen serviert. Wenn wir feiern, feiern wir süß. In unserer Gesellschaft wird Süßes demnach positiv konditioniert. Und im späteren Leben kann das unter Umständen dazu beitragen, dass wir uns die „positiven Gefühle von Geborgenheit, Zugehörigkeit, Erfolg, Freude, gute Laune" durch Süßes wieder zurückholen möchten.

Weltweit wird kein organischer Einzelstoff in größeren Mengen als Zucker hergestellt. Knapp 200 Mio. t sind es jährlich. Allgemein gibt es u. a. folgende Zuckerarten:

- *Fruktose (Fruchtzucker):* Sie ist ein Bestandteil von Zuckergemischen, aber auch in Früchten und Beeren enthalten. Bei übermäßigem Verzehr kann Fruchtzucker zu einer Fettleber führen (dies wird später noch erläutert). Ein Verzehr in moderaten Mengen (z. B. in ganzem Obst) ist unproblematisch, er sollte aber nicht in isolierter Form zum Süßen verwendet werden, z. B. in Form von Agavendicksaft.
- *Traubenzucker (Glukose):* Traubenzucker ist meist industriell hergestellt, aber auch in süßen Früchten enthalten. Diese Form von industriell hergestelltem Zucker ist nur im ganz seltenen Fall einer Unterzuckerung, z. B. beim Leistungssport oder bei Diabetikern, zu empfehlen.
- *Haushaltszucker (Saccharose):* Dieser Zucker besteht aus Fruchtzucker und Glukose und stammt aus dem Zuckerrohr oder Zuckerrüben. Er ist hochkalorisch, vitalstoffarm und sollte, wenn überhaupt, nur in geringen Mengen zugeführt werden.
- *Milchzucker (Laktose):* Besteht aus Glukose und Galaktose und befindet sich in großen Mengen in Milch, aber kaum in Joghurt oder Käse. Mit höherem Alter steigt bei vielen Menschen die Laktoseintoleranz. In solchen Fällen sollte dieser Zucker auf jeden Fall gemieden werden. Galaktose in Milch fördert vermutlich Entzündungen, Alterungsprozesse und Osteoporose.

Doch Zucker hat noch viele weitere Namen und Erscheinungsformen:

- Monosaccharide: z. B. Glukose und Fruktose
- Disaccharide: z. B. weißer oder brauner Haushaltszucker
- Polysaccharide: z. B. komplexe Verbindungen wie Stärke, Glykogen

Warum Sie diese kennen sollten? Ganz einfach: Es besteht ein großer Unterschied zwischen Glukose und Fruktose.

Unser Gehirn liebt Glukose, und sie kann von allen unseren Zellen als Energiequelle verwendet werden. Sie kommt u. a. als Stärke in Nudeln, Brot, Reis, Kartoffeln etc. vor. Diese Nahrungsmittel enthalten kaum oder keine Fruktose. Benötigt die Leber Energie, so wird sie Glukosemoleküle aufnehmen und bei einem erreichten Sättigungsgrad die Glukose im Blutstrom weiter zu anderen energiebenötigenden Organen wie Muskeln ziehen lassen.

Fruktose erfährt im Körper eine gänzlich andere Behandlung. Zucker, Honig, Softdrinks, Fruchtsäfte, Obst und Süßes bestehen ca. zu 50 % aus Fruktose. Selbst wenn die Leber vollkommen gesättigt ist, wird sie die Fruktose aufnehmen und in ihren Zellen teils in Fett verwandeln. Agavensirup besteht fast ausschließlich aus Fruktose. Fruktose blockiert das Sättigungsgefühl und kann langfristig zu einer sogenannten nichtalkoholischen Fettleber führen.

Wer die Zutatenliste eines Nahrungsmittels analysieren möchte, darf sich von den Herstellern nicht täuschen lassen. Obwohl bei einigen Nahrungsmitteln Zucker den größten Anteil hat, wird durch eine Verwendung unterschiedlicher Zuckerarten eine Platzierung auf den hinteren Plätzen angestrebt, denn die Zutat, die an erster Stelle steht, macht den größten Anteil im Produkt aus. Folgende Fabrikzuckerarten können in Nahrungsmitteln enthalten sein: brauner Zucker, Malzzucker, Kokosblütenzucker, Rohrohrzucker und sogenannte Vollrohrzucker, Dextrose, Kristallzucker, Gelierzucker, Invertzucker, Würfelzucker, Puderzucker, Zuckercouleur, Karamell, Zuckerhut, Succinat, Ursüße, Rapadura, Demerara, Melasse, (Zucker-)Rübensirup, Ahornsirup, Apfeldicksaft, Birnendicksaft, Frutilose, Maltodextrin, Glukosesirup, Glukose-Fruktose-Sirup, Isoglukose und viele mehr.

Praxisbeispiel: Check der Zutatenliste eines Müsliriegels
Wenn Sie nun die Zutatenliste eines Müsliriegels lesen, wie viel Zucker ist enthalten? Haferflocken, Haselnüsse, Reis, Cornflakes, Fett, Fruktose, Zucker, Dextrose, Glukose-Fruktose-Sirup, Rosinen, Apfelstücke, Apfelsaft, Mangostücke, Salz, Lecithin, natürliche Aromastoffe, Vitamine. Sie assoziieren eher gesund, da scheinbar Haferflocken und Haselnüsse den größten Anteil ausmachen, da sie an erster Stelle stehen.

Würde man die vier Zuckerarten Fruktose, Zucker, Dextrose, Glukose-Fruktose-Sirup jedoch addieren, würde die Zutatenliste starten mit „Zucker, Haferflocken, ..." und Sie würden sich vielleicht überlegen, ob Sie diesen „Zucker-Riegel" wirklich essen möchten. Konsumverzicht nach Etikettenstudium – es lohnt sich daher, die unterschiedlichen Zuckerbezeichnungen zu kennen.

Den größten Teil des täglichen Zuckerkonsums nehmen Menschen unbewusst über verarbeitete Lebensmittel zu sich. Die Nahrungsmittelindustrie setzt 3 von 4 Produkten Zucker hinzu.

❯ 3 von 4 Produkten enthalten Zucker.

Zucker ist ein billiger Zusatzstoff, mit dem industriell verarbeitete Produkte gestreckt und haltbar gemacht werden können. Mit Fett gemischt, kann Zucker sogar „triebhaftes Fressen" auslösen. Chipstüte auf, Chipstüte leer, vielleicht kennen auch Sie diesen Kontrollverlust beim Essen von Chips und Co.? Dieses Phänomen ist in der Wissenschaft als „hedonistische Hyperphagie" bekannt. Wenn ein Produkt etwa zu 50 % aus Kohlenhydraten und 35 % aus Fett besteht, fällt das Aufhören besonders schwer. Die Nahrungsmittelhersteller wissen das und freuen sich über die Umsatzsteigerung.

Doch auch mit anderen Strategien versucht die Nahrungsmittelindustrie, den Gewinn zu steigern: Insbesondere ist Isoglukose seit den veränderten Regulierungen des europäischen Zuckermarkts im Oktober 2017 verstärkt auch in europäischen Lebensmitteln zu finden. Isoglukose ist ein Zuckersirup, der aus Mais oder Weizenstärke hergestellt wird. In den USA ist er bekannt als „high-fructose corn syrup", bei uns kann man ihn unter den Namen „Glukose-Fruktose-" oder „Fruktose-Glukose-Sirup" enttarnen. Er ist sehr viel billiger als Haushaltszucker zu produzieren, wodurch es für die Nahrungsmittelindustrie noch rentabler wird, Zuckergetränke und andere ungesunde Lebensmittel herzustellen. Isoglukose verstärkt das bestehende Dilemma: Mit gesunden Lebensmitteln wie Obst und Gemüse lässt sich viel weniger

4

Profit machen als mit hoch verarbeiteten Nahrungsmitteln wie Softdrinks, Süßwaren oder Snacks. Die Industrie benötigt attraktive Anreize, um gesunde und ausgewogene Lebensmittel zu vermarkten. Vorbilder sind z. B. Mexiko, Frankreich, Großbritannien und Norwegen. In 2018 erhöhte Norwegen die Steuern für gezuckerte Getränke sowie künstliche Süßstoffe um bis zu 83 %! Infolgedessen sanken die Absatzzahlen für Softdrinks etc. erheblich.

❯ Die Nahrungsmittelindustrie ist eher am eigenen Gewinn und nicht an Ihrer Gesundheit interessiert.

Warum der Zuckergehalt in Softdrinks besonders negativ zu bewerten ist, wurde vor wenigen Jahren erforscht. Bei einer neuen Analyse, bei der die Nobelpreisträgerin Prof. Dr. Elizabeth Blackburn beteiligt war, stellte man fest, dass die Telomere eines Menschen umso kürzer sind, je mehr Softdrinks dieser zu sich nimmt. Telomere befinden sich, wie bereits erwähnt, an den Enden von Chromosomen und schützen diese vor dem Zerfall. Je kürzer die Telomere sind, desto schneller altert die Zelle, bis sie mit dem Verschwinden der Telomere stirbt. Durch eine Verkürzung der Telomere wird der Alterungsprozess vorangetrieben. Blackburn und ihre Kollegen fanden heraus, dass der tägliche Konsum von 235 ml Softdrinks wie Cola oder Fanta die Zellalterung, gemessen an der Telomerlänge, um durchschnittlich 1,9 Jahre vorantreiben kann. Bei gut einem halben Liter (590 ml) betrug die Zellalterung sogar ganze 4,6 Jahre. Damit fällt die Alterungsbeschleunigung durch Telomerverkürzung infolge des Softdrinkkonsums genauso hoch aus wie beim Rauchen (Blackburn & Epel, 2017).

Auf den dramatisch hohen Zuckerverzehr unserer heutigen Industriegesellschaft ist der menschliche Körper genetisch nicht eingestellt. 1850 lag der Zuckerverbrauch bei ca. 2 kg pro Kopf und Jahr (Teuteberg & Wiegelmann, 1986). Der Pro-Kopf-Verbrauch von Zucker im Jahr 2020/2021 beläuft sich auf ca. 32,5 kg, das entspricht 89 g täglich. Die WHO empfiehlt eine maximale Tagesmenge von 25 g (Ahrens, 2022). Allein die Tatsache, dass in Deutschland mehr als 8 Mio. Menschen unter Typ-2-Diabetes leiden, sollte ein Alarmsignal sein. Die Lebenserwartung Betroffener reduziert sich um ca. 5 Jahre, so eine Studie des Universitätsklinikums Tübingen.

In dem Buch *Diabetes, Coronary Thrombosis and the Saccharine Disease* veröffentlichten die beiden englischen Ärzte Cleave und Campbell im Jahr 1966 ihre Forschungsergebnisse über die Abhängigkeit bestimmter Erkrankungen von den Essgewohnheiten, z. B. bei Indern, die noch im Stammesverband lebten, ohne Fabrikzucker und Weißmehl, nur mit Vollkornreis. Diabetes war als Krankheitsbild bei ihnen nicht vorhanden. Im Gegensatz dazu trat bei den in der Stadt lebenden Indern, die raffinierten Reis, Weißmehl und Fabrikzucker aßen, Typ-2-Diabetes in der gleichen Häufigkeit wie bei Westeuropäern auf (Bruker, 2022).

Der Typ-2-Diabetes, der ursprünglich als Altersdiabetes bezeichnet wurde, erreicht nun auch Kinder und Jugendliche. Das Risikoprofil ist gekennzeichnet durch den Konsum von zu viel Zucker und Fett, Bewegungsmangel und Übergewicht, also alles vermeidbare Faktoren. Einem Kind mehr als eine Kugel Eis zu kaufen, ist schlichtweg unverantwortlich.

Doch nicht nur Diabetiker leiden unter den Folgen eines zu hohen Zuckerkonsums. Auch der Körper eines jeden gesunden Menschen altert durch zu viel Zucker. Zu viel Zucker kann uns altern lassen? Allerdings! Wer schon einmal Zuckerwatte auf dem Jahrmarkt probiert hat, weiß, dass Zucker außerordentlich klebrig ist.

Dies zeigt sich auch auf molekularer Ebene, wo Zucker die Fähigkeit hat, Proteine so sehr miteinander zu verkleben, dass diese nicht mehr voneinander gelöst werden können. Dieser Prozess nennt sich Glykosylierung. Erhält der Körper jedoch zu viel Zucker, z. B. durch Limonaden oder süßes Gebäck, entstehen schädliche Endprodukte fortgeschrittener Glykosylierung, auch AGE („advanced glycation endproducts") genannt. Derartig veränderte Proteine können wiederum Verhärtungen von Gefäßwänden nach sich ziehen, was zu Bluthochdruck und schlechter Durchblutung führt. Durch die schlechte Durchblutung heilt das Gewebe nur noch sehr langsam und führt z. B. bei einer fortgeschrittenen Diabeteserkrankung zu chronisch infizierten Geschwüren, sogenannten offenen Beinen. Auch in der Augenlinse können Proteine durch Zucker verklebt werden, was zum grauen Star führen kann. Zucker zerstört die Netzhaut, weil er wie ein Gift auf Gefäße und Nerven wirkt (Kleine-Gunk, 2017).

Isolierter Zucker ist nicht nur hochkalorisch, sondern er enthält daneben weder Vitamine noch Mineralstoffe, es handelt sich also um „leere Kalorien". Des Weiteren werden beim Abbau von Zucker sämtliche zum Vitamin-B-Komplex zählenden Vitamine verbraucht, also Vitamin B_1 (Aneurin), Vitamin B_2 (Riboflavin), Vitamin B_5 (Pantothensäure), Vitamin B_3 (Niacin) und Vitamin B_7 (Biotin).

❯ Je höher der Zuckergenuss, umso höher der Vitaminverbrauch!

Doch wer isst nach Kuchen, Eis oder Schokoladenriegel schon eine Handvoll Obst?

Mittlerweile steht es außer Frage, dass ein hoher Zuckerkonsum das Risiko für Herz-Kreislauf-Erkrankungen mit tödlichem Ausgang deutlich erhöht. Je nach Studie liegt dieses Risiko zwischen 10 und 40 %, bei extrem hohem Verzehr kann es sich sogar verdoppeln oder verdreifachen. Zucker schädigt nicht nur die Zähne, sondern auch das Herz und das Gehirn. Bei einem höheren Zuckerspiegel im Blut nehmen die Gedächtnis- und Konzentrationsleistungen ab (Michalsen, 2019).

Zucker fördert u. a. auch den Fettansatz, da ihm sämtliche Ballaststoffe fehlen. Das beschleunigt die Resorption und erhöht damit den Insulinpeak. Die Folge ist, dass der Blutzucker durch das viele Insulin, das aufgrund eines höheren Zuckerverzehrs ausgeschüttet wurde, den Blutzucker auf zu tiefe Werte sinken lässt. Das löst wiederum ein starkes Hungergefühl aus.

Aber auch Magengeschwüre kann isolierter Zucker bedingen, denn er kann im Gegensatz zu Eiweiß im Magen keine Säure binden. Die Säure verursacht dann nachfolgend die Ulkusbildung. Über den Einfluss von isoliertem Zucker auf die Entstehung von Magengeschwüren wurde bereits in der Fachzeitschrift *The Lancet*[1] im Jahr 1960 berichtet.

Der Stoffwechselforscher, Robert Lustig, bewies anhand von Versuchstieren, dass der Entzug von Zucker zu denselben Symptomen führt wie Heroinentzug. Man kann diese Tatsache nicht schönen, Zucker ist eine Droge. Demnach ist es nicht verwunderlich, dass die Ernährungsindustrie den billigen Haushaltszuckers nutzt, um qualitativ minderwertige Lebensmittel (Fertigprodukte, Süßigkeiten etc.) schmackhaft zu verkaufen.

Zuckerersatzstoffe stellen keine Lösung dar, denn die Lust auf Süßes kann nur durch eine Reduktion von süßen Speisen erreicht werden. Diabetiker können natürlich gelegentlich Süßstoffe wie Saccharin, Cyclamat, Sorbit, Xylit, Palatinit oder

---

1   *The Lancet* zählt zu den renommiertesten medizinischen Fachzeitschriften der Welt.

4

Mannit verwenden. Doch auch hier ist Vorsicht geboten, denn Süßstoffe stören das Mikrobiom: Laut der Forschungsergebnisse des israelischen Forscherteams des Weizmann-Instituts für Wissenschaften geraten die Bakterienstämme im Darm bereits nach wenigen Tagen aus dem Gleichgewicht (Suez et al., 2014).

> **Praxistipp: Zucker im Alltag**
> Wenn es darum geht, einen bewussten Umgang mit Zucker zu schaffen, heißt dies nicht, dass er um jeden Preis vermieden werden muss. Die Menge macht das Gift.
> Wenn Sie z. B. Rotkohl oder Rote Bete im Glas oder ein Müsli mit wenig hinzugefügtem Zucker kaufen, ist dies (je nach Alternative, zu der Sie sonst greifen würden) immer noch eine gute Wahl. Manche Nahrungsmittel wie Obst oder Vollkorngetreide enthalten von Natur aus Zucker, sie dienen aber gleichzeitig als wertvolle Lieferanten für Vitamine, Mineral- und Ballaststoffe, sodass die gesundheitlichen Vorteile stark überwiegen.
> Stillen Sie Ihre Lust nach Süßem mit vollwertigen Lebensmitteln und vermeiden Sie industrielle Snacks wie Kekse, Chips oder Gummibärchen. Backen Sie Kuchen oder Gebäck selbst, mit – am besten frisch gemahlenem – Vollkornmehl und süßen Sie mit reifen Bananen, zerkleinerten Datteln, Rosinen und Honig. Trinken Sie Wasser oder Tee statt Softdrinks.

Exkurs: Tryptophanhaltige Lebensmittel für mehr Lebensfreude   Der Botenstoff Serotonin, das sogenannte Glückshormon, vermittelt uns ein gutes Gefühl, Lebensfreude und Ausgeglichenheit. Die Serotoninproduktion kann vermutlich auf natürlichem Weg über die Aminosäure Tryptophan gesteigert werden, die über den Blutkreislauf ins Gehirn gelangt und dort in Serotonin umgewandelt wird. Tryptophan ist in Nahrungsmitteln wie dunkler Schokolade, (ungesüßtem) Kakaopulver, Sojabohnen und Cashewkernen enthalten. Ob allerdings die geringe Dosis Tryptophan, die wir mit tryptophanhaltigen Lebensmitteln aufnehmen, ausreicht, um einen relevanten Effekt auf unsere Stimmung zu haben, wird in der Wissenschaft kontrovers diskutiert. Vielmehr wird vermutet, dass die positive Konditionierung und Prägung für die gute Laune verantwortlich ist. Schokolade und Süßes gab es in der Kindheit häufig bei Feierlichkeiten oder zum Trösten. Mit Süßem verbinden wir daher oft Geborgenheit und ein besonderes Wohlgefühl. Darüber hinaus wird untersucht, wie sich bestimmte Lebensmittel auf die Zusammensetzung der Darmbakterien auswirken, die ebenfalls Auswirkungen auf unsere Stimmung haben. In diesem Forschungsfeld werden die nächsten Jahre aufschlussreiche Ergebnisse zu erwarten sein.

Zurück zum isolieren Zucker: Nachdem Sie zahlreiche negative Auswirkungen kennengelernt haben, erhalten Sie nun einige weiterführende Empfehlungen, wie Sie im Alltag zuckerreduzierter leben können.

> **Praxistipp: Ganze Frucht statt isoliertem Zucker**
> ▬ Machen Sie es sich beim Kauf von Lebensmitteln zur Gewohnheit, die Zutatenliste zu überfliegen. Vielen Produkten, von denen man es nicht ahnt (z. B. Tomatensoße, Salatdressings, Fruchtjoghurts), werden hohe Mengen an Zucker zugesetzt. Wäh-

len Sie stattdessen eine zuckerfreie oder zumindest zuckerreduzierte Alternative. Die Zuckerbombe Fruchtjoghurt können Sie durch Naturjoghurt mit frischem oder tiefgekühltem Obst ersetzen.

- Süßstoffe sind kein Zuckerersatz: Süßstoffe haben keine Kalorien, führen aber durch ihren süßen Geschmack zu einer Insulinausschüttung und fördern damit die Entstehung von Hunger. Außerdem bringen sie das Gleichgewicht der Darmbakterien durcheinander und fördern das Wachstum von Bakterienstämmen, die den Stoffwechsel negativ beeinflussen.

- Benutzen Sie frisches und getrocknetes Obst als Süßungsmittel für Desserts und Speisen. Geeignet sind z. B. pürierte reife Bananen, frische Datteln oder Rosinen. Auch ein maßvoller Ersatz durch Honig ist möglich. Er enthält entzündungshemmende Enzyme, bioaktive Stoffe, Antioxidanzien sowie Vitamine und Mineralstoffe, insgesamt sind es laut Erkenntnissen der modernen Wissenschaft mehr als 180 verschiedene Inhaltsstoffe.

- Sie wollen weiterhin einen leckeren Nussaufstrich auf Ihrem Frühstücksbrot, eine Mousse au Chocolat oder leckere und gesunde Kuchen genießen? Unter ▶ http://www.recalibration.de finden Sie Rezepte dazu.

Praxisübung: Wie Sie Ihr Süßempfinden auf ein gesundes Maß regulieren können

Ich möchte Sie zu einem kleinen Experiment einladen: 4 Wochen ohne Zucker.

Wenn Sie Kaffee oder Tee trinken, dann ohne Zucker. Essen Sie keine Fruchtjoghurts oder Softdrinks. Naschen Sie statt Süßwaren eher Nüsse oder Obst. Wenn Sie nicht auf Kuchen etc. verzichten können, dann backen Sie den Kuchen selbst und süßen sie diesen mit reifen Bananen, Datteln oder Honig.

Anfangs werden Sie von dem ungesüßten oder wenig gesüßten Nahrungsmittel vermutlich nicht begeistert sein, doch nach kurzer Zeit gewöhnen Sie sich an den neuen Geschmack und das ehemalige „Süßlevel" wird Ihnen viel zu süß vorkommen. Probieren Sie es aus, halten Sie durch und lassen Sie sich überraschen, wie sich Ihr Geschmack verändert.

4.3.2 Getreide: volle Kraft durchs volle Korn

Nun geht es um ein anderes Kohlenhydrat, das ebenso wie Zucker in der Kritik steht. Vor der differenzierten Betrachtung, wer genau auf der Anklagebank sitzt, richten wir einen Blick in die Geschichte.

Vollkorngetreide spielt seit vielen Jahrtausenden eine bedeutende Rolle in der menschlichen Ernährung. Bis zum 19. Jahrhundert wurde die Getreidenahrung ausschließlich aus vollem Korn hergestellt. Doch das aus dem vollen Korn hergestellte Mehl wird in wenigen Wochen ranzig und ist nur bedingt lagerfähig. Diese mangelnde Lagerfähigkeit wurde mit der Entstehung und der Versorgung von Großstädten zum Problem. Daher wurde der fett- und ölhaltige Keim vor dem Mahlen entfernt. Die damalige Meinung war, dass das entfernte Fett auch über andere

4

Nahrungsquellen zugeführt werden könne. Die Wissenschaft konnte noch nicht analysieren, welche Bestandteile im Keim entscheidend sind. Mehltypen (Type 405, Type 550 etc.) entstanden.

Ferner werden bis heute in der Ernährungswissenschaft die verschiedenen Kohlenhydrate gleichgesetzt. Sicher sind Weißmehl, Vollkornmehl und Brote daraus der Kohlenhydratgruppe zuzuordnen, doch in der Qualität der Kohlenhydrate besteht ein erheblicher Unterschied: Auf der einen Seite stehen schnell verdauliche, hoch verarbeitete und vitamin-, mineralstoff- und ballaststoffarme (isolierte) Kohlenhydrate wie Produkte aus Weißmehl, auf der anderen Seite wenig oder kaum verarbeitete, vitamin-, mineralstoff- und ballaststoffreiche Kohlenhydrate, die eine hohe biologische Wertigkeit aufweisen. Die Kohlenhydratmenge und der daraus resultierende Kaloriengehalt dürfen unter keinen Umständen das einzige Unterscheidungsmerkmal bleiben.

> Die biologische Wertigkeit ist entscheidend!

Im Brotliebhaberland Deutschland sind mehr als 1000 Brotsorten bekannt, allerdings werden seit vielen Jahren zu wenig Vollkornbrote hergestellt und konsumiert. Dabei werden Vollkornprodukte bis heute ausnahmslos von allen internationalen Ernährungs- und Gesundheitsgesellschaften empfohlen. In einer umfangreichen Metaanalyse, die 64 Studien enthielt, wurde belegt, dass der regelmäßige Konsum von Vollkorngetreide im Zusammenhang mit einem reduzierten Risiko für Herz-Kreislauf-Erkrankungen, einigen Krebserkrankungen, Diabetes mellitus Typ 2 und einer insgesamt positiven Auswirkung auf die Sterblichkeitsrate steht (Aune et al., 2016). In der bereits im vorigen Abschnitt erwähnten Global Burden of Disease Study wird der zu geringe Konsum an Vollkornprodukten als zweithäufigste Ursache für ernährungsbedingte Todesfälle aufgeführt.

Dass das volle Korn gesünder ist als Weißmehl, ist allgemein bekannt. Doch woran erkennt man die Qualität eines Mehls? Die Bezeichnung „Type 405" gibt Auskunft über den Ausmahlungsgrad von Mineralstoffen des Mehls, denn je mehr Bestandteile des Korns entfernt werden, desto mehr Nährstoffe gehen verloren. So enthält ein Mehl mit der Type 405 nur noch 405 mg Mineralstoffe pro 100 g Mehl. Wenn Sie ein Mehl der Type 1050 kaufen, sind 1050 mg Mineralstoffe enthalten. Das Ausmahlen eines Weizenkorns führt zum Verlust von 58 % Ballaststoffen, 83 % Magnesium, 79 % Zink, 92 % Selen, 61 % Folsäure und 79 % Vitamin E (Fardet, 2010). Sie essen „leere/isolierte" Kohlenhydrate mit einer sehr geringen biologischen Wertigkeit. Empfehlenswert ist weder der Kauf von hohen Mehltypen noch von gemahlenem und abgepacktem Vollkornmehl, da bei der Lagerung im Supermarkt ein Großteil der wertvollen Vitamine, Spurenelemente und Mineralstoffe durch Oxidation verloren geht. Infolgedessen sollte Mehl immer direkt vor der Verarbeitung frisch gemahlen werden. Ihre Gesundheit wird es Ihnen danken.

Die ◘ Tab. 4.4 zeigt weitere Unterschiede in Bezug auf den Nährstoffgehalt von Weißmehl und frisch gemahlenem Vollkornmehl.

Die Sorte des Getreides (Weizen, Roggen, Dinkel etc.) spielt keine Rolle für ihren gesundheitlichen Wert, lediglich der Ausmahlungsgrad. Ideal ist ein grobes, körniges Vollkornbrot. Vollkorn bietet noch weitere Vorteile: Die Hülle des Korns sorgt dafür, dass die Verdauungsenzyme länger brauchen, um die Kohlenhydrate in Glukose umzuwandeln und diese ins Blut zu transportieren. Deshalb sättigt Vollkorn lange und

◘ Tab. 4.4 Mineralstoffgehalt von Weißmehl und frisch gemahlenem Vollkornmehl. (In Anlehnung an Bruker, 2016)

	Weißmehl (mg/kg)	Frisch gemahlenes Vollkornmehl (mg/kg)
Provitamin A	0	3,3
Vitamin B$_1$	0,7	5,1
Vitamin B$_3$	7,7	57
Vitamin B$_5$	23	50
Vitamin E	0	24
Kalium	1150	4730
Kalzium	60	120
Eisen	7	44

versorgt den Körper gleichzeitig mit wichtigen Nährstoffen. Statt Low Carb empfehle ich eher Slow Carb! Der Glykämische Index (GI) gibt an, wie schnell Kohlenhydrate den Blutzuckerspiegel erhöhen und kann als entsprechendes Maß herangezogen werden. Hierbei gilt: je langsamer, desto besser, da dann Blutzuckerspitzen und Insulinpeaks weitestgehend vermieden werden. Eine Übersicht finden Sie unter ► http://www.recalibration.de zum Download.

Wenn Sie sich entscheiden, selbst Brot zu backen (was einfacher ist, als im ersten Moment gedacht), sollten Sie darauf achten, das Mehl frisch aus dem Getreide zu mahlen oder es frisch gemahlen zu kaufen. Einige Biofachmärkte stellen Mehlmühlen zur Verfügung, fragen Sie danach. Auch die Anschaffung einer (elektrischen) Getreidemühle oder ein Mahlaufsatz auf die Küchenmaschine lohnen sich langfristig.

> **Praxistipp: Rezept für ein feines Weizen-Dinkel Brot**
> *Zutaten für ein Brot:*
> ▬ Je 500 g Dinkel und Weizen, frisch und fein gemahlen
> ▬ 600 ml lauwarmes Wasser
> ▬ 1–2 Packungen Sauerteig (für 1 kg Mehl, z. B. Roggen- oder Dinkelsauerteig)
> ▬ 1 Würfel Bio-Hefe
> ▬ 2 TL Salz
> ▬ Optional als Zugabe zum Teig: je 1 TL Anis, Kümmel, Fenchel
> ▬ Optional zum Bestreuen: Sesam, Mohn, Leinsamen, Schwarzkümmel oder Haferflocken
>
> *Zubereitung:*
> Hefe mit etwas lauwarmem Wasser unter Rühren auflösen. Alle Zutaten in einer Küchenmaschine mit dem Knethaken oder von Hand ca. 10 min kneten, bis sich der Teig ziehen lässt wie ein Kaugummi. Mit einem Küchenhandtuch bedeckt oder in einem Gärsack (keine Mülltüte o. Ä.!) mindestens 4 h oder über Nacht an einem war-

4

men Ort ruhen lassen. Dann den Teig in die mit Butter oder Öl gefettete Backform geben. Wenn Sie möchten, können Sie davor den Backformboden mit den oben genannten Zutaten bestreuen. Den Teig nochmals abdecken und mindestens 15 min ruhen lassen.

Die Teigoberfläche anschließend mit einem Messer längs ca. 1 cm tief einschneiden und mit etwas Wasser (Blumenspritze) besprühen.

Backzeit:

In einem auf 200 °C vorgeheizten Ofen 10 min auf Ober- und Unterhitze, dann 40 min bei 180 °C weiterbacken. Brot anschließend sofort aus der Form stürzen und auskühlen lassen.

Trotz der klaren Vorteile und Empfehlungen von Ernährungsfachgesellschaften für den Verzehr von Vollkorngetreide herrscht teilweise Skepsis. Die glutenfreie Ernährung ist ein Trend, der sich in den letzten Jahren entwickelt hat und in dem der Mythos verbreitet wird, dass sehr viele Menschen unter einer Glutenunverträglichkeit leiden würden. Dieser Trend kommt vor allem den 0,5–1 % der Bevölkerung zugute, die an Zöliakie, einer chronischen Erkrankung des Dünndarms, leiden und tatsächlich vollständig auf Gluten verzichten müssen. Wer massive Beschwerden wie Bauchschmerzen, Blähungen und Durchfall nach dem Verzehr von Backwaren hat, kann sich auf eine Glutenintoleranz oder -sensitivität testen lassen.

Ebenfalls möglich ist es aber auch, dass die sogenannten FODMAPs Schuld an einer vermuteten Unverträglichkeit sind. FODMAP ist ein Akronym und die englische Abkürzung für „fermentable oligo-, di-, monosaccharides and polyols" (fermentierbare Oligo-, Di-, Monosaccharide und Polyole). Diese sind vergärbare Mehrfach-, Zweifach-, Einfachzucker und mehrwertige Alkohole. Diese Zuckerarten stecken u. a. in Agavensirup, Fruktosesirup, Ketchup, Wein und im Weizenkorn, sind schwer verdaulich und bereiten deshalb vielen Menschen Magenprobleme.

Der Anteil der FODMAPs im Brot kann deutlich reduziert werden, wenn der Teig vor dem Backen einige Stunden ruhen darf. So sind nach 4-stündiger Ruhezeit nur noch 10 % der Zuckerarten übrig, wodurch das Brot bekömmlicher ist. Diese Zeit bekommen viele Teige heutzutage allerdings nicht mehr. Wenn Sie Brot schlecht vertragen, sollten Sie deshalb folgenden Tipp beherzigen: Meiden Sie Backwaren aus Discountern oder Backshops, die aus Fertigbackmischungen hergestellt und mit künstlichen Enzymen sowie Zusatzstoffen angereichert werden, durch die kein langes Gehen des Teigs mehr erforderlich ist. Meiden Sie auch Backmischungen. Viele der Zusatzstoffe und Enzyme müssen leider nicht deklariert werden, daher eignet sich die Strategie „Kaufverzicht nach Etikettenstudium" in diesem Fall nur bedingt. Besser sind Handwerks-, Mühlen- und vor allem Bio-Bäckereien, die dem Teig ausreichend Zeit zum Gehen geben und hochwertiges, frisch gemahlenes Bio-Mehl verwenden.

Neben den Vitaminen und Mineralstoffen sind Ballaststoffe ein weiterer Grund, weswegen Vollkorngetreide, Obst, Gemüse und Hülsenfrüchte sehr gesund sind. Ballaststoffe sind nicht verwertbare Kohlenhydrate und bestehen aus Polysacchariden (sehr langen Zuckerketten), die viel Wasser binden können und im Magen-Darm-Trakt aufquellen. Dadurch nimmt der Darminhalt zu, es wird Druck auf die Darmwände ausgeübt und die Verweildauer des Stuhls im Darm verkürzt sich erheblich. Deshalb beugt der Konsum von Ballaststoffen sehr effektiv Verstopfungen vor und

Nahrungsmittel	Ballaststoffgehalt in g je 100 g des Nahrungsmittels
Weizenkleie	49,3
Leinsamen	28
Linsen	17
Vollkornmehl	10–13,5
Mandeln	9,8
Getrocknete Feigen	9,6
Datteln	9,2
Cornflakes	4,0
Karotten	4,0
Weizenbrötchen	3,4

◻ **Tab. 4.5** Ballaststoffanteil einiger ausgewählter Lebensmittel

bewirkt durch das Aufquellen eine Zunahme des Sättigungsgefühls. Wichtig dabei ist eine erhöhte Zufuhr von kalorienfreien Getränken wie Wasser oder ungesüßter Tee.

Wie bereits beschrieben, verlangsamen Ballaststoffe die Aufnahme des Zuckers ins Blut, wodurch der Blutzuckerspiegel langsamer ansteigt und absinkt. Dies bewirkt, dass die Energieversorgung des Körpers länger gewährleistet wird. Außerdem haben Ballaststoffe die wichtige Funktion, dass sie zur Ernährung und damit zur Vermehrung gesundheitsfördernder Bakterien im Darm dienen und zudem Toxine, Cholesterin und schädliche Mikroorganismen binden. Sie beugen außerdem Darmkrebs, Karies, koronaren Herzerkrankungen sowie Gallensteinleiden vor.

Nach Angaben der DGE sollte jeder Mensch täglich 30 g Ballaststoffe zu sich nehmen. Ebenso wird die 10:1- oder noch besser 5:1-Regel empfohlen: Mit 10 oder 5 g Kohlenhydraten sollten je 1 g Ballaststoffe aufgenommen werden. Wenn Sie auf eine ausreichende Zufuhr von Vollkorngetreide, Hülsenfrüchte, Obst, Gemüse und Nüsse achten, können Sie diese Zufuhrmenge gut erreichen.

In der ◻ Tab. 4.5 ist der Ballaststoffgehalt einiger ausgewählter Lebensmittel dargestellt.

Mit dem folgenden Frühstücksrezept können Sie vitamin-, mineral- und ballaststoffreich in den Tag starten.

Praxistipp: Rezept für eine Overnight Power Bowl

Vorbereitung am Abend:

3-5 EL Getreidekörner frisch (!) mahlen oder grob schroten (Weizen, Dinkel, Roggen oder eine Mischung aus den einzelnen Sorten). Mit etwas Wasser einweichen und über Nacht stehen lassen.

Alternativ können Sie am Morgen die Haferkörner frisch flocken (es gibt manuelle und elektrische Flockenpressen).

4

Am nächsten Morgen:
- Saft einer halben Zitrone
- 1 EL geschlagene Bio-Sahne (kann auf Vorrat geschlagen werden)
- 1 Handvoll frisch (!) zerkleinerte Nüsse oder Kerne (Sonnenblumen-, Kürbiskerne, Hasel-, Walnüsse, Mandeln)
- 1 geriebener Apfel
- 1 kleine reife Banane, zerdrückt
- Optional 1 kleines Stück saisonales Obst oder 1 EL Weizenkleie, Flohsamenschalen oder Leinsamen

Tipp: Apfel, Banane und Nüsse können ggf. auch zusammen im Mixer zerkleinert werden.

(Rezept in Anlehnung an Evers, Bircher-Benner und Bruker; Bruker, 2016)

Wer einen erhöhten Nährstoffbedarf hat (Leistungsträger mit viel Stress, Raucher oder kranke Personen), dem empfehle ich regelmäßig statt der gemahlenen Getreidekörner frisch gezogene Keimlinge zu verwenden (Weizen, Roggen, Dinkel). Je nach Temperatur und Getreideart dauert dies jedoch 1–3 Tage. Eine Anleitung zum Sprossenziehen finden Sie unter ▶ http://www.recalibration.de.

Auf der Anklagebank sitzen nicht nur Weißmehl und Weißmehlprodukte, wie Sie in diesem Kapitel ausführlich lesen konnten, sondern auch einige Fette, die nun ebenfalls differenziert betrachtet werden.

4.3.3 Fette: von gesundheitsfördernd bis dickmachend

Fette unterscheiden sich in verschiedenen Aspekten. In Bezug auf ihre gesundheitliche Wirkung ist eine Unterteilung in Fette tierischen und pflanzlichen Ursprungs sowie naturbelassene und industriell verarbeitete Fette sinnvoll. Im Weiteren wird von Fettsäuren gesprochen, da natürliche Öle und Fette aus den Estern langkettiger Karbonsäuren mit Glycerin bestehen. Es gibt gesättigte Fettsäuren und einfach sowie mehrfach ungesättigte Fettsäuren. Die Fettsäuren unterscheiden sich durch die Anzahl der Kohlenstoffatome sowie bei ungesättigten Fettsäuren durch die Anzahl und Position ihrer Doppelbindungen. Einfach und mehrfach ungesättigte Fettsäuren sind für den Körper lebensnotwendig, gesättigte Fettsäuren sind eher ungesund. Daneben ist es auch wichtig, wo wir am Körper Fettgewebe ansammeln, denn auch die Fettverteilung kann mehr oder weniger ungesund sein. Fett ist also nicht gleich Fett.

Aus evolutionsbiologischer Sicht war die Möglichkeit, im Körper Fett zu speichern, über die Jahrtausende hinweg ein Überlebensvorteil, da ein Speckröllchen in Zeiten der winterlichen Nahrungsknappheit eine Energiereserve für den Körper darstellte und so das Überleben sicherte. Dieser Überlebensvorteil stellt sich nun in Zeiten des Nahrungsmittelüberflusses in den Industrienationen als fatal heraus. Jeder zweite Deutsche ist heutzutage übergewichtig oder sogar fettleibig. Weltweit sterben jährlich ca. 2,4 Mio. Menschen an den Folgen von überhöhtem Gewicht (Worm, 2021). Die Gründe für die steigende Anzahl an übergewichtigen (BMI zwischen 25 und 29,9 kg/m^2) und auch adipösen (BMI ab 30 kg/m^2) Menschen sind vielfältig und werden bis heute erforscht.

Eine wesentliche Rolle scheint hierbei der Trend zur „unechten", im Sinne von industriell-hochverarbeiteter Nahrung zu spielen, der seit den 1970er-Jahren zu beobachten ist. Seitdem entwickeln Lebensmittelhersteller zunehmend Produkte, die aus isolierten Nähr- und Begleitstoffen künstlich zusammengesetzt und von „störenden" Ballaststoffen befreit werden. Die wichtigsten Zutaten für diese Nahrungsmittel bilden leere Kohlenhydrate wie Getreidestärke, Zucker, Salz, Pflanzenfette, Aroma-, Farb- und Geschmacksstoffe (Worm, 2021). Diese hochverarbeiteten Produkte (zu denen auch Weißmehlprodukte gehören) machen das große Problem der modernen Ernährungsweise deutlich: Der Mensch leidet einerseits unter einem Vitalstoffmangel, andererseits ist er kalorisch überversorgt. Wichtiger als die Kalorienangabe ist die biologische Wertigkeit eines Lebensmittels: 100 Kalorien aus einem Softdrink, einer Süßigkeit oder einem Weißmehlbrötchen müssen anders bewertet werden als 100 Kalorien aus einer Banane, einer Paprika oder aus frisch hergestellten Haferflocken, die lebensnotwendige Vitamine, Mineralstoffe und Spurenelemente enthalten (Bruker, 2016). Schon lange wird die Lehrmeinung, dass es bei der Gewichtskontrolle nur auf die Anzahl der Kalorien ankomme, kritisiert, weil sie die Tatsache außer Acht lässt, dass uns einige Kalorien sättigen und mit Nährstoffen versorgen und andere das Hungerzentrum zum Mehrkonsum anregen (Worm, 2021). Deshalb ist es mir ein Anliegen, Ihnen wertvolle Lebensmittelgruppen vorzustellen, die Nährstoffe enthalten, sättigen und damit auch zur Gewichtsreduktion oder -stabilisierung beitragen.

Das Fett automatisch dick macht, ist ein Fehlinformation, die bereits vor langer Zeit von der Ernährungswissenschaft widerlegt wurde. Fett ist ein guter Geschmacksträger, wirkt sättigend und ist für die Aufnahme der fettlöslichen Vitamine (Vitamin A, D, E und K) unverzichtbar. Die Schattenseite von Fett besteht darin, dass es unmittelbar vom Körper gespeichert werden kann.

Neben Fertigprodukten allgemein ist auch ein starker Konsum von Fruktose für das Ansetzen von Fett in Körperregionen, wo es eigentlich nicht hingehört, ein treibender Faktor. Die Leber wandelt Fruktose in Fett um, das sich in den Leberzellen einlagert und sie bei der Ausübung der normalen Funktionen stört. Dadurch wird die Leber weniger empfindlich gegenüber dem Hormon Insulin, und eine Insulinresistenz kann entstehen. Dies hat zur Folge, dass die Bauchspeicheldrüse mehr Insulin ausschüttet, um die eingeschränkte Empfindlichkeit zu kompensieren. Das Fettspeicherhormon Insulin wiederum begünstigt die Entstehung von Übergewicht und Diabetes (Taubes, 2008). Bei diesem Prozess ist zu beachten, dass der Überschuss an Fruktose nicht durch Lebensmittel wie Obst, sondern durch isolierte Fruktose (Süßigkeiten, Softdrinks etc.) zustande kommt, wie bereits in vorausgehenden Abschnitten dargelegt wurde.

Doch nicht nur das Fett in der Leber, sondern vor allem in der Bauchregion ist sehr gesundheitsschädlich. Fettgewebe wurde von der Wissenschaft lange Zeit als ein Gewebe gesehen, das nur dazu da ist, um andere Organe zu schützen, Energie zu speichern und bei Bedarf wieder abzugeben. Das ist das subkutane Fett, das am äußeren Bauch gut mit den Fingern gegriffen werden kann. Doch vor ca. 20 Jahren stellte man fest, dass es neben diesem Unterhautfett- auch das Viszeralfettgewebe gibt. Das viszerale Bauchfett umhüllt die inneren Organe und stört diese bei der Ausübung ihrer Funktionen. Viszerales Fettgewebe ist hoch aktiv und kann wie eine

4

Drüse Hormone produzieren. Heute wird vermutet, dass insbesondere im viszeralen Fettgewebe ca. 600 Hormone gebildet werden, die alle an der Stoffwechselregulation beteiligt sind.

Drei wichtige Hormone, die den Hunger und das Körpergewicht beeinflussen, sind Leptin, Ghrelin und Insulin. Im Fettgewebe wird das Sättigungshormon Leptin gebildet, die Bauchspeicheldrüse produziert Insulin und bei fehlender Nahrungszufuhr schüttet der Magen das Hungerhormon Ghrelin aus. Im Idealfall steuert das Gehirn über diese 3 Hormone die Verfügbarkeit von Nährstoffen sowie das Hunger- und Sättigungsgefühl. Ein Anstieg des Hormons Leptin signalisiert dem Gehirn, dass die Fettspeicher gefüllt sind. Der Anstieg von Insulin sorgt bei einem gesunden Menschen für das Absinken des Blutzuckerspiegels. Beide Vorgänge geben dem Körper das Signal, die Nahrungsaufnahme zu reduzieren.

Bei adipösen Menschen hat man festgestellt, dass diese häufig eine Leptinresistenz aufweisen. Leptin gelangt normalerweise durch die Blut-Hirn-Schranke in den Hypothalamus und aktiviert dort die Leptinrezeptoren in den Neuronen. Diese vermitteln dem Körper das Gefühl, satt zu sein. Ist dieser Vorgang gestört, leiden die Betroffenen unter ständigem Hunger, obwohl ihre Fettspeicher reichlich gefüllt sind (Zeng et al., 2015). Ein erniedrigter Leptinspiegel führt dazu, dass es schwer ist, sich beim Essen zurückzuhalten, und vermittelt selbst bei vollem Magen das Gefühl, „nicht satt zu sein". Nach einer Diät kann noch bis zu 6 Jahre später ein gestörter Stoffwechsel mit erniedrigtem Grundumsatz und verringertem Leptinspiegel vorliegen, ergab eine Studie, in der Kandidaten der TV-Abnehmshow „The Biggest Loser" untersucht wurden (Fothergill et al., 2016; Hall, 2021).

Demnach ist es nicht verwunderlich, dass Adipositas häufig von einer Entzündung im Hypothalamus begleitet und gefördert wird (Kreutzer et al., 2017). Diese Tatsache gibt einen ersten Hinweis darauf, warum Fette in der Nahrung auch bei Übergewicht hilfreich sein können: Die mehrfach ungesättigten Omega-3-Fettsäuren wirken entzündungshemmend und können die Entzündung im Gehirn reduzieren. Dadurch helfen sie, das Hungergefühl zu reaktivieren und Übergewicht entgegenzuwirken. Gute Quellen für Omega-3-Fettsäuren sind z. B. Walnüsse und Walnussöl, Leinsamen, Leinöl, Leindotteröl, Rapsöl, Hanföl, Chiasamen und fettiger Fisch, z. B. atlantischer Lachs oder Hering, Sardellen, Sardinen und Makrelen.

Omega-3-Fettsäuren stabilisieren die Gefäße, verringern die Blutfette und können den Blutdruck senken. Auch bei anderen entzündlichen Erkrankungen, z. B. Rheuma, ist ihre entzündungshemmende Wirkung förderlich. Zusätzlich senken Omega-3-Fettsäuren das Herzinfarktrisiko und unterstützen das Gehirn in den kindlichen und jugendlichen Entwicklungsphasen (Michalsen, 2019).

Unser Körper benötigt die 3 Omega-3-Fettsäuren Alpha-Linolensäure (ALA), Eicosapentaensäure (EPA) und Docosahexaensäure (DHA). Dabei muss ALA zwingend über die Nahrung aufgenommen werden, da sie eine essenzielle Fettsäure ist, die von unserem Körper nicht selbst hergestellt werden kann. Die beiden anderen Fettsäuren können im Gegensatz dazu im Körper produziert werden. Dazu nutzt der Körper ein bestimmtes Enzymsystem, mit dem auch Omega-6-Fettsäuren hergestellt werden. Auch Omega-6-Fettsäuren sind mehrfach ungesättigte Fettsäuren und sehr gesund, jedoch muss das Verhältnis von Omega-3- zu Omega-6-Fettsäuren stimmen! Der Unterschied zwischen den beiden Fettsäuren liegt an dem Ort, an dem sich die erste Doppelbindung befindet: bei Omega-6-Fettsäuren beginnt sie am 6. Kohlenstoffatom, bei Omega-3-Fettsäuren bereits am 3. Kohlenstoffatom.

Da beide Fettsäuren auf die gleichen Enzyme zugreifen, kann ein Enzymmangel entstehen, sodass EPA und DHA nicht in ausreichender Menge synthetisiert werden können. Das gilt besonders bei einem unausgewogenen Verhältnis von Omega-3- zu Omega-6-Fettsäuren. In der westlichen Welt liegt das Verhältnis durchschnittlich bei 20:1 von Omega-6- zu Omega-3-Fettsäuren. Empfohlen wird ein Verhältnis von unter 5:1. Verzichten Sie besser auf Sonnenblumenöl, da es ein eher ungünstiges Verhältnis von 120:1 aufweist (zum Vergleich: Olivenöl hat ein Verhältnis von 8:1). Entsprechend ist alles in Sonnenblumenöl Frittierte wie Backwaren, Chips etc. zu meiden. Schweinefleisch, Rindfleisch, Eier und Milch aus konventioneller Haltung enthalten ebenfalls entzündungsfördernde Omega-6-Fettsäuren. Tierische Fette wie Gänse-, Rinder- oder Schweineschmalz haben ebenfalls ein sehr ungünstiges Verhältnis.

Besonders empfehlenswert sind die einfach und mehrfach ungesättigten Fettsäuren, die z. B. in Avocados, Olivenöl, aber vor allem in Nüssen zu finden sind (gerne 2 Handvoll naturbelassene Nüsse täglich essen, nicht geröstet und ungesalzen), auch wenn diese eine hohe Kaloriendichte haben und deshalb häufig zu Unrecht als Dickmacher deklariert werden. Wie bereits erwähnt, ist eine hohe Anzahl an Kalorien nicht immer ein Indiz dafür, dass ein Lebensmittel Übergewicht fördert. Bei Nüssen ist sogar das Gegenteil der Fall, denn Untersuchungen haben gezeigt, dass Personen, die viele Nüsse essen, zum Teil sogar weniger wiegen als solche, die kaum Nüsse essen. Dies liegt an der starken Sättigung durch Nüsse, die dafür sorgt, dass die Kalorienzufuhr im Laufe des Tages an anderer Stelle wieder eingespart wird (Jackson & Hu, 2014).

> **Praxistipp: Nüsse richtig lagern und verzehren**
> — Kaufen Sie besser ganze anstatt gemahlene Nüsse. Diese sind weniger anfällig für den Verderb und enthalten mehr Vitamine, die sonst beim Mahlvorgang durch Oxidation verloren gehen.
> — Kaufen Sie Nüsse und Ölsaaten so regional wie möglich. Mandeln, Haselnüsse und Walnüsse gibt es auch in Europa, zum Teil sogar in Deutschland. Leinsamen sind ein regionales, günstiges Superfood, das genauso nährstoffreich ist wie Chiasamen.
> — Achten Sie beim Kauf von Nüssen stets auf (Bio-)Qualität und fairen Handel.
> — Lagern Sie Nüsse stets dunkel, kühl und trocken (vorzugsweise in Säcken). Zerkleinerte Nüsse in einer Dose im Kühlschrank aufbewahren.
> — Unangenehm riechende oder schmeckende Nüsse sollten auf keinen Fall verzehrt werden.
> — Nehmen Sie Nüsse und Samen, wenn möglich, als Bestandteil von Gerichten zu sich. Durch das Fett können einige Nährstoffe in den restlichen Lebensmitteln besser aufgenommen werden.

Auch Olivenöl enthält wertvolle Fettsäuren und wurde schon in der Antike als flüssiges Gold bezeichnet. Deshalb ist auch nicht verwunderlich, dass die mediterranen Bewohner der Blue Zones reichlich von diesem Öl auf ihrem Speiseplan stehen haben. Auch Rapsöl enthält ungesättigte Fettsäuren und hat einen hohen Anteil der wertvollen Omega-3-Fettsäuren. Integrieren Sie diese Öle täglich in Ihren Speiseplan und nutzen Sie sie z. B. zur Herstellung von Salaten oder zum Anbraten.

4

> **Praxistipp: Einkauf und Lagerung von Ölen**
> ▬ Achten Sie beim Kauf eines Olivenöls auf eine gute Qualität und die Bezeichnung „extra nativ" oder „extra vergine". Ein gutes Olivenöl gibt es nicht für 3 € im Supermarkt.
> ▬ Wenn Olivenöl leicht scharf und bitter schmeckt, enthält es viele sekundäre Pflanzenstoffe und ist von hoher Qualität. Ist das Öl dagegen geschmacksneutral, können Sie sicher sein, dass die Qualität eher minderwertig ist.
> ▬ Kaufen Sie sämtliche Öle in dunklen Flaschen (nicht in Plastik- oder Metallbehältern).
> ▬ Bevorzugen Sie Öl in schmalen, hohen Flaschen, weil das darin enthaltene Öl mit weniger Sauerstoff in Kontakt kommt (Schutz vor Oxidation). Verschließen Sie die Flasche nach der Entnahme schnell wieder.

Während Omega-3-Fettsäuren sowie einfach und mehrfach ungesättigte Fettsäuren sehr förderlich für die Gesundheit sind, sollte auf gesättigte Fettsäuren weitestgehend verzichtet werden. Diese sind vor allem in Fleisch, Milchprodukten, aber auch in Pflanzenfetten wie Palmöl enthalten. Die überwiegende Anzahl an Studien zeigt, dass vor allem Herz-Kreislauf-Erkrankungen durch den Verzehr dieser Fettsäuren zunehmen.

Eine positive Ausnahme bei den gesättigten Fettsäuren könnte das geschmacksneutrale MCT-Öl darstellen. Es soll bei der Fettverbrennung helfen und die Insulinempfindlichkeit erhöhen. Jedoch liegen bei einem Großteil der verfügbaren Studien methodische Mängel vor (z. B. zu kurze Studiendauer, zu geringe Studienpopulation; DGE, 2011). Es ist zu hoffen, dass zukünftige Studien eine belastbare Datenbasis hervorbringen mögen. MCT steht für „medium-chain triglycerides", also mittelkettige Fettsäuren. MCT-Öl wird meist aus Kokosöl extrahiert und erlangte seine Bekanntheit vor allem durch den sogenannten Bulletproof Coffee (statt eines Frühstücks: in 1 Tasse mit Kaffee 1 EL Butter und 1–2 EL MCT-Öl geben und mit dem Stabmixer verrühren) im Rahmen ketogener Diäten. MCT-Öl sollte in geringen Mengen gesteigert werden, da sonst Beschwerden wie Bauchschmerzen, Blähungen etc. auftreten können. MCT-Öl sollte nur in der kalten Küche, zur Zubereitung von Salaten etc., verwendet werden.

Zu den ungesündesten Fetten, die zudem dick machen, zählen die sogenannten Transfette. Transfette sind ungesättigte Fettsäuren, die durch starkes Erhitzen (z. B. Braten, Frittieren) oder durch lebensmitteltechnische Prozesse entstehen. Dabei werden aus flüssigen Ölen harte, streichfähige Fette wie Margarine hergestellt. Sie verstärken Entzündungsprozesse, führen zu Insulinresistenz und sind mit einem erhöhten Risiko für Herz- und Gefäßerkrankungen sowie bestimmten Krebsarten verbunden. In vielen europäischen Ländern gibt es für Transfette eine festgesetzte Obergrenze, in den USA sind sie sogar verboten. In Deutschland gibt es weder ein Verbot noch Grenzwerte oder eine Deklarationspflicht! So kann der Verbraucher nicht nachlesen, ob Produkte diese Art von Fetten enthalten. Transfette sind in zahlreichen fettigen Backwaren wie Donuts und Krapfen, Keksen und anderem Industriegebäck, Pommes frites, Fertigpizza, aber auch in Kartoffelchips enthalten.

Ergänzend dazu wird auch bei Palmöl zur Vorsicht geraten, denn der hohe Gehalt an gesättigten Fettsäuren kann zu einer Verschlechterung der Blutfette führen und dadurch das Risiko für Gefäßverkalkungen erhöhen. Nach Auskunft des Bundesinstituts für Risikobewertung (BfR, 2022) können beim starken Erhitzen von Palmöl sogenannte Fettsäureester wie Glycidyl und 3-Monochlorpropandiol (3-MCPD) entstehen, die als krebserregend gelten. Palmöl wird aus der Ölpalme gewonnen, leider häufig in Verbindung mit Rodungen von Regenwald und zerstörtem Lebensraum für Pflanzen und Tiere. Die Industrie schätzt Palmöl, weil es geschmacksneutral und sehr billig ist. Es ist u. a. in Babynahrung und -milchpulver, Margarinen, cremigen (Schokoladen-)Brotaufstrichen, Fertiggerichten wie Pizza oder Tütensuppen, in Eiscremes, Keksen und anderen Backwaren zu finden.

> **Praxistipp: Gesundheitsförderliche und gesundheitsschädliche Fette**
>
> Bei Fetten gibt es, genauso wie bei allen anderen Lebensmittelgruppen, Unterschiede in Bezug auf die Qualität und die gesundheitsförderliche Wirkung. Wenn Sie die aufgeführten Fettsäuren im Auge behalten, können Sie mit der richtigen Auswahl der Lebensmittel den entzündungshemmenden Effekt von Omega-3-Fettsäuren nutzen und durch den Konsum fettiger Lebensmittel nicht nur gesünder werden, sondern ggf. sogar abnehmen:
>
> ▬ Auf gesättigte Fettsäuren sollten Sie weitestgehend verzichten, am besten essen Sie wenig bis kein Fleisch oder Wurst. Wenn Sie tierische Fette in Form von Milchprodukten zu sich nehmen, sollten Sie davon eher weniger essen und Bio-Qualität wählen. Bio-Butter und -Sahne enthalten neben gesättigten Fettsäuren auch zahlreiche einfach, zweifach und mehrfach ungesättigte Fettsäuren und sind gut verträglich.
>
> ▬ Sonnenblumenöl ist zwar reich an guten ungesättigten Fettsäuren, allerdings sollten Sie es insbesondere dann meiden, wenn Sie unter entzündlichen, rheumatischen Erkrankungen leiden. Das gilt auch für in Sonnenblumenöl Eingelegtes wie Thunfisch, Antipasti etc. Sonnenblumenöl enthält wie Distel- und Maiskeimöl ein sehr ungünstiges Verhältnis von Omega 6- zu Omega-3-Fettsäuren.
>
> ▬ Einfach ungesättigte Fettsäuren in Olivenöl, Rapsöl, Nussmus, Nüssen und Samen sind sehr gesund.
>
> ▬ Omega-3-Fettsäuren sollen reichlich zugeführt werden. Am besten aus pflanzlichen Quellen wie Leinsamen, Leinöl, Walnüssen und grünem Blattgemüse. 2 Mal pro Woche sollte auch fetter Fisch auf dem Speiseplan stehen.
>
> ▬ Meiden Sie auf jeden Fall Fabrikfettsorten wie Margarine, Sojamargarine, raffinierte Öle, Kokosfette (z. B. Palmin), Frittierfette (z. B. Biskin) sowie alle Öle, die nicht kalt gepresst sind.

4.3.4 Proteine: Auf die Quelle kommt es an

Es geht um die Wurst und vieles mehr. Proteine können wie Fette aus tierischen und pflanzlichen Quellen stammen. Außer Frage steht, dass Eiweiße zweifellos eine wichtige Rolle für ganze Organsysteme spielen, z. B. Herz, Blut, Gehirn, Muskeln, Haut und Haare. Enzyme, Hormone und Antikörper werden ebenfalls aus Proteinen gebildet. Sie dienen dem menschlichen Körper sowohl als Baumaterial wie auch als Energielieferant.

4

Der Begriff „Protein" leitet sich ab vom griechischen Wort „proton", das mit „das Erste", „das Wichtigste" übersetzt werden kann. Proteine bestehen aus Aminosäureketten. Es gibt 8 essenzielle Aminosäuren, die der Organismus nicht selbst herstellen kann und über die Nahrung aufnehmen muss, und 12 nicht essenzielle. Eiweißmangel ist in Europa, anders als in Afrika, fast nicht mehr zu finden, außer bei extremen Fehlernährungen und einigen schweren Erkrankungen. Ganz im Gegenteil, unsere tierische Eiweißmast macht uns krank. Wer denkt, pflanzliches Eiweiß ist minderwertig und kräftigt nicht so gut wie tierisches Eiweiß, sitzt einer Falschinformation auf.

Als Paradebeispiel kann Patrik Baboumian genannt werden. Er gewann bei den Strongman-Meisterschaften 2011 den Titel „Stärkster Mann Deutschlands" (Bankdrücken 215 kg, Kniebeuge 310 kg, Kreuzheben 360 kg). 2015 stellte er den Weltrekord im „yoke walk" auf, indem er 560 kg über 10 m trug. Auf dem Cover seines veganen Kochbuchs steht: „Die stärksten Tiere sind Pflanzenfresser: Gorillas, Büffel, Elefanten und Ich." Mit der Aussage „ich bin schwach und brauche Fleisch", kommt man unter Belesenen nicht mehr weit.

Ungeachtet dessen spielen Proteine insgesamt für Menschen, besonders für diejenigen, die abnehmen wollen, eine große Rolle, denn Eiweiß sättigt besser als Fette und Kohlenhydrate. Außerdem lassen Proteine den Blutzuckerspiegel nicht ansteigen, wodurch die Bauchspeicheldrüse kein Insulin ausschüttet. Bei einem niedrigen Insulinspiegel wird Fett (auch über Nacht) verbrannt. Deshalb kann eine proteinreiche Abendmahlzeit die Gewichtsabnahme unterstützen.

Proteine können im Gegensatz zu Fetten und Kohlenhydraten nicht gespeichert werden, deshalb benötigen wir eine kontinuierliche Zufuhr (Michalsen, 2019). Diese sollte vorzugsweise durch pflanzliche Proteine abgedeckt werden, denn die regelmäßige Zufuhr hoher Mengen tierischer Proteine fördert zahlreiche Erkrankungen. Ja, das einst aristokratische Privileg ist bei täglichem Konsum gesundheitsschädigend. Tierische Proteine führen u. a. zu Herzinfarkt, Schlaganfall, Bluthochdruck, Arthrose, Arthritis, Darm-, Brust-, Prostatakrebs und neurodegenerativen Erkrankungen wie Demenz. Der Sonntagsbraten sollte wieder zum Sonntagsbraten werden, dann könnten sich viele ihre Leiden ersparen.

❯ Zu viel tierisches Protein fördert zahlreiche Erkrankungen.

Die Frage, ob weißes Fleisch (Geflügel) besser als rotes Fleisch (Rind, Schwein, Lamm) ist, ist im Allgemeinen zu vernachlässigen, da die Verzehrmenge entscheidend ist. In der Tat ist das Risiko der Entstehung von Herz- und Krebserkrankungen beim Verzehr von weißem Fleisch geringer. In weißem Fleisch werden dafür oft noch mehr Medikamentenrückstände als in rotem nachgewiesen, sofern es sich nicht um Bio-Qualität handelt (Kast, 2018).

Hoch industriell verarbeitetes Fleisch wie Wurst, Schinken, Salami, Speck, Grillwürstchen und Dosenfleisch werden von der WHO in die höchste Krebsrisikogruppe eingestuft! Ein Wiener Würstchen oder eine Scheibe Kochschinken täglich (50 g) steigern z. B. das Darmkrebsrisiko um 18 % und das Risiko für Herz-Kreislauf-Erkrankungen um 42 %. Kaum ein anderes Nahrungsmittel benötigt so viele Zusatzstoffe: Pökelsalz, Phosphate, Nitrate und viele gesättigte Fettsäuren machen die Wurst so ungesund. Nitrit kann mit den Eiweißen Nitrosamine bilden, die als kanzerogen (krebserzeugend) eingestuft werden. Die Lebensmittelchemiker haben hierfür bisher noch keine Alternative gefunden.

Bleiben wir noch einen Moment bei industriell verarbeitetem Fleisch. Werden Proteine verzuckert oder karamellisiert, z. B. wenn in einer Fritteuse Proteine in Kombination mit Kohlenhydraten oder Zucker hoch erhitzt werden wie bei einem paniertem Hähnchenschnitzel, entstehen Advanced Glycation Endproducts (AGEs), Glykoproteine. Sie fördern chronische Erkrankungen wie Diabetes mellitus Typ 2, Nierenschäden und Arteriosklerose. Das Glykoprotein Acrylamid findet sich u. a. in hoch erhitzten stärkehaltigen Nahrungsmitteln wie Pommes frites, Kroketten, Kräckern, Toastbrot, Chips und Backwaren. Acrylamid soll das Krebsrisiko steigern. Besonders bei Kindern ist Vorsicht geboten, denn sie können höhere Mengen Acrylamid aufnehmen, da sie im Verhältnis zu dem geringen Körpergewicht mehr essen als Erwachsene!

Eier sind auch nur in Maßen zu empfehlen, da das im Ei enthaltene Cholin und Phosphatidylcholin (Lecithin) von unseren Darmbakterien in Trimethylamin-N-Oxid (TMAO) umgewandelt werden kann, was das Risiko, an Arteriosklerose, Prostatakrebs und Entzündungen zu erkranken, ansteigen lässt.

Der Verzehr von Fisch ist aufgrund der enthaltenen Inhaltsstoffe wie Omega-3-Fettsäuren, Jod, Selen, Vitamin D und einige B-Vitaminen 2 Mal pro Woche zu empfehlen. Insbesondere enthalten folgende Arten für gewöhnlich wenig Blei oder Quecksilber: Forelle, Hering, Krabben, Garnelen, Lachs, Makrele, Sardellen. Auch hier empfehle ich Fische aus ökologischer statt konventioneller Aquakultur, wenn möglich.

Milch und Milchprodukte zählen ebenfalls zu den tierischen Proteinen. Im ▶ Abschn. 4.3.6 Getränke finden Sie die Empfehlungen dazu.

Die gesundheitsschädliche Wirkung von tierischen Proteinen ist in der Wissenschaft lange bekannt. Bereits Anfang der 1970er-Jahre konnte Prof. Dr. med. Lothar Wendt (1984), Wolfang-Goethe-Universität in Frankfurt am Main, den wissenschaftlichen Beweis erbringen, dass sich tierische Eiweiße in Form von Mucopolysacchariden auf der Basalmembran der Kapillaren (das sind die feinsten Blutgefäße) ablagern können, wodurch die Membranen, in denen der Stoffaustausch stattfindet, blockiert werden. Wenn die Zellmatrix durch tierische Eiweiße überfrachtet ist (Eiweißspeicherkrankheit), entstehen typische Zivilisationskrankheiten wie Herzinfarkt, Nierenleiden, Entzündungsprozesse oder Diabetes mellitus Typ 2, denn der Organismus kann so schlechter mit Nährstoffen versorgt werden. Als eine weitere Folge steigt der Blutdruck an. Fleischesser können dennoch aufatmen, denn diese Eiweißablagerungen sind bei Umstellung auf eine pflanzenkostbasierte Ernährung reversibel.

Zu einem weiteren interessanten Ergebnis kam Valter Longo, Direktor des Instituts für Langlebigkeit der University of Southern California in Los Angeles, und sein Forscherteam: Bei den Untersuchungen zur krebsfördernden Wirkung von Proteinen machten sie (und anschließend auch weitere Wissenschaftlergruppen) die Entdeckung, dass der negative Effekt der Proteine nicht auftritt oder sich sogar umkehrt, sobald sie aus einer pflanzlichen Quelle stammen. Pflanzliche Proteine haben eine andere Wirkung auf den Körper als tierische und gehen mit einem gesenkten Sterblichkeitsrisiko einher (Levine et al., 2014).

Valter Longo und sein Team fanden zudem heraus, dass vor allem Aminosäuren tierischer Herkunft den Alterungsprozess beschleunigen (Levine et al., 2014). Dafür sind vor allem das Steuermolekül „mechanistic Target of Rapamycin" (mTOR) und das Peptidhormon „Insulin-like growth factor 1" (IGF-1) verantwortlich. Proteine

4

dienen dem Aufbau des Körpers und sind der Grundbaustein für Zellwachstum. Das Steuermolekül mTOR überprüft in den Zellen, ob die Nahrungs- und Energiesituation gute Voraussetzungen für Wachstum bietet. Es reagiert vor allem auf Proteine und gibt bei einer ausreichenden Zufuhr das Signal zum Wachstum: Die Zelle wird größer, teilt sich und Gewebe wächst. Dies erklärt, weshalb Bodybuilder beim Muskelaufbau gerne zu Proteinshakes greifen. Zusätzlich regen Proteine auch den insulinähnlichen Wachstumsfaktor IGF-1 an, der wie das Insulin selbst ein Wachstumshormon ist. Das Problem hierbei ist: Wachstum ist zwar im Kindes- und Jugendalter erwünscht, doch sobald der Mensch ausgewachsen ist, fördert die Zufuhr von hohen Mengen an Proteinen (z. B. durch Proteinshakes) eine unerwünschte Art des Zellwachstums: Krebs (Michalsen, 2019).

❯❯ Ernährung beeinflusst Alterungsprozesse im Körper.

Wir können den Alterungsprozess beschleunigen oder verlangsamen, je nachdem was und wie viel täglich auf unserem Teller landet. Die Forschung an Mäusen konnte das eindrucksvoll aufzeigen: Das Lebensalter von Mäusen konnte von 100 auf 150 Wochen verlängert werden, indem der tierische Eiweißanteil von 50 % auf 5–15 % gesenkt wurde. Lebens- und Gesundheitsspanne verlängerten sich. Länger leben, länger gesund bleiben durch weniger tierisches Protein. Aus der Analyse von Ernährungsdaten konnten Longo und sein Team an 6400 Versuchspersonen ähnliche Schlüsse ableiten. Ferner war das Krebsrisiko um 20 % erniedrigt. Jedoch ab einem Alter von ca. 65 Jahren sinken die IGF-1 Level stark ab und auch die Aktivierung von mTOR in den Muskelzellen lässt nach. Dies erklärt, warum der schädliche Effekt einer tierischen proteinbetonten Ernährung ab diesem Alter geringer wird und sich teilweise sogar umkehrt (Levine et al., 2014).

Der Proteinbedarf hängt u. a. vom Alter ab. Kinder, Jugendliche und Personen ab dem 65. Lebensjahr benötigen mehr, Erwachsene weniger (0,8–1,0 g/kg Körpergewicht). Ein Mann mit einem Körpergewicht von 80 kg benötigt ca. 64–80 g Eiweiß pro Tag, das entspricht z. B. 3 Rühreiern, 150 g gekochten Linsen, 50 g Mandeln und 100 g Bergkäse über den Tag verteilt.

■ **Länger und gesünder leben durch pflanzliche Proteine**

Eine besondere Stellung nehmen bei der Versorgung mit pflanzlichen Proteinen die Hülsenfrüchte ein. Sie weisen mit 15–25 % einen überdurchschnittlich hohen Ballaststoffanteil auf, sind fettarm und enthalten je nach Sorte 25–35 % Protein (Rittenau, 2019). Das ist vermutlich auch der Grund, weshalb Hülsenfrüchte besonders satt machen und als Schlankmacher gelten. Werden Diabetiker dazu angeregt, vermehrt Hülsenfrüchte zu essen, sieht man nach wenigen Monaten, dass der Anteil an verzuckertem Hämoglobin, der Blutdruck, die Herzfrequenz und der Cholesterinspiegel sinken.

Wenn Sie bisher wenig Hülsenfrüchte auf Ihrem Speiseplan stehen hatten, sollten Sie den Konsum langsam steigern, beginnend mit 1–2 Mal pro Woche. Dadurch kann sich der Darm, der bisher eventuell eher an eine ballaststoffarme Ernährung gewöhnt war, an die ballaststoffreiche Kost gewöhnen.

Auch ein Blick auf die bereits erwähnten Blue Zones zeigt, dass die gesündesten Menschen der Welt allesamt Hülsenfrüchte aus ihrer Region auf dem Speiseplan stehen haben (▶ Abschn. 4.2.1). Hülsenfrüchte werden seit über 10.000 Jahren in unterschiedlichsten Kulturen auf dem gesamten Globus verzehrt und nehmen deshalb schon lange eine besondere Stellung in Bezug auf die Proteinversorgung des Menschen ein. Auch aus ihnen hergestellte Produkte wie Tofu und Tempeh haben eine über 1000 Jahre alte Tradition.

In Deutschland ist der Verzehr von Hülsenfrüchten in den letzten Jahrzehnten jedoch deutlich zurückgegangen. So betrug er im Jahr 1850 noch 20,7 kg und sank bis 2015 auf 0,7 kg pro Person und Jahr ab. Dabei ist die Auswahl an Sorten und Verwendungsmöglichkeiten von Hülsenfrüchten enorm. Zu den bekanntesten Sorten zählen Sojabohnen, Kidneybohnen, Kichererbsen, rote, braune, gelbe und zahlreiche weitere Linsensorten, Mungbohnen und viele mehr.

Für den Nährstoffgehalt macht es keinen Unterschied, ob die Hülsenfrüchte aus der getrockneten Form frisch zubereitet werden oder aus einem Glas bzw. einer Dose stammen. Die beiden Letztgenannten enthalten lediglich viel Salz, das aber durch das Abwaschen unter fließendem Wasser um bis zu 40 % reduziert werden kann.

Was die Verträglichkeit von Hülsenfrüchten betrifft, konnte in 3 Experimenten nachgewiesen werden, dass weniger als die Hälfte der Teilnehmenden beim Konsum von Hülsenfrüchten zu Beginn des Experiments unter Verdauungsbeschwerden litt. Innerhalb des 8-wöchigen Untersuchungszeitraums nahm die Verträglichkeit zu, sodass am Ende 97 % der Probanden beschwerdefrei waren. Dies heißt für die Praxis: Probieren Sie Hülsenfrüchte gerne über einen längeren Zeitraum aus, auch wenn sie anfangs schwer verdaulich sein sollten. Mit den folgenden Tipps und etwas Gewöhnungszeit, wird Ihr Körper für dieses gesunde Lebensmittel dankbar sein (Rittenau & Copien, 2022).

Praxistipp: Die Verträglichkeit von Hülsenfrüchten erhöhen
- Weichen Sie die Hülsenfrüchte vor dem Kochen ein, gerne bis zu 8 h. Geben Sie dem Einweichwasser eine Prise Natron hinzu.
- Salz bitte erst nach dem Kochen zugeben.
- Geben Sie verdauungsförderliche Gewürze wie Kreuzkümmel, Zimt, Kurkuma, Ingwer, Dill, Petersilie, Minze, Anis, Thymian oder Fenchelsamen zu den Hülsenfruchtgerichten.
- Verwenden Sie zu Beginn bevorzugt leicht verdauliche Hülsenfrüchte wie Mungbohnen oder rote Linsen.

Pflanzliche Brotaufstriche bieten leckere und gesunde Alternativen zu Wurst oder Käse. Sie sind in der Regel schnell und einfach zuzubereiten. Bei gekauften Brotaufstrichen können viele Zusatzstoffe enthalten sein, daher möchte ich Sie einladen, folgendes Rezept auszuprobieren.

Praxisübung: Pflanzlicher Brotaufstrich – Hummus selbst gemacht
Zutaten für ca. 400 g Brotaufstrich/Dip:
- 3 EL Tahin (Sesampaste)
- 350 g gekochte Kichererbsen (alternativ aus dem Glas oder der Dose)
- Eine kleine Tasse Gemüsebrühe (in warmem Wasser löst sich das Pulver besser)
- Saft 1 Zitrone oder Limette

4

- ━ Salz, Pfeffer, Kreuzkümmelpulver
- ━ Optional: 1–2 Knoblauchzehen, 1 Chilischote (fein gehackt) oder Paprikapulver rosenscharf
- ━ Olivenöl extra vergine

Zubereitung:

Alle Zutaten in einem Mixer verrühren und so viel Gemüsebrühe verwenden, bis eine cremige Konsistenz erreicht ist. Zum Schluss einen Schuss Olivenöl unterrühren.

Hummus eignet sich auch hervorragend als Dip für Apfel- oder Gurkensticks sowie Karotten oder Stangensellerie. Ein gesunder Snack zwischendurch oder am Abend. Nach dem Verzehr bitte im Kühlschrank aufbewahren und innerhalb von 3 Tagen verbrauchen.

Wer allerdings unter Gicht leidet, sollte Vorsicht beim Verzehr von Hülsenfrüchten (vor allem bei Erbsen, dann weiße Bohnen und Linsen) walten lassen. Sie enthalten Purine, die vom Körper zu Harnsäure abgebaut und bei Gichtkranken nur ungenügend über den Urin ausgeschieden werden.

Den Gesundheitswert verschiedener pflanzlicher und tierischer Proteinquellen können Sie in einer einseitigen Übersicht unter ▶ http://www.recalibration.de downloaden. Linsen, Kichererbsen, Bohnen, Pilze und Nüsse führen die schützenden Proteinquellen an. Rotes oder weißes Fleisch sowie Wurst und Wurstprodukte zählen zu den schädlichen Proteinquellen.

Praxistipp: Mehr pflanzliche statt tierische Proteine
- ━ Geben Sie wann immer möglich einer pflanzlichen Proteinquelle den Vorzug vor einer tierischen. Eine besondere Rolle spielen hierbei die Hülsenfrüchte, die am besten täglich auf dem Speiseplan stehen sollten. Probieren Sie die verschiedenen Sorten und auch die unterschiedlichen Zubereitungsformen von Hülsenfrüchten aus (z. B. als Aufstrich in Hummus oder herzhafte Beilage in Räuchertofu).
- ━ Was den Gesundheitsgrad von Fleisch betrifft, lässt sich eine klare Hierarchie erstellen: Fettiger Fisch und Meeresfrüchte sind am gesündesten, danach kommt weißes Fleisch wie Bio-Hähnchen und Bio-Pute. Rotes Fleisch (Schwein, Rind) sollten nur sehr selten und möglichst in unverarbeiteter Form (keine Wurst, Hotdogs etc.) auf der Speisekarte stehen.
- ━ Reduzieren Sie Ihren Konsum von tierischen Proteinen langsam und genießen Sie es, leckere pflanzliche Alternativen zu entdecken.
- ━ Wenn Sie den herzhaften Geschmack (des Fleischs) vermissen sollten, bietet es sich an, Lebensmittel mit umami Geschmack zuzubereiten: Austernpilze mit Knoblauch, Sellerieschnitzel, Tomaten, reifer Käse, fermentierte Lebensmittel (Sojasoße, Miso) etc.

→ Achtung Fehlinformation: Pflanzliches Eiweiß sei minderwertig:
- ━ Pflanzliches Eiweiß ist genauso wertvoll wie tierisches, wenn verschiedene pflanzliche Eiweißquellen miteinander kombiniert werden (z. B. Hülsenfrüchte mit Vollkorngetreide und proteinreichem Gemüse wie Brokkoli). Wie ausführlich dar-

gelegt, bringen tierische Proteine zahlreiche negative Effekte mit sich, während pflanzliche Proteine schützend wirken.

— Keine Angst vor Proteinmangel: Wenn Sie eine normale, vollwertige Ernährung zu sich nehmen, brauchen Sie keine Angst vor Proteinmangel haben. Im Gegenteil: Ein übermäßiger Konsum kann schädlich sein.

Sie wollen sich den pflanzlichen Proteinen cineastisch nähern? Ich habe für Sie spannende Filme ausgewählt. Die Filmtipps können Sie downloaden unter ▶ http://www.recalibration.de.

Nach der Betrachtung der 3 großen Nahrungsmittelgruppen geht es nun um die Welt der Gewürze und um ihren Gesundheitsgehalt.

4.3.5   Salz und Gewürze: guter Geschmack in der eigenen Küche

Neben den Hauptnahrungsmitteln wie Obst und Gemüse, Getreide, Fetten und Proteinen spielen auch Salz und Gewürze eine große Rolle in jeder Küche und damit auch für unsere Gesundheit. Mit den richtigen Würztechniken kann eine gesunde Ernährungsweise um ein Vielfaches aufgewertet werden und gleichzeitig für besondere Geschmackserlebnisse sorgen.

Der Salzkonsum liegt in Deutschland pro Kopf bei 8–12 g am Tag, 4–6 g wären eigentlich optimal. Weltweit ist etwa ein Drittel der Menschen salzsensitiv und reagiert mit einer Blutdrucksteigerung auf Salzzufuhr. Deshalb ist es nicht verwunderlich, dass zu viel Salz als Ernährungsfehler Nummer eins in der Global Burden of Disease Study auftaucht (Michalsen, 2019).

Dabei ist der Salzstreuer auf dem Essenstisch nicht das Hauptproblem. Fertigprodukte, Wurst, Chips, aber auch Lebensmittel wie Brot enthalten häufig sehr viel Salz, oft mehr als uns bewusst ist. Wenn Sie industriell hergestellte Lebensmittel, Fertiggerichte und Fast Food meiden, ist daher bereits viel gewonnen. Greifen Sie in der eigenen Küche am besten zu Gewürzen statt Salz, um Ihrem Speisen einen kräftigen Geschmack zu verleihen. Zusätzlich können folgende Tipps hilfreich sein.

Praxistipp: Klug salzen
— Geben Sie sich Zeit, um sich an den Geschmack von salzärmeren Speisen zu gewöhnen. In der Regel dauert dies einige Wochen.
— Salzen Sie direkt am Teller, nicht im Topf. So befinden sich die Salzmoleküle auf der Oberfläche des Gerichts und schmecken intensiver.
— Verwenden Sie Misopaste oder Sojasauce anstelle von Salz. Diese schmecken zwar auch salzig, sind aber aufgrund der Fermentation förderlicher für die Gesundheit.
— Verwenden Sie qualitativ hochwertiges Steinsalz. Normales Speisesalz schmeckt oft dumpf, weil Stoffe wie Rieselhilfen hinzugefügt wurden. Dadurch regt es zu einer vermehrten Verwendung an. Meersalz ist ebenfalls eine Alternative, doch heutzutage leider in immer größeren Mengen von Mikroplastik belastet.
— Kräutersalz können Sie in Ihrer Küchenmaschine schnell und einfach selbst herstellen.

4

Gewürze und Kräuter haben neben einem guten Geschmack den Vorteil, dass sie die antioxidative Kraft von Gerichten erheblich steigern, entzündungshemmend, appetitanregend und verdauungsfördernd wirken (Teuscher, 2018). Gewürze werden zur Verfeinerung von Gerichten schon seit über 7000 Jahren verwendet. Heutzutage macht es in Bezug auf den Gesundheitswert wenig Unterschied, ob Kräuter und Gewürze frisch oder tiefgefroren verwendet werden.

> **Praxistipp: Kräuter und Gewürze richtig lagern und verarbeiten**
> - Legen Sie sich einen Kräutergarten auf der Fensterbank oder im Garten zu: Schnittlauch, Dill, Basilikum, Majoran, Thymian etc. Dann sind Sie immer frisch versorgt.
> - Kaufen Sie Gewürze möglichst immer unzerkleinert und malen oder schneiden Sie sie frisch. In einem Mörser mit Stößel zerkleinerte Gewürze haben eine unvergleichliche Geschmacks- und Geruchsintensität, die Sie sicherlich zu schätzen lernen.
> - Lagern Sie getrocknete Kräuter und Gewürze stets trocken, lichtgeschützt und luftdicht.
> - Bestücken Sie Ihr Gefrierfach mit unterschiedlichen Kräutern. So haben Sie immer einen Vorrat.
> - Hacken Sie frische Kräuter unmittelbar vor der Verarbeitung und nicht nass, weil sonst die wasserlöslichen Aromastoffe leichter verloren gehen.
> - Hitzeempfindliche Kräuter wie Basilikum, Kerbel oder Borretsch sollten erst kurz vor dem Ende der Garzeit zum Gericht gegeben werden.
> - Kräuter wie Rosmarin, Majoran, Estragon, Thymian, Salbei und Lorbeer entfalten ihren Geschmack erst durch die Einwirkung von Hitze. Sie sollten deshalb mindestens 15 min mitgegart werden.
> - Pulverisierte Gewürze wie frisch gemahlener Pfeffer sollten erst am Ende der Garzeit hinzugegeben werden. Indische Gewürze, wie z.B. gemahlener Kreuzkümmel, Koriander, Kurkuma, Garam Masala, werden hingegen am Anfang in Ghee oder Kokosöl angebraten.

4.3.6   Getränke: Flüssigkeit mit großer Wirkung

Neben der Nahrung spielt zweifellos auch die Getränkeauswahl eine große Rolle bei einer gesunden Ernährungsweise. Wie bereits in den vorausgegangenen Abschnitten dargelegt, können Smoothies, Fruchtsäfte und vor allem Softdrinks aufgrund ihres hohen Zuckergehalts zu erheblichen Schäden und negativen Prozessen (übermäßige Insulinausschüttung mit anschließendem gegenregulatorischem Absinken unter normale Blutzuckerwerte) im Körper beitragen. Wasser ist hingegen zweifellos das gesündeste Getränk und für den Körper unverzichtbar, ungesüßter Kräutertee steht auf dem Siegertreppchen gleich daneben.

■ Wasser

Wenden wir uns dem Wasser zu: Wasser gilt als Elixier des Lebens. Wasser erfrischt, belebt und schenkt uns Leben. Nahrungsmittelverzicht halten wir über einen sehr langen Zeitraum aus, doch ohne Wasser, im Sinne einer Flüssigkeitsaufnahme, können wir nicht viel länger als 3 Tage überleben. Der menschliche Körper besteht je nach Alter bei Babys bis zu 80 %, bei normalgewichtigen Erwachsenen je nach Geschlecht zwischen 55 und 70 % und bei Senioren zu etwa 50 % aus Wasser.

Ein Glas Wasser, das 20 min vor dem Essen getrunken wird, sättigt und regt den Stoffwechsel an. Dadurch fallen die Gewichtsstabilisation oder -reduktion leichter. Während des Essens und kurz davor sollte hingegen nicht getrunken werden, um die Verdauungskraft nicht durch die Verdünnung der Verdauungssäfte zu schwächen. Leider wird schon im Kindesalter ein falsches Verhaltensmuster angelegt. Die Eltern haben die positive Absicht, die Trinkmenge der Kinder kontrollieren zu wollen, und zu den einfachen Methoden zählt die Flüssigkeitsgabe während des Essens. Darüber hinaus wird im Erwachsenenalter häufig zu wenig gekaut (jeden Bissen zwischen 30 und 50 Mal!), sodass der Speisebrei nicht ausreichend eingespeichelt wird. Dies hat zur Folge, dass die Kohlenhydratvorverdauung durch die Alpha-Amylase Ptyalin, die langkettige Stärkebestandteile in kürzere Oligosaccharide spaltet, nicht ausreichend arbeiten kann und die Nahrung gefühlt schwerer im Magen liegt. Stress, Rauchen, trockene Luft und andere Erkrankungen reduzieren die Speichelmenge ebenfalls und tragen zum „Herunterspülen" des Essens bei.

Ergänzend dazu führt Flüssigkeitsmangel zu Konzentrationsmangel und Leistungsabfall, er macht müde und erschöpft. Bei gesunden Menschen lässt sich durch den Konsum von 5 Gläsern Wasser am Tag eine gewisse Schutzwirkung vor Herz- oder Gefäßerkrankungen erreichen. Ausreichend Flüssigkeit schützt vor Nierensteinen, wiederkehrenden Blasenentzündungen und Blasenkrebs. Gleichzeitig können zu große Mengen Wasser zu einer Volumenüberlastung der Gefäße führen, die Herz-Kreislauf-Funktion beeinträchtigen und den Blutdruck erhöhen. Mehr Flüssigkeit bedeutet auch mehr Arbeit für die Nieren. Dies führt uns zu der Frage, wie viel sollten wir trinken?

Häufig werden Richtwerte zwischen 1,5 und 2 l täglich empfohlen. Dies sollte etwas differenzierter betrachtet werden: Jeder Körper hat einen unterschiedlichen Flüssigkeitsbedarf: Sportler, Schwangere, Schwitzende etc. Daneben spielen Körpergewicht, Größe sowie Alter, Salzgehalt der verzehrten Speisen und Erkrankungen wie Herz- oder Nierenerkrankungen eine Rolle. Darüber hinaus beeinflusst das über die Nahrung aufgenommene Wasser die Gesamtflüssigkeitszufuhr pro Tag: Es macht einen Unterschied, ob Sie Käsebrot zum Frühstück, Nudeln mit Pesto zum Lunch und Pizza zum Abendessen verspeisen oder ob auf Ihrem Speiseplan Müsli mit Obst und Jogurt zum Frühstück, Suppe oder Indisches Curry zum Mittag und gegrilltes Gemüse mit einem großen Salat und ein Fruchtteller als Dessert am Abend stehen.

▶ Die Gesamtflüssigkeitszufuhr über Getränke und Nahrung pro Tag ist relevant.

Eine Zufuhr von 2,5–3 l Gesamtflüssigkeit ist für einen Erwachsenen ohne sportliche Belastung ein guter Anhaltspunkt. Wichtig zu wissen ist ferner, dass wir über Urin, Stuhl, Atem und Schwitzen täglich bei normaler Belastung bis zu 3 l Wasser verlieren.

4

> **Praxischeck: Reicht meine tägliche Gesamtflüssigkeitsaufnahme aus?**
> Es gibt mehrere Möglichkeiten dies zu testen:
> - Wenn Sie 2 Gläser Wasser trinken und innerhalb von 1 h auf der Toilette eine relativ gleiche Menge Urin lassen müssen, der eher hell ist, ist Ihr Wasserhaushalt gut eingestellt. Der Urin nimmt bei Flüssigkeitsmangel eine dunklere Färbung an.
> - Ziehen Sie für ein paar Sekunden ein wenig Haut von Ihrem Handrücken zwischen Zeigefinger und Daumen nach oben. Wenn die Haut nach dem Loslassen direkt wieder in ihre Ursprungsform zurückgeht, haben Sie ausreichend Wasser zu sich genommen. Wenn nicht, benötigt Ihr Körper mehr Flüssigkeit.
> - Auch mittels Hämatokritwert lässt sich eine Aussage zur Flüssigkeitsmenge treffen. Dieser Laborparameter beschreibt den Anteil der Blutzellen im Gesamtblut und daher die Fließfähigkeit des Blutes. Wenn das Blut zähflüssiger und langsamer fließt, steigt das Risiko für Thrombosen und Schlaganfall. Ein zu hoher Wert (geschlechts- und altersabhängig) kann u. a. auf eine zu geringe Flüssigkeitszufuhr hindeuten.

■ **Kaffee**

Während Wasser zweifellos als gesundes Getränk wahrgenommen wird, hat Kaffee in den letzten Jahren einen spektakulären Imagewandel hingelegt. Im 19. und 20. Jahrhundert wurde er als Stärkungsmittel sehr geschätzt, dann folgte eine Phase, in der Kaffee wegen seines Koffeingehalts in Verruf geraten ist. Der Koffeingehalt variiert je nach Sorte, Röstverfahren und Zubereitung. Mittlerweile zeigt die Datenlage, dass mit dem schwarzen Getränk einer Vielzahl an Krankheiten vorgebeugt werden kann, z. B. diversen Formen von Krebs bis hin zu Parkinson. Kaffee hat möglicherweise sogar einen lebensverlängernden Effekt. Doch die schlechte Nachricht für alle Cappuccino-Liebhaber ist: Der positive Effekt von Kaffee wird durch Kuhmilch bzw. tierische Milch und Zucker leider aufgehoben, da die Antioxidanzien dadurch unbrauchbar gemacht werden. Wenn Sie stattdessen eine pflanzliche Milch wie Hafer oder Soja wählen oder den Kaffee schwarz trinken, bleibt er erhalten. Neuere Forschungsergebnisse bestätigen weitere positive Effekte: Die über Hundert Substanzen im Kaffee hemmen das Enzym mTOR, das u. a. Zellwachstum und -alterung steuert sowie den Recycling-Prozess (Autophagie) der Zellen beeinflusst (▶ Abschn. 4.4.3). Darüber hinaus können Entzündungsprozesse im Körper positiv reguliert werden. Ob der Kaffee Koffein enthält oder nicht, scheint die gesundheitsförderliche Wirkung wenig zu beeinflussen.

Gleichzeitig ist es nicht ratsam, Kaffee zu trinken, wenn man unter erhöhter Stressbelastung, Ermüdungserscheinungen oder Schlafstörungen leidet. Das Getränk aus der Bohne ist nervenstoffaktiv und schlichtweg ein Suchtmittel. Koffein wirkt wie Adrenalin, es bereitet uns auf eine Gefahr vor und als eine positive Folge steigt unsere Konzentrationsfähigkeit. Kurzfristig kann das eine sinnvolle Strategie sein. In stressigen Zeiten kann die Erwartung, dass das Koffein puscht und die Anforderungen so leichter zu bewältigen sind, dazu führen, dass das Bedürfnis nach einer dringend notwendigen Pause oder nach mehr und qualitativ erholsamerem Schlaf überdeckt und vernachlässigt wird. Mehr zum Thema Koffein und Schlafprobleme finden Sie in ▶ Abschn. 3.3.4.

■ **Tee**

Grüner Tee hat im Gegensatz zu Kaffee eine stressreduzierende Wirkung und wird darüber hinaus mit zahlreichen gesundheitsförderlichen Eigenschaften in Verbindung gebracht, da seine Inhaltsstoffe hoch antioxidativ wirken, wie viele internationale Studien bestätigt haben. Enthalten sind die Vitamine A, C, B_2, B_{12}, Kalzium, Zink, Magnesium, Fluorid und Kupfer. Die medizinische Wirkung tritt erst vollständig ein, wenn Sie den Tee vorab 10 min ziehen lassen. In diesem Fall kann der Tee allerdings bitter und intensiv schmecken. Als Heilmittel wird er in Asien seit mehr als 5000 Jahren eingesetzt.

Grüner Tee aus Japan enthält in der Regel mehr als 200 sekundäre Pflanzenstoffe in Form von Polyphenolen, wasserlöslichen Polyphenolen, verschiedenen Katechinen (das bekannteste ist Epigallocatechin-3-gallat, EGCG) und Flavonoiden. Schwarzer Tee enthält deutlich weniger sekundäre Pflanzenstoffe. Täglich 2–3 Tassen Grüner Tee können den Blutdruck, den Cholesterin- und den Blutzuckerspiegel senken, Karies vorbeugen und sogar bei der Gewichtsabnahme helfen. Letztere Wirkung lässt sich darauf zurückführen, dass die Kombination von Koffein und Katechinen die Aktivität des Enzyms Alpha-Amylase reguliert, das eine zentrale Bedeutung bei der Umwandlung von Stärke in Zucker einnimmt. Die Teesorten Sencha oder Bancha werden beim Wunsch der Körperfettreduktion empfohlen. EGCG verbringt im Labor wahre Wunder: Mit ihm lässt sich das Wachstum diverser Krebszellen stoppen. Die Forschung arbeitet daran, diese positiven Effekte auch außerhalb der Petrischale zu erreichen.

Auch alle anderen Tees, vor allem Kräutertees, sind sehr empfehlenswert. Achten Sie darauf, Sorten zu wählen, denen keine Aroma- oder Süßstoffe zugesetzt wurden. Außerdem ist es ratsam, in Bio-Qualität zu investieren. Wenn Teeblätter gespritzt werden, landen die Rückstände automatisch auch in Ihrer Tasse.

■ **Milch**

Milch ist ein wahrer Wachstumsbeschleuniger. Das kann bei Babys eindrucksvoll beobachtet werden. Sie verdoppeln durch (Mutter-)Milch im ersten Lebensjahr Körpergröße und -gewicht. Bis vor einigen Jahren galt sie noch als günstig für die Gesundheit und Ernährungswissenschaftler waren beeindruckt von ihrem hohen Gehalt an Vitaminen, Mineralstoffen und Proteinen. Diese Eigenschaft wirkt sich bei erhöhtem Konsum von mehr als 3 Gläsern täglich im Erwachsenenalter allerdings negativ aus, da interzelluläre Wachstumsprozesse durch mTOR (Kapahi et al., 2010; Melnik, 2021), aber auch durch das Wachstumshormon IGF-1 (Qin et al., 2009; Watling et al., 2021) angekurbelt werden. Diese beschleunigen wiederum diverse Alterungsprozesse. Zudem kann dadurch das Tumor- und Krebswachstum gefördert werden (Allen et al., 2008; Melnik, 2017, 2021). Der Mensch ist das einzige (!) Lebewesen, das noch im Erwachsenenalter Milch trinkt und außerdem regelmäßig auf artfremde Milch, also Kuh-, Ziegen- oder Schafmilch, zurückgreift.

Milch ist ein Wachstumsbeschleuniger.

4

Die Fehlinformation, dass Milch für starke Knochen wichtig ist, hält sich trotz gegenteiliger Datenlage hartnäckig. Für eine schwedische Studie wurden insgesamt 61.433 Frauen im Alter von 39 bis 74 Jahren und 45.339 Männer im Alter von 45 bis 79 Jahren nach ihren Ernährungsgewohnheiten befragt und teilweise über einen Zeitraum von ca. 13 Jahren beobachtet. Das Ergebnis zeigte, dass Männer mit erhöhtem Milchkonsum nicht weniger Knochenbrüche hatten als solche, die wenig Milch tranken. Bei Frauen mit einem hohen Milchkonsum konnten sogar mehr Knochenbrüche nachgewiesen werden (Weber, 2014a). Erschreckend war außerdem, dass die Sterblichkeit der Frauen mit jedem Glas mehr konsumierter Milch um 15 % zunahm im Vergleich zu Frauen, die weniger als 1 Glas Milch am Tag tranken. Bei Männern konnte ebenfalls eine erhöhte Sterblichkeitsrate gefunden werden, aber in etwas geringerem Ausmaß (Weber, 2014a). Die Datenlage spricht so überzeugend gegen Milch, dass die kanadische Regierung seit 2019 Milch den Proteinen zuordnet und keine tägliche Aufnahme mehr empfiehlt.

Wenn Sie täglich etwas tierische Milch in Ihrem Müsli oder Kaffee genießen, besteht wenig Grund zur Sorge. Am besten sollten Sie traditionell hergestellte pasteurisierte und nicht homogenisierte Bio-Frischmilch (noch besser: Weidemilch oder Heumilch) in dunklen (nicht transparenten) Glasflaschen verwenden, damit die lichtempfindlichen Vitamine erhalten bleiben. Der Fettgehalt ist zu vernachlässigen. Wenn Sie pflanzliche Milch probieren wollen, empfehlen wir Ihnen selbstgemachte Cashew- oder Mandelmilch. Die Rezepte hierfür finden Sie unter ▶ http://www.recalibration.de.

Im Gegensatz zu Milch sind fermentiere Milchprodukte wie Joghurt und Kefir aufgrund ihrer Milchsäurebakterien sehr empfehlenswert, Käse und Quark sind empfehlenswert.

■ **Alkohol**

Kommen wir nun vom Frühstücksgetränk zum Dämmershoppen. Folgendes singt Herbert Grönemeyer seit 1984 in dem Song „Alkohol":

》 Alkohol ist dein Sanitäter in der Not
Alkohol ist dein Fallschirm und dein Rettungsboot
Alkohol ist das Drahtseil, auf dem du stehst
Alkohol ist das Schiff, mit dem du untergehst

Unter welchen Voraussetzungen ist Alkohol ein Rettungsboot und wann das Schiff, mit dem wir untergehen? Alkohol ist zweifelsohne das sozial akzeptierteste Suchtmittel. Bei sozialen Anlässen muss man sich eher rechtfertigen, warum man keinen Alkohol trinken möchte.

Die Wissenschaft ist eine Wissenschaft, die Wissen schafft. Und dies beständig. Nicht selten werden einstige Forschungsergebnisse durch den Einsatz neuer Verfahren und Methoden später widerlegt. Und dies trifft auch für Alkohol zu. Lange galt die Annahme, dass ein geringer Alkoholkonsum, besonders in Form von Rotwein, förderlich für die Gesundheit sei. Der rote Traubensaft soll das Herz-Kreislauf-Risiko senken können, da es zu einem Anstieg von HDL-Cholesterin (HDL = „high-density lipoprotein") beiträgt. Laut der Ergebnisse alter Studien sollen die in Alkohol enthaltenen Polyphenole antioxidative Eigenschaften aufweisen und gegen Krebs wirken. Resveratrol, das hauptsächlich in den Schalen der Weintrauben, aber auch in Himbeeren, Pflaumen oder Erdnüssen zu finden ist, soll das Tumorwachstum verlangsamen und sogar lebensverlängernd wirken, da es den Alterungsprozess der Zellen positiv beeinflusst. Rotwein, der länger mit der Schale vergoren wird, enthalte besonders viel Resveratrol, worauf seine positive Wirkung zurückzuführen sei.

Eine neuere Studie von Richard Semba und seinen Kollegen von der John Hopkins University kommt allerdings zu dem Ergebnis, dass das mit der westlichen Ernährung aufgenommene Resveratrol weder einen signifikanten Einfluss auf die Langlebigkeit noch auf die Entstehung von Entzündungsprozessen, Krebs und Herz-Kreislauf-Erkrankungen hat (Semba et al., 2014). Professor Huige Li von der Universitätsmedizin Mainz merkt hierzu einschränkend an, dass durch die Studie nur die Wirkung von Resveratrol im Wein untersucht wurde und nicht die Wirkung des Wirkstoffs an sich (Weber, 2014b). Dazu muss man wissen, dass Nahrungsergänzungsmittel bis zu 100 Mal mehr Resveratrol enthalten, als über die Nahrung aufgenommen werden kann. Es bleibt abzuwarten, welche weiteren Forschungsergebnisse sich zu diesem Thema noch ergeben werden.

Neue Studien kommen zu dem Ergebnis, dass der Konsum von Alkohol nicht gesund ist und keinen gesundheitsförderlichen Effekt mit sich bringt, auch nicht in kleinen Mengen. Alkohol ist ein Zellgift, das jedes Organ im Körper schädigen kann und zudem abhängig macht, so die Bundeszentrale für gesundheitliche Aufklärung (BZgA, 2022).

> Alkohol ist auch in kleinen Mengen gesundheitsschädigend!

Bei Frauen reagiert das Brustgewebe auf das toxische Abbauprodukt von Alkohol, das Acetaldehyd, besonders empfindlich. Insgesamt geht Acetaldehyd leicht Bindungen mit unserer DNA ein und wirkt mutagen (erbgutschädigend) sowie kanzerogen (Seitz & Meier, 2007). Bei täglich erhöhtem Konsum ab 1,3 l Bier oder 0,5 l Wein steigt das Krebsrisiko um rund 400 % im Mund-, Rachen- und Speiseröhrenbereich. Daher rieten die Forscher aus den alten Studien die empfohlenen Obergrenzen unbedingt einzuhalten. Nach neuen Erkenntnissen ist eine Alkoholabstinenz unbedingt empfehlenswert, ansonsten sollte so wenig Alkohol wie möglich konsumiert werden (John & Seitz, 2018).

Alte Studien geben Empfehlungen zu Obergrenzen für einen „risikoarmen" Alkoholkonsum: Männer sollten von der leberschädigen Substanz maximal 24 g konsumieren. Für Frauen liegt die Grenze bei maximal 12 g reinem Alkohol, das entspricht ungefähr 0,33 l Bier, ca. 0,1 l Wein oder einem Schnaps. Wird mehr Alkohol konsumiert, gilt das als riskanter Konsum. Häufiges Trinken erhöht signifikant das Krebsrisiko und die Gefahr von Herz-Kreislauf-Erkrankungen (BZgA, 2022).

Alkohol hat noch weitere negative Folgen. Er hemmt die Aufnahme der hitze- und lichtempfindlichen Folsäure (Vitamin B_9) im Dünndarm sowie deren Speicherung in der Leber. Bei Arteriosklerose und anderen Erkrankungen des Herz-Kreislauf-Systems sollte auf eine ausreichende Folsäureversorgung geachtet werden. Die von der DGE täglich empfohlene Zufuhrmenge von Folsäure liegt bei 300 µg. Das wasserlösliche Vitamin findet sich z. B. in Spinat, Brokkoli und anderem dunkelgrünen Blattgemüse, Linsen, Kichererbsen, Orangen, Sonnenblumenkernen.

Nicht wenige Leistungsträger greifen am Abend zum Alkohol, entweder zur Belohnung oder weil sie sicher erhoffen, so besser vom stressreichen Arbeitstag abschalten. Dabei bleibt es in den seltensten Fällen bei den „risikoarmen" Konsummengen. Der Belohnungseffekt ist klassisch konditioniert und kann neu gesetzt wer-

4

den. Folgende Frage kann dabei helfen: Durch welche Aktivitäten kann ich mich noch belohnen? Vielleicht besteht eine Alternative darin, eine alte Lieblings-CD aufzulegen, einen guten Freund anzurufen oder zu treffen, in die Sauna zu gehen, sich Zeit für ein spannendes Buch oder eine Massage zu gönnen etc.

In Bezug auf die innere Anspannung wirkt Alkohol wie ein Betäubungsmittel und dämpft die Erregbarkeit bestimmter Nervenzellen, wodurch eine Art Entspannungseffekt eintreten kann. Doch der Abbau von Alkohol stört die Schlafqualität erheblich, was durch die Messung der Herzratenvariabilität (HRV) belegt werden kann. Wenn Sie 1 Glas Rotwein ca. 4 h vor dem Schlafengehen trinken, wird Ihr Schlaf nur in geringem Maß beeinträchtigt (mehr dazu im ▶ Abschn. 3.3.4), die übrigen gesundheitlichen Risiken können bei Alkoholkonsum nach wie vor eintreten.

> **Praxistipp: Empfehlungen zur Auswahl und dem Konsum von Getränken**
> — Wählen Sie Wasser als Getränk, um Ihren Durst zu stillen.
> — Wenn Sie den Geschmack von Wasser aufwerten möchten, können frische Beeren, Minze, Gurken- oder Zitronenscheiben für eine angenehme Abwechslung sorgen.
> — Kaffee ist in Maßen ein gesundes Getränk, aber nicht, wenn es dazu dient, eine dringend nötige Ruhepause zu übergehen.
> — Grüne Tees sind eine gute Alternative zu Kaffee, da sie leicht aktivierend wirken.
> — Ungesüßte Kräutertees sind ebenfalls eine gute Alternative zu Wasser, um den Durst zu stillen.
> — Smoothies und Fruchtsäfte sollten, wenn überhaupt, nur sehr selten genossen werden.
> — Der Konsum von Softdrinks und alkoholischen Getränken ist schon in kleinen Mengen gesundheitsschädlich. Alkohol ist ein Zellgift, das jedes Organ schädigen kann und sowohl krebserregend als auch erbgutverändernd wirkt.

4.4   Weniger essen, länger leben

» Die Gesundheit zu erhalten: Nicht bis zur Sättigung essen, sich vor Anstrengungen nicht scheuen!
   (Hippokrates, ca. 460–370 v. Chr., griechischer Arzt und Lehrer)

Seit Jahrzehnten wird in Forschung und Praxis darüber diskutiert, was Menschen essen sollten, und dabei nur selten berücksichtigt, wie und wie oft sie essen sollten. Dabei sind Antworten auf diese Fragen in Bezug auf die Gesundheit durchaus von Bedeutung. Vorweg ist Folgendes klarzustellen: Fasten darf nicht mit Hungern gleichgesetzt werden, sondern mit freiwilliger Nahrungsenthaltung. Wer noch keine Erfahrung mit dem Fasten hat, kann sich die wohltuende Wirkung einer Nahrungskarenz vermutlich nur schwer vorstellen.

Unter Fasten wird der individuelle oder gemeinschaftliche Verzicht auf bestimmte Nahrungsmittel und Getränke und/oder auch eine völlige Nahrungskarenz verstanden. Fasten ist in allen Kulturen und Religionen weit verbreitet und nicht selten eine Tradition.

Kalorienrestriktion bzw. Fasten ist in der Anti-Aging-Medizin eine der am besten untersuchten und gesichertsten Maßnahmen, um dem Alterungsprozess entgegenzuwirken. Bereits in den 1930er-Jahren entdeckten amerikanische Forscher in systematischen Fütterungsversuchen mit Laborratten, dass deren Lebenserwartung um bis zu 50 % anstieg, wenn die Zufuhr der Kalorien um 30 % reduziert wurde. Solche Versuche sind seitdem bei unterschiedlichen Spezies, von Einzellern bis Rhesusaffen, durchgeführt worden und zeigen immer das gleiche Ergebnis: Weniger Essen geht mit einem längeren Leben sowie mit einem gesteigerten Wohlbefinden und höherer Lebensqualität einher (Kleine-Gunk, 2017).

Auch wenn sich viele der Studien auf Tiere beziehen, ist aus der Grundlagenforschung am Menschen erkennbar, dass sich sowohl durch das Intervallfasten als auch durch Heilfasten (den Unterschied erkläre ich nachführend) alle Stoffwechselparameter in den Organen und Geweben auf eine beeindruckende Art und Weise verbessern. Dabei stellt sich allerdings die Frage: Warum? Immerhin ist Nahrungsentzug eine der größten Stresssituationen für den Körper.

Dies lässt sich anhand des sogenannten Hormesis-Prinzips erklären, das besagt, dass etwas „Schädigendes" stärkend auf den Körper wirken kann, solange dessen Einfluss in einem angemessenen Rahmen bleibt. Die stärkende Wirkung beim Fasten entsteht dadurch, dass sogenannte Sirtuine aktiviert werden, die Schäden an den Zellen und der DNA reparieren. Sirtuine sind eine Gruppe von Enzymen, die sich in jeder menschlichen Zelle befinden. Sie haben vielfältige Aufgaben im Körper, dazu zählen z. B. die Verbesserung des Stoffwechsels, die Dämpfung chronischer, niederschwelligen Entzündungsprozesse und die Reparatur von DNA-Schäden. Sirtuine können entweder durch Fasten oder durch bestimmte Nahrungsmittel aktiviert werden (Kleine-Gunk, 2017). Eine Liste der Sirtuinaktivatoren finden Sie unter ▶ http://www.recalibration.de.

4.4.1 Warum Fasten in unseren Genen liegt

Ein Blick auf die Evolutionsgeschichte weckt ebenfalls ein Verständnis dafür, warum die Restriktion der Nahrungszufuhr zur Natur des Menschen gehört: Phasen der Nahrungsaufnahme und des Hungers wechselten sich in der fast 100.000-jährigen Geschichte des Homo sapiens immer wieder ab. Gleichzeitig bildete eine vielseitige, pflanzliche Ernährung über Jahrtausende hinweg die Basisernährung.

Erst vor rund 12.000 Jahren (evolutiv gesehen eine sehr kurze Zeitspanne) begannen der Ackerbau, die Viehzucht und die Vorratsspeicherung. Dadurch wurde die Nahrungsaufnahme sowohl regelmäßiger als auch einseitiger. Dieser Effekt verstärkte sich nochmals Mitte des 20. Jahrhunderts, seitdem Menschen (hauptsächlich in den Industrienationen) ständigen Zugang zu Nahrungsmitteln, aber auch zu reichlich Zucker, Weißmehl, Salz und Zusatzstoffen haben.

4

❯ Unsere Stoffwechselprozesse sind seit 100.000 Jahren nahezu unverändert.[2]

Die gleichzeitige, dramatische Zunahme von Übergewicht und chronischen Krankheiten ist im Kontext der menschlichen Entwicklungsgeschichte nicht verwunderlich, denn unsere Gene und Stoffwechselprozesse haben sich seit 100.000 Jahren kaum verändert. Für unseren Körper, der Jahrtausende an Essenspausen sowie an eine abwechslungsreiche, vorwiegend pflanzliche Kost gewöhnt war, ist die heutige Ernährungsweise eher gesundheitsschädlich.

Es gibt zahlreiche Möglichkeiten, zu fasten. Ich werde im Folgenden auf die Wirkungen des Heilfastens und auf das Intervallfasten eingehen.

4.4.2 Heilfasten: Wie sich Fasten auf den Körper auswirkt

Fasten bedeutet zunächst einmal, nichts zu essen. Ohne den bewussten Entschluss, zu fasten, tun wir dies in der einen oder anderen Form täglich, vor allem während der Nacht bis zum Frühstück (Schichtdienstler ausgeklammert). Viele fasten auch in den Essenspausen, z. B. vom Frühstück bis zum Lunch – vorausgesetzt, Sie trinken weder Säfte, Kaffee mit Milch noch essen Sie Snacks o. Ä. zwischendurch. Diese Definition nimmt bei vielen Menschen den Druck und die Angst vor dem Hungern und macht deutlich, dass Essenspausen schon jetzt zu ihrem Alltag gehören. Auch wenn wir krank sind und uns nicht gut fühlen, fasten wir häufig. Kinder und Tiere fasten dann instinktiv.

❯ Es ist sinnvoll während einer Krankheit zu fasten.

Eine Heilfastenkur, die mindestens 5 und maximal 28 Tage dauert (in einigen medizinischen Programmen sogar länger), sollten Anfänger mit ärztlicher Begleitung durchführen. Aufgrund der schnellen und guten Wirkung auf den Blutdruck, die Blutzucker- und die Entzündungswerte sowie das subjektive Befinden wird das Heilfasten häufig als Neustart oder Reset bezeichnet. Zusätzlich stärkt eine solche Erfahrung bei vielen Menschen die Selbstwirksamkeit, was es ihnen im Anschluss erleichtert, langfristige Änderungen im Bereich Ernährung oder Bewegung anzugehen. Wenn eine Person allerdings an einer auszehrenden Krankheit leidet (Krebs etc.) oder bereits sehr geschwächt ist (bösartige Tumore etc.), wird vom Fasten grundsätzlich abgeraten.

Insgesamt ist die Wirkung von Heilfasten auf den gesamten Körper beeindruckend, wie Sie an der Zusammenstellung in ◻ Tab. 4.6 erkennen können.

Wenn Sie mit dem Heilfasten starten wollen, möchte ich Ihnen folgende Tipps ans Herz legen.

---

2   Es gibt einige wenige Ausnahmen der Anpassung von Stoffwechselprozessen: Die Epigenetik ermöglichte Modifikationen, die z. B. dazu geführt haben, dass die Volksgruppe der Inuit (Eskimos) fast ausschließlich von fettem Wal- und Robbenfleisch leben kann, eine Ernährungsweise, die für alle anderen Volksgruppen ungesund wäre.

◻ **Tab. 4.6**   Wirkung von Heilfasten auf den Körper. (In Anlehnung an Michalsen, 2019)

Organ(system)	Wirkungen
Schleimhäute	Die Zunge gilt als Spiegel der Darmschleimhaut und ist in den ersten Tagen stark belegt, wird schließlich aber rosa und hat keinen Belag mehr.
Gehirn und Nervensystem	– Stresshormone steigen zu Beginn des Fastens an, dann nimmt der Stresspegel ab. – Serotonin wird ausgeschüttet, die Stimmung hellt sich auf. – Fasten hat eine beruhigende, entkrampfende Wirkung auf das Nervensystem. – Die Leistungsfähigkeit wird gesteigert. – Neue Nervenzellen werden gebildet.
Herz-Kreislauf-System	– Puls, Blutdruck und Cholesterinspiegel sinken. – Die Herzratenvariabilität (HRV), ein Indikator für die Entspannung der Nerven und des Herzens, verbessert sind.
Magen-Darm-Trakt	– Magen und Darm werden entlastet. – Es bilden sich weniger Gärungsprodukte und Gifte im Verdauungstrakt. – Die Vielfalt der Darmbakterien im Mikrobiom nimmt zu. – Das Immunsystem wird entlastet. – Abgestorbenes Zellmaterial wird entfernt.
Niere	Die Niere erhöht ihre Entgiftungsleistung.
Bauchspeicheldrüse	Die Insulinproduktion wird reduziert, die Bauchspeicheldrüse kann sich erholen.
Leber	– Fettsäuren werden in Ketonkörper umgewandelt. – Das Wachstumshormon IGF-1, das das Krebswachstum begünstigt, wird reduziert. – Die Leber produziert weniger Cholesterin.
Fettgewebe	Fettreserven werden als alternative Energiequelle zur Verfügung gestellt und abgebaut.
Muskelgewebe und Gelenke	– Schmerzen in den Gelenken werden gelindert. – Entzündungsprozessen wie Rheuma und Arthritis wird entgegengewirkt. – Die Leistung der Muskeln steigert sich.

Praxistipp: Mit Fasten zu mehr Wohlbefinden
▬ Grundlegend können Sie zu jeder Jahreszeit fasten. Das Frühjahr wird von vielen gerne auch für den physischen und psychischen „Frühjahrsputz" genutzt.
▬ Ich empfehle Fasten ausschließlich mit Wasser oder Kräutertees, da Säfte, Suppen und Co. Verdauungsvorgänge in Gang setzen, die Hunger anregen können. Beim Fasten mit Wasser und Tee sind diese Effekte nicht zu beobachten.
▬ Fasten läuft in drei Phasen ab: Darmentleerung, Fasten und Fastenbrechen:
  – Die Darmentleerung kann entweder mit einem Irrigator (bei Magen-Darm-Empfindlichen) oder Glaubersalz durchgeführt werden.
  – Während des Fastens trinken Sie ausschließlich stilles Wasser und/oder Kräutertees.

- Das Fastenbrechen wird mit einem Apfel, der sehr langsam und gründlich gekaut wird, eingeleitet. Am zweiten Tag gibt es einen Apfel und ein Stück Gemüse (Gurke, Karotte etc.). Je nachdem, wie lange Sie gefastet haben, können Sie am dritten Tag ein leichtes Frühstück und eine Suppe zu sich nehmen. Steigern Sie die Nahrungsaufnahme langsam.
- Wenn Sie Medikamente nehmen, sprechen Sie vor dem Fasten mit Ihrem Arzt, da die Medikamente während des Fastens intensiver wirken können.
- Kein Alkohol, kein Nikotin, kein Kaffee oder Schwarzer/Grüner Tee!
- Gehen Sie täglich mindestens 1 h in der Natur spazieren.
- Wie lange Sie fasten, entscheiden Sie alleine anhand Ihres Wohlbefindens während des Fastens.
- In einer Gruppe fastet es sich häufig leichter und einfacher (Partner, Kollege etc.).

4.4.3 Intervallfasten: die Kur für den Alltag

Auch wenn die positive Wirkung einer Heilfastenkur beeindruckend ist, nehmen sich nur wenige Menschen die Zeit, um diese in Ruhe oder unter geführter Anleitung durchzuführen. Eine gute Alternative bildet deswegen die Methode des Intervallfastens, das auch unter dem Begriff „intermittierendes Fasten" oder in der Wissenschaft als „time restricted feeding" (TRF) bekannt ist.

Intervallfasten gehört mittlerweile zu den Ernährungstrends, ist aber keine Diät, da weder beabsichtigt wird, weniger zu essen (dies geschieht allerdings meistens automatisch), noch eine Ernährungsumstellung verlangt wird. Intervallfasten bedeutet, gezielte Essenspausen in den Alltag einzubauen und dem Körper damit die Möglichkeit zur Umstellung in den Fastenmodus zu geben.

Während der Essenspausen sollte auf jegliche Snacks verzichtet und nur kalorienfreie Getränke wie stilles Wasser und ungesüßter nicht arznelicher Tee konsumiert werden. Zusätzlich sollten mindestens 4–5 h Pause zwischen den Mahlzeiten liegen und die kalorisch dichteste Hauptmahlzeit in der Tagesmitte (zwischen 12:00 und 15:00 Uhr) stattfinden.

Die sogenannte Insulinkarenz zwischen den Mahlzeiten sorgt dafür, dass die Bauspeicheldrüse geschont und für mehrere Stunden von ihrer Arbeit entlastet wird. Der Blutzuckerspiegel bleibt dadurch im Normalbereich, und das Risiko, an Diabetes mellitus Typ 2 zu erkranken, sinkt erheblich. Außerdem hilft diese Form des Fastens bei der Gewichtskontrolle. Denn bei einem ständigen Konsum von zuckerhaltigen Lebensmitteln wird der Insulinspiegel erhöht und der Fettstoffwechsel unterbunden. Dadurch wird der Körper hormonell auf eine Gewichtszunahme eingestellt. Viele Menschen wundern sich, warum sie beim Einstieg ins Berufsleben innerhalb der ersten Jahre an Gewicht zunehmen. Dies liegt nicht nur am Bewegungsmangel durch das viele Sitzen im Büro, sondern auch am kontinuierlichen Verzehr von Süßigkeiten (Bonbons, Kekse, Geburtstagskuchen) und zuckerhaltigen Getränken (Säfte, Kaffee mit Milch, Softdrinks). Der Fettabbau wird blockiert, obwohl man gleichzeitig das Gefühl hat, nicht viel über den Tag gegessen zu haben.

Das Fasten im Alltag hilft nicht nur beim Abnehmen, sondern fördert auch die Selbstreinigung der Zellen, die Autophagie (vgl. ▶ Abschn. 4.3.6). Dies geschieht durch eine Art Recycling-Programm der Zellen, dass durch Fasten angestoßen wird. Sie ist ein intrazellulärer Prozess, bei dem zelleigenes zytosolisches Material, z. B. beschädigte Zellorganellen oder fehlgefaltete Proteine, abgebaut werden. Dabei wird der angesammelte „Müll" in den Zellen mit einer Haut umschlossen und mithilfe von Verdauungsenzymen sowie Säuren in kleine Teile zerlegt. Diese Teile werden der Neusynthese und der Energiegewinnung zur Verfügung gestellt oder ausgeschieden. Auf diese Weise bleibt die Zelle länger jung. Je mehr dieser Recycling-Prozesse im Körper ablaufen, desto jünger bleiben die Zellen und desto älter wird der Mensch. Autophagie bietet damit u. a. einen Schutz vor neurodegenerativen Erkrankungen wie Alzheimer und Parkinson sowie vor Krebs.

❯ Fasten fördert den Prozess der Autophagie.

Darüber hinaus kann Intervallfasten gegen eine Fettleber helfen und das Diabetesrisiko verringern. Entzündungsbotenstoffe werden reduziert, einer erhöhten Infektanfälligkeit entgegengewirkt und Autoimmunkrankheiten können gebremst werden. Generell hilft es bei der Prävention und Therapie von zahlreichen chronischen Krankheiten wie Herz-Kreislauf-Erkrankungen, Bluthochdruck, Arteriosklerose, chronisch-entzündlichen Darmerkrankungen, multipler Sklerose und Krebs. Allerdings stammen viele dieser Erkenntnisse aus Tierstudien und müssen noch durch weitere Humanstudien verifiziert werden.

Für die praktische Umsetzung gibt es verschiedene Fastenmethoden:
— Es ist möglich, eine Essenspause für 12, 14 oder 16 h einzulegen. Hierbei sollte jeder für sich entscheiden, wann die Pause am besten durchführbar ist. Allgemein macht es Sinn, die nächtliche Essensruhe zu verlängern und entweder morgens nicht zu frühstücken oder ein frühes Abendessen einzunehmen.
— Ebenfalls sehr beliebt ist die 5:2- Methode, bei der an 2 aufeinander folgenden Tagen der Woche nur 600 kcal (2 Mal am Tag je 300 kcal, bestehend aus Gemüse und Vollkorngetreide) verzehrt werden. An den restlichen 5 Tagen der Woche wird die Nahrungsmenge nicht verändert.

Nach einer kurzen Eingewöhnungszeit sind diese Formen des Fastens nicht nur auszuhalten, sondern sehr wohltuend. Dies liegt vor allem daran, dass Fasten zur Natur des Menschen gehört. Wenn Sie zusätzlich auf die Insulinkarenz zwischen den Mahlzeiten achten, tun Sie Ihrem Körper sehr viel Gutes.

Praxistipp: Starten Sie Intervallfasten mit Vorstufen
1. Vermeiden Sie zwischendurch und abends nach Ihrer letzten Mahlzeit Snacks und kalorienreiche Getränke.
2. Starten Sie mit 1 oder 2 Tagen in der Woche. An den anderen 5 Tagen können Sie Ihren bisherigen Rhythmus beibehalten.
3. Beginnen Sie das Intervallfasten mit einem verlängerten Nachtfasten (12 h). Anschließend können Sie entscheiden, ob ein spätes Frühstück oder ein frühes Abendessen mehr in Ihren beruflichen und privaten Alltag passt.

4. Erweitern Sie das 12-Stunden-Zeitfenster, wenn Sie merken, dass Ihnen die Essens-pause leichter fällt. Geben Sie Ihrem Körper mindestens 6 Wochen Zeit, um sich an den neuen Rhythmus zu gewöhnen, und ziehen Sie anschließend Bilanz:
   - Wie geht es Ihnen mit dem neuen Rhythmus?
   - Wie fühlen Sie sich im Vergleich zur Zeit davor?
   - Hat sich Ihr Schlaf verändert?
   - Hat sich ggf. auch Ihr Gewicht verändert?

4.5 Zusammenfassung

Wenn Sie dieses Kapitel bis zu dieser Seite gelesen haben, will ich Ihnen als Erstes einmal meinen Glückwunsch aussprechen. Sie haben auf den letzten Seiten zahl-reiche Informationen über eine gesunde Ernährung erhalten und sind damit bestens für die Umsetzung gerüstet. Gleichzeitig können so viele wichtige Informationen auch nicht leicht zu verdauen sein. Deswegen finden Sie in diesem abschließenden Kapitel alle wichtigen Erkenntnisse zusammengefasst und um einfache Ernährungs-tipps für den Alltag ergänzt.

■ **1. Essen soll Spaß machen: Genuss und Gesundheit können sich ergänzen!**
Bevor in die zahlreichen Tipps für den Alltag gestartet wird, möchte ich zuerst etwas Wichtiges klarstellen: Die Ernährung soll grundsätzlich Freude bereiten, gut schme-cken und einfach in Ihren Alltag integrierbar sein. Ist dies nicht der Fall, werden die gute Vorsätze schnell wieder über Bord geworfen. Natürlich erfordert die Umstellung auch eine gewisse Gewöhnungszeit. Sowohl das Entdecken neuer Rezepte als auch die geschmackliche Einstellung auf frische Lebensmittel anstelle von Fertiggerichten, kann anfangs etwas Geduld erfordern. Schon bald wird sich der Genuss allerdings einstellen und das neue Lebensgefühl mit mehr Energie und Wohlbefinden wirkt be-stärkend.

■ **2. Was kann ich genießen? anstatt Worauf muss ich verzichten?**
Bei einer gesunden Ernährung denken viele Menschen an Verzicht. „Ich darf keinen Zucker, kein Weißmehl und kein Steak mehr essen", ist eine Aussage die wenig moti-viert und häufig genau das Gegenteil bewirkt: Die „verbotenen" Lebensmittel haben plötzlich einen höheren Wert und sind interessanter. Dabei kann eine Ernährungs-umstellung das Tor für eine komplett neue Welt von Lebensmitteln öffnen. Allein die Vielzahl von Obst- und Gemüsesorten, die unterschiedlichen Getreide und Hülsen-früchte bieten eine so große Abwechslung, das für jeden Geschmack etwas dabei ist. Konzentrieren Sie sich auf die Lebensmittel, die Sie in Ihren Speiseplan neu auf-genommen haben, und ersetzen Sie Ihre liebsten Gerichte nach und nach mit neuen, gesünderen Alternativen.

■ **3. Die 90-10 Regel: Übertreiben Sie nicht!**
Ein Stück Torte pro Woche im Rahmen einer gesunden, vollwertigen Ernährung wirkt nicht gesundheitsschädlich. Ein Apfel pro Woche im Rahmen einer schlecht zu-sammengestellten, ungesunden Ernährung hat aber auch keinen wesentlichen gesundheitlichen Effekt. Anschließend an die vorherigen Punkte möchte ich auch

hier nochmals betonen, dass Schwarz-Weiß-Denken, strikte Ernährungsvorschriften sowie geschürte Ängste in Bezug auf bestimmte Lebensmittel die Motivation für die Umsetzung einer Ernährungsumstellung hemmen.

Deshalb möchte ich in diesem Zusammenhang das Konzept des Ernährungsmediziners Dr. Fuhrman vorstellen, der die 90-10-Regel entwickelt hat. Diese Regel besagt, dass bei etwa 10 % der aufgenommenen Lebensmittel alles erlaubt ist, wenn der Fokus bei den restlichen 90 % auf vollwertigen, gering bzw. unverarbeiteten, nährstoffreichen und möglichst pflanzlichen Lebensmitteln liegt (Fuhrman, 2016). Allein durch Beachtung dieser Regel haben Sie für Ihre Gesundheit viel gewonnen.

- **4. Betrachten Sie die Lebensmittel als Ganzes, nicht die einzelnen Nährstoffgruppen.**

Häufig verlieren sich Ernährungsratgeber darin, einzelne Makronährstoffgruppen (Kohlenhydrate, Fette und Proteine) zu verteufeln oder als Allheilmittel anzupreisen. Im Laufe dieses Kapitels haben Sie gesehen, dass jede Lebensmittelgruppe Vor- und Nachteile aufweist und je nach Lebensmittel eher gesund oder ungesund ist. Betrachten Sie bei der Auswahl Ihrer Speisen deswegen immer das Gesamtpaket: Welche Vitamine, Mineralstoffe, Spurenelemente, Enzyme und Ballaststoffe sind insgesamt enthalten? Wie hoch ist die biologische Wertigkeit? Gibt es unerwünschte Zusätze wie Aromen oder Farbstoffe?

Bei der Entwicklung dieser Betrachtungsweise werden auch die folgenden Punkte hilfreich sein.

- **5. Bevorzugen Sie Zucker in ganzen Früchten.**

Gerade die Gruppe der Kohlenhydrate macht deutlich, dass Makronährstoffgruppen nicht zu vereinheitlichen sind. Während Haushaltszucker, aber auch Traubenzucker und Fruktose in isolierter Form sehr gesundheitsschädlich sind, haben langkettige Zuckerarten wie Ballaststoffe eine gesundheitsfördernde Wirkung. Auch die Fruktose in Obst ist nicht ungesund, weil sie langsam abgebaut und von einer Menge an Vitaminen sowie Mineralstoffen begleitet wird.

- **6. Entscheiden Sie sich für Vollkorn.**

Vor allem Vollkorngetreide ist sehr gesund und sollten am besten täglich einen Platz auf dem Speiseplan finden. Kaufen Sie Vollkornbackwaren am besten bei handwerklichen Bio-Bäckereien, die dem Teig Zeit zum Ruhen geben, damit die oft unverträglichen FODMAPs abgebaut werden. Noch besser ist es, das Brot aus frischem Mehl selbst zu backen, weil hier ein Vielfaches an Nährstoffen erhalten bleibt. Nutzen Sie für einen ersten Versuch gerne die vorgestellten Rezepte.

- **7. Essen Sie den Regenbogen.**

Obst und Gemüse bilden die Basis jeder gesunden Ernährung: je bunter Ihr Teller, desto besser. Essen Sie am besten jeden Tag Nahrungsmittel in unterschiedlichen Farben, z. B. gelbe Bananen, Ananas, Paprika; rote Tomaten, Äpfel; grüne Gurken, Salate; blaue Trauben, Heidelbeeren etc.

- **8. Wählen Sie die guten Fette.**

Fett ist ein wichtiger Geschmacksträger und essenziell, um bestimmte Vitamine aufzuschlüsseln. Wählen Sie vor allem mehrfach ungesättigte Fettsäuren in Olivenöl,

4

Avocados und Nüssen sowie Omega-3 Fettsäuren in Walnüssen und -öl, Leinsamen, Leinöl oder Rapsöl. Vor allem die Omega-3-Fettsäuren können auch zur Reduktion von Übergewicht beitragen, indem sie Entzündungen im Gehirn vermindern.

■ **9. Bevorzugen Sie pflanzliche Proteine.**

Proteine sind ein wichtiger Baustein unseres Körpers und unverzichtbar für eine gesunde Ernährungsweise. Die negative Wirkung von Proteinen, z. B. eine Förderung von Krebswachstum, tritt ausschließlich bei tierischen Proteinen auf. Hülsenfrüchte bilden eine ideale pflanzliche Proteinquelle und enthalten in Kombination mit Vollkorngetreide und Gemüse alle wichtigen Aminosäuren.

■ **10. Zeigen Sie der Kuhmilch die kalte Schulter.**

Bei Milchprodukten ist nicht die Frage entscheidend, ob diese fettarm sind oder den vollen Fettgehalt haben, sondern ob sie fermentiert sind. Joghurt und Kefir sind aufgrund ihrer Milchsäurebakterien besonders empfehlenswert, Käse und Quark liegen dazwischen, größere Mengen Kuhmilch sind dagegen im Erwachsenenalter weniger empfehlenswert.

■ **11. Ersetzen Sie Salz durch Kräuter und Gewürze.**

Wählen Sie zur geschmacklichen Abrundung Ihrer Speisen vorwiegend Gewürze und Kräuter sowie Zwiebeln und Knoblauch. Salzen Sie direkt auf dem Teller und wählen Sie alternative Mittel zum Salzen wie Sojasauce und Misopaste. Aber auch der folgende Tipp wird Ihnen dabei helfen, den Salzkonsum auf ein gesundes Maß zu reduzieren, denn die größten Mengen an Salz sind in Fast Food sowie Fertiggerichten enthalten.

■ **12. Die Ernährungspyramide auf Ihrem Teller.**

Die Hälfte Ihres Tellers dürfen Sie mit Gemüse, Salat und Obst füllen. Ein Viertel Ihres Tellers sollte aus pflanzlichen Proteinen (Nüsse, Samen, Hülsenfrüchte, Eier, Käse etc.) und das letzte Viertel aus Vollkornlebensmitteln (Vollkornreis, -nudeln, -brot, Quinoa, Hirse etc.) bestehen.

■ **13. Essen Sie echtes Essen.**

Greifen Sie, wann immer möglich, zu unverarbeiteten Lebensmitteln, also zu allem, was direkt aus der Natur kommt und keine Zutatenliste benötigt (dies gilt z. B. für jedes Gemüse und Obst). Als Faustregel beim Einkaufen gilt: Das, worauf Sie im Supermarkt gleich am Eingang stoßen, oder das, was auf einem klassischen Markt angeboten wird, ist in der Regel am besten für Ihre Gesundheit. Zusätzlich sollten Sie es sich zur Gewohnheit machen, die Zutatenlisten von unbekannten Lebensmitteln zu überfliegen. Je länger die Zutatenliste ist und je mehr unverständliche Stoffe dort auftauchen (z. B. „E 284"), desto besser ist es, das Produkt im Regal stehen zu lassen.

Einige Lebensmittel sind verarbeitet, aber trotzdem gesund, z. B. Olivenöl extra native, kalt gepresstes Rapsöl, Tofu, Joghurt, Tee oder Kaffee. Bei diesen Lebensmitteln handelt es sich üblicherweise um solche mit einer Jahrtausende alten Tradition.

Zum Verzehr von „echtem" Essen zählt auch, selber mit frischen Lebensmitteln zu kochen. Die Zeit, die Sie für diesen Prozess aufwenden müssen, gewinnen Sie durch ein längeres, fitteres Leben zurück. Bereiten Sie sich für die Arbeit oder für unterwegs auf den Umstand vor, dass Sie nicht immer auf frische Lebensmittel zurückgreifen können. Nehmen Sie sich eine Box mit Ihrem Lieblingsobst, Gemüse, einem belegten Vollkornbrot oder eine Tüte Nüssen mit.

- **14. Low oder Slow Carb ist bei Übergewicht einen Versuch wert.**

Low Carb hat sich bei Übergewicht als sehr effizient zur Gewichtsreduktion erwiesen, allerdings hängt das Ergebnis vom jeweiligen Körper ab. Vor allem bei Insulinresistenz, eine häufige Folge von Übergewicht, sollten Sie auf schnelle Kohlenhydrate wie Weißbrot, Kartoffeln und Reis verzichten, vor allem aber auf Industriezucker. Dagegen sind ganzes Obst, Hülsenfrüchte und Vollkornprodukte (Slow Carb) trotzdem empfehlenswert.

- **15. Zählen Sie Stunden anstelle von Kalorien.**

Auch wenn ein Auge auf die Kalorien hilfreich sein kann, um ein Gespür dafür zu entwickeln, wie viel Energie ein Lebensmittel oder Gericht liefert, ergibt penibles Kalorienzählen schon aus dem Grund wenig Sinn, weil der Nährstoffgehalt und damit auch die Sättigung von Lebensmitteln nicht in Betracht gezogen wird. Außerdem ist eine Kalorie nicht gleich eine Kalorie, sondern wirkt in Abhängigkeit zur Tageszeit unterschiedlich auf den Organismus.

Das Intervallfasten bietet eine gute Möglichkeit, um die positiven Effekte des Fastens im Alltag zu nutzen. Legen Sie Zeitfenster im Verlauf des Tages fest, in denen Sie essen, und wiederum Zeitfenster, in denen Sie fasten.

Abends sollte mindestens 1–2 h vor dem Schlafen die Nahrungsmittelaufnahme beendet und zwischendurch auf Snacks sowie kalorienreiche Getränke (z. B. Saft oder Milchkaffee) verzichtet werden. So können sich die Bauchspeicheldrüse und das Verdauungssystem erholen, die Zellen regenerieren und Fettdepots abgebaut werden.

- **16. Wählen Sie regionale und saisonale Produkte.**

Die Reise durch die Blue Zones hat gezeigt, dass die Menschen der gesündesten Orte der Welt hauptsächlich saisonale und regionale Produkte zu sich nehmen. Auch wenn Lebensmittel aus anderen Ländern (z. B. Olivenöl, Grüner Tee oder exotische Gewürze) sehr gesund sind, sollte der größte Teil an Lebensmitteln aus der heimischen Region stammen und zur aktuellen Saison passen.

- **17. Eine gesunde Ernährung schont Ihren Geldbeutel.**

Die vorgestellten (Bio-)Lebensmittel sind nicht nur überaus gesund, sondern nebenbei auch preislich gesehen ein Gewinn. Eine gesunde Ernährung erscheint auf ersten Blick teurer als eine Tiefkühlpizza, doch der erste Eindruck trügt, denn der Nährstoffgehalt ist nicht annähernd vergleichbar.

Wissenschaftler der Harvard University entwickelten hierfür ein interessantes System: Sie setzten die Kosten von Lebensmitteln mit dem Gehalt an Nährstoffen ins Verhältnis. Nach dieser Berechnung weist unverarbeitetes Gemüse einen 6 Mal höheren Gesundheitsgegenwert zu Fertigessen auf. Gemüse statt Fleisch hat sogar einen 48 Mal höheren Nährwert für ein Drittel des Preises. Besonders viele Nährstoffe für Ihr Geld bekommen Sie, wenn Sie Hülsenfrüchte, Nüsse, Soja und Vollkornprodukte wählen und Fleisch sowie Milchprodukte im Regal liegen lassen.

■ **18. Nach der inneren Uhr essen.**

Die Chrononutrition postuliert, dass die modernen, von unregelmäßigen und durch häufige Snacks gekennzeichneten Essgewohnheiten zu einer Desynchronisierung des Ernährungsrhythmus und dem zirkadianen Rhythmus führen können. Dies wirkt sich negativ auf unseren Stoffwechsel aus. Als Folgen sind z. B. Übergewicht und das erhöhte Risiko für die Entwicklung eines metabolischen Syndroms zu nennen.

Um während des Tages konzentriert und leistungsfähig zu bleiben, darf mit einem kohlenhydrathaltigen Frühstück gestartet werden (z. B. mit einer Overnight Power Bowl; ▶ Abschn. 4.3.2). Die Hauptmahlzeit sollte das Mittagessen sein, am besten vor 16:00 Uhr. Damit Sie keine großen Insulinschwankungen haben, bevorzugen Sie Slow Carbs (Vollkornprodukte statt Weißmehlprodukte), sonst sinkt Ihre Konzentrationsfähigkeit am Nachmittag eher ab. Das frühe und leichte Abendessen sollte vermehrt aus pflanzlichen Eiweißen bestehen, da der Körper nachts Aminosäuren zur Zellerneuerung benötigt. Ein weiterer Vorteil besteht darin, dass die Fettverbrennung auf Hochtouren laufen kann. Essen Sie abends gerne auch Lebensmittel, die viel Tryptophan enthalten, da der Körper aus Tryptophan Serotonin und daraus anschließend unser Schlafhormon Melatonin aufbauen kann. Wenn Sie dazu noch ein Stück Obst essen (am besten als Vorspeise), funktioniert die Umwandlung der Stoffe noch besser. Klug essen für einen gesunden Schlaf.

Literatur

Ahrens, S. (2022). Statista: Pro-Kopf-Konsum von Zucker in Deutschland in den Jahren 1950/51 bis 2020/21.   https://de.statista.com/statistik/daten/studie/175483/umfrage/pro-kopf-verbrauch-von-zucker-in-deutschland/. Zugegriffen am 25.10.2022.

Allen, N. E., Key, T. J., Appleby, P. N., Travis, R. C., Roddam, A. W., Tjønneland, A., Johnsen, N. F., Overvad, K., Linseisen, J., Rohrmann, S., Boeing, H., Pischon, T., Bueno-de-Mesquita, H. B., Kiemeney, L., Tagliabue, G., Palli, D., Vineis, P., Tumino, R., Trichopoulou, A., Kassapa, C., … Riboli, E. (2008). Animal foods, protein, calcium and prostate cancer risk: the European Prospective Investigation into Cancer and Nutrition. *British Journal of Cancer, 98*(9), 1574–1581. https://doi.org/10.1038/sj.bjc.660433

Aune, D., Keum, N., Giovannucci, E., Fadnes, L., Boffetta, P., Greenwood, D., & Norat, T. (2016). Whole grain consumption and risk of cardiovascular disease, cancer, and all cause and cause specific mortality: systematic review and dose-response meta-analysis of prospective studies. *BMJ (Clinical Research Ed.), 353*, i2716. https://doi.org/10.1136/bmj.i2716

Blackburn, E., & Epel, E. (2017). *Die Entschlüsselung des Alterns. Der Telomer-Effekt.* Goldmann.

Bruker, M. O. (2016). *Unsere Nahrung, unser Schicksal* (49. Aufl.). Emu.

Bruker, M. O. (2022). *Zucker, Zucker. Krank durch Fabrikzucker. Von süßen Gewohnheiten, dunklen Machenschaften und bösen Folgen für die Gesundheit* (13. Aufl.). Emu.

Bundesinstitut für Risikobewertung (BfR). (2022). Gesundheitliche Risiken durch hohe Gehalte an 3-MCPD- und Glycidyl-Fettsäureestern in bestimmten Lebensmitteln möglich. Aktualisierte Stellungnahme Nr. 005/2022 des BfR vom 26. Januar 2022. https://www.bfr.bund.de/cm/343/gesundheitliche-risiken-durch-hohe-gehalte-an-3-mcpd-und-glycidyl-fettsaeureestern-in-bestimmten-lebensmitteln-moeglich.pdf. Zugegriffen am 08.09.2022.

Bundeszentrale für gesundheitliche Aufklärung (BZgA). (2022, 23. September). Ist Rotwein gesund? Ein Alkoholmythos auf dem Prüfstand. https://www.kenn-dein-limit.de/fakten-ueber-alkohol/ist-rotwein-gesund/. Zugegriffen am 25.08.2022.

Deutsche Gesellschaft für Ernährung (DGE). (2011). Mittelkettige Triglyceride für die Adipositastherapie nicht empfehlenswert. DGEinfo (02/2011) 18–21. https://www.dge.de/wissenschaft/weitere-publikationen/fachinformationen/mittelkettige-triglyceride-adipositastherapie/. Zugegriffen am 25.10.2022.

Deutsches Krebsforschungszentrum. (2019, 17. Oktober). Ernährung und Krebsvorbeugung. Kann gesunde Kost das Krebsrisiko senken? https://www.krebsinformationsdienst.de/vorbeugung/krebs-
vorbeugen/ernaehrung-praevention/index.php. Zugegriffen am 25.08.2022.

Fardet, A. (2010). New hypotheses for the health-protective mechanisms of whole-grain cereals: what is
beyond fibre? *Nutrition Research Reviews, 23,* 65–134. http://archive.wphna.org/wp-content/
uploads/2015/10/2010-Nutrition-Research-Reviews-Fardet.pdf

Fothergill, E., Guo, J., Howard, L., Kerns, J. C., Knuth, N., Brychta, R., Chen, K. Y., Skarulis, M., Walter, M., Walter, P. J., & Hall, K. D. (2016). Persistent metabolic adaptation 6 years after „The Biggest Loser" competition. *Obesity (Silver Spring, Md.), 24*(8), 1612–1619. https://doi.org/10.1002/
oby.21538

Fuhrman, J. (2016). *Eat to Live: Das wirkungsvolle, nährstoffreiche Programm für schnelles und nach-
haltiges Abnehmen.* Unimedica.

GBD 2017 Diet Collaborators. (2019). Health effects of dietary risks in 195 countries, 1990–2017: A
systematic analysis for the Global Burden of Disease Study 2017. *The Lancet, 398*(10184), 1958–
1972. https://doi.org/10.1016/S0140-6736(19)30041-8

Hall, K. D. (2021). Energy compensation and metabolic adaptation: „The Biggest Loser" study reinter-
preted. *Obesity (Silver Spring, Md.), 30*(1), 11–13.

Jackson, C. L., & Hu, F. B. (2014). Long-term associations of nut consumption with body weight and
obesity. *The American Journal of Clinical Nutrition, 100*(1), 408–411.

John, U., & Seitz, H. K. (2018). Alkoholumgang: Konsum bedeutet immer Risiko. *Deutsches Ärzteblatt,
115*(14), A-640/B-556/C-556. https://www.aerzteblatt.de/archiv/197325/Alkoholumgang-Konsum-
bedeutet-immer-Risiko. Zugegriffen am 08.08.2022.

Kapahi, P., Chen, D., Rogers, A. N., Katewa, S. D., Li, P. W., Thomas, E. L., & Kockel, L. (2010). With
TOR, less is more: A key role for the conserved nutrient-sensing TOR pathway in aging. *Cell Metabolism, 11*(6), 453–465. https://doi.org/10.1016/j.cmet.2010.05.001

Kast, B. (2018). *Der Ernährungskompass: Das Fazit aller wissenschaftlichen Studien zum Thema Ernährung.* Bertelsmann.

Kleine-Gunk, B. (2017). *15 Jahre länger leben: Die 7-Säulen-Anti-Aging-Strategie nach dem Hormesis-
Prinzip* (3. Aufl.). Gräfe und Unzer.

Kreutzer, C., Peters, S., Schulte, D. M., Fangmann, D., Türk, K., Wolff, S., van Eimeren, T., Ahrens, M.,
Beckmann, J., Schafmayer, C., Becker, T., Kerby, T., Rohr, A., Riedel, C., Heinsen, F. A., Degen-
hardt, F., Franke, A., Rosenstiel, P., Zubek, N., Henning, C., … Laudes, M. (2017). Hypothalamic
inflammation in human obesity is mediated by environmental and genetic factors. *Diabetes, 66*(9),
2407–2415. https://doi.org/10.2337/db17-0067

Levine, M. E., Suarez, J. A., Brandhorst, S., Balasubramanian, P., Cheng, C. W., Madia, F., Fontana,
L., Mirisola, M. G., Guevara-Aguirre, J., Wan, J., Passarino, G., Kennedy, B. K., Wie, M., Cohen,
P., Crimmins, E. M., & Longo, V. D. (2014). Low protein intake is associated with a major reduction
in IGF-1, cancer, and overall mortality in the 65 and younger but not older population. *Cell Meta-
babolism, 19*(3), 407–417. https://doi.org/10.1016/j.cmet.2014.02.006

Lukić, I., Getselter, D., Ziv, O., Oron, O., Reuveni, E., Koren, O., & Elliott, E. (2019). Antidepressants
affect gut microbiota and Ruminococcus flavefaciens is able to abolish their effects on depressive-
like behavior. *Translational Psychiatry, 9*(1), 133. https://doi.org/10.1038/s41398-019-0466-x

Melnik, B. C. (2017). Milk disrupts p53 and DNMT1, the guardians of the genome: implications for
acne vulgaris and prostate cancer. *Nutrition & Metabolism, 14,* 55. https://doi.org/10.1186/s12986-
017-0212-4

Melnik, B. C. (2021). Lifetime impact of cow's milk on overactivation of mTORC1: From fetal to child-
hood overgrowth, acne, diabetes, cancers, and neurodegeneration. *Biomolecules, 11*(3), 404. https://
doi.org/10.3390/biom11030404

Michalsen, A. (2019). *Mit Ernährung heilen: Neuestes Wissen aus Forschung und Praxis* (F.-K. Sandmann, Hrsg). Insel.

Qin, L. Q., He, K., & Xu, J. Y. (2009). Milk consumption and circulating insulin-like growth factor-I
level: A systematic literature review. *International Journal of Food Sciences and Nutrition, 60*(Suppl
7), 330–340. https://doi.org/10.1080/09637480903150114

Rittenau, N. (2019). *Vegan Klischee ade! Wissenschaftliche Antworten auf kritische Fragen zu veganer Ernährung* (6. Aufl.). Ventil.

Rittenau, N., & Copien, S. (2022). *Vegan Klischee ade! Das Kochbuch: Kompaktes Wissen, leckere Rezepte* (2. Aufl.). Dorling Kindersley.

4

Roysten, K. J., & Tollefsbol, T. O. (2015). The epigenetic impact of cruciferous vegetables on cancer prevention. *Current Pharmacology Reports, 1*(1), 46–51.

Seitz, H. K., & Meier, P. (2007). The role of acetaldehyde in upper digestive tract cancer in alcoholics. *Translational Research, 149*(6), 293–297.

Semba, R. D., Ferrucci, L., Bartali, B., Urpí-Sarda, M., Zamora-Ros, R., Sun, K., Cherubini, A., Bandinelli, S., & Andres-Lacueva, C. (2014). Resveratrol levels and all-cause mortality in older community-dwelling adults. *JAMA Internal Medicine, 174*(7), 1077–1084. https://doi.org/10.1001/jamainternmed.2014.1582.   https://jamanetwork.com/journals/jamainternalmedicine/fullarticle/1868537

Suez, J., Korem, T., Zeevi, D., Zilberman-Schapira, G., Thaiss, C. A., Maza, O., Israeli, D., Zmora, N., Gilad, S., Weinberger, A., Kuperman, Y., Harmelin, A., Kolodkin-Gal, I., Shapiro, H., Halpern, Z., Segal, E., & Elinav, E. (2014). Artificial sweeteners induce glucose intolerance by altering the gut microbiota. *Nature, 514*, 181–186.

Taubes, G. (2008). *Good Calories, Bad Calories. Fats, Carbs, and the controversial science of diet and health.* Anchor Books.

Teuscher, E. (2018). *Gewürze und Küchenkräuter: Gewinnung, Inhaltsstoffe, Wirkungen, Verwendung* (2. Aufl.). Wissenschaftliche Verlagsgesellschaft.

Teuteberg, H. J., & Wiegelmann, G. (1986). *Unsere tägliche Kost. Geschichte und regionale Prägung.* Steiner.

Verbraucherzentrale. (2021, 09. August). Antioxidantien: Helfer gegen freie Radikale. https://www.verbraucherzentrale.de/wissen/lebensmittel/nahrungsergaenzungsmittel/antioxidantien-helfer-gegen-freie-radikale-10575. Zugegriffen am 25.08.2022.

Watling, C. Z., Kelly, R. K., Tong, T., Piernas, C., Watts, E. L., Tin Tin, S., Knuppel, A., Schmidt, J. A., Travis, R. C., Key, T. J., & Perez-Cornago, A. (2021). Associations of circulating insulin-like growth factor-I with intake of dietary proteins and other macronutrients. *Clinical Nutrition (Edinburgh, Scotland), 40*(7), 4685–4693. https://doi.org/10.1016/j.clnu.2021.04.021

Weber, N. (2014a, 29. Oktober). Schwedische Studie: Stärkt Milch die Knochen – oder nicht? *Der Spiegel.* https://www.spiegel.de/gesundheit/ernaehrung/ernaehrung-milch-senkt-nicht-das-risiko-von-knochenbruechen-a-999466.html. Zugegriffen am 25.08.2022.

Weber, N. (2014b, 13. Mai). Mediziner entzaubern Rotwein-Wunderstoff. *Der Spiegel.* https://www.spiegel.de/gesundheit/ernaehrung/rotwein-und-ernaehrung-resveratrol-nicht-so-gesundheitsfoerdernd-a-969089.html?sara_ecid=soci_upd_KsBF0AFjflf0DZCxpPYDCQgO-1dEMph. Zugegriffen am 25.08.2022.

Wendt, L. (1984). *Die Eiweißspeicher-Krankheiten.* Haug.

Wolf, A., & Calabrese, P. (2020). *Stressmedizin & Stresspsychologie. Epidemiologie, Neurobiologie, Prävention und praktische Lösungsansätze.* Schattauer.

Worm, N. (2021, 10. Januar). Was uns dick macht und was dagegen hilft. *Welt.* https://www.welt.de/wissenschaft/plus223705840/Fake-Food-Die-toxische-Kombination-aus-Fett-Zucker-Staerke-und-Salz.html. Zugegriffen am 25.08.2022.

Zeng, W., Pirzgalska, R. M., Pereira, M. M., Kubasova, N., Barateiro, A., Seixas, E., Lu, Y. H., Kozlova, A., Voss, H., Martins, G. G., Friedman, J. M., & Domingos, A. I. (2015). Sympathetic neuroadipose connections mediate leptin-driven lipolysis. *Cell, 163*(1), 84–94.

Sport: Wie Sie von den Vorteilen eines aktiven Lebensstils profitieren

Inhaltsverzeichnis

5.1   **Bewegung und Gesundheit – 192**

5.2   **Warum ist Bewegung wichtig für uns? – 193**
5.2.1   Empfehlungen der WHO – 198
5.2.2   Welche Sportart passt zu mir? – 200
5.2.3   Geeignete aerobe Sportarten – 202
5.2.4   Wo liegt der optimale Trainingsbereich? – 205
5.2.5   Die Gesamtkalorienbilanz richtig berechnen – 206
5.2.6   Langes Sitzen: Das neue Rauchen!? – 209

5.3   **Langes Sitzen einfach vermeiden – 210**
5.3.1   Spazierengehen als Quelle neuer Kraft und Inspiration – 211
5.3.2   Bewegung und das Immunsystem – 213

5.4   **Wenn Bewegung zur Belastung wird – 214**
5.4.1   Training: Stress für den Körper – 215
5.4.2   Objektive Messung von Belastung – 217

5.5   **Zusammenfassung – 219**

       Literatur – 220

© Springer-Verlag GmbH Deutschland, ein Teil von Springer Nature 2023
S. Balaban, *Peak Performance halten*, https://doi.org/10.1007/978-3-662-61528-7_5

Damit Sie einen bewussten Blick auf Sport und Bewegung im Alltag werfen und ihre positiven, leistungssteigernden Effekte nutzen können, habe ich in diesem Kapitel wichtige Informationen, Praxistipps und Fragen zum Selbstcheck für Sie zusammengestellt. Ich zeige Ihnen sowohl die Vorteile eines aktiven als auch die Nachteile und gesundheitlichen Folgen eines inaktiven Lebensstils auf. Sie werden lernen, warum und wie viel Bewegung gesund ist, weshalb langes Sitzen als das „neue Rauchen" bezeichnet wird, wie Sie durch Spaziergänge kreative Lösungen auf Probleme finden und wie Sie eine Überlastung durch Sport frühzeitig erkennen.

Ich wünsche Ihnen viel Freude beim Lesen und mit sowie durch die Bewegung!

5

5.1   Bewegung und Gesundheit

» Das Leben besteht in der Bewegung.
    (Aristoteles, 384–322 v. Chr., griechischer Philosoph)

Der heutige Lebensstil ist bei vielen Menschen bereits als Extremform der körperlichen Inaktivität zu bezeichnen, so die Klagen vieler Sportmediziner. In Deutschland gehören 57,2 % der Männer und 50,2 % der Frauen zu den „Dauersitzern", so die Forscher der spanischen Universidad Rey Ruan Carlos (López-Valenciano et al., 2020). Nicht nur Bewegungsmuffel, sondern die meisten Jugendlichen, Erwachsenen und Rentner sitzen zu lange, und das ist gesundheitsgefährdend. Wer viel sitzt, stirbt früher, so die Ergebnisse der internationalen PURE-Studie[1] aus dem Fachmagazin *The Lancet* (Scott et al., 2017; Lear et al., 2017). Umgekehrt gilt: Wer sich regelmäßig bewegt, lebt länger. 150–750 min Bewegung pro Woche (neben Sport auch Haus- und Gartenarbeit, viel zu Fuß gehen etc.) senken das Sterberisiko um 20 %, bei denjenigen, die sich mehr als 750 min pro Woche bewegen, sinkt es sogar um 35 %.

❯ Bewegungsmangel kostet Lebensjahre.

Dass Sport und Bewegung gesund für den Körper sind, ist allgemein bekannt. Wer heutzutage nach einer Möglichkeit sucht, um seinen Körper fit und agil zu halten, kann aus einer großen Bandbreite an Bewegungsformen wählen. Von klassischen Teamsportarten wie Fußball, Handball oder Volleyball über Ausdauersport wie Laufen, Schwimmen oder Radfahren bis hin zu Yoga, Tanzen oder dem Allround-Paket inklusive Krafttraining im Fitnessstudio. Vielleicht halten Sie sich aber auch im heimischen Hobbyraum oder Wohnzimmer mit Zirkeltraining, Total Resistance Exercises (TRX), Indoor Cycling und/oder den zahlreichen Fitness-Apps fit?
    Doch wie viel Sport und Bewegung sind eigentlich gesund? Und was passiert, wenn der positive Effekt umschlägt und zu einer Überlastung führt?

---

1   Prospective Urban Rural Epidemiology Study. An der PURE-Studie nehmen 25 Nationen teil.

5.2   Warum ist Bewegung wichtig für uns?

Bewegung liegt in der Natur des Menschen. Die menschliche Anatomie ist von der Form der Füße, über die Muskulatur und die Sehnen in den Beinen bis hin zum Sitz des Schädels so ausgerichtet, dass langes Laufen eine Leichtigkeit für uns darstellt. Kein Wunder, denn noch vor kurzer Zeit war es für den Homo sapiens überlebenswichtig, eine weite Distanz laufen und dadurch Nahrung jagen und sammeln zu können.

Heutzutage ist von dieser Verhaltensweise wenig übrig. Schon Jugendliche sitzen in Deutschland im Durchschnitt 9 h am Tag, obwohl gerade diese Altersgruppe ein großes Bewegungsbedürfnis hat. Erwachsene kommen auf 6 h des Sitzens, wobei hier beachtet werden muss, dass es sich um den Durchschnitt aller Menschen im arbeitsfähigen Alter handelt, also auch solche erfasst werden, die sich beruflich bedingt sehr viel bewegen und viel stehen (z. B. Fahrradkuriere, Krankenpfleger oder Lehrer). Die meisten Büroarbeiter sitzen deutlich mehr als 8 h (Hollersen, 2018).

> Ein sitzender Lebensstil bedingt Muskelabbau.

Bewegungsmangel führt bereits ab dem 30. Lebensjahr zu altersbedingtem Muskelabbau. Die Muskulatur am ganzen Körper verringert sich pro Jahr um ca. 1–2 %, da veränderte Stoffwechselprozesse im Körper dazu führen, dass vermehrt Muskelzellen abgebaut werden und mehr Fettgewebe gebildet wird.

- **Gesundheitliche Vorteile von Bewegung und Sport**

Nach Schätzungen der Weltgesundheitsorganisation (WHO) könnten im Jahr weltweit 4–5 Mio. frühzeitige Todesfälle vermieden werden, wenn Menschen sich mehr bewegen würden. Doch nicht nur diese eindrücklichen Zahlen sprechen für ein Mehr an Bewegung: Durch Bewegung werden Symptome von Depressionen und Angststörungen abgemildert, die Schlafqualität verbessert sich, die Gedächtnisleistung steigt und es lässt sich eine Linderung von Rückenschmerzen erreichen. Daneben gibt es viele weitere Gründe sich mehr zu bewegen.

Der Körper kann zum einen die durch Stress aufgebaute Energie abbauen, zum anderen wird durch Bewegung seine Vitalität und Leistungsfähigkeit erhalten. Moderater, nicht kompetitiver aerober Sport steigert die kognitiven Fähigkeiten, insbesondere Aufmerksamkeit, Prozessgeschwindigkeit, Gedächtnis, Lernen und Exekutivleistungen (wie z. B. Arbeitsgedächtnis, Selbstkontrolle, Handlungsplanung, Aufmerksamkeitssteuerung).

Durch Sport vergrößert sich die graue Substanz im Frontalhirn, im Hippocampus und im Nucleus caudatus (Erickson et al., 2015). Die graue Substanz ist ein elementarer Bestandteil des zentralen Nervensystems (ZNS) und beeinflusst dessen Aufgaben. Neben Intelligenzleistungen des Gehirns steuert sie auch unterschiedliche Wahrnehmungsprozesse sowie motorische Leistungen. Zudem steigt die Integrität der weißen Substanz. Sie beeinflusst den Informationsaustausch zwischen den Hirnregionen. Die neuronale Effektivität bei Denkaufgaben wird optimiert und der Hippocampus, der präfrontale Kortex und das Cingulum vernetzen sich besser (Erickson et al., 2015).

Regelmäßige körperliche Aktivität steigert den parasympathischen Grundtonus. Dies zeigt sich durch niedrigere Puls- und Blutdruckwerte und in der Herzraten-

5

Herzraten Variabilität (HRV)

RMSSD UND DIE QUALITÄT VON REGENERATION SOWIE BIOCHRONOLOGIE

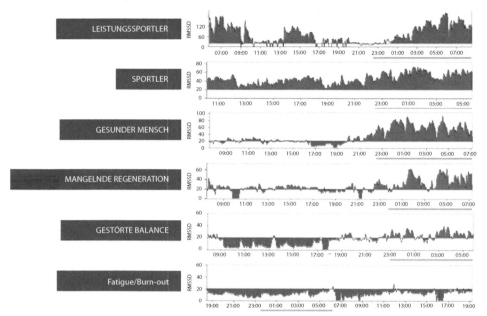

◘ Abb. 5.1 RMSSD-Verlauf bei unterschiedlicher Belastung und sportlicher Betätigung. (© YourPrevention, 2022)

variabilität (HRV). Es gibt unterschiedliche HRV-Parameter. Einige gelten als Indikator für die parasympathische, andere für die sympathische und wieder andere für die gesamte Aktivierung. Die ◘ Abb. 5.1 zeigt die RMSSD-Verläufe in der HRV auf. Der RMSSD-Wert („root mean square of successive differences") gilt als fundierter Wert für die parasympathische Aktivierung. Er ist ein Indikator für die Erholungsfähigkeit, Fitness und Gesundheit. Er zeigt auf, wie schnell sich der Körper von einer Belastung regenerieren kann. Ein hoher Wert ab 20 ist positiv zu bewerten, denn der Körper kann gut mit dem Wechsel von Belastung und Entlastung umgehen. Ein niedriger Wert (zwischen 0 und 20) kann auf eine psychische (Stress), physische Belastung oder Krankheit hinweisen. Eine sehr sportliche Person weist hohe RMSSD-Werte auf. Bei dem Verlust der Regeneration bis zur Fatigue werden fast durchgängig Werte unter 20 gemessen.

Bewegungsmangel führt zu den typischen (Volks-)Krankheiten wie Bluthochdruck, Übergewicht, metabolisches Syndrom, Gelenkbeschwerden, Osteoporose, Haltungsschäden, Depression und der Neigung zu Erkältungskrankheiten, wie zahlreiche Studien bestätigen. Auch im Alter kann man durch Bewegung das Risiko für Herz-Kreislauf-Erkrankungen, z. B. hohen Blutdruck, Diabetes mellitus Typ 2, Hirnschlag sowie Krebs vermindern. Die häufig zitierte Framingham-Herz-Studie (Nusselder et al., 2009) ergab, dass diejenigen, die regelmäßig körperlich aktiv sind (Gehen mit 5 km/h), 3,7 Jahre länger leben als diejenigen mit einer sitzenden Lebensweise.

Des Weiteren schützt Sie Sport auch vor Demenz oder verzögert dessen Entwicklung. Aerober Sport kann die körperliche und kognitive Gesundheit selbst im Alter und/oder nach schwerer Erkrankung erhalten und verbessern.

Darüber hinaus verringert Sport Entzündungsreaktionen und oxidativen Stress in unseren Zellen. Oxidativer Stress ist ein toxischer Zustand, der durch freie Radikale entsteht. Dem freien Radikal fehlt ein Elektron, daher ist das Molekül instabil und unvollständig. Weil es in einen stabilen Zustand kommen möchte, „klaut" es sich ein Elektron bei einem anderen Molekül, dem dann wiederum ein Elektron fehlt. So entsteht eine schädliche Kettenreaktion. Ein gewisses Maß an freien Radikalen ist normal. Es entsteht durch biologische Prozesse, z. B. im Stoffwechsel oder während des Alterungsprozesses. Unsere Zellen enthalten bestimmte Moleküle, die uns vor oxidativem Stress schützen können. Diese Antioxidanzien können ein Elektron an ein freies Radikal abgeben, ohne dabei selbst instabil zu werden. Mit dem Erhalt eines Elektrons endet die schädliche Kettenreaktion des freien Radikals. Im Idealfall stehen mehr Antioxidanzien als freie Radikale zur Verfügung, sodass kein oxidativer Stress ausgelöst wird. Durch oxidativen Stress beschleunigen sich der Alterungsprozess und das Einsetzen verschiedener Erkrankungen, z. B. von neurodegenerativen Erkrankungen, Krebs, Diabetes, Herz-Kreislauf-Erkrankungen. Sport bewirkt zwar eine kurzfristige Zunahme an freien Radikalen, langfristig reagiert der Körper jedoch mit einer gesunden Gegenreaktion, indem die Produktion von Antioxidanzien hochgefahren wird und unsere Zellgesundheit positiv beeinflusst. Körperliche Aktivität hält unsere Zellen gesund und fit.

Regelmäßige Bewegung wirkt entzündungshemmend (antiinflammatorisch). Bewegungsmuffel haben hingegen ein erhöhtes Risiko an Folgeerkrankungen der „low-level/silent inflammation" wie Arteriosklerose zu erkranken.

Ein weiterer Grund, regelmäßig Sport zu treiben, betrifft die Kortisolproduktion. Das Energie- und Stresshormon Kortisol wird in den Zellen der Nebennierenrinde gebildet. Bei regelmäßiger Bewegung wird die Kortisolausschüttung vermindert und wir fühlen uns weniger gestresst und sind ausgeglichener. Ferner werden alle Zellen in unserem Körper insulinempfindlicher, was einen stabilen Blutzuckerspiegel zur Folge hat. Sport lässt Monoamine (z. B. Serotonin) und Neurotrophine (Proteinfamilie von Nervenwachstumsfaktoren wie „brain-derived neurotrophic factor", BDNF) ansteigen. Neurogenese (Bildung von Nervenzellen) und Neuroplastizität verbessern sich (van Donkelaar et al., 2009). Neuroplastizität beschreibt die Fähigkeit unseres Gehirns, sowohl seine Struktur als auch seine Organisation an neue Anforderungen (z. B. Lernsituationen, Anpassung an neue Situationen) und an veränderte Voraussetzungen (z. B. nach einem Schlaganfall) anzupassen, wobei abgestorbene Neuronen nicht wieder nachwachsen können. Noch vor 10–20 Jahren wurde angenommen, dass bestimmte Aufgaben einzelnen Hirnarealen fest zugeordnet sind. Werden diese Areale z. B. durch einen Unfall oder einen Schlaganfall verletzt, geht die Funktion unwiederbringlich verloren. Dieses Paradigma ist inzwischen widerlegt. Neuronale Schäden sind nicht zu 100 % irreversibel, sondern das Gehirn kann bestimmte Schäden reparieren oder es überträgt Aufgaben an andere funktionsfähige Gehirnareale. Unser Gehirn kann sich bis ins hohe Alter neu- und umstrukturieren und verändert sich durch Einflussfaktoren wie Motivation, Stress, Altern, Ernährung, Hormone, Lernen sowie motorische und sensorische Erfahrungen.

5

Darüber hinaus kann unser Immunsystem biologisch robust und jung gehalten werden, so der Immunologe und Sportwissenschaftler, Richard Simpson, da der Prozess der Immunoseneszenz durch Sport sogar bis ins hohe Altern hinausgezögert werden kann. Die Immunoseneszenz beschreibt einen natürlichen Prozess, der mit zunehmendem Alter die Anfälligkeit für Krankheiten, insbesondere auch für Krebserkrankungen, ansteigen lässt. Aufgrund dieses Prozesses steigt die Anzahl an entzündungsförderlichen Zytokinen im Körper an. Diese lassen die T-Zellen des Immunsystems altern, sodass Krankheitserreger nicht mehr adäquat abgewehrt werden können. Personen, die regelmäßig Sport machen, weisen einen niedrigeren Zytokinspiegel als inaktive Personen auf (Simpson et al., 2012).

Sport nimmt darüber hinaus Einfluss auf den Alterungsprozess: Menschen, die regelmäßig Sport treiben, haben längere Telomere als inaktive Personen. Telomere befinden sich an den Enden der Chromosomen als Schutzkappen, die bei jeder Zellteilung kürzer werden. Dies hat Auswirkungen darauf, wie schnell die Zelle altert und stirbt. Ein gesunder Lebensstil mit ausreichend Bewegung und Sport beeinflusst diesen Prozess. Das Altern kann beschleunigt oder eben auch verlangsamt werden. Sie müssen jedoch nicht gleich zum Ultramarathonläufer werden, denn die Telomerlänge von Ausdauerathleten ist nur minimal länger als von denjenigen, die regelmäßig Freizeitsport betreiben (Blackburn & Epel, 2017).

Ergänzend kann betont werden, dass körperliche Aktivität die Autophagie anschaltet. Dabei handelt es sich um einen zellinternen Reinigungsprozess, durch den geschädigte Moleküle abgebaut und wiederverwertbar gemacht werden. Dies beugt Entzündungsprozessen vor.

Ebenso werden Anzahl und Leistungsfähigkeit der Mitochondrien, der Kraftwerke unserer Zellen, gesteigert. Die Mitochondrien liefern für alle Stoffwechselprozesse die notwendige Energie in Form von Adenosintriphosphat (ATP). Die Zellen können durch Sport also effektiver Energie bereitstellen als davor (Blackburn & Epel, 2017).

Des Weiteren reduziert Sport gesundheitsschädliches Bauchfett. Es wird zwischen subkutanem und viszeralem Bauchfett unterschieden. Das subkutane Fett liegt außen und wird auch Unterhautfett genannt. Es kann am äußeren Bauch „gegriffen" werden. Hinter dem subkutanen Fett liegen die Bauchmuskeln. Hinter den Muskeln in der Bauchhöhle ist, falls vorhanden, das viszerale Fett zu finden. Es sammelt sich um die inneren Organe an. Das viszerale Fett im Bauchinnenraum ist wesentlich hormonaktiver als das subkutane Fett oder Fettdepots an anderen Körperstellen. Dadurch steigt das Risiko, an Herz-Kreislauf-Erkrankungen, z. B. Arteriosklerose, Bluthochdruck, Herzinfarkt und/oder Schlaganfall, Diabetes mellitus Typ 2 und Fettstoffwechselstörungen zu erkranken.

Die Wissenschaft konnte noch nicht abschließend klären, warum manche Personen eher subkutanes und andere eher viszerales Fett anlegen. Zu den Einflussgrößen zählen neben Alter und Geschlecht, vor allem hormonelle und erbliche Komponenten. Männer neigen eher zu viszeralem Bauchfett als Frauen.

■ **Kenngrößen für eine ungünstige Fettverteilung und Übergewicht**

Der Body-Mass-Index (BMI), mit dem das Verhältnis von Körpergröße zu Körpergewicht berechnet werden kann, ist wichtig, kann jedoch das Risiko für oben genannte Erkrankungen nicht abbilden. Die normale BMI-Formel, bei der das Körpergewicht (kg) durch die Körpergröße zum Quadrat (m^2) geteilt wird, gilt nicht für

Bodybuilder und Sportler, da Muskelmasse mehr wiegt als Fettgewebe! Normalgewichtige Männer haben einen BMI zwischen 20 und 24,9 kg/m². Es gibt online viele Möglichkeiten, das Alter und das Geschlecht bei der Berechnung des BMI zu berücksichtigen.

Für eine Risikoeinstufung in Bezug auf die genannten Erkrankungen eignet sich der Taille-Hüft-Quotient (THQ) deutlich besser. Das Vorgehen bei der Bestimmung zeigt folgender Praxischeck. Sowohl BMI als auch THQ haben beide ihre Berechtigung und sollten immer gemeinsam betrachtet werden.

Praxischeck: Berechnung des Taille-Hüft-Quotienten

Der THQ wird anhand des Verhältnisses von Taille zur Hüfte bestimmt und gilt als Risikoindikator für Erkrankungen durch eine ungünstige Fettverteilung und Übergewicht.

Ihren THQ messen Sie wie folgt:

- Die Messung sollte morgens bei nüchternem Magen durchgeführt werden.
- Messen Sie mit einem Maßband Ihre Taille zwischen Rippenbogen und Beckenkamm (falls Sie kein Maßband zur Hand haben sollten, können Sie sich auch mit einem Kabel, einer Schnur o. Ä. und einem Zollstock behelfen). Ziehen Sie dabei Ihren Bauch nicht ein! Atmen Sie ungefähr zur Hälfte aus und halten Sie kurz die Luft zur Messung an.
- Messen Sie dann Ihre Hüfte an der Stelle mit dem größten Umfang.
- Teilen Sie dann den Taillenumfang durch den Hüftumfang: Taille/Hüfte.

In der nachfolgenden Tabelle können Sie Ihr Risiko ermitteln.

Mann	Frau	Risiko	Kategorie
THQ unter 0,9 Taillenumfang unter 94 cm	THQ unter 0,8 Taillenumfang unter 80 cm	Niedrig	Normalgewicht
THQ zwischen 0,9 und 0,99 Taillenumfang 94–101,9 cm	THQ zwischen 0,8 und 0,84 Taillenumfang 80–87,9 cm	Erhöht	Übergewicht
THQ ab 1,0 Taillenumfang über 102 cm	THQ über 0,85 Taillenumfang über 88 cm	Hoch	Fettsucht, Adipositas

Liegt Ihr THQ-Wert über 1,0 als Mann bzw. über 0,85 als Frau, besteht ein hohes Risiko an Herzinfarkt und Schlaganfall zu erkranken, da das viszerale Bauchfett stoffwechselaktiver ist als die Fettpolster in anderen Körperregionen.

Es gibt jedoch auch Maximalwerte für den THQ. Ist der Bauchumfang bei Männern größer als 102 cm und größer als 88 cm bei Frauen, dient der THQ nicht mehr als adäquate Kennzahl, da der absolute Anteil an Bauchfett bereits zu hoch ist. Dieser Messfehler entsteht, da der Fettanteil an Hüfte und Taille gleichmäßig ansteigen, wodurch das Verhältnis gleich bleibt. Dieser Messfehler soll durch die Maximalwerte des Bauchumfangs von 102 cm für Männer und 88 cm für Frauen ausgeschlossen werden.

5

Auch sollte der gesamte Körperfettanteil berücksichtigt werden. Viele Waagen berechnen neben dem Gewicht auch den Körperfettanteil oder die Muskelmasse. Auch in vielen Apotheken oder in Ihrer Arztpraxis können Sie eine Messung durchführen lassen.

Bei Männern liegt ein normaler Körperfettanteil zwischen 10 und 20 %, bei Frauen zwischen 20 und 30 %.

Wenn Sie nach der Berechnung von BMI, THQ und Körperfettanteil nicht zufrieden sind und aktiv werden wollen, habe ich einige Tipps für Sie, wie Sie Ihr Risikolevel senken und Ihr Wohlbefinden steigern können.

Praxistipp: Reduktion von Bauchfett für einen normalen THQ

Häufig ist eine zu hohe Kalorienbilanz Grund für Übergewicht, Bauchfett und einen zu hohen THQ. Des Weiteren sind allerdings auch genetische Veranlagung, Erkrankungen und psychischer Stress zu nennen. Es folgen einige einfache Praxistipps zur Reduktion des Bauchfetts:

- Regelmäßig mehr Bewegung in den Alltag integrieren, z. B. durch Treppensteigen.
- Regelmäßig Sport treiben, um den Kalorienverbrauch kurz- und langfristig zu erhöhen.
- Snacks vermeiden oder zumindest einschränken, eher zu Nüssen, Obst, Joghurt, Gemüsesticks statt zu Kuchen, Chips etc. greifen.
- Kalorienarme Durstlöscher wie Wasser und ungesüßte Tees eignen sich besser als Limonade, Alkohol etc.
- 50 % des Tellers mit Gemüse und Salat füllen.
- Insgesamt ist eine neutrale oder negative Kalorienbilanz anzustreben.

Sie wollen wissen, wie viele Kalorien Sie zu sich nehmen dürfen, um Ihr Gewicht zu halten oder zu reduzieren? Aus welchen Faktoren sich die Kalorienbilanz zusammensetzt und wie sie berechnet wird, wird im ▶ Abschn. 5.2.5 erläutert.

Bewegung und Sport bieten Ihnen, wie bereits dargestellt, neben einer ausgeglichenen Kalorienbilanz viele weitere Vorteile. Sport fällt nicht selten aufgrund mangelnder Zeit aus. Daher werden wir nachfolgend betrachten, wie viel Zeit tatsächlich für Bewegung und Sport aufgewendet werden sollen.

5.2.1   Empfehlungen der WHO

Die WHO empfiehlt Erwachsenen, unabhängig vom Alter, 2,5–5 h mäßig anstrengende Bewegung pro Woche (Spiegel Gesundheit, 2020; WHO, 2020). Dazu zählt z. B. zügiges Gehen oder Fahrradfahren. Im Durchschnitt wären dies ca. 21 min am Tag. Eine Alternative ist intensiver Ausdauersport, z. B. in Form von Teamsportarten wie Basketball, Joggen oder Cardio-Kursen im Fitnessstudio, der mindestens eine Dauer von 75 bis 150 min umfassen sollte. Moderate und anstrengende Bewegung können und sollten zudem kombiniert werden. So kann die tägliche Fahrradtour zur Arbeit, gepaart mit 1–2 Sporteinheiten in der Woche schon viel für die

Gesundheit bewirken. Zu beachten ist, dass es sich hierbei um Mindestvorgaben handelt. Wer sich mehr bewegt, tut auch mehr für seine Gesundheit.

❯ Wechseln Sie ab zwischen Kardioeinheiten und Übungen zur Muskelkräftigung.

Zusätzlich empfiehlt die WHO, an mindestens 2 Tagen der Woche eine Kraftsporteinheit einzulegen, die alle wichtigen Muskelgruppen trainiert. Hierfür bieten sich Gerätetraining, Übungen mit dem eigenen Körpergewicht (z. B. Liegestütze, Kniebeuge oder Plank), aber auch Sportarten wie Yoga und Pilates an.

Eine Studie des Fachjournals *PLOS ONE* kam kürzlich zu dem Ergebnis, dass weniger als ein Fünftel der Europäer 2 Mal pro Woche Kraftsport betreiben und damit die Empfehlung der WHO erreicht (Bennie et al., 2020).

Wichtig ist die Regelmäßigkeit, denn dann wird der Kreislauf gestärkt und gleichzeitig nehmen die Kondition und die Vitalität deutlich zu. Des Weiteren werden Stresshormone und das Gefühl des Ständig-unter-Storm-Stehens durch Bewegung und Sport am besten abgebaut.

Praxischeck: Wie viel bewege ich mich?

Überprüfen Sie nun einmal selbst, ob Sie sich im Alltag genügend bewegen. Geben Sie dafür den Aussagen eine Bewertung von 1 (trifft überhaupt nicht zu) bis 7 (trifft voll und ganz zu):

A. In meinem Arbeitsalltag bewege ich mich viel und vermeide lange Phasen des Sitzens, z. B. indem ich im Stehen telefoniere. _____ Punkte

B. Ich betreibe mindestens 2 Mal pro Woche Kraftsport. _____ Punkte

C. Ich habe 2,5–5 h mäßig anstrengende Bewegung pro Woche (z. B. durch strammes Spazierengehen, Fahrradfahren zur Arbeit) in meinen Alltag eingebaut. _____ Punkte

D. Ich bewege mich täglich für mindestens 30 min an der frischen Luft. _____ Punkte

E. Ich nehme Bewegungseinheiten als Energiequelle und nicht als Belastung war. _____ Punkte

Bitte rechnen Sie die Punkte zusammen: _____ Punkte

Auswertung:

5–13 Punkte: Bewegung und Sport kann für Sie der Schlüssel sein, um Ihrer Gesundheit einen kraftvollen Schub zu geben. Lesen Sie die folgenden Seiten aufmerksam und werfen Sie einen besonderen Blick auf den letzten Abschnitt in diesem Kapitel, in dem alle Handlungsempfehlungen zusammengefasst sind. Beginnen Sie langsam, Bewegung Teil Ihres Lebens werden zu lassen, und die gesundheitlichen Vorteile werden sich bald einstellen.

14–25 Punkte: Bewegung ist schon Teil Ihres Alltags, doch es besteht noch Luft nach oben. Es bietet sich an, zu überprüfen, wie Sie in kleinen Schritten noch bewegter durch den Tag gehen können, indem Sie gezielt Aspekte aufnehmen, die Sie momentan noch nicht umsetzen.

26–35 Punkte: Wunderbar, Ihr Körper freut sich über die Bewegung in Ihrem Alltag! Auf den nächsten Seiten erwarten Sie spannende Informationen, wie Sie weiterhin fit bleiben können.

Sollten Sie jetzt mit Ausdauersport beginnen oder nach einer längeren Trainingspause wieder einsteigen, empfehle ich Ihnen, sich ein Minimalziel zu setzen. Nicht
wenige überfordern sich mit zu ambitionierten Zielen. Dann ist Frust vor-
programmiert, z. B. wenn das Ziel, jeden Tag 1 h Sport zu treiben, verfehlt wird. Sofern Sie kein Profisportler werden wollen, können Sie getrost Ihren Leistungs-
antreiber im Off-Modus lassen. Sie leisten beruflich bereits genug. Die von Ihnen gewählte Bewegungs- und Sportart soll Ihnen Freude bereiten und Ihnen ein gutes
Gefühl vermitteln. Nichts spricht dagegen, sich langsam steigern zu wollen und Ihre
Erfolge und Daten mit Fitness-Apps zu tracken.

5

> **Praxischeck: Welche Risikofaktoren muss ich bei mir beachten?**
> Ist Ihr Körper nicht gesund oder es bestehen Risikofaktoren, dann holen Sie sich am
> besten medizinischen Rat bei einem Sportmediziner ein. Dies trifft zu, wenn Sie …
> - über 40 Jahre alt sind,
> - an Herz-Kreislauf-Erkrankungen, Gelenkerkrankungen, Diabetes mellitus Typ 1
>   oder 2, Stoffwechselerkrankungen, an hohen Fettwerten (Cholesterin/Triglyzeride),
>   neurologischen Erkrankungen (z. B. Epilepsie, multiple Sklerose), Blutungs-
>   neigung/Gerinnungsstörung (z. B. Protein S-Mangel) oder Stoffwechseler-
>   krankungen leiden,
> - sich noch in der Erholungsphase nach einer Operation befinden,
> - eine bestehende oder abgelaufene Tumorerkrankung haben,
> - Übergewicht haben,
> - rauchen.

Nur wenn Ihnen die Bewegungs- oder Sportart wirklich Freude bereitet, können Sie
sicherstellen, dass Ihre Motivation langfristig aufrechterhalten wird.

5.2.2   Welche Sportart passt zu mir?

> **Praxisbeispiel: Der Kauf von Geräten führt nicht automatisch zu ihrer Nutzung**
> Christian H., 47 Jahre, im Vorstand eines größeren Unternehmens, ist auf der Suche
> nach einem passenden Sport und kaufte sich für den Beginn einen professionellen
> Hometrainer, um endlich fitter zu werden. Mit lächelnden Augen bestätigte er mir we-
> nige Wochen nach dem Kauf, dass er nun einen teuren Kleiderständer besäße.

Die Frage, welche Bewegungs- und Sportart am besten zu Ihnen passt, können Sie nur
selbst beantworten. Häufig ist die beste Sportart diejenige, die Ihnen dauerhaft Freude
bereitet und die sich gut in Ihr Leben integrieren lässt. Wenn Sie z. B. viel reisen, sind
Teamsportarten unter der Woche eher ungünstig. Entweder der Teamsport kann auf
das Wochenende gelegt werden und die Familie kann Sie auch in dieser Zeit noch ent-
behren oder Sie suchen sich eine Einzelsportart oder einen Online-Teamsportkurs
aus, die ohne großes Equipment auskommen. Hier sind Fitness-Apps (z. B. Freeletics
HIIT, FitnessBuilder, Seven, SixPackPro oder Are Your Own Gym) sicher eine gute
Wahl, denn diese bieten genügend Flexibilität für einen mobilen Lebensstil.

Ferner ist zu beachten, wie hoch Ihre soziale Motivation ist. Ist diese hoch ausgeprägt, ist die soziale Gesellschaft entscheidend. Mit dem Freund joggen gehen oder einen Teamsport ausüben, das Miteinander ist motivierend. Oder sind Sie vielleicht eher der Typ, der gerne alleine Sport macht? Auch ganz wunderbar. Dann werden Sie bei den Einzelsportarten fündig. Unter ► http://www.recalibration.de finden Sie eine Liste der besten Fitness-Apps.

> **Praxisbeispiel: Leidenschaft als Triebfeder der Motivation**
> Christian H. verkauft seinen nur als Kleiderständer genutzten professionellen Hometrainer und entdeckt das Boxen für sich. Mit großer Freude und in aller Regelmäßigkeit zieht sein Trainer ihm die Boxhandschuhe an und steigt mit ihm in den Ring. Er erzählt mir, wie leidenschaftlich er boxe, wie gerne er jetzt zum Sport gehe und wie leicht er den Alltag hinter sich lassen und abschalten könne. Es erfülle ihn mit tiefer Zufriedenheit, endlich den richtigen Sport gefunden zu haben, fügt er hinzu und pfeift eine kurze Passage der Melodie des Rocky-III-Klassikers „Eye Of The Tiger" der Band Survivor.

❯❯ Mit dem Rad den Alterungsprozess verlangsamen oder warum Sie sich spätestens jetzt ein Rad zulegen sollten.

Die Testosteronproduktion nimmt ab, wenn Männer älter werden. Der Testosteronspiegel kann jedoch auf hohem Niveau bleiben, wenn regelmäßig geradelt wird, so die Ergebnisse der Forscher der Universität Birmingham und des King's College London (Pollock et al., 2018). Sie verglichen folgende 3 Gruppen:

- 125 Amateurradfahrer/-innen zwischen 55 und 79 Jahren (die durchschnittlich seit 26 Jahren [!] Rad gefahren sind, Leistungsanforderung in der Studie für Männer: 100 km Rad fahren in unter 6,5 h; für Frauen: 60 km in unter 5,5 h)
- 75 gesunde Nichtsportler/-innen zwischen 57 und 80 Jahren
- 55 gesunde Erwachsene zwischen 20 und 36 Jahren

Die Forscher stellten fest, dass die Testosteronspiegel der betagten Amateurradfahrer und der der jungen gesunden Männer gleich hoch waren! Sie erklärten dieses Ergebnis damit, dass die Andropause, also die „männliche Menopause" vermieden wurde. Die gesunden älteren Nichtsportler wiesen dagegen niedrige Testosteronspiegel auf. Ferner hatten die älteren Amateurradfahrer eine Muskelmasse, die der 20-jähriger Männer entspricht. Bedenkt man, dass der Abbau der Muskelmasse ab dem 30. Lebensjahr um jährlich ca. 1–2 % voranschreitet, ist dies wirklich ein außergewöhnlich gutes Ergebnis (Pollock et al., 2018). Ebenfalls konnten positive Effekte in Bezug auf das Immunsystem festgestellt werden, das bei den Sportlern kaum gealtert war. Die Thymusdrüsen der aktiven Sportler wiesen ähnlich viele T-Lymphozyten wie die Jugendlicher auf. Die Thymusdrüse ist ein lymphatisches Organ, in dem T-Zellen heranreifen. Sie schrumpft mit zunehmendem Lebensalter (Duggal et al., 2018).

5

> **Praxisbeispiel: Alter ist keine Ausrede**
> Bewegung, Sport und Muskelaufbau sind bis ins hohe Alter möglich. Falls Sie eine Inspiration benötigen, sollten Sie sich auf YouTube Videos folgender Sportler/-innen ansehen:
> — Johanna Quaas ist deutsche Turnerin, 97 Jahre jung und älteste Wettkampfturnerin der Welt.
> — Madonna Buder ist eine katholische Ordensschwester aus den USA. Sie hält mit 92 Jahren den Weltrekord als älteste Triathletin, die jemals einen Ironman (Hawaii) beendet hat.
> — Yuichiro Miura, ein Japaner, erklomm im stolzen Alter von 88 Jahren als ältester Bergsteiger den Mount Everest.
>
> Online finden sich zudem noch zahlreiche Beispiele von Personen, die erst mit 60+ den Sport für sich entdeckt haben und jetzt von einer hohen physischen Gesundheit profitieren. Vieles ist möglich!

5.2.3 Geeignete aerobe Sportarten

Es gibt einige Sportarten, die sehr gut im aeroben Belastungsbereich ausgeführt werden können, gelenkschonend sind und ein geringes Verletzungsrisiko bergen, was gerade im zunehmenden Alter wichtig ist. Die Vorteile des Radfahrens wurden bereits aufgezeigt. Nachfolgend werden Ihnen verschiedene weitere Möglichkeiten vorgestellt (ohne Anspruch auf Vollständigkeit).

- **Eigengewichtsübungen: Ohne Trainingsequipment die Muskeln stärken**

Der gute alte Liegestütz ist wieder aktuell. Als Eigengewichtübungen werden sportliche Übungen bezeichnet, die ohne oder fast ohne Sportgeräte und Trainingsequipment ausgeführt werden und nur das eigene Körpergewicht als Widerstand nutzen. Sie bieten dadurch eine besonders große Flexibilität. Dieses Fitness- und Krafttraining ist auch unter dem Begriff „Bodyweight-Workout" bekannt. Egal ob Sie zu Hause oder als Geschäftsreisender unterwegs sind – mit einem Bodyweight-Workout kann man flexibel und dem Fitnesslevel angepasst seine Muskeln stärken und aufbauen.

- **TRX: Muskelpower durch Schlingentraining**

TRX ist ein Akronym und steht für Total Resistance Exercises. Der Ursprung dieser Trainingsform geht auf den amerikanischen Navy SEALs Elitesoldaten, Randy Hetrick, zurück. Mit diesem hoch effektiven Ganzkörper-Workout kann man unabhängig und ohne Gewichte ganze Muskelketten stärken. Neben einer Fitnessmatte wird ein Schlingentrainer benötigt. Das ist ein nicht elastisches Gurtsystem mit Schlaufen und Griffen, um im Stehen oder Liegen zu trainieren. Das Sling-/Suspension-Training dauert meistens maximal 20 min. Der Schlingentrainer wird an einer Tür, einem Baum o. Ä. befestigt, und dann kann aus über 300 Eigengewichtsübungen ausgewählt werden.

- **HIIT/LIIT: Mit Intervalltraining die Pfunde schmelzen lassen**

Beim High Intensity Interval Training, kurz HIIT, wechseln sich nach einer Aufwärmphase hochintensive mit moderaten Einheiten ab, z. B. 15–60 s sprinten und 10–30 s langsam gehen. Die hohe Intensität bezieht sich auf die Herzfrequenz, die in der Belastungsphase bei 85 bis 100 % liegt und in der moderaten bei 40–50 % der maximalen Herzfrequenz. Das Herz-Kreislauf-System kommt in Schwung und die maximale Sauerstoffaufnahme wird erhöht. Es gibt keine feste Regel, wie lang die Intervalle sein sollen. HIIT-Workouts können zwischen 10 und 45 min dauern. HIIT lässt sich auf viele Sportarten übertragen: Aqua-HIIT-Workout oder ein HIIT-Training auf dem Spinning Bike.

Wenn Ihnen das zu intensiv ist, dann probieren Sie doch das sanftere LIIT aus. Beim Low Intensity Interval Training ist die Intensität der Belastung geringer und die moderaten Einheiten des Intervalls sind länger. LIIT ist das optimale Herztraining.

Bei beiden Trainingsformen wird die Kraftausdauer der Muskultur gesteigert und das Herz-Kreislauf-System gestärkt.

- **Nordic Walking: Mit zwei Stöcken die Welt erobern**

Das in Finnland entwickelte sanfte und effiziente Ausdauertraining mit den Glasfaser-Karbon-Stöcken ist leicht zu erlernen. Neben den Beinen wird der gesamte Oberkörper trainiert. Die Arm- und Schultermuskulatur werden aktiv in runde Bewegungen einbezogen und gekräftigt. Ebenso werden die Bauch- und die Rückenmuskulatur gestärkt. Schulter- und Nackenverspannungen lösen sich. Die Herz-Kreislauf-Funktion wird gefördert, Cholesterin- und Blutdruckwerte können reguliert, die Herzfrequenz erhöht und die Ausdauer verbessert werden.

- **Wandern: Die Natur genießen und besser abschalten**

Wir bewegen uns nicht nur zu wenig, sondern halten uns auch zu lange in geschlossenen Räumen auf. Sollten Sie zu den Glücklichen zählen, die von Frühjahr bis Herbst ihr Homeoffice im Garten oder auf der Terrasse aufbauen können, ist das der erste Schritt in die richtige Richtung. Das Wandern unter freiem Himmel trainiert Herz und Kreislauf, Bänder und Gelenke sowie die Sinne und kann sehr beruhigend wirken.

- **Schwimmen: Ein gelenkschonendes Vergnügen**

Der Widerstand im Wasser ist um ein Vielfaches größer als der in der Luft, und genau darin liegt der positive Gesundheitseffekt dieser Bewegungsart. Ihre Gelenke werden geschont, der hohe Wasserdruck drängt Blut aus den Gefäßen der Hautoberfläche ins Körperinnere und erschwert das Atmen. Daher vergrößert sich das Herzvolumen und auch die Brustmuskeln werden trainiert. Ferner verbessert sich das Leistungspotenzial der Lunge, Verspannungen und Gelenksprobleme verringern sich und die Durchblutung wird durch den hydrostatischen Druck gesteigert. Empfohlen werden 2 Mal pro Woche mindestens 500 m.

Wer im Wasser richtig ins Schwitzen kommen will, dem kann die konditionsfördernde Wassergymnastik Aqua-Fitness, z. B. Aqua-HIIT, empfohlen werden. Durch sie werden Beweglichkeit, Kraft, Ausdauer und Wohlbefinden gesteigert.

5

Eine Alternative zum Joggen ist das Aqua-Jogging, ein Lauftraining unter Wasser, das sich auch für Personen eignet, die stärkere Gelenk- und Rückenprobleme haben.

■ Tanzen: Mit Musik das Risiko altersbedingter Defizite reduzieren

Bekannt ist, dass Tanzen die Motorik, die Beweglichkeit und die Fähigkeit zur Balance (präventiv zur Sturzvermeidung!) fördert. Es verbessert zudem die Spannkraft und die Koordination der Muskeln. Darüber hinaus fordert und fördert diese Bewegungsform das Gehirn. Einerseits vermehren die rhythmischen Bewegungen den Blutfluss zu den grauen Zellen, andererseits sind das Einprägen der Tanzschritte und die Kommunikation mit dem Tanzpartner eine nicht zu unterschätzende kognitive und soziale Herausforderung. Mit der Lieblingsmusik werden bei dieser beschwingten Aktivität besonders viele stressregulierende Neurotransmitter und Hormone, z. B. Serotonin und Oxytocin, ausgeschüttet.

■ Pilates: Die tiefer liegenden Muskelgruppen stärken

Bei diesem Ganzkörpertraining werden nicht einzelne Muskeln, sondern tiefer liegende, knochennahe Muskelgruppen trainiert. Ziel ist nicht der Aufbau von Muskelmasse, sondern ihrer Flexibilität. Davon profitieren besonders die Bauchmuskulatur, der untere Lendenwirbelbereich und die Gesäßmuskeln. Die Bewegungen werden geschmeidiger, da durch spezielle Dehnübungen Sehnen und Bänder flexibel bleiben. Verspannungen in den Muskeln können abgebaut werden, und auch der Kopf kommt zur Ruhe. Diese Trainingsmethode strebt ein Gleichgewicht zwischen Körper und Kopf an. Innere Ausgeglichenheit und Gelassenheit können ebenso wie Beweglichkeit, Bewegungskoordination und Flexibilität geschult werden.

■ Yoga: Entspannung für Körper und Geist

„Du bist so jung, wie Deine Wirbelsäule beweglich ist", lautet ein altes indisches Sprichwort. Yoga umfasst Bewegungen und diverse Übungen, die Flexibilität, Kraft und eine Verbindung zwischen Körper und Geist herstellen. Im Gegensatz zum Pilates rücken beim Yoga die mentale Entspannung und die innere Ruhe in den Fokus. Bei mentaler Entspannung ist die Beziehung zum Yogalehrer entscheidend! Sie müssen sich in seiner Anwesenheit wohlfühlen. Nur dann gelingen ein Abschalten und das Lösen von Druck und Stress.

Es gibt sehr unterschiedliche Yogastile. Yoga wird selbstverständlich auch weltanschauungsfrei und ohne spirituellen Rahmen praktiziert. Das hängt vom Stil und auch vom Lehrer ab. Nachfolgend möchte ich Ihnen die folgenden beiden Stile besonders ans Herz legen:

- Hatha-Yoga: Aus diesem klassischen Stil haben sich alle anderen Yogastile entwickelt. Alle Techniken (z. B. sanfte Körperwahrnehmungstechniken, komplexe Körperhaltungen) setzen am Körper an und führen weiter über den Atem zum Geist.
- Yin-Yoga: Die Haltungen (Asanas) werden lange gehalten, sodass ein tiefes Entspannen möglich ist, wobei die Dehnungen sehr intensiv sein können. Bei diesem meditativen Yogastil werden besonders die Faszien und das Bindegewebe gedehnt. Er eignet sich für sehr aktive Typen, die sich sonst nicht so leicht entspannen können.

Sie haben einen Sport gefunden, der Ihnen Freude bereitet? Wunderbar. Dann können wir die nächste Frage betrachten, wie intensiv trainiert werden kann und darf.

5.2.4 Wo liegt der optimale Trainingsbereich?

Wenn Sie wenig trainiert sind, ist es sinnvoll mit 2 Mal 30 min pro Woche zu beginnen. Wenn Ihre Kondition zunimmt, können Sie Ihre Einheiten langsam steigern. Es kann sehr hilfreich und sinnvoll sein, den Trainingsplan mit einem ausgebildeten Fitnesstrainer oder Sportmediziner abzustimmen.

Der Körper benötigt für die Energiegewinnung beim Sport Sauerstoff. Steigt die Belastung, erhöht sich der Sauerstoffbedarf und damit die Atemfrequenz. Im Freizeitsport ist es am gesündesten und am sinnvollsten, wenn der Energiebedarf des Körpers vollständig durch den eingeatmeten Sauerstoff gedeckt werden kann. Dann trainieren Sie im aeroben Zustand.

Wenn die körperliche Aktivität steigt, kann nicht mehr ausreichend Sauerstoff aufgenommen werden, um ausreichend Energie bereitzustellen. Um genügend Kohlenhydrate für die Muskelkraft zu produzieren, greift der Körper auf andere Stoffwechselfunktionen zurück: der Laktatstoffwechsel. Der Milchsäurespiegel (saures Laktat) steigt im Blut an, wodurch der pH-Wert sinkt. Eine Übersäuerung entsteht, und der Körper kann nur noch für wenige Minuten Höchstleistung vollbringen. Zur Steigerung der körperlichen Leistungsfähigkeit auf ein semiprofessionelles Niveau kann es nützlich sein, seine anaerobe Schwelle bei einem Sportarzt durch den Laktattest und die Spiroergometrie messen zu lassen.

Einen ersten Anhaltspunkt bzw. eine einfachere, aber recht ungenaue Methode bietet folgende Formel:

Maximale Herzfrequenz $(MHF) = 220 -$ Lebensalter

Anaerobe Schwelle $= MHF \times 85\%$

Innerhalb des aeroben Trainingsbereichs gibt es unterschiedliche Trainingsintensitäten:

- **Stabilisierung der Gesundheit (50–60 % der MHF):** Das Training ist wenig anstrengend und schweißtreibend, erhält allerdings die Gesundheit. In diesem Bereich fallen Aktivitäten wie Spazierengehen oder langsames Radfahren.
- **Aktivierung des Fettstoffwechsels (60–70 % der MHF):** Hierdurch wird Gewicht reduziert und die Fettzellen können schmelzen. Gut geeignet sind (Nordic) Walking, Radfahren im mittleren Tempo oder Tanzen. Nach der Aktivität sollte man sich eher energetisiert und nur bedingt abgeschlagen fühlen.
- **Steigerung der Fitness und Kräftigung des Herzens (70–85 % der MHF):** Das Training in diesem Pulsbereich ist anstrengend und schweißtreibend. Hier werden die Kondition und das gesamte Herz-Kreislauf-System gestärkt. Hierzu gehören Joggen, schnelles Radfahren/Spinning, Cardio-Kurse etc.
- **Anaerober Bereich (mehr als 85 % der MHF):** Im Freizeitsport sollte dieser Bereich weitestgehend vermieden werden, da gesundheitliche Schäden für den Körper viel größer als der Nutzen ist. Dieser Trainingsbereich ist vor allem für den Leistungssport wichtig und wird auch dort nur sequenziell eingesetzt.

5

> **Praxistipp und Praxisbeispiel: Berechnen Sie Ihren optimalen Trainingsbereich**
>
> In der ◼ Tab. 5.1 sind Trainingsbereiche nach Altersgruppen und Herzfrequenzen auf-
> gelistet. Berechnen Sie Ihrem Alter entsprechend die MHF. Wählen Sie dann aus, ob
> Sie Ihren Fitnesslevel stabilisieren, ob Sie Ihren Fettstoffwechsel ankurbeln oder Ihr
> Herz-Kreislauf-System trainieren möchten.
>
> Beispiel: Ein 45-jähriger Mann weist eine MHF von 175/min auf (MHF − Lebens-
> alter = 220−45 = 175). Sein anaerobe Schwellenwert liegt bei 148/min (85 % von 175).
> Bei körperlicher Höchstleistung soll der Puls immer unterhalb von 148/min liegen, es
> ist die maximale Trainingsobergrenze. Möchte er seine Gesundheit stabilisieren, ist ein
> Pulswert zwischen 87 und 105/min zu empfehlen.

Beugen Sie unbedingt Verletzungen wie Zerrungen, Überdehnungen und Muskel-
krämpfen vor, indem Sie Pausen einhalten. Nach spätestens 2 aufeinanderfolgenden
Trainingstagen ist eine Pause unabdingbar. Der Körper muss sich erst langsam wieder an diese Belastung gewöhnen. Die Trainingspause ist wichtig, um wieder
leistungsfähig zu werden.

Nicht selten möchte man durch Sport nicht nur sein Fitnesslevel steigern, sondern auch ein paar Pfunde verlieren.

5.2.5   Die Gesamtkalorienbilanz richtig berechnen

Vielleicht haben Sie auch schon einmal Ihre Kalorienbilanz berechnet? Grundumsatz
plus Leistungsumsatz lautet die einfache Formel, die nachfolgend erweitert und de-
taillierter betrachtet wird.

Die Kalorienbilanz wird durch viele Faktoren beeinflusst, u. a. durch Enzyme,
Gene, Hormone, das Verhältnis von Körperfett zu Körpermuskeln, die Schlafqualität und -dauer, den Stresslevel und das Verhalten. Hundertprozentig kann der
Energieverbrauch einer Person nicht berechnet werden, denn viele dieser Faktoren
sind nicht exakt messbar. Es geht also vielmehr um eine Annäherung.

◼ **Tab. 5.1**   Trainingsbereiche nach Altersgruppen und Herzfrequenzen

Alter in Jahren	Maximale Herzfrequenz (MHF) pro min	Stabilisierung (50–60 % der MHF)	Fettstoffwechsel (60–70 % der MHF)	Herz-Kreislauf-Training (70–85 % der MHF)
35	185	92–111	111–129	129–157
40	180	90–108	108–126	126–153
45	175	87–105	105–122	122–148
50	170	85–102	102–119	119–144
55	165	82–99	99–115	115–140
60	160	80–96	96–112	112–136
65	155	77–93	93–108	108–131

Der tägliche Energieverbrauch wird im Englischen als TDEE („total daily energy expenditure") bezeichnet und setzt sich aus folgenden 4 Werten zusammen:

- **Grundumsatz – BMR** („basal metabolic rate"): Dies ist der Kalorienverbrauch in völliger Ruhe, der sich aus dem Verbrauch des Körpers für die Organtätigkeit, Stoffwechselprozesse usw. ergibt. Er macht den größten Anteil am Gesamtkalorienverbrauch aus (ca. 70 %). Der Grundumsatz wird u. a. von folgenden Parametern beeinflusst: Alter, Geschlecht, Größe und Gewicht, Muskelmasse sowie Nahrungsaufnahme und Umgebungstemperatur. Die größten Anteile am Grundumsatz weisen Leber, Muskeln und Gehirn auf.
- **Alltagsaktivität – NEAT** („non-exercise activity thermogenesis"): Unsere Alltagsaktivität macht den zweithöchsten Kalorienverbrauch aus (ca. 15 %).
- **Thermischer Effekt der Lebensmittel – TEF** („thermic effect of food") oder **TEA** („thermic effect of activity"): Der Wärmeeffekt der Nahrung beschreibt, wie viel Energie es den Körper kostet, Nährstoffe aus dem Lebensmittel zu nutzen, also wie viel Prozent der enthaltenen Kalorien eines Lebensmittels für die Nährstoffgewinnung verbraucht werden: Fett 2–3 %, Kohlenhydrate 6–8 %, Eiweiß 20–30 %. Der TEF hat einen Anteil von ca. 10 % am Gesamtkalorienverbrauch.
- **Sportliche Aktivität – EAT** („exercise activity thermogenesis"): Unsere sportliche Aktivität macht nur ca. 5 % des täglichen Kalorienverbrauchs aus. Natürlich können sich diese Werte verschieben, wenn sehr viel Sport in die Woche integriert wird.
- **Nachbrenneffekt – EPOC** („excess post-exercise oxygen consumption"): Der Körper benötigt nach körperlichem Training mehr Energie (z. B. Auffüllung der Energiespeicher in den Zellen, Abbau von Milchsäure, Zellregeneration). Der EPOC wird von der Trainingsdauer, der Intensität und der Art des Trainings beeinflusst. Je intensiver und länger trainiert wird, desto höher ist der EPOC, der ca. 3 % des Gesamtkalorienbedarfs ausmacht.

Weiterhin werden die REE („resting energy expenditure"), also der Grundumsatz, und die NREE (non-resting energy expenditure), d. h. alle Aktivitätsformen, unterschieden.

Wenn Sie Ihren täglichen Gesamtkalorienverbrauch grob bestimmen wollen, helfen Ihnen folgende Formeln.

Praxischeck und Praxisbeispiel: Berechnen Sie Ihre Gesamtkalorienbilanz

Ich stelle Ihnen nachfolgend 3 Möglichkeiten vor, mit denen Sie Ihre Gesamtkalorienbilanz berechnen können.

1. Möglichkeit

Wer nicht lange rechnen möchte, dem kann ich die sehr vereinfachte Formel für den täglichen Kalorienbedarf von 25–35 kcal/kg Körpergewicht empfehlen. Frauen dürfen ihren Wert nochmals um 10 % verringern.

Alle, die den Bedarf genauer berechnen möchten, können die nachfolgende Formel verwenden.

2. Möglichkeit

Gesamtkalorienbilanz (TDEE) = Grundumsatz (BMR) × PAL Gesamt

PAL ist die Abkürzung für „physical activity level", stellt also das Maß für die körperliche Aktivität dar (NEAT + EAT).

Grundumsatz (BMR) nach der Muffin-Geor-Formel:

$$\text{Mann}: 10 \times \text{Körpergewicht (kg)} + 6,25 \times \text{Körpergröße (cm)} - 5 \times \text{Alter (in Jahren)} + 5$$

$$\text{Frau}: 10 \times \text{Körpergewicht (kg)} + 6,25 \times \text{Körpergröße (cm)} - 5 \times \text{Alter (in Jahren)} - 161$$

PAL Gesamt:
PAL Gesamt = (PAL Arbeit + PAL Freizeit + PAL Schlaf): 24 h
PAL Arbeit = PAL-Wert × Stundenzahl
PAL Freizeit = PAL-Wert × Stundenzahl
PAL Schlaf = PAL-Wert × Stundenzahl

Aktivität	PAL-Wert
Schlaf	0,95
Ausschließlich sitzende Tätigkeit (Büro/Homeoffice) oder Liegen während einer Krankheit oder Genesungsphase	1,2
Ausschließlich sitzende Tätigkeit mit wenig oder keiner körperlichen Aktivität in der Freizeit (Büro/Homeoffice)	1,4–1,5
Sitzende Tätigkeit plus zusätzlicher Energieaufwand für sporadische gehende oder stehende Tätigkeit (z. B. Arzt, Fließbandarbeit)	1,6–1,7
Überwiegend gehende oder stehende Tätigkeit (Verkäufer, Logistikmitarbeiter, Handwerker)	1,8–1,9
Körperlich anstrengender Beruf (Bauarbeiter, Physiotherapeut, Pflegekraft, Chirurg, Leistungssportler, Handwerker)	2,0–2,4
Je 1 h Sport/Woche	0,1

Beispiel: Herr S. ist 46 Jahre als, wiegt 85 kg und ist 182 cm groß. Er arbeitet als Führungskraft 10 h täglich in einem Büro, geht 1 Mal die Woche zum Tennis und joggt 1 h pro Woche. Er schläft 7 h pro Nacht und sitzt zu Hause viel (Zeitung lesen, Nachrichten sehen, Fernsehen, sitzendes Hobby).

$$\text{Grundumsatz (BMR)} = 10 \times \text{Körpergewicht (kg)} + 6,25 \times \text{Körpergröße (cm)}$$
$$- 5 \times \text{Alter (in Jahren)} + 5 = 850 + 1137,5 - 230 + 5 = 1762,5 \, \text{kcal / Tag}$$

PAL Gesamt:
PAL Arbeit = 1,2 × 10 h = 12
PAL Freizeit = 1,4 × 7 h + 0,1 × 2 h Sport pro Woche = 10
PAL Schlaf = 0,95 × 7 h = 6,65
PAL Gesamt = (12 + 10 + 6,65): 24 h = 1,19

$$\text{Gesamtkalorienbilanz (TDEE)} = \text{Grundumsatz (BMR)} \times \text{PAL Gesamt}$$
$$= 1762,5 \times 1,19 = 2097 \, \text{kcal}$$

Herr S. hat einen täglichen Gesamtkalorienverbrauch von ungefähr 2097 kcal.

3. Möglichkeit

Wer seinen kalorischen Verbrauch noch genauer bestimmen möchte, kann folgende Formel nutzen (Trexler et al., 2014):

$$TDEE = BMR + NEAT + TEF + EAT + EPOC$$

Wenn Sie eine sitzende Tätigkeit ausüben, ist Ihr Wert für PAL Arbeit niedrig. Diesen können Sie steigern, indem Sie manche Aktivitäten im Stehen oder Gehen verrichten (z. B. Telefonieren im Stehen oder Gehen, Walk-and-Talk-Meetings etc.). Langes Sitzen hat jedoch nicht nur einen negativen Einfluss auf unseren Kalorienverbrauch, sondern schädigt unseren gesamten Körper, wie im folgenden Abschnitt zu lesen ist.

5.2.6 Langes Sitzen: Das neue Rauchen!?

Als Michael Leitzmann, Professor an der Universität Regensburg, der seit über 20 Jahren die Auswirkungen von langem Sitzen erforscht, klar wurde, dass er durch sein eigenes tägliches Sitzen massiv seine Gesundheit gefährdet, räumte er ein Regal in seinem Büro frei, stellte den Laptop hinein und arbeitete von da an im Stehen mit dem Gesicht zur Wand (Hollersen, 2018). Ein übertriebenes Verhalten? Sicherlich nicht, denn Leitzmann und weitere Gesundheitsforscher aus der ganzen Welt haben in ihren Studien eindrücklich bewiesen, wie schädlich langes Sitzen auf den Körper wirkt. Vielsitzer haben ein erhöhtes Risiko für Diabetes mellitus Typ 2, Herzerkrankungen, Schlaganfälle, Depressionen, Übergewicht, Rückenschmerzen und folgende Krebsarten: Dickdarm-, Gebärmutterschleimhaut- und Brustkrebs.

Die Forschung spricht so deutlich gegen langes Sitzen, dass es unter Fachleuten als „neues Rauchen" bezeichnet wird. Dazu kommt, dass die Schäden von langem Sitzen irreversibel und nicht mit Sport auszugleichen sind (Sigel, 2019). Auch wenn Sie auf Leistungssportlerniveau trainieren, können Sie die negativen Folgen des Sitzens nicht ausgleichen! Was aber löst diesen gesundheitlichen Schaden aus?

> Die Folgeschäden von langem Sitzen sind irreversibel und können auch nicht durch viel Sport ausgeglichen werden!

Langes Sitzen legt den Organismus quasi still. Die Kontraktion der Muskeln nimmt ab, der Herzschlag sinkt, das Blut fließt langsamer und transportiert dadurch weniger Sauerstoff. Da die Zellen in ruhenden Muskeln schlechter auf Insulin reagieren, produziert die Bauchspeicheldrüse mehr davon. Außerdem vermuten Forscher, dass das Immunsystem ebenfalls träge wird und sich unterschwellige Entzündungen im Körper besser ausbreiten können (Hollersen, 2018).

5

Praxischeck: Wie viel Stunden sitze ich?

Machen Sie sich einmal bewusst, wie viele Stunden Sie am Tag sitzen.

Hierfür finden Sie unter ▶ http://www.recalibration.de eine Tabelle, in der die 24 h des Tages aufgelistet sind. Schreiben Sie dort hinein, welche Aktivität Sie zur jeweiligen Stunde durchgeführt haben und kreuzen Sie an, ob diese jeweils im Stehen, Sitzen, Liegen oder in Bewegung durchgeführt wurde.

Häufig wird durch die Übersicht des gesamten Tages deutlich, wie viele Momente (z. B. Meetings, Essen, die Autofahrt zur Arbeit oder Fernsehen auf der Couch) zusätzlich zum Arbeitsalltag im Sitzen stattfinden. Ein ehrlicher Blick lohnt sich und ist der erste Schritt zur Veränderung!

Stunde	Aktivität	Stehen	Sitzen	Liegen	Bewegung
00:00	z. B. Schlafen			x	
…					
23:00					

Es lohnt sich, diese Tabelle sowohl für Wochentage als auch für das Wochenende auszufüllen. Und wenn auch Sie noch zu einem eher sitzenden Lebensstil tendieren, hält der nächste Abschnitt zahlreiche Tipps für Sie bereit.

5.3   Langes Sitzen einfach vermeiden

So gravierend die Folgen von langem Sitzen auch sein mögen, man kann ihnen relativ einfach entgegenwirken. Eindrücklich zeigt dies eine Studie von Prof. Dr. Dr. Michael Leitzmann, in der Teilnehmer entweder gebeten wurden, 4 h ohne Pause sitzen zu bleiben oder jede halbe Stunde für 1–2 min aufzustehen. Auch wenn die Unterbrechungen des Sitzens nur minimal waren, hatten die Teilnehmer der zweiten Gruppe niedrigere Blutzuckerwerte und einen niedrigeren Insulinspiegel (Hollersen, 2018). Die Botschaft dieser Studie ist klar: Kleine Unterbrechungen des Sitzens durch regelmäßiges Aufstehen helfen, um Schäden durch langes Sitzen vorzubeugen.

Praxistipp: Wie kann ich im Alltag mehr stehen?
- Nutzen Sie jedes Telefonat als Einladung zum Aufstehen.
- Gehen Sie persönlich zum Kollegen, um ihm eine Nachricht zu übermitteln, anstatt sitzen zu bleiben und eine E-Mail zu schreiben.
- Stellen Sie Geräte, die Sie im Arbeitsalltag benötigen (z. B. Drucker oder Scanner), nicht in greifbare Nähe, sodass Sie von Zeit zu Zeit aufstehen müssen, um diese zu bedienen.
- Stellen Sie sich einen Timer oder nutzen Sie eine App, die Sie daran erinnert, nach einem bestimmten Zeitfenster (z. B. 30 min) kurz aufzustehen.
- Halten Sie Meetings im Stehen ab (gerade im Homeoffice ist dies noch einfacher möglich).

- Arbeiten Sie nicht nur im Stehen, sondern auch auf der Stelle gehend, auf einer Balancierplatte oder mit den Beinen radelnd im Sitzen (dies macht ein „Mini-Heimtrainer" möglich, den man sich unter den Schreibtisch stellen kann).
- Extra Tipp: Besorgen Sie sich einen Aufsatz für Ihren Schreibtisch, durch den Sie im Handumdrehen stehend arbeiten können (günstige Modelle aus Pappe gibt es schon ab ca. 30 € z. B. bei Firmen wie „Room in a Box", Modelle aus Holz für ca. 230 € von „Harmonidesk").
- Wem dies nicht reicht, der kann sich einen „manuellen Laufband-Schreibtisch" anschaffen. Hierbei handelt es sich um einen Stehschreibtisch, der auf einem manuellen Laufband integriert wurde, sodass es möglich ist, zu arbeiten und dabei langsam zu gehen. Modelle finden Sie z. B. bei der Marke „Walkolution".

5.3.1 Spazierengehen als Quelle neuer Kraft und Inspiration

Das Gehen ist die natürlichste Bewegungsform des Menschen und vielleicht gerade deshalb für den gesamten Organismus besonders gesund. Der Blutdruck sinkt, die Blutzirkulation nimmt zu und bei regelmäßigem Gehen wird das Herz trainiert. Auch die Verdauung, das Gehirn und der gesamte Bewegungsapparat profitieren von regelmäßigen Spaziergängen (Wolz, 2020).

In den USA wurde eine Vielzahl an Studien durchgeführt, die die Anzahl der Schritte pro Tag bei Probanden gemessen haben. Mindestens 7500 Schritte stellten sich dabei als empfehlenswert heraus. Wer weniger als 5000 Schritte geht, tendiert zu einem sitzenden Lebensstil und hat damit ein höheres Risiko für Herzerkrankungen und das metabolische Syndrom. Das metabolische Syndrom bezeichnet das gemeinsame Auftreten von Übergewicht, Fettstoffwechselstörung, erhöhtem Blutzuckerspiegel bzw. Zuckerstoffwechselstörung und Bluthochdruck (Standl, 2022).

Jede Art von aerober Bewegung (eine sportliche Betätigung, bei der der Körper genügend Sauerstoff erhält, z. B. Fahrradfahren, Joggen oder Schwimmen) ist förderlich für die Gesundheit, doch das Gehen ist der beste und einfachste Weg, um die positiven Prozesse dieser Bewegungsform anzustoßen. Es erfordert keine besondere Vorbereitung und kann einfach in den Alltag eingebaut werden.

▪ Wie Spazierengehen Ihre Gehirnleistung verbessert

Regelmäßige Spaziergänge sorgen für eine Veränderung der Struktur und der Funktion des Gehirns. Im Hippocampus, einer Hirnregion, die für Lernen und Gedächtnis zuständig ist, werden durch Bewegung neue Zellen gebildet. Studien haben gezeigt, dass bei Teilnehmern, die viel und regelmäßig gehen, diese Hirnregion vergrößert ist. Durch eine Vergrößerung des Hippocampus verbessern sich die Gedächtnisleistung, das Lernen und die Aufmerksamkeit signifikant (Wolz, 2020). Wie ist dies möglich?

Bewegung regt die Produktion zahlreicher Moleküle in den Muskeln an, die über das Blut ins Gehirn gelangen und dort u. a. den Wachstumsfaktor BDNF aktivieren (vgl. ▶ Abschn. 5.2). Dieser fördert das Wachstum von Nervenzellen, die Synapsenbildung und damit das Lernen und das Gedächtnis. Ebenfalls angeregt wird ein weiterer Faktor namens „vascular endothelial growth factor" (VEGF), der das Wachstum kleiner Blutgefäße unterstützt, durch die Neuronen mit Sauerstoff und Nährstoffen versorgt werden.

> ❯ Wer viel sitzt, baut nicht nur Muskelmaße ab, sondern schadet auch seinem Gehirn!

Zusätzlich wurde in Studien gezeigt, dass Menschen, die kurze Spaziergänge machen, sich anschließend besser fühlen als vorher. Es gibt Hinweise darauf, dass regelmäßiges Spazierengehen mit einem geringeren Risiko für Depressionen einhergeht (Harvey et al., 2017).

Gehen macht zudem kreativ. Damit sich der Körper sicher und rhythmisch bewegen kann, müssen viele Schaltkreise und Systeme zusammenarbeiten. Das Gehirn und der gesamte Körper sind dadurch aktiver. Gedanken, die zuvor im Unterbewusstsein schlummerten, können ins Bewusstsein gelangen und dadurch neue Ideen sowie Lösungsansätze aufzeigen (Wolz, 2020). Die Kreativität wird ebenfalls angestoßen durch den Wechsel zwischen zwei geistigen Zuständen, die beim Gehen aktiviert werden. Ganz natürlich wechselt das Gehirn bei einem Spaziergang zwischen dem aktiven Modus mit fokussierter Aufmerksamkeit und dem Ruhemodus, in dem die Gedanken frei wandern. Dies wirkt wie ein Schlüssel für kreative Problemlösungen.

▪ Die Natur ruft

Ein leicht nachvollziehbarer Konsens in der Studienlage macht deutlich: Gehen in der Natur ist besonders förderlich. Menschen, die häufig in Parks oder Wäldern spazieren gehen, haben seltener psychische Probleme. Kein Wunder, denn die frische Luft, das satte Grün und die Ruhe der Natur wirken entspannend auf alle Sinne (Hämäläinen & Schnack, 2019).

Wer einen Schritt über den normalen Sonntagsspaziergang im Wald hinausgehen möchte, kann sich die aus Japan stammende Bewegungsform des Waldbadens zunutze machen. „Shinrin Yoku" heißt es im Japanischen („Shin" = großer Wald, „rin" = kleiner Wald, „Yoku" = Baden). Hierbei wird der Wald ganz bewusst und achtsam mit allen Sinnen wahrgenommen. In angeleiteten Kursen gehen die Teilnehmer barfuß über den Waldboden, berühren Bäume und riechen an den Blättern (Jaensch, 2019).

Was im ersten Moment esoterisch oder spirituell klingen mag, ist wirksam und hoch effektiv. Seit den 1980er-Jahren wird die Forschung über das Waldbaden von den japanischen Gesundheitsbehörden finanziert und vorangetrieben, sodass die positiven Wirkungen auf das Herz-Kreislauf-System, den Blutdruck, die Stressbewältigung, Depressionen und immunologische Parameter wissenschaftlich belegt werden konnten (Hansen et al., 2017; Park et al., 2010)

Ein langsamer, achtsamer Spaziergang durch den Wald, bei dem alle Sinne eingesetzt und geschärft werden, ist demnach eine Wohltat für Ihre Gesundheit.

> ❯❯ Luft und Bewegung sind die eigentlichen geheimen Sanitätsräte. (Theodor Fontane, 1819–1898, deutscher Schriftsteller)

Praxistipp: Ein paar Schritte mehr

- Wenn Sie das nächste Mal ein kreatives Problem zu lösen haben, ketten Sie sich nicht an den Schreibtisch, sondern gehen oder laufen Sie lieber eine Runde um den Block.
- Nehmen Sie auf Spaziergänge Ihr Smartphone oder einen Notizblock mit, um Geistesblitze festzuhalten. Der Notizbock hat sich bei zahlreichen Schriftstellern und auch Forschern wie Charles Darwin als wertvolles Utensil bewiesen.
- Schrittzähler (z. B. auf dem Smartphone) helfen, um einen ersten Eindruck über Ihre am Tag gelaufenen Schritte zu erhalten und sie ggf. zu erhöhen.
- Nutzen Sie jede Alltagsgelegenheit, um ein kleines Stück zu laufen. Steigen Sie z. B. eine Station eher aus dem Bus, gehen Sie 10 min in der Mittagspause spazieren, anstatt sitzen zu bleiben oder machen Sie abends noch einen kleinen Spaziergang nach dem Essen.
- Steigen Sie Treppen. Nehmen Sie nicht den Aufzug oder die Rolltreppe, dann werden Sie schon bald feststellen, dass Sie schneller, leichter und mit deutlich mehr Atem nach oben kommen. Es lohnt sich.
- Verabreden Sie sich mit Kollegen zu einem „Walk and Talk". So können arbeitsbezogene Dinge, die besprochen werden müssen, mit einer kleinen Bewegungseinheit verbunden werden.
- Gehen Sie, wann immer möglich, in die Natur, schalten Sie Ihr Smartphone aus und genießen Sie die ruhigen Momente.

5.3.2 Bewegung und das Immunsystem

Zu den Faktoren, die unser Immunsystem positiv beeinflussen, zählen neben physischer und psychischer Gesundheit eine vitalstoffreiche Ernährung, erholsamer Schlaf, Zigaretten- und Alkoholabstinenz und eine möglichst geringe, nicht chronische Stressbelastung. Im Folgenden geht es um die Faktoren Bewegung und Sport. Sie haben nicht nur einen positiven Einfluss auf die Gesundheit im Allgemeinen, sondern auch auf das Immunsystem im Speziellen.

Wie hinlänglich bekannt, wirken sich sowohl negativer als auch positiver Stress auf das Immunsystem aus. Sport ist als ein zeitlich begrenzter Stress einzuordnen, der einerseits den gesamten Körper beansprucht und andererseits unser Immunsystem trainiert. Durch die regelmäßige Bewegung wird das Immunsystem auf Basis der gestellten physischen Anforderungen an den Körper optimiert.

Forscher können den Effekt von Sport auf das Immunsystem über die Veränderung der Immunzellpopulationen gut ermitteln. Moderates Ausdauertraining wirkt sich demzufolge günstig auf die Funktionalität des Immunsystems aus. Besonders Personen, die häufig an Infekten leiden, kann ein individuell auf das Fitnesslevel abgestimmtes Training Linderung verschaffen. Ebenso verringert Sport das Risiko, an Krebs zu erkranken. Um von diesen positiven Effekten zu profitieren, sind keine Langstrecken zu absolvieren. Eine hohe Trainingsdauer und -intensität wirken sich sogar nachteilig aus! Epidemiologische Studien kamen zu dem Ergebnis, dass 15–25 km/Woche, aufgeteilt in 3–4 Trainingssessions ausreichen. Die Studienergebnisse können auch auf andere Ausdauersportarten übertragen werden. Der Zeiteinsatz bleibt demnach überschaubar – ein erreichbares Ziel (Baum & Liesen, 1998).

Prof. Dr. Wilhelm Bloch vom Institut für Kreislaufforschung und Sportmedizin an der Deutschen Sporthochschule Köln untersuchte mit seinem Team, ob Sport eine Veränderung des Aktivitätsstatus spezifischer Immunzellen zur Folge hat. Zu den Probanden zählten u. a. auch ehemalige Tumorpatienten, die auf einen Halbmarathon vorbereitet wurden. Jeweils vor und nach dem Training sowie dem Halbmarathonlauf wurde die Aktivität der natürlichen Killerzellen gemessen. Diese haben die wichtige Aufgabe, eingedrungene Krankheitserreger zu erkennen und anzugreifen. Prof. Dr. Bloch erläutert, dass die natürlichen Killerzellen nach Training und Lauf eine bessere Abwehrfunktion aufwiesen und die Oberflächenantigene, die die Aufgabe haben, fremde Zellen zu erkennen, vermehrt vorhanden waren (Hutterer, 2016). Insgesamt kann festgehalten werden, dass sich bei regelmäßiger Bewegung der Aktivitätsstatus der natürlichen Killerzellen verbessert. Außerdem teilen sie sich schneller und produzieren mehr Signalstoffe, um andere Immunzellen zu aktivieren.

Eine weitere Studie von Forschern der Deutschen Sporthochschule Köln und der Uniklinik Köln (Klinik I für Innere Medizin) belegt bei regelmäßiger Bewegung den Anstieg von entzündungshemmenden Immunzellen, den sogenannten regulatorischen T-Zellen. Dazu wurden Blutproben von jungen Athleten, u. a. auch die von Sportlern der deutschen Hockey-Olympiamannschaft, mit Proben von jungen, gesunden, aber untrainierten Probanden verglichen. Die Datenanalyse bescheinigte eine positive Korrelation zwischen körperlicher Fitness und dem vermehrten Auftreten regulatorischer T-Zellen. Wie kann dieses Ergebnis beurteilt werden? Durch ein hohes Fitnesslevel steigen die regulatorischen T-Zellen an, die sich entzündungshemmend auf die Zellen auswirken. Dies ist besonders in der Gesundheitsprävention bedeutsam, denn viele Erkrankungen wie Herz-Kreislauf-Erkrankungen, Krebs und Diabetes mellitus Typ 2 entstehen u. a. aufgrund von chronischen Entzündungsprozessen. Diese werden ebenso durch die Kombination von Übergewicht und Bewegungsmangel gefördert. Ein gesunder Lebensstil mit regelmäßiger Bewegung stellt eine sinnvolle Prävention dar (ÄrzteZeitung, 2015).

Ob sich in jungen Jahren ausgeübter Leistungssport auch noch positiv auf das Immunsystem auswirkt, wenn in fortgeschrittenem Alter ein inaktiver Lebensstil dominiert, dazu liegen laut Prof. Dr. Bloch noch keine eindeutigen Studienergebnisse vor. Insgesamt ist ein von Bewegung geprägtes Leben immer von gesundheitlichem Vorteil (Hutterer, 2016).

Beachtet werden sollte allerdings eine zu starke Belastung. Die ganze Woche im Büro zu sitzen und am Wochenende volle Power zu geben, kann den umgekehrten Effekt haben und das Immunsystem schwächen.

5.4   Wenn Bewegung zur Belastung wird

Alle positiven Aspekte, die Sport und Bewegung mit sich bringen, können schnell ins Negative umschlagen, wenn die Belastung zu groß wird. In unserer heutigen Leistungsgesellschaft ist es nicht nur üblich, beruflich immer erfolgreicher, sondern gleichzeitig auch sportlich in Topform sein zu wollen. Der Vergleich mit den sehr sportlichen Kollegen und die ständige Präsenz von perfekten Körpern in Werbung, Fernsehen, Magazinen und Social Media fördern diesen Trend (Mader et al., 2019).

Damit Sie ein Übertraining frühzeitig erkennen und einschätzen können, inwieweit Ihre sportlichen Aktivitäten noch gesundheitsförderlich sind, finden Sie nachfolgend die wichtigsten Informationen und Selbstchecks.

5.4.1 Training: Stress für den Körper

Eine Bewegungseinheit und vor allem intensiver Sport stellen immer auch eine Belastung für den Körper dar. Sie hinterlässt minimale Verletzungen in Muskel- und Sehnenstrukturen, Stresshormone (z. B. Adrenalin) werden produziert und das Immunsystem zeitweise gehemmt. Diese Schädigungen sind zunächst nicht schlimm, im Gegenteil: Folgt auf die Anspannung eine Phase der Entspannung geht der Körper gestärkt aus diesem Prozess hervor. Bildlich gesprochen: Die Muskeln wachsen nicht beim Training, sondern in der anschließenden Phase der Regeneration (Niebauer, 2015).

Wird dem Körper sowohl physisch als auch psychisch keine Pause gegönnt (z. B. Sport in der Mittagspause oder nach dem abendlichen Sport weitere Verpflichtungen) passiert allerdings genau das Gegenteil: Der Körper schafft es nicht, die Schäden zu beseitigen und wird schwächer. Trotz weiterem, hartnäckigem Training ist keine Verbesserung der sportlichen Leistung zu verzeichnen. Die Folgen können eine verstärkte Infektanfälligkeit und Verhärtungen sowie Ablagerungen im Bindegewebe sein. Dies führt zu einer Steifheit und damit einhergehend zu einem erhöhten Verletzungsrisiko für Sehnen und Bänder (Niebauer, 2015).

Ein sogenanntes Übertrainingssyndrom, das nach einer längeren Phase fehlender Regeneration entstehen kann, hat darüber hinaus noch weitreichendere Folgen. Chronische Müdigkeit, affektive Störungen (Depression, Burn-out, Angstzustände), verminderte Fruchtbarkeit und gestörte Konzentration sind nur einige Beispiele (Carter et al., 2014). Ebenso steigt bei Sportlern, die über ihre körperliche Leistungsfähigkeit hinausgehen und das Gefühl des „Ausgebranntseins" spüren, das Risiko verkürzter Telomere in den Muskelzellen an (Blackburn & Epel, 2017).

Das tückische beim Übertrainingssyndrom ist, dass die Gründe für die Entstehung eines solchen Syndroms häufig zu einseitig betrachtet werden. Nicht nur ein Zuviel an Bewegung oder ein falscher Trainingsaufbau kann die Ursache sein, sondern auch zusätzliche Stressoren im Alltag (z. B. berufliche oder private Konflikte), Vorerkrankungen oder genetische Faktoren (Carter et al., 2014). Im Profisport werden deshalb auch immer die psychischen Belastungen der Athleten in der Trainingsplanung mitberücksichtigt.

Auch ein sogenannter Runner's High kann sich bei bestehender psychischer und physischer Belastung negativ auf den Körper auswirken. Oft tritt dieses Hochgefühl, das einem Rauscherlebnis gleicht, nach einiger Zeit des Laufens auf. Ein Runner's High ist allerdings nicht nur auf das Joggen begrenzt. Jeder kann ein Runner's High erleben, sobald man die persönliche Leistungsgrenze überschreitet, und zwar unabhängig von der Sportart. Wissenschaftler haben die biochemischen Vorgänge entschlüsselt: Das Gehirn schüttet Endorphine aus, die einerseits schmerzlindernd und andererseits wie eine Glücksdroge wirken. Diese Notfallreaktion soll ein evolutionsbiologischer Mechanismus sein, durch den sichergestellt wird, dass nach dem Ausschöpfen der Leistung nochmals neue Kräfte durch Endorphine geweckt werden, um im Kampf oder auf der Flucht vor einem Raubtier zu überleben (vgl. Sandner & Maull, 2016).

5

In der Sportwissenschaft wird kontrovers diskutiert, wie lange der Körper regenerieren muss, bis der ideale Moment gekommen ist, um weitertrainieren zu können und die Muskeln mit einem neuen Reiz herauszufordern. Hierbei spielen die Intensität und die Dauer des Trainings, die Art der trainierten Muskelgruppen, die Vorbelastung und der allgemeine Lebensstil (Stress, Schlaf, Ernährung usw.) eine Rolle. Die Laktatkonzentration ermöglicht eine optimale Trainingsplanung, sofern der Freizeitsportler eine hohe Leistungsambition aufweist. Die Regenerationszeit ist immer individuell zu betrachten. Deswegen finden Sie im Folgenden Informationen, worauf Sie zur Vermeidung eines Übertrainingssyndroms achten sollten und wie Sie Ihre Regeneration unterstützen können.

Praxischeck: Leide ich an einem Übertrainingssyndrom?

Wenn eines der folgenden Symptome in den letzten 2 Wochen bei Ihnen aufgetreten ist, sollten Sie unverzüglich eine Trainingspause einlegen oder zur Klärung einen Sportmediziner hinzuziehen:

- Kein Leistungszuwachs oder Leistungsabfall im Training
- Ständige Müdigkeit trotz ausreichend Schlaf
- Schlafstörungen
- Schmerzen in den Gelenken und ständiger Muskelkater
- Ständige Gereiztheit, Angstzustände oder depressive Verstimmungen
- Konzentrationsstörungen
- Reduziertes Durstempfinden
- Reduzierter Appetit
- Reduzierte Libido
- Häufige Infekte

Damit Sie erst gar nicht an einem Übertrainingssyndrom leiden, habe ich für Sie folgende Empfehlungen.

Praxistipp: Prävention von Übertraining

- Betrachten Sie bei der Planung Ihrer Sporteinheiten immer Ihr gesamtes Leben: Wie viel Belastung haben Sie gerade insgesamt im Alltag (im Sinne einer Sympathikusaktivierung)?
- Fühlen Sie vor dem Sport in Ihren Körper hinein und fragen Sie sich: Würde mir die Bewegung gerade wirklich guttun oder brauche ich eher eine Pause (im Sinne einer aktiven Entspannungsmethode)?
- Beenden Sie Trainingseinheiten niemals abrupt, sondern immer mit einem Cooldown (z. B. lockeres Auslaufen, Stretching o. Ä.).
- Gönnen Sie sich nach dem Training Ruhe! Ihr Körper benötigt diese Pause, um Ihre Muskeln wachsen zu lassen. Eine Regenerationszeit sollte genauso im Trainingsplan eingebaut werden, wie das Training selbst.
- Wenn Sie eine spezifische Muskelgruppe trainieren (z. B. nur die Beine), ist es möglich am nächsten Tag bereits eine andere Muskelgruppe zu trainieren (z. B. den Oberkörper), solange die belasteten Muskeln noch ruhen können.
- Beachten Sie zusätzlich, viel zu trinken und sich gut mit Nährstoffen zu versorgen, um Ihren Körper optimal bei der Regeneration zu unterstützen.

Die Abwehrfunktion des Immunsystems ist nach erschöpfender Belastung, intensivem Training oder Wettkämpfen vorübergehend geschwächt, bestätigen zahlreiche Studienergebnisse, so Prof. Dr. Wilhelm Bloch. Ausdauerathleten erkranken häufiger während des Trainings oder bei Wettkämpfen an Infekten der oberen Atemwege. Die ersten Stunden nach der Belastung werden als „open window" bezeichnet, weil das gereizte Schleimhautepithel in den oberen Atemwegen ein offenes Fenster für Erreger darstellt. Normalerweise werden die Erreger an dieser ersten Barriere der Immunabwehr abgefangen. Betrachtet man die Infektionshäufigkeit hingegen über ein Jahr, liegen Leistungssportler eher unter dem Durchschnitt der Gesamtbevölkerung (Hutterer, 2016).

» Der große Sport fängt da an, wo er längst aufgehört hat, gesund zu sein. (Bertolt Brecht, 1898–1956, deutscher Schriftsteller)

Sportmediziner raten dringend davon ab, bei bestehenden Infekten ein intensives Training oder Wettkämpfe zu absolvieren. Ein selbst auferlegtes Sportverbot sollte in diesem Fall obligatorisch sein. Ein leichtes aerobes Training wäre dagegen noch vertretbar.

5.4.2 Objektive Messung von Belastung

Sport bringt zahlreiche Vorteile mit sich, wie eingangs dieses Kapitels ausführlich dargelegt wurden. Allerdings stellt Sport auch eine Belastung für den Körper dar. Sport aktiviert das sympathische Nervensystem. Die Belastung sollte, wenn möglich, an die individuelle Auswertung der Stressdiagnostik angepasst werden, da Sport nicht zu jeder Tageszeit empfehlenswert ist! Je nach Intensität und Dauer der körperlichen Belastung in den Abendstunden kann die Erholung im Schlaf erheblich beeinträchtigt werden. Bereits 1 h moderater oder 30 min anaerober Sport kann die parasympathische Aktivität bis zu 4 h nach dem Sport hemmen. Dies ist besonders dann ungünstig, wenn man kurze Zeit nach dem Sport schlafen möchte. Obwohl man sich nach dem Sport durch die Dopaminausschüttung und die Endorphine gut fühlt, bleibt der Körper noch einige Stunden im Leistungsmodus. Eine echte Erholung findet dann im Schlaf nicht oder kaum statt. Die Schlafqualität ist für diese Zeitspanne herabgesetzt.

❯ Sport aktiviert den Sympathikus.

Praxisbeispiel: Aktivierung des Sympathikus durch Abendsport
Günther S., 46 Jahre, ist Führungskraft und Vater von drei Kindern. Tagsüber gönnt er sich fast keine Pause, was die HRV bestätigt (Sympathikusaktivierung). Auch nach der Arbeit ab 16:00 Uhr hat er viel zu erledigen (Sympathikusaktivierung). Wenn die Kinder im Bett sind, geht er mit dem Hund von 20:00 bis 21:00 Uhr 1 h in mäßigem Tempo joggen. Danach fühle er sich gut und habe den Kopf frei, berichtet er. Anschließend verbringt er die Zeit auf der Couch, um Nachrichten zu lesen und TV zu sehen. Er fühlt sich total entspannt. Die HRV zeigt jedoch erneut eine Sympathikusaktivierung (◨ Abb. 5.2). Dies wird durch die fehlenden Pausen während des Tages verstärkt. Ab 23:00 Uhr schläft er, doch der Sympathikus bleibt noch bis weit in die Nacht (bis ca. 02:00 Uhr) aktiv. Die Schlafqualität der ersten 3 h ist erheblich erniedrigt. Dies ist besonders bedeutsam, da die

> längsten beiden Tiefschlafphasen in den ersten beiden Schlafzyklen nicht erholsam sind. Er wacht am nächsten Morgen auf und fühlt sich müde und erschöpft. Mehr zum Thema Schlafzyklen ist dem ► Abschn. 3.3 zu entnehmen.

Ebenso ist Vorsicht geboten, wenn Sie einer sportlichen Betätigung in der Mittagspause nachgehen. Dies ist nur dann zu empfehlen, wenn nach dem Sport noch eine Regenerationszeit von mindestens 30 min zur Verfügung steht (nach dem Duschen im Ruheraum liegen, eine Entspannungsübung machen etc.). Daneben sollten Sie an Ihrem Arbeitstag mindestens 3–4 Mikropausen von ca. 5 min einplanen können. Zwingt Sie ein eng getakteter Arbeitstag, sofort nach Sport und Dusche wieder an Ihren Arbeitsplatz zurückkehren und ggf. Ihr Mittagsessen während der Bearbeitung von E-Mails einnehmen zu müssen, ist von einer Sporteinheit in der Mittagspause abzuraten. Die durchgehende sympathische Aktivierung durch Arbeit, Leistung, Stress und Sport wäre zu viel. Während des Tages benötigen der Körper und der Geist (mentale Leistungsfähigkeit) mehrfach parasympathische Erholungsphasen, sonst können Leistungseinbußen, mangelnde Motivation, ein geschwächtes Immunsystem und ein Nicht-mehr-Abschalten-Können am Abend mögliche Folgen sein.

> Wer einen stressigen Arbeitsalltag ohne mehrfache Erholungspausen hat, sollte statt anstrengendem Sport eher moderate Bewegung, z. B. einen Spaziergang o. Ä., in der Mittagspause bevorzugen.

Praxisbeispiel: Empfehlungen zu Uhrzeit und Intensität von Sport anhand der Stressdiagnostik

Auch ein erniedrigter Kortisolwert gibt Aufschluss darüber, zu welcher Uhrzeit und in welcher Intensität eine sportliche Betätigung sinnvoll sind. Die ◘ Abb. 5.3 von Stefanie S. zeigt auf, dass die gesamte Kortisolsekretion deutlich vermindert ist. Da alle 3 Werte unterhalb des Normbereichs liegen, kann hier von einem Hypokortisolismus gesprochen werden. Aufgrund der Ergebnisse der Neurotransmittermessung und der Speicheldiagnostik kann auf eine deutliche Stressbelastung mit entsprechender Erschöpfungsreaktion geschlossen werden. Aerober Sport mit maximal einer mittleren Herzfrequenz (z. B. Walking, Yoga) sollte eher in den Morgenstunden stattfinden. Verausgabender Sport ist zu jeder Tageszeit zu vermeiden.

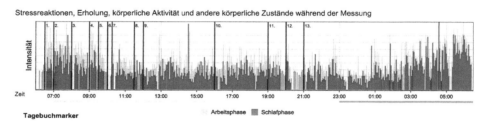

◘ **Abb. 5.2**   HRV-Messung bei Abendsport mit Sympathikusaktivierung. (© YourPrevention, 2022)

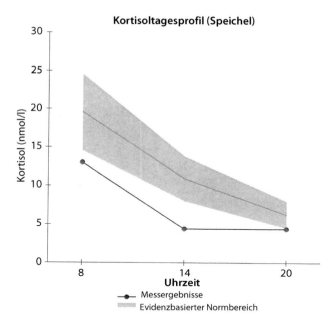

⬛ Abb. 5.3   Kortisoltagesprofil mit erniedrigten Werten. (© YourPrevention, 2022)

5.5   Zusammenfassung

Folgendes sollten Sie zum Thema Sport und Bewegung beachten:

- **Empfehlungen der WHO**
- ▬ Anzustreben sind 2,5–5 h mäßig anstrengende Bewegung pro Woche.
- ▬ Alternativ eignen sich mindestens 75 bis 150 min intensiver Ausdauersport, z. B. in Form von Teamsportarten wie Basketball, Joggen oder Cardio-Kursen im Fitnessstudio.
- ▬ An mindestens 2 Tagen der Woche sollte eine Kraftsporteinheit, die alle wichtigen Muskelgruppen trainiert, eingeplant werden.

- **Allgemeine Hinweise**
- ▬ Bewegung führt zu einer besseren Schlafqualität, der Verbesserung des Gedächtnisses und zur Linderung von Rückenschmerzen. Bewegung eignet sich als Prävention von Herzkrankheiten, Diabetes mellitus Typ 2 und Krebs im Alter.
- ▬ Menschen, die viel sitzen, haben ein erhöhtes Risiko für Diabetes mellitus Typ 2, Herzerkrankungen, Schlaganfälle, Depressionen, Übergewicht, Rückenschmerzen sowie Dickdarm-, Gebärmutterschleimhaut- und Brustkrebs. Die Schäden von langem Sitzen sind irreversibel und nicht durch Sport auszugleichen. Kleine Unterbrechungen des Sitzens durch regelmäßiges Aufstehen helfen, um möglichen Schäden entgegenzuwirken.

- Regelmäßiges Gehen verbessert die Gedächtnisleistung, das Lernen und die Aufmerksamkeit signifikant. Spaziergänge in der Natur sind dabei besonders förderlich.
- Training ist immer auch Stress für den Körper. Wenn auf die Belastung keine physische und psychische Regeneration folgt, kann ein Übertrainingssyndrom mit verheerenden Folgen entstehen. Beachten Sie bei der Planung Ihres Trainings deshalb immer die gesamte Belastung in Ihrem Alltag.

Praxistipp: Sport und Bewegung zum Erhalt und zur Verbesserung der Gesundheit

1. Bauen Sie Bewegung in Ihren Arbeitsalltag ein: Nutzen Sie jede Gelegenheit, um aufzustehen, sich zu strecken oder ein paar Schritte zu gehen.
2. Bauen Sie Bewegung in Ihren privaten Alltag ein: Was für die Arbeit gilt, gilt genauso zu Hause. Viele Tätigkeiten wie Gartenarbeit oder der Gang zum Supermarkt schaffen zusätzliche Bewegungseinheiten, die wertvoll für Ihre Gesundheit sind.
3. Suchen Sie sich eine Sportart, die Ihnen Freude bereitet: Um sportlich lange am Ball zu bleiben, ist es wichtig, dass Sie eine Sportart finden, die Ihnen Spaß macht. Sowohl beim Kraft- als auch beim Ausdauertraining gibt es heutzutage ein großes Angebot verschiedenster Trainingsmöglichkeiten. Scheuen Sie sich nicht, sich so lange auszuprobieren, bis Sie das Richtige für sich gefunden haben.
4. Bewegen Sie sich an der frischen Luft: Wie in den vorherigen Abschnitten ausführlich beschrieben, ist diese Form der Bewegung besonders förderlich für die Gesundheit.
5. Achten Sie auf Ihr Körpersignale: Seien Sie ehrlich mit sich: Fühlen Sie sich nach dem Sport wirklich gut? Wenn Sie häufig müde, ausgelaugt oder abgeschlagen vom Training kommen, ist dies ein Zeichen dafür, dass die Belastung zu hoch ist. Behalten Sie Ihr persönliches Empfinden immer im Auge, denn jeder Körper ist anders und die Trainingsplanung erfordert eine individuelle Betrachtung.

Literatur

ÄrzteZeitung. (2015, 08. Dezember). Studie mit Athleten: Immunsystem lässt sich durch Sport ankurbeln. https://www.aerztezeitung.de/Medizin/Immunsystem-laesst-sich-durch-Sport-ankurbeln-234783.html. Zugegriffen am 25.08.2022.

Baum, M., & Liesen, H. (1998). Sport und Immunsystem. *Deutsches Ärzteblatt, 95*(10), A-538/B-438/C-411. https://www.aerzteblatt.de/archiv/9761/Sport-und-Immunsystem. Zugegriffen am 23.08.2022.

Bennie, J. A., Cocker, K. D., Smith, J. J., & Wiesner, G. H. (2020). The epidemiology of muscle-strengthening exercise in Europe: A 28-country comparison including 280, 605 adults. *PLoS One, 15*(11), e0242220. https://doi.org/10.1371/journal.pone.0242220

Blackburn, E., & Epel, E. (2017). *Die Entschlüsselung des Alterns. Der Telomer-Effekt.* Goldmann.

Carter, J., Potter, A., & Brooks, K. (2014). Overtraining syndrome: Causes, consequences, and methods for prevention. *Journal of Sport and Human Performance, 2*(1), 1–14.

van Donkelaar, E. L., van de Hove, D. L. A., Blokland, A., Steinbusch, H. W. M., & Prickaerts, J. (2009). Stress-mediated decreases in brain-derived neurotrophic factor as potential confounding factor for acute tryptophan depletion-induced neurochemical effects. *European Neuropsychopharmacology, 19*, 812–821.

Duggal, N. A., Pollock, R. D., Lazarus, N. R., Harridge, S., & Lord, J. M. (2018). Major features of immunesenescence, including reduced thymic output, are ameliorated by high levels of physical activity in adulthood. *Aging Cell, 17*(2), e12750. https://doi.org/10.1111/acel.12750

Erickson, K. I., Hillman, C. H., & Kramer, A. F. (2015). Physical activity, brain and cognition. *Current Opinion in Behavioral Sciences, 4*, 27–32.

Hämäläinen, J., & Schnack, T. (2019, 01. Juli). Waldbaden: Heilung mit Baum, Blatt und Borke. *Der Spiegel*. https://www.youtube.com/watch?v=tsF11tOhIy0. Zugegriffen am 25.08.2022.

Hansen, M. M., Jones, R., & Tocchini, K. (2017). Shinrin-Yoku (Forest Bathing) and nature therapy: A state-of-the-art review. *International Journal of Environmental Research and Public Health, 14*(8), 851. https://doi.org/10.3390/ijerph14080851

Harvey, S., Overland, S., Hatch, S., Wessely, S., Mykletun, A., & Hotopf, M. (2017). Exercise and the prevention of depression: Results of the HUNT Cohort Study. *The American Journal of Psychiatry, 175*(1), 28–36.

Hollersen, W. (2018). So entgehen Sie den gefährlichen Folgen des Sitzens. *Welt*. https://www.welt.de/gesundheit/plus181539814/Gesundheitsgefahr-Sitzen-Selbst-leichte-Aktivitaet-kann-das-Leben-verlaengern.html. Zugegriffen am 25.08.2022.

Hutterer, C. (2016). Sport – wie eine Impfung für das Immunsystem. *Deutsche Zeitschrift für Sportmedizin*. https://www.zeitschrift-sportmedizin.de/sport-wie-eine-impfung-fuer-das-immunsystem/. Zugegriffen am 25.08.2022.

Jaensch, A.-L. (2019, 07. Juni). Angelika Wolf übers Waldbaden. *Der Spiegel*. https://www.spiegel.de/politik/waldbaden-manche-moegen-es-den-baum-zu-umarmen-a-00000000-0002-0001-0000-000164302396. Zugegriffen am 25.08.2022.

Lear, S. A., Hu, W., Rangarajan, S., Gasevic, D., Leong, D., Iqbal, R., Casanova, A., Swaminathan, S., Anjana, R. M., Kumar, R., Rosengren, A., Wei, L., Yang, W., Chuangshi, W., Huaxing, L., Nair, S., Diaz, R., Swidon, H., Gupta, R., Mohammadifard, N. ... Yusuf, S. (2017). The effect of physical activity on mortality and cardiovascular disease in 130 000 people from 17 high-income, middle-income, and low-income countries: The PURE study. *Lancet (London, England), 390*(10113), 2643–2654. https://doi.org/10.1016/S0140-6736(17)31634-3

López-Valenciano, A., Mayo, X., Liguori, G., Copeland, R. J., Lamb, M., & Jimenez, A. (2020). Changes in sedentary behaviour in European Union adults between 2002 and 2017. *BMC Public Health, 20*(1), 1206. https://doi.org/10.1186/s12889-020-09293-1

Mader, L., Scherer, L., Wölfing, K., Beutel, M., & Müller, K. (2019). Zusammenhänge intensiver Social Media Nutzung mit Ess- und Sportverhalten. *Suchttherapie, 20*(1). https://doi.org/10.1055/s-0039-1696285

Niebauer, J. (2015, 26. Mai). Regeneration: Sport schwächt unseren Körper. https://www.sportaktiv.com/regeneration-sport-schwaecht-unseren-koerper. Zugegriffen am 25.08.2022.

Nusselder, W. J., Franco, O. H., Peeters, A., & Mackenbach, J. P. (2009). Living healthier for longer: Comparative effects of three heart-healthy behaviors on life expectancy with and without cardiovascular disease. *BMC Public Health, 9*, 487. https://doi.org/10.1186/1471-2458-9-487

Park, B. J., Tsunetsugu, Y., Kasetani, T., Kagawa, T., & Miyazaki, Y. (2010). The physiological effects of Shinrin-yoku (taking in the forest atmosphere or forest bathing): Evidence from field experiments in 24 forests across Japan. *Environmental Health and Preventive Medicine, 15*(1), 18–26. https://doi.org/10.1007/s12199-009-0086-9

Pollock, R. D., O'Brien, K. A., Daniels, L. J., Nielsen, K. B., Rowlerson, A., Duggal, N. A., Lazarus, N. R., Lord, J. M., Philp, A., & Harridge, S. (2018). Properties of the vastus lateralis muscle in relation to age and physiological function in master cyclists aged 55–79 years. *Aging Cell, 17*(2), e12735. https://doi.org/10.1111/acel.12735

Sandner, A., & Maull, F. (2016). Sportforschung: Fünf Mythen und Fakten zum Sport. *Geo*. https://www.geo.de/magazine/geo-kompakt/232-rtkl-sportforschung-fuenf-mythen-und-fakten-zum-sport. Zugegriffen am 25.08.2022.

Scott, A. L., Weihong, H., et al. (2017). The effect of physical activity on mortality and cardiovascular disease in 130 000 people from 17 high-income, middle-income, and lowincome countries: the PURE study. VOLUME 390, ISSUE 10113, P2643-2654, DECEMBER 16, 2017. https://doi.org/10.1016/S0140-6736(17)31634-3. Zugriff am 4. April 2022. Verfügbar unter: https://www.thelancet.com/journals/lancet/article/PIIS0140-6736(17)31634-3/fulltext

Sigel, H. (2019, 31. März). Treten wir in den Sitzstreik! https://www.mittelbayerische.de/panorama-nachrichten/treten-wir-in-den-sitzstreik-21934-art1765648.html. Zugegriffen am 25.08.2022.

Simpson, R. J., et al. (2012). Exercise and the aging immune system. *Ageing Research Reviews.* https://doi.org/10.1016/j.arr.2012.03.003. Zugegriffen am 11.08.2022.

Spiegel Gesundheit. (2020, 26. November). Neue WHO Empfehlungen: Erwachsene brauchen mindestens 21 Minuten Bewegung pro Tag. *Der Spiegel.* https://www.spiegel.de/gesundheit/ernaehrung/who-erwachsene-brauchen-mindestens-21-minuten-bewegung-pro-tag-neue-empfehlungen-a-5db0cf79-8aea-4408-9ebb-5ae267fa9c7f. Zugegriffen am 25.08.2022.

Standl, E. (2022, 19. August). Internisten im Netz: Metabolisches Syndrom: Symptome & Auswirkungen. https://www.internisten-im-netz.de/krankheiten/metabolisches-syndrom/symptome-auswirkungen.html. Zugegriffen am 25.08.2022.

Trexler, E. T., Smith-Ryan, A. E., & Norton, L. E. (2014). Metabolic adaptation to weight loss: Implications for the athlete. *Journal of the International Society of Sports Nutrition, 11*(1), 7. https://doi.org/10.1186/1550-2783-11-7

Wolz, L. (2020, 28. Juni). Neurowissenschaftler über Fitness, Herz und Gehirn: Gehen ist einer der besten Wege, um uns in Topform zu bringen. *Der Spiegel.* https://www.spiegel.de/gesundheit/training-fuer-herz-und-gehirn-wie-gehen-uns-gesund-gluecklich-und-kreativ-macht-a-f1c5e1e9-b42c-47bb-817c-d6e71048f78e. Zugegriffen am 25.08.2022.

World Health Organization (WHO). (2020). WHO Guidelines on physical activity and sedentary behavior. https://www.who.int/publications/i/item/9789240015128. Zugegriffen am 25.10.2022.

YourPrevention. (2022). Ausbildung Stress und Resilienz. Modul B. Stress-Diagnostik und -therapie. Vortrag B2.

5

Wichtige Mikronährstoffe bei hoher Belastung: Wie Sie noch besser den (Un-)Sinn von Nahrungsergänzungsmitteln erkennen

Inhaltsverzeichnis

6.1   Nahrungsergänzungsmittel: ein kontroverses Thema – 225

6.2   Grundlagen: Was Sie vor der Einnahme beachten sollten – 227

6.3   Nützliche und bei gesteigerter Belastung besonders benötigte Nährstoffe – 230
6.3.1   Vitamin D: ein besonderer Fall – 230
6.3.2   Vitamin B$_3$ (Niacin) – 233
6.3.3   Vitamin B$_6$ (Pyridoxin) – 234
6.3.4   Vitamin B$_9$ (Folsäure) – 236
6.3.5   Vitamin B$_{12}$ (Cobalamin) – 237
6.3.6   Coenzym Q10 – 238
6.3.7   Vitamin C – 239
6.3.8   S-Adenosylmethionin (SAM) – 240
6.3.9   Betain – 241
6.3.10   L-Tyrosin – 242
6.3.11   Phenylalanin – 243
6.3.12   Zink – 243
6.3.13   Selen – 245

© Springer-Verlag GmbH Deutschland, ein Teil von Springer Nature 2023
S. Balaban, *Peak Performance halten*, https://doi.org/10.1007/978-3-662-61528-7_6

6.3.14   Magnesium – 246

6.3.15   Eisen – 248

6.3.16   Omega-3-Fettsäuren – 249

**6.4   Nährstoffzufuhr bei speziellen
          Gesundheitsproblemen – 250**

6.4.1   Wichtige Nährstoffe für die Herzgesundheit – 250

6.4.2   Wichtige Nährstoffe für die Prostatagesundheit – 251

6.5   Zusammenfassung – 252

Literatur – 253

Zuerst werden in diesem Kapitel Nahrungsergänzungsmittel weiterführend kritisch betrachtet; hierzu gehören Themen wie Risiken und Nebenwirkungen, Überdosierung, niedrige Bioverfügbarkeit und mangelhafte Qualität. Sie erhalten Tipps, wie Sie hochwertige Nahrungsergänzungsmittel von minderwertigen unterscheiden können. Anschließend gehe ich speziell auf die Nahrungsergänzungsmittel ein, die bei hoher Belastung im Stress schneller und/oder in höherer Dosis vom Körper benötigt werden, um die biochemischen Stressreaktionen des Körpers abpuffern zu können. Ich zeige Ihnen auf, in welchen Lebensmitteln die Mikronährstoffe enthalten sind, informiere über empfohlene Zufuhrmengen und weise auf mögliche Interaktionen mit Medikamenten und anderen Mikronährstoffen hin. Abschließend werden zudem wichtige Nährstoffe für die kardiovaskuläre und die Prostatagesundheit vorgestellt.

6.1 Nahrungsergänzungsmittel: ein kontroverses Thema

» Der Weg zur Gesundheit führt durch die Küche, nicht durch die Apotheke.
(Sebastian Kneipp, 1821–1897, Priester, Naturheilkundler und Begründer der Kneipp-Medizin)

Kaum ein Thema in Bezug auf die Ernährung wird so kontrovers diskutiert wie Nahrungsergänzungsmittel. Auf der einen Seite sehen z. B. Anhänger der orthomolekularen Medizin die Gabe von hochdosierten Nahrungsergänzungsmitteln als vielversprechende Therapiemöglichkeit für zahlreiche Beschwerden an (Gröber, 2008). Auf der anderen Seite gibt es viele Kritiker, die den Gebrauch dieser Mittel für einen Großteil der Bevölkerung ablehnen und ihn sogar als gesundheitsgefährdend einstufen.

Der Handel mit Nahrungsergänzungsmitteln ist ein sehr lukratives Geschäft, der auch auf dem Megatrend „Selbstmedikation" fußt. In Deutschland ist der Umsatz von rund 1,7 Mrd. € in 2014 auf knapp 2,3 Mrd. € in 2020 gestiegen (Radtke, 2021) – Tendenz steigend, so das Marktforschungsunternehmen Mintel (2022). Am beliebtesten sind Vitamin D (41 %), Vitamin C (34 %) und Multivitaminpräparate (33 %), gefolgt von den Mineralstoffen Magnesium (65 %), Eisen und Kalzium (je 29 %) und Zink (26 %). Beruhigende Begleiter, die laut Auslobung den Schlaf fördern und stressreduzierend wirken sollen, haben seit der Corona-Pandemie deutlich zugelegt, so ein Ergebnis der Studie „Deutschland Nahrungsergänzungsmittel Report 2020" von Mintel (2022): 35 % der 25- bis 44-jährigen Männer nahmen Nahrungsergänzungsmittel ein, die die mentale Gesundheit stärken sollen. Zum Vergleich: In der Gesamtbevölkerung waren es 27 %. 34 % der Männer über 55 Jahre nehmen täglich Nahrungsergänzungsmittel zu sich. Das liegt weit über dem Durchschnitt aller Altersgruppen von 28 %.

Die komplexe Frage, ob Nahrungsergänzungsmittel sinnvoll sind oder nicht, lässt sich nicht eindeutig beantworten und erfordet eine vielschichtige Betrachtung des Themas. Fakt ist jedoch, dass der Körper bei akutem und besonders bei chronischem Stress eine viel höhere Mikronährstoffzufuhr als bei Normalbelastung benötigt.

❯ Der Körper hat bei Stress einen deutlich erhöhten Mikronährstoffbedarf.

Diese Zufuhr sollte am besten über die Nahrung erfolgen. Und manchmal ist es sinnvoll, zu Beginn mit einem Nahrungsergänzungsmittel zu unterstützen.

Allerdings kann durch Gabe von isolierten Nährstoffen über die Zufuhrempfehlung hinaus kein zusätzlicher positiver Effekt erreicht werden, im Gegenteil können sie sogar schädlich wirken (Rittenau & Copien, 2022). So erhöhen z. B. Vitamin A und Beta-Carotin in hochdosierter Form das Sterblichkeitsrisiko (Kast, 2018). Wer keinen Mangel aufweist und dennoch zusätzlich Supplemente einnimmt, der kann ernste Gesundheitsstörungen erleiden – Stichwort „Hypervitaminose".

Ferner ist von Bedeutung, dass auch Nahrungsergänzungsmittel Risiken und Nebenwirkungen haben können, die Hersteller diese aber nicht deklarieren müssen, da unterschiedliche Gesetze gelten: Bei Nahrungsergänzungsmitteln gelten das Lebensmittel-, Bedarfsgegenstände- und Futtermittelgesetzbuch sowie die Nahrungsergänzungsmittelverordnung, bei Arzneimitteln gilt hingegen das Arzneimittelgesetz. Gleichzeitig macht es die mangelhafte Reglementierung von Nährstoffsupplementen schwierig, hochwertige Präparate von qualitativ minderwertigen zu unterscheiden.

Von den Verbraucherzentralen wird deshalb gefordert, eine Meldestelle für unerwartete Nebenwirkungen von Nahrungsergänzungsmitteln einzurichten und diese besser zu kontrollieren und zu überwachen. Denn viele Präparate sind mittlerweile sehr hoch dosiert und enthalten immer häufiger das x-fache bis hin zur 30-fachen Verzehrempfehlung der Tagesreferenzmenge! Somit ist Vorsicht geboten, denn spätestens bei langfristiger Einnahme dieser Präparate kann es zu unerwünschten Neben-, Wechselwirkungen, Beschwerden und gesundheitlichen Störungen kommen.

Ein weiterer Unterschied besteht in der Markteinführung: Nahrungsergänzungsmittel benötigen nur eine „Anmeldung", Arzneimittel unterliegen der Zulassungspflicht. Auch in Bezug auf die gesundheitsbezogenen Angaben, den Health Claims, gibt es große Unterschiede.

Bei der Werbung für Nahrungsergänzungsmittel ist Folgendes *nicht* erlaubt:
- Aussagen zur Beseitigung, Linderung, Verhütung von Krankheiten
- Hinweise auf ärztliche Empfehlungen und Gutachten, Krankengeschichten, Dankesschreiben
- Lebensmitteln den Anschein von Arzneimitteln geben

Wie die Hersteller von Nahrungsergänzungsmitteln werben dürfen, ist in der Health-Claims-Verordnung (HCVO) festgelegt:
- Erlaubt ist: Magnesium trägt zu einer normalen Muskelfunktion bei.
- Unzulässig: Magnesium ist von elementarer Bedeutung für die Muskelfunktion.

Bei Nahrungsergänzungsmitteln sind Losnummern auf der Verpackung aufgedruckt, Arzneimittel sind mit Chargennummern gekennzeichnet. Auch der Handel sollte aufgefordert werden, Nahrungsergänzungsmittel differenzierter von frei verkäuflichen Arzneimitteln zu platzieren und/oder zu kennzeichnen. Eine Positionierung von Nahrungsergänzungsmitteln als frei verkäufliches Arzneimittel hat Auswirkungen auf die Preispolitik. Nahrungsergänzungsmittel können unter dem Anschein von frei verkäuflichen Medikamenten teuer verkauft werden. Sicher erinnern Sie sich an die Bezeichnung eines zumindest in den 1990er-Jahren beworbenen Schokoladenriegels als „die längste Praline der Welt". Für eine Praline zahlen wir mehr als für einen einfachen Schokoriegel.

Das Geschäft mit Nahrungsergänzungsmitteln ist gewinnbringend, und zwar nicht nur für Hersteller, sondern auch für die Zwischenhändler, die u. a. auch unter Ärzten oder Heilpraktikern zu finden sind. Durch Multi-Level-Marketing werden Nahrungsergänzungsmittel gleich in der Praxis verkauft oder das überreichte Bestellformular enthält die Kundennummer des Arztes. Durch Provisionen wird ein zusätzliches Nebeneinkommen generiert.

Des Weiteren beklagt das Bundeskriminalamt zahlreiche Verstöße gegen das Arzneimittelgesetz (BKA, 2022). Im Jahr 2020 entfielen in Deutschland 3355 Straftaten auf den Bereich Arzneimittelkriminalität (Rudnicka, 2022).

Trotz dieser Schwierigkeiten ist die Supplementierung bestimmter Nährstoffe für einige Bevölkerungsgruppen und zum Teil sogar für die gesamte Bevölkerung empfehlenswert. Was Sie bei der Einnahme grundsätzlich beachten sollten und auf welche Stoffe Sie einen besonderen Blick werfen können, erfahren Sie in diesem Kapitel.

> Bevor Sie zu Nahrungsergänzungsmitteln greifen, ist eine Beratung durch Ihre Ärztin oder Ihren Apotheker zu empfehlen, da eine Nahrungsergänzung nicht immer sinnvoll ist. Vorsicht ist geboten, da eine Überdosierung oder falsche Kombination von Präparaten womöglich mehr schaden als nutzen könnte. Sofern Sie die Nahrungsergänzungsmittel therapeutisch oder kurativ anwenden, gelten unter Umständen andere Mengenempfehlungen. Bitte konsultieren Sie dazu Ihre behandelnde Ärztin.

6.2 Grundlagen: Was Sie vor der Einnahme beachten sollten

Unterschiedliche Ernährungsweisen haben in Bezug auf die Nährstoffbedarfsdeckung unterschiedliche Stärken und Schwächen. Sowohl eine mischköstliche als auch eine vegetarische oder vegane Ernährungsweise können in Bezug auf verschiedene Nährstoffe unterschiedliche Mängel aufweisen. So zeigte eine vergleichende Untersuchung zwischen vegan, vegetarisch und mischköstlich essenden Personen aus der Schweiz und England, dass alle drei Gruppen ihre Ernährung an manchen Stellen optimieren können (Schüpbach et al., 2017).

Mischköstler haben am häufigsten einen Mangel an Eisen, Vitamin C, Vitamin B_7 (Biotin), Vitamin B_9 (Folat) und Vitamin E. Vegetarier leiden am häufigsten an einem Mangel an Magnesium, Selen, Vitamin B_3 (Niacin), Vitamin B_5 (Pantothensäure) und Vitamin B_6 (Pyridoxin). Die Schwäche der veganen Ernährung liegt vor allem bei Zink, Kalzium, Vitamin B_2 (Rivoflavin), Vitamin B_{12} (Cobalamin), Vitamin A und Protein. Jod ist bei allen Gruppen mit über 60 % an mangelversorgten Personen der potenziell kritischste Nährstoff. Der Vergleich zeigt, an welchen Nährstoffen es bei unterschiedlichen Ernährungsstilen mangeln kann und worauf daher der Fokus in Bezug auf die Ernährung gelegt werden sollte. Dies bedeutet allerdings nicht, dass die fehlenden Nährstoffe über Nahrungsergänzungsmittel zugeführt werden müssen.

Die Einnahme von Nahrungsergänzungsmitteln kann zudem ein falsches Sicherheitsgefühl vermitteln und sollte unter keinen Umständen als Argument genutzt werden, sich mit Fast Food zu ernähren. Zu viele ungesunde Nahrungsmittel können nicht durch ein Nahrungsergänzungsmittel kompensiert werden: Das ein Wiener

Schnitzel XXL mit Pommes frites und eine Tüte Chips als Nachtisch nicht mit einer Multivitaminkapsel zu einem gesunden Essen wird, sollte auf allgemeines Verständnis stoßen, spätestens nach aufmerksamer Lektüre des Kapitels zur Ernährung.

> Ein Schnitzel mit Pommes frites wird mit einer Vitaminpille nicht zu einem gesunden Essen.

Wer sich an die Empfehlungen in diesem Buch hält, kann davon ausgehen, dass er Vitamine und Mineralstoffe in mehr als ausreichender Menge zuführt. Außerdem handelt es sich bei dem Ergebnis der Untersuchung um Durchschnittswerte. Nicht bei jedem Angehörigen der jeweiligen Gruppe liegt ein Mangel der genannten Nährstoffe vor. Dies macht den ersten wichtigen Punkt zur Abwägung einer Supplementierung durch Nahrungsergänzungsmittel deutlich:

> Beachten Sie Ihre individuelle Situation!

Welche Nährstoffe supplementiert werden sollten, hängt stark von der individuellen Ernährungsweise sowie der Absorptions- und Umwandlungsrate ab (Rittenau & Copien, 2022). Wenn Sie Sorge haben, unter einem Nährstoffmangel zu leiden, lassen Sie den Versorgungsgrad des Organismus mit Vitaminen und Mineralstoffen untersuchen. Vor allem bei Vorerkrankungen und in Wechselwirkung mit Medikamenten kann ein Supplement schaden. Deshalb ist eine Besprechung mit dem Arzt in diesen Fällen immer zu empfehlen. Bei einem Mangel sollten allerdings nicht Nahrungsergänzungsmittel, sondern Lebensmittel, die die entsprechenden Vitamine und Mineralstoffe enthalten, das erste Mittel der Wahl sein.

> Es gilt die Empfehlung: Food first!

Versuchen Sie, alle potenziell kritischen Nährstoffe in erster Linie über die Nahrung aufzunehmen. Das Zuführen von Nahrungsergänzungsmitteln ist grundsätzlich kein Ersatz für eine vollwertige, gesunde Ernährung. Welche Vitamine, Mineralstoffe, Spurenelemente und Co. in welchen Lebensmitteln enthalten sind, finden Sie zusammengefasst in einer Grafik unter ▶ http://www.recalibration.de.

Ist allerdings ein gravierender Mangel diagnostiziert oder die Aufnahme nicht oder zu schlecht möglich, bilden Ergänzungsmittel eine gut erforschte, sinnvolle Möglichkeit, um potenziellen Schäden vorzubeugen. Wenn ein Nahrungsergänzungsmittel eine hohe Qualität hat, über eine sinnvolle Dosierungshöhe verfügt und gut zusammengesetzt ist, dann ist es für den menschlichen Organismus unerheblich, aus welcher Quelle der Nährstoff stammt. Um diese Kriterien sicherzustellen gilt die Faustregel:

> Investieren Sie in qualitativ hochwertige Nahrungsergänzungsmittel.

Praxistipp: Woran erkenne ich qualitativ hochwertige Nahrungsergänzungsmit tel?

Nicht jeder lässt sich in der Apotheke fachkundig beraten. Viele Nahrungsergänzungsmittel (NEM) werden im Internet bestellt. Doch was ist dabei zu beachten? Es folgen einige Empfehlungen:

- Herkunft: Zu bevorzugen ist Deutschland als Herstellungsland. Denn in anderen Ländern gelten andere Regeln und Vorschriften für unterschiedliche Dosierungen und Grenzwerte bei Schad- und Inhaltsstoffen.
- Herstellung nach Qualitätsrichtlinien: Siegel wie HACCP (Hazard Analysis and Critical Control Points), TÜV, Bio-Siegel und DIN-Normen wie DIN-ISO 9001 können für eine gewisse Qualität garantieren.
- Unabhängige Kontrollen: Externe Laboranalysen steigern die Qualität und sorgen für Transparenz und Risikominimierung in Bezug auf Verunreinigungen etc.
- Dosierung: Reicht für den Tagesbedarf eine Tablette aus oder sind mehrere zu konsumieren? Eine günstigere Packung kann sich im Nachhinein als teuer erweisen, wenn die Dosierung niedrig ist. Der für Deutschland oder Europa festgelegte Grenzwert (Nutrient Reference Value, NRV) kann bei ausländischen NEM auch überschritten werden. Das Etikettenstudium lohnt sich auf jeden Fall.
- Füll- oder Zusatzstoffe: Hochwertige NEM sind fast oder vollkommen frei von nicht notwendigen Zusatzstoffen, z. B. Farbstoffen wie Titandioxid (E171), Eisenoxid, Eisenhydroxid (E172), Aluminium (E173). Auch Fließ- und Trennmittel wie Magnesiumstearat (E470b), Aspartam (E951), Sorbitol oder Sorbit (E420), Siliciumdioxid (E551), Talkum (E553b), Kalziumsilikat (E552), Magnesiumsilikat, Magnesiumtrisilikat (E553a), Natriumaluminiumsilikat (E554), Kaliumaluminiumsilikate (E555), mikrokristalline Zellulose werden bei hochwertigen NEM nicht verwendet oder durch natürliche Stoffe wie Reis- oder Leinsamenmehl ersetzt.
- Bioverfügbarkeit: Wie hoch ist die Bioverfügbarkeit? Diese Angaben finden sich bei hochwertigen Produkten eher auf dem Beipackzettel als bei günstigen Produkten. Eine Fachberatung in der Apotheke kann auch auf weitere Aspekte eingehen, die leicht übersehen werden. Zum Beispiel gibt es bei dem Coenzym Q10 sowohl Ubiquinon als auch Ubiquinol. Beide üben ganz unterschiedliche Funktionen im Körper aus. Ubiquinon wird benötigt, um Energie in Form von Adenosintriphosphat (ATP) zu produzieren, Ubiquinol hingegen fungiert eher als Antioxidans.

Ich will explizit darauf hinweisen, dass die Verantwortung für die Qualität der Inhaltsstoffe von Nahrungsergänzungsmitteln bei den Herstellern liegt. Produkte werden vor der Markteinführung von Behörden weder auf die Wirksamkeit noch auf die Sicherheit geprüft! Auch die Richtigkeit von (übertriebenen?) Werbeaussagen wird noch zu wenig kontrolliert. So findet man vermeintliche Informationsseiten im Internet, die werbefinanziert oder von Anbietern gesteuert sind. Dort wird z. B. behauptet, dass die Böden in Deutschland keine ausreichenden Mengen an Nährstoffen enthalten würden und es mit einer abwechslungsreichen Ernährung nicht möglich sei, eine ausreichende Nährstoffversorgung zu gewährleisten. Solche Aussagen sind falsch und verboten, doch nicht zu verhindern (Verbraucherzentrale, 2022).

Wie bereits dargelegt, sollten Sie ebenfalls Vorsicht bei Bestellungen aus dem Ausland walten lassen. Was in anderen Ländern als Nahrungsergänzungsmittel gilt, ist in Deutschland aufgrund unerlaubter Zutaten sowie einer hohen Dosierung unter Umständen als Arzneimittel eingestuft. Bei einer Lieferung aus dem Nicht-EU-Ausland gibt der Zoll solche Produkte nicht frei. Im mildesten Fall wird das (oft im Voraus bezahlte) Mittel wieder zurückgeschickt, im schlimmsten Fall droht eine Strafanzeige aufgrund der Einführung illegaler Arzneimittel.

> Vorsicht bei Bestellungen aus dem Nicht-EU-Ausland.

Beachten Sie bei der Einnahme von Ergänzungsmitteln außerdem die angegebene Tagesdosis. Pillen mit isolierten Nährstoffen können leicht zu einer Überdosierung führen. Dies ist mit Lebensmitteln nur in extrem seltenen Fällen möglich.

Diese Sachverhalte vorweggenommen, kann ich Ihnen nun guten Gewissens einige Tipps für die Supplementierung kritischer Nährstoffe mitgeben.

6.3 Nützliche und bei gesteigerter Belastung besonders benötigte Nährstoffe

Es gibt nur ein Vitamin, das nach aktuellem Erkenntnisstand auch in Pillenform das Sterblichkeitsrisiko senkt. Hierbei handelt es sich um Vitamin D, das in vielerlei Hinsicht ein Spezialfall und aus zwei Gründen eine Ausnahme darstellt: Nur wenige Nahrungsmittel enthalten Vitamin D, und eine ausreichende körpereigene Bildung durch Sonneneinstrahlung ist vor allem in Deutschland teilweise schwer möglich.

Für die außerdem in diesem Abschnitt aufgelisteten Nährstoffe gilt, dass sie bei Stress besonders stark benötigt bzw. aufgebraucht werden, ähnlich wie ein Lkw, der bei schwerer Beladung deutlich mehr Treibstoff pro 100 km benötigt als im unbeladenen Zustand. In der ◘ Abb. 6.1 sind die Nährstoffe, die bei gesteigerter Belastung vermehrt benötigt werden, in einer Übersicht zusammengestellt. Anschließend finden Sie einen kleinen Steckbrief für jeden Nährstoff mit seiner Funktion und der empfohlenen Menge. Außerdem werden Nahrungsmittel vorgestellt, in denen die Nährstoffe enthalten sind.

6.3.1 Vitamin D: ein besonderer Fall

Wird von Vitamin D gesprochen, ist zumeist Vitamin D_3 (Cholecalciferol) gemeint, das im menschlichen Körper produziert wird. Vitamin D_2 (Ergocalciferol) ist in einigen Pflanzen und Pilzen enthalten. Diese beiden Formen sind die wichtigsten für den menschlichen Körper. Daneben gibt es noch Vitamin D_1, D_4 und D_5, die künstlich hergestellt werden.

Das fettlösliche Vitamin D_3 ist in höheren Mengen nur in fettigem Fisch und Krustentieren wie Sardinen (1500 IE/100 g), Shrimps (1000 IE/100 g), Lachs (400 IE/100 g), Hering (350 IE/100 g) Makrele (120 IE/100 g) und im Lebertran

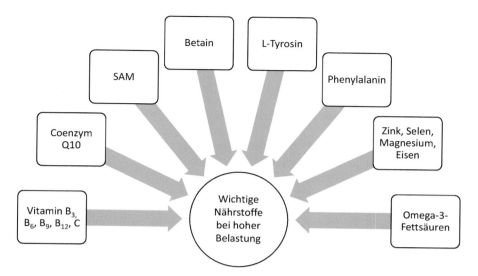

(10.000 IE/100 g) enthalten.[1] Eine Quelle für Vitamin D_2 sind Pilze, die der Sonne ausgesetzt oder in der Sonne getrocknet wurden (Biesalski, 2016).

Den Großteil an Vitamin D stellt der menschliche Körper selbst her. Deshalb ist Vitamin D streng genommen gar kein Vitamin, denn Vitamine müssen laut Definition zumindest in kleinen Mengen zugeführt werden. Es gilt darüber hinaus auch als Prohormon, da es über die Kernrezeptoren seine Wirkung entfaltet. Der Körper bildet Vitamin D_3 allerdings nur dann, wenn ausreichend Sonnenstrahlen bzw. UV-B-Strahlen auf die Haut treffen.

Dunkle Haut bildet einen natürlichen Schutz gegen Sonneneinstrahlung, was in der afrikanischen Savanne ein klarer Überlebensvorteil war und ist. Je weiter man sich allerdings vom Äquator entfernt und z. B. in Richtung Norden vordringt, desto schwieriger wird es für diesen Hauttyp, selbst Vitamin D_3 zu produzieren. In Deutschland wird die Sonneneinstrahlung im Winter sogar so schwach, dass selbst hellhäutige Menschen kein Vitamin D_3 mehr bilden können, egal wie viel Zeit sie im Freien verbringen. Die Konsequenz ist ein starkes Vitamin-D-Defizit in Deutschland, wie sich in mehreren Untersuchungen gezeigt hat.

Manche Experten halten einen Vitamin-D-Blutspiegel ab 50 Nanomol pro Liter (nmol/l) für ideal. Unter Berücksichtigung aller Forschungsergebnisse zeigt sich, dass das Optimum eher bei 75 nmol/l und mehr liegen dürfte. Ungeachtet dessen, welches Kriterium herangezogen wird, wird in Deutschland durchschnittlich nicht einmal im Sommer der niedrig angesetzte Wert erreicht. Man kann ohne Übertreibung behaupten, dass in Deutschland – mit Blick auf die optimale Versorgung – fast schon ein flächendeckender Vitamin-D-Mangel herrscht.

Vitamin-D-Präparate gibt es in Form von zwei Varianten, als Vitamin D_2 (Ergocalciferol) und Vitamin D_3 (Calciferol/Cholecalciferol). Das tierische Vitamin D_3 hat

---

1 IE = Internationale Einheiten; eine Maßeinheit für die pharmakologische Wirkung eines Stoffs/Medikaments.

6

sich als die effizientere Variante herausgestellt. Dies ist auch die Form, die wir selbst in der Haut bilden. Seit Jahrzehnten weiß die Forschung, dass eine Hauptaufgabe des Vitamins in der Regulation des Mineralhaushalts (Kalzium und Phosphor) besteht. Deshalb ist Vitamin D wichtig für starke Knochen und verhindert bei Kindern Knochenverformungen. Vitamin D spielt ebenfalls für die Darmgesundheit und das angeborene sowie erworbene Immunsystem eine entscheidende Rolle, indem es z. B. proinflammatorische Zytokine (entzündungsfördernde Proteine) herunterregulieren kann (Biesalski, 2016).

In den letzten Jahren wurde zusätzlich festgestellt, dass alle Organe über Vitamin-D-Rezeptoren verfügen. Die Wirkungen von Vitamin D sind damit sehr vielfältig und noch lange nicht vollständig erforscht. Erst kürzlich hat sich z. B. herausgestellt, dass Vitamin D vor Erkältungen schützt. Dies könnte erklären, warum wir gerade im Winter so oft erkältet sind.

Die Auswertung von 56 soliden, wissenschaftlichen Untersuchungen hat ergeben, dass sich Vitamin-D$_3$-Präparate gut dazu eignen, einem vorzeitigen Tod vorzubeugen. Durch die Einnahme von Vitamin-D$_3$-Präparate sank das Sterblichkeitsrisiko um bis zu 11 % (Bjelakovic et al., 2014).[2]

Die Bioverfügbarkeit von mit der Nahrung zugeführtem Vitamin D liegt bei ca. 50 %. Vitamin D kann nicht gespeichert werden, daher sind wir auf eine kontinuierliche Aufnahme angewiesen. Mit zunehmendem Alter nimmt die Hautsynthese ab (ab 65 Jahren liegt sie nur noch bei ca. 20 % eines 30-Jährigen), daher gewinnt die Aufnahme über Lebensmittel und Supplemente für diese Zielgruppe an Bedeutung.

Dies führt uns zu der Frage, wie viel man am besten zu sich nehmen sollte, um den optimalen Wert zu erreichen? Das hängt von Ihrer persönlichen Situation ab. Allgemein lässt sich sagen: Täglich 1000 bis 2000 IE sind für die meisten Erwachsenen ausreichend. Die Maximaldosis, die für Erwachsene als sicher eingestuft wird, liegt bei 4000 IE täglich. Diese Menge sollten Sie nicht überschreiten.

Wenn Sie im Sommer viel Zeit draußen verbringen, brauchen Sie vor allem in den letzten Sommermonaten und Anfang Herbst (August, September) vermutlich kein Präparat. Fangen Sie in diesem Fall im Oktober einer Supplementierung von 1000 IE an, und erhöhen Sie die Dosis im Winter auf 2000 IE. Im Frühling können Sie die Dosierung langsam wieder senken. Um die Maximaldosis nicht zu überschreiten, empfehle ich auch hier, die aktuellen Laborwerte bestimmen zu lassen.

Achtung, die Vitamin-D$_3$-Produktion ist kein Freifahrtschein, um stundenlang in der Sonne zu liegen! Wenn Sie gerne ein Sonnenbad genießen, sollten Sie zum Schutz vor Hautkrebs nicht nur Verbrennungen, sondern auch Rötungen vermeiden. Ideal für die Vitamin-D$_3$-Produktion ist es, wenn Sie den gesamten Körper für eine kurze Zeit der Sonne aussetzen, anstatt einzelne Körperteile (z. B. das Gesicht) zu bräunen. Sonnencremes mit einem Lichtschutzfaktor über 8 führen bereits zu einer starken Verminderung der Vitamin-D-Synthese in der Haut. Ebenso verringern Smog oder ein stark bewölkter Himmel die Synthese um bis zu 60 %.

---

2   Hierbei handelt es sich um ein Cochrane Review. Cochrane ist eine internationale, gemeinnützige und unabhängige Organisation, die das Ziel verfolgt, Ergebnisse aus klinischen Studien zu erfassen, zu bewerten und in systematische Übersichtsarbeiten zusammenzufassen, um Ärzten und Patienten eine evidenzbasierte Entscheidung zu erleichtern. Die Ergebnisse stehen weltweit zur Verfügung unter ► http://www.cochranelibary.com.

Einige Bevölkerungsgruppen sind auf eine höhere Dosis an Vitamin D angewiesen. Gerade ältere Menschen verbringen weniger Zeit draußen, weshalb bei diesen Menschen das Vitamin-D-Defizit besonders hoch ist. Ab einem Alter von über 55 Jahren kann von einer mangelnden Versorgung ausgegangen werden, sofern nicht substituiert oder 100 g Hering pro Tag gegessen wird. Dazu kommt, dass der Körper im Alter insgesamt weniger Vitamin D_3 bildet. Deshalb sind 2000 IE über das ganze Jahr empfehlenswert. Auch bei Übergewicht wird mehr Vitamin D benötigt, da das fettlösliche Vitamin vom Fettgewebe aufgenommen wird und anschließend dem Körper nicht mehr zur Verfügung steht. Je dunkler die Haut ist, desto mehr Vitamin D muss supplementiert werden.

In der Großstadt ist die Versorgung ebenfalls geringer. Wer von 09:00 bis 18:00 Uhr im Büro oder im Remote-Working-Space sitzt, erreicht selbst im Sommer nicht die ausreichende Menge an Sonneneinstrahlung. Vielleicht ermöglicht die Arbeit im Homeoffice, ein paar Stunden mit dem Laptop auf der Terrasse, dem Balkon oder im Garten zu arbeiten.

Bezüglich der Interaktion mit anderen Mikronährstoffen gilt, dass Zinkmangel die Wirksamkeit von Vitamin D_3 auf die Kalziumhomöostase verringert. Die Bioverfügbarkeit von Vitamin D_3 wird durch Eisenmangel gesenkt. Achten Sie auf eine ausreichende Zink- und Eisenzufuhr, damit das Vitamin D_3 seine volle Wirksamkeit entfalten kann.

Auch Medikamente können einen Vitamin-D-Mangel zur Folge haben, z. B. Glukokortikoide, die bei der Behandlung von Entzündungen, Allergien, Autoimmunerkrankungen oder entzündlich-rheumatischen Erkrankungen zum Einsatz kommen. Gleiches gilt für Colestyramin, das in der Therapie von Fettstoffwechselstörungen bei erhöhten Cholesterinwerten angewendet wird (Biesalski, 2016).

Zusammengefasst bedeutet dies: Eine Vitamin-D_3-Präparat ist vor allem in den deutschen Wintermonaten zu empfehlen. Wenn Sie unsicher sind, wie es um Ihren Vitamin-D-Spiegel steht, können Sie Ihren *25-Hydroxy-Vitamin-D-Spiegel* im Blut beim Arzt oder in Ihrer Apotheke überprüfen lassen.

6.3.2 Vitamin B$_3$ (Niacin)

Dieses wasserlösliche Vitamin wird vom Körper für zahlreiche Stoffwechselvorgänge benötigt, z. B. für die Herstellung von Fettsäuren. Niacin kommt in den beiden Formen Nikotinsäure und Nikotinamid vor, die der Körper ineinander umwandeln kann. Aus der Aminosäure Tryptophan kann er Niacin auch selbst bilden (60 mg Tryptophan sind äquivalent zu 1 mg Niacin; Biesalski, 2016; Gröber, 2015).

Niacin hilft bei der Erholung des Körpers, besonders bei der Regeneration von Muskeln sowie der Erneuerung von Haut, Nerven und DNA. Zusätzlich unterstützt es die Bildung von Botenstoffen im Gehirn, die Informationen zwischen den Zellen transportieren. Außerdem ist Vitamin B$_3$ wichtig fürs Herz und kann bei hohen Cholesterinwerten sowie Arteriosklerose helfen (Felchner & Steinbach, 2019).

Die Referenzwerte (◘ Tab. 6.1) können laut der DGE bei einer ausgewogenen Ernährung ohne Probleme erreicht werden. Eine Auswahl niacinreicher Lebensmittel finden Sie in ◘ Tab. 6.2.

◘ Tab. 6.1   Empfohlene Zufuhrmenge für Vitamin B_3 (Niacin)

Alter	Dosis in mg pro Tag
Erwachsene (19–64 Jahre)	Männer: ca. 15 Frauen: ca. 12
Senioren (ab 65 Jahren)	Männer: 14 Frauen: 11
Schwangere	15
Stillende	16

6

◘ Tab. 6.2   Nahrungsmittel mit hohem Vitamin-B_3-Gehalt

Nährstoffquelle	Gehalt an Vitamin B_3 (mg/100 g)
Sardellen	20
Leber	15–20
Erdnüsse	15
Kaffee	13,7
Fleisch	7–10
Lachs	7,5
Thunfisch	7
Fisch	3–8
Gemüse	1–7
Vollkornprodukte	5–6
Pilze	5–6

6.3.3   Vitamin B_6 (Pyridoxin)

Das wasserlösliche Vitamin ist an zahlreichen Stoffwechselprozessen beteiligt, u. a. am Aminosäure- und Kohlenhydratstoffwechsel. Aber auch an enzymatischen Vorgängen, die das Nerven- und Immunsystem betreffen, ist das Vitamin beteiligt. Als Coenzym wirkt Vitamin B_6 beim Abbau von Homocystein mit. Erhöhte Serumwerte dieser Aminosäure stehen in Verbindung mit dem Auftreten von Venenthrombosen sowie Herz-Kreislauf-Erkrankungen. Die Synthese von stressrelevanten Neurotransmittern wie Serotonin, Dopamin, Noradrenalin (Norepinephrin) und Gamma-Aminobuttersäure (GABA) aus Tryptophan wird durch Vitamin B_6 katalysiert.

Das Vitamin B_6 umfasst mehrere chemische Verbindungen darunter Pyridoxin (Pyridoxol), Pyridoxamin und Pyridoxal.

Die Referenzwerte der DGE (2019a) für Vitamin B_6 zeigt ◘ Tab. 6.3. Vitamin B_6 ist in zahlreichen Lebensmitteln enthalten. Insgesamt gilt, dass die Bioverfügbarkeit aus Pflanzen besser als aus tierischen Produkten ist. Die Ausnahme stellt Weizenkleie dar, aus der Vitamin B_6 kaum bioverfügbar ist. Gute Lieferanten finden Sie in ◘ Tab. 6.4.

◘ **Tab. 6.3** Empfohlene Zufuhrmenge für Vitamin B_6. (Pyridoxin)

Alter	Dosis in mg pro Tag	
Erwachsene (19–64 Jahre)	Männer: 1,6 Frauen: 1,4	
Senioren (ab 65 Jahren)	Männer: 1,6 Frauen: 1,4	
Schwangere	1,5–1,8	
Stillende	1,6	

◘ **Tab. 6.4** Nahrungsmittel mit hohem Vitamin-B_6-Gehalt

Nährstoffquelle	Gehalt an Vitamin B_6 (mg/100 g)	
Fleisch und Lachs	0–5	
Sardinen	1	
Leber	0,9	
Haselnüsse	0,6	
Walnüsse	0,5	
Nüsse	0,5	
Makrelen	0,5	
Vollkorngetreide	0,3	
Kartoffeln	0,3	
Spinat	0,3	
Paprika	0,3	
Eier	0,2	
Cerealien	0,2	
Reis poliert	0,2	
Reis unpoliert	0,6	
Brokkoli	0,2	
Blumenkohl	0,2	
Obst	<0,1	

6.3.4   Vitamin B$_9$ (Folsäure)

Folat ist ein Gruppenname für verschiedene Folsäureverbindungen. Das industriell hergestellte Supplement ist unter dem Namen Folsäure bekannt. Folsäure spielt bei Wachstumsprozessen, der Bildung roter Blutkörperchen und der Zellteilung eine entscheidende Rolle. Neuere wissenschaftliche Erkenntnisse kommen zu der These, dass Folsäure das Arterioseroserisiko senken kann, indem es den Homocysteinspiegel im Blut verringert (Homocystein ist ein Zwischenprodukt des Aminosäurestoffwechsels und entsteht beim Abbau von Methionin zu Cystein).

Ist der Homocysteinwert im Blut erhöht, kann das eine Schädigung der Blutgefäße zur Folge haben. Häufig verursacht auch ein Mangel an folgenden Vitaminen einen erhöhten Homocysteinspiegel: Vitamin B$_2$, B$_6$ und B$_{12}$.

Hauptspeicher von Folsäure ist die Leber. Alkohol hemmt die Freisetzung von Vitamin B$_9$ aus der Leber. Bereits moderater Alkoholkonsum kann den Folsäurespiegel senken und den Homocysteinspiegel erhöhen.

Bei Personen mit Depressionen konnte durch eine Folsäuregabe (500 mg/Tag) über 10 Wochen eine Abmilderung der depressiven Verstimmung erreicht werden.

Einige Vitamine kommen in verschiedenen Formen vor, die sich in Bezug auf ihre Wirksamkeit unterscheiden. Um die verschiedenen Formen vergleichbar zu machen, wird die Angabe in Äquivalenten genutzt. Bezüglich der Analytik ist die Analyse in den Erythrozyten am aussagekräftigsten. Die Serumbestimmung ist unsicherer, da sowohl falsch negative als auch falsch positive Ergebnisse möglich sind.

Die Referenzwerte für Vitamin B$_6$ zeigt ◘ Tab. 6.5. 79 % Männer und 86 % Frauen erreichen die tägliche Mindestmenge nicht (Biesalski, 2016).

Nahrungsfolat ist oxidations- und hitzeempfindlich. Mehr als 50 % gehen bei der Nahrungszubereitung verloren, insbesondere durch Kochen und Braten. Zudem ist die unterschiedliche Bioverfügbarkeit in Lebensmitteln zu beachten: Lebensmittel pflanzlichen Ursprungs können je nach Studie zwischen unter 1 % und bis zu 80 % im Vergleich zu synthetischer Folsäure liegen (◘ Tab. 6.6). Lediglich in Supplementen ist freie Folsäure enthalten, die zu 100 % vom Körper resorbiert werden kann (Biesalski, 2016).

◘ **Tab. 6.5**   Empfohlene Zufuhrmenge für Vitamin B$_9$. (Folsäure)

Alter	Dosis in µg Folat-Äquivalent pro Tag
Erwachsene (19–64 Jahre)	300
Senioren (ab 65 Jahren)	300
Schwangere	550
Stillende	450

Nährstoffquelle	Gehalt an Folsäure (µg/100 g)	
Rinderleber	200 und mehr	
Hühnerleber	Bis 2000	
Kichererbsen	340	
Sojabohnen	300	
Grünkohl	187	
Rosenkohl	150	
Feldsalat	145	
Spinat (gekocht)	100	
Spaghetti	100	
Nüsse	70	
Paprika	60	
Tomaten	45	
Vollkorn	14	

◻ **Tab. 6.6** Nahrungsmittel mit hohem Folsäuregehalt

6.3.5 Vitamin B$_{12}$ (Cobalamin)

Vitamin B$_{12}$ beeinflusst zahlreiche wichtige Prozesse im Körper. Insbesondere ist es verantwortlich für die Zellteilung und die Zelldifferenzierung, z. B. bei der Bildung roter Blutkörperchen. Ebenso wichtig ist Vitamin B$_{12}$ für den Aufbau von Nervenzellen im Rückenmark sowie für zahlreiche Reaktionen im Eiweiß- und Nukleinsäurestoffwechsel (z. B. Bildung und Abbau von DNA und RNA). Die Nervenscheiden benötigen Cobalamin zur Sicherstellung des Transports von Nervensignalen im Körper. Vitamin B$_{12}$ hat einen positiven Einfluss auf das Immunsystem und hilft, Fatigue und körperliche Schwäche zu vermindern.

Vitamin B$_{12}$ ist das einzige wasserlösliche Vitamin, dass der Körper über mehrere Jahre in der Leber speichern kann (Felchner, 2019). Der tägliche Verlust liegt bei 0,1 bis 0,3 % des Gesamtkörperspeichers, das entspricht ca. 3–5 µg (Biesalski, 2016).

Einige Medikamente setzen die Bioverfügbarkeit von Vitamin B$_{12}$ herab, auch wenn ein Mangel erst nach langer Medikamenteneinnahme von über 2 Jahren entstehen kann (Biesalski, 2016):

- Protonenpumpenhemmer (z. B. Omeprazol, Lansoprazol)
- Histamin-H$_2$-Rezeptorenblocker (z. B. Cimetidin, Famotidin, Ranitidin)
- Diabetesmedikamente (z. B. Metformin; zwischen 10 und 30 % der Betroffenen entwickeln einen Vitamin-B$_{12}$-Mangel)
- Blutdrucksenker (z. B. ACE-Hemmer; ACE = Angiotensin Converting Enzyme), Medikamente gegen Herzrhythmusstörungen (z. B. Betablocker, Nitratsprays, Nitroglyzerin), cholesterinsenkende Medikamente (Statine) sowie orale Kontrazeptiva (Verhütungsmittel)

◘ Tab. 6.7   Empfohlene Zufuhrmenge für Vitamin B$_{12}$. (Cobalamin)

Alter	Dosis in µg pro Tag
Erwachsene (19–64 Jahre)	4
Senioren (ab 65 Jahren)	4
Schwangere	4,5
Stillende	5,5

◘ Tab. 6.8   Nahrungsmittel mit hohem Vitamin-B$_{12}$-Gehalt

Nährstoffquelle	Gehalt an Vitamin B$_{12}$ (µg/100 g)
Rinderleber	90
Rinderniere	40
Hühnerleber	25
Eigelb	10
Muscheln	70
Forelle	5
Lachs	5

Die empfohlene Zufuhrmenge der DGE zeigt ◘ Tab. 6.7.

Vitamin B$_{12}$ wird ausschließlich von Bakterien und Blaualgen gebildet. Diese reichern sich auf natürlichem Wege oder durch eine Substituierung im Tierfutter in tierischen Produkten an. Deshalb sind Fleisch, Eier und Milchprodukte eine gute Vitamin-B$_{12}$-Quelle (◘ Tab. 6.8).

Veganer müssen, Vegetarier sollten ihren Vitamin-B$_{12}$-Bedarf regelmäßig kontrollieren und ggf. Vitamin B$_{12}$ supplementieren. Vitamin B$_{12}$ kann als Zahnpasta, Tablette oder Injektion vom Arzt zugeführt werden. Es wird spekuliert, dass Vitamin-B-Komplexe noch günstiger wirken als ein einzelnes B-Vitamin, da der Körper Nährstoffkombinationen besser aufschlüsseln kann.

6.3.6   Coenzym Q10

Enzyme wirken als Biokatalysatoren, die biochemische Reaktionen im Körper beschleunigen, z. B. das Enzym Amylase, das u. a. im Speichel große Zuckermoleküle in kleinere Einheiten spaltet. Enzyme sind zumeist komplexe Eiweiße und wirken sehr spezifisch. Bei ihrer Arbeit werden Enzyme von Coenzymen unterstützt. Das Coenzym Q10 zählt zu den wichtigsten.

Alle lebenden Zellen benötigen zur Energiegewinnung das fettlösliche und hitzeempfindliche Coenzym Q10, das auch Ubiquinon (in aktivierter Form Ubiquinol)

genannt wird. Da wir die über die Nahrung zugeführte Energie in Form von Kohlenhydraten, Eiweißen und Fetten nicht sofort verwenden können, sind diverse Umwandlungsprozesse in den Mitochondrien notwendig, bis ATP entsteht und an alle Zellen als Energie abgegeben werden kann. Erst dann sind Arbeitsprozesse wie Fortbewegung oder Stofftransport möglich. Das Coenzym Q10 beeinflusst Geschwindigkeit und Wirksamkeit der Energiegewinnung. Peter Dennis Mitchell erhielt 1978 der Nobelpreis im Fachbereich Chemie für seine Erkenntnisse zur Rolle von Coenzym Q10 bei der Energiegewinnung in den Mitochondrien verliehen. Das Coenzym Q10 schützt zudem vor freien Radikalen und wirkt als Antioxidans.

Alle Organe des menschlichen Körpers mit besonders hohem Energiebedarf (Herz, Hirn, Lunge) weisen die höchste Coenzym-Q10-Konzentration auf. Das Coenzym wird zum Teil über die Nahrung aufgenommen und zum Teil vom Körper selber produziert, daher ist es kein Vitamin im eigentlichen Sinne, sondern ein Vitaminoid, also eine vitaminähnliche Substanz (Lang, 2020).

Ein Mangel an Coenzym Q10 ist selten, allerdings nimmt mit steigendem Alter die Konzentration im Gewebe ab. Bestimmte Medikamente wie cholesterinsenkende Statine hemmen die körpereigene Herstellung des Enzyms. Eine zusätzliche Einnahme über Nahrungsergänzungsmittel sollte in diesem Fall mit dem Arzt besprochen werden.

Wechselwirkungen sind möglich mit Blutgerinnungshemmern (Vitamin-K-Antagonisten), Asthmamitteln und bei Strahlentherapie.

Nahrungsmittel mit hohem Coenzym-Q10-Gehalt zeigt ◘ Tab. 6.9.

6.3.7 Vitamin C

Vitamin C besteht aus Ascorbinsäure und ist an zahlreichen Stoffwechselprozessen beteiligt. Es wird für den Aufbau des Bindegewebes, der Knochen und der Zähne benötigt. Es fördert die Eisenaufnahme und ist an Entgiftungsreaktionen in der Leber beteiligt. Seine größte Wirksamkeit entfaltet Vitamin C als Antioxidans, was be-

◘ **Tab. 6.9** Nahrungsmittel mit hohem Coenzym-Q10-Gehalt

Nährstoffquelle	Gehalt an Coenzym Q10 (mg/100 g)
Sardinen	6,4
Rindfleisch und Schweinefleisch	3,3
Olivenöl	3
Geflügel	1,8
Brokkoli	0,86
Spinat	0,36
Paprika	0,33
Kopfsalat	0,22

◻ Tab. 6.10   Empfohlene Zufuhrmenge für Vitamin C

Alter		Dosis in mg pro Tag
Erwachsene (19–64 Jahre)		Männer: 110 Frauen: 95
Senioren (ab 65 Jahren)		Männer: 110 Frauen: 95
Schwangere		105
Stillende		125

6

deutet, dass es schädliche Verbindungen wie freie Radikale abfängt und dadurch die Zellen vor Schäden schützt (DGE, 2015).

Bei Erkältungskrankheiten kann die Erkältungsdauer um bis zu 8 % verkürzt werden, insbesondere dann, wenn ein niedriger Vitamin-C-Spiegel gegeben war.

Das Risiko, bei einer bestehenden Gichterkrankung einen Gichtanfall zu erleiden, wird durch eine hohe Zufuhr an Vitamin C gesenkt, da sich dadurch die Harnsäurekonzentrationen im Blut verringern. Dies gilt sowohl bei der Zufuhr über Lebensmittel als auch über Supplemente.

Es gibt Vitamin-C-Komplexe, die mit dem Vitamin-C-Stoffwechselprodukt L-Threonat angereichert sind (z. B. Ester-C). Durch das L-Threonat wird das Vitamin C besser in den Körper aufgenommen. Diese nicht sauren Vitamin-C-Komplexe sollen besonders für empfindliche Personen geeignet sein, da sie magenfreundlicher sind.

Das Schmerzmittel Acetylsalicylsäure (ASS), das in regelmäßiger Anwendung auch zur Hemmung der Blutgerinnung eingesetzt wird, reduziert den Plasmaspiegel und erhöht die Ausscheidung.

Die empfohlene Zufuhrmenge zeigt ◻ Tab. 6.10.

In industrialisierten Ländern kommt Vitamin-C-Mangel fast nicht mehr vor. Die besten Vitamin C Lieferanten sind Obst und Gemüse sowie aus ihnen hergestellte Produkte wie Säfte (◻ Tab. 6.11). Jedoch kann bei langer Lagerung der Vitamin-C-Verlust innerhalb 2 Wochen bis zu 80 % betragen, insbesondere bei Blattgemüsen mit großen Oberflächen wie Spinat. Zitrusfrüchte und Hagebutten verlieren Vitamin C nicht so schnell. Vitamin C ist sehr hitzeempfindlich. Bei langen Garzeiten geht ein Großteil des Vitamins verloren. Ebenso beim ausgiebigen Waschen, da Vitamin C wasserlöslich ist.

6.3.8   S-Adenosylmethionin (SAM)

S-Adenosylmethionin oder SAM (engl. „SAMe") ist eine im Körper vorkommende Substanz, die als Methylgruppendonator für die Biosynthese diverser Neurotransmitter und Hormone wie Serotonin und Dopamin von Bedeutung ist. Es wird aus ATP und der essenziellen Aminosäure Methionin unter Abspaltung von Pyrophosphat und Phosphat gebildet. SAM ist nur in geringem Umfang in Lebensmitteln

◘ Tab. 6.11   Nahrungsmittel mit hohem Vitamin-C-Gehalt

Nährstoffquelle	Gehalt an Vitamin C (mg/100 g)
Hagebutten	1000
Rote Johannisbeeren	200–800
Sanddornbeeren	450
Orangen	50
Zitronen	50
Paprika	50–250
Kohl	50–150
Brokkoli	100–200
Petersilie	150
Spinat	50–100
Kartoffeln	10–50
Fleisch	<50
Innereien	10–50
Cerealien	0,2
Reis, poliert	0,2
Reis, unpoliert	0,6
Brokkoli	0,2
Blumenkohl	0,2
Obst	<0,1

enthalten. Es wird vom Körper selbst hergestellt. Die Gabe von SAM ist ein wichtiges therapeutisches Mittel bei starker Beanspruchung, Depressionen oder bei entzündlichen Gelenkerkrankungen wie Arthritis.

6.3.9 Betain

Der sekundäre Pflanzenstoff Betain kann u. a. durch Senkung hoher Homocysteinwerte zum Schutz vor kardiovaskulären Erkrankungen wie Arteriosklerose, Hypertonie oder Herzinfarkt beitragen.

Betain fördert allgemein die körperliche Leistung und Energie und verbessert den Fett- und den Leberstoffwechsel. Zur Produktion im Körper ist Cholin nötig, das in der Leber hergestellt wird und zu Betain oxidiert. Zufuhrempfehlungen von der DGE liegen bisher nicht vor.

Nahrungsmittel mit hohem Betaingehalt sind der ◘ Tab. 6.12 zu entnehmen.

◘ Tab. 6.12 Nahrungsmittel mit hohem Betaingehalt

Nährstoffquelle	Gehalt an Betain (mg/100 g)
Quinoa roh	630
Rote Bete gekocht, konserviert	250
Roggen	150
Spinat	100

◘ Tab. 6.13 Nahrungsmittel mit hohem L-Tyrosingehalt

Nährstoffquelle	Gehalt an L-Tyrosin (mg/100 g)
Parmesan	1750
Gouda	1480
Sojabohnen	1250
Erbsen	1220
Erdnüsse	1190
Weiße Bohnen	970
Sesam	720
Mandeln	620
Haferflocken	570
Dinkelmehl	540

6.3.10 L-Tyrosin

L-Tyrosin ist eine semiessenzielle Aminosäure, d. h., dass sie nicht alleine durch die Nahrung aufgenommen werden muss, sondern aus der essenziellen Aminosäure Phenylalanin im Körper selber gebildet werden kann.

L-Tyrosin ist ein Radikalfänger und dient als Ausgangsstoff (Präkursor) für die Biosynthese verschiedener Hormone und Neurotransmitter: L-Tyrosin gelangt über die Blut-Hirn-Schranke ins Gehirn und wird in einem mehrstufigen Prozess (über L-DOPA) zu Dopamin (unserem Belohnungs- und Motivationshormon), Noradrenalin und Adrenalin (Stresshormone) synthetisiert. Diese drei Hormone gehören zur Gruppe der Katecholamine, die verschiedenste Funktionen im menschlichen Körper übernehmen. Ein Mangel an L-Tyrosin kann zu Problemen bei der Bildung der Katecholamine führen (vgl. ► Abschn. 1.2.2).

Zufuhrempfehlungen von der DGE liegen bisher nicht vor.

Nahrungsmittel mit hohem L-Tyrosingehalt finden Sie in ◘ Tab. 6.13.

6.3.11 Phenylalanin

Phenylalanin gehört zu den essenziellen Aminosäuren, was bedeutet, dass es über die Nahrung aufgenommen werden muss, weil der Körper es nicht selber produzieren kann. Im Körper wird dieser Nährstoff für den Muskelaufbau, den Aufbau anderer Aminosäuren und die Herstellung von Hormonen benötigt (Hein, 2017).

Aminosäuren sind kleine Bausteine von Proteinen, deshalb ist Phenylalanin in allen Lebensmitteln mit einem hohen Proteingehalt zu finden. Die Aminosäure wird über die Nahrung aufgenommen. Durch diverse Transporter gelangt Phenylalanin durch die Darmwand ins Blut, wodurch es im Körper verteilt werden kann. Anschließend wird es abgebaut und über die Nieren wieder ausgeschieden. Es gibt unterschiedliche Formen. Nur das L-Phenylalanin kann für die Hormonsynthese und die Eiweißproduktion verwendet werden (Biesalski, 2019).

Medikamente mit Phenylalanin sind zumeist verschreibungspflichtig, Nahrungsergänzungsmittel mit der Aminosäure hingegen frei verkäuflich.

Die DGE empfiehlt eine tägliche Aufnahme von 25 mg pro kg Körpergewicht. Nahrungsmittel mit hohem Phenylalaningehalt finden Sie in ◘ Tab. 6.14.

6.3.12 Zink

Zink gehört zu den essenziellen Spurenelementen und kann vom Körper nicht selbst gebildet werden. Es ist lebenswichtig, da es fast bei allen Lebensvorgängen mitwirkt. Es gibt langsam und schnell reagierende Zinkspeicher im Körper, die die Versorgung regeln: 90 % des Zinks sind im langsam reagierenden Speicher in Muskeln und Knochen gespeichert, 10 % befinden sich in anderen Organen, die Zink schnell in das

◘ **Tab. 6.14** Nahrungsmittel mit hohem Phenylalaningehalt

Nährstoffquelle	Gehalt an Phenylalanin (mg/100 g)
Getrocknete Sojabohnen	2122
Kürbiskerne	1733
Getrocknete Erbsen	1132
Erbsen	1220
Erdnüsse	1190
Weiße Bohnen	970
Sesam	720
Mandeln	620
Haferflocken	570
Dinkelmehl	540

Plasma abgeben und es schnell aufnehmen können (Biesalski, 2016). Im Gegensatz zu anderen Mineralstoffen sind die körpereigenen Zinkspeicher relativ klein, daher ist eine permanente Aufnahme über die Nahrung wichtig. Laut WHO leiden mehr als eine Milliarde Menschen an einer Unterversorgung mit Zink.

Zink ist ein Bestandteil von Proteinen und die regulatorische Komponente von mehr als 300 Enzymen. Deswegen ist es an einer Vielzahl von Vorgängen im Körper beteiligt, z. B. am Zellwachstum in Kindheit und Jugend, an der Wundheilung und an verschiedenen Stoffwechselvorgängen wie dem Sauerstoff- und dem Kohlendioxidtransport und der Bildung des roten Blutfarbstoffs. Außerdem ist Zink wichtig für die Fortpflanzung und das Immunsystem (DGE, 2019b).

Dauer und Schweregrad von Erkältungen können signifikant reduziert werden, wenn die Einnahme von Zinksupplementen bis 24 h nach dem Auftreten der ersten Symptome erfolgt, so das Fazit einer neueren Cochrane-Metaanalyse (Singh & Das, 2013). Vorsicht ist jedoch bei längerer Anwendung von zinkhaltigen Nasensalben oder Nasensprays zur Behandlung von Erkältungskrankheiten geboten. Diese können zu Störungen oder dem Verlust des Geruchssinns führen (Biesalski, 2016).

Acetylsalicylsäure kann die Absorption von Zink vermindern. Gleiches gilt für Antibiotika, die aus diesem Grund spätestens 2 h vor oder frühestens 6 h nach der Zinksupplementation eingenommen werden sollten. Die Zinkabsorption kann zudem durch die Einnahme von Eisen (50 mg/Tag) reduziert werden.

Tierische Lebensmittel sind gute Zinklieferanten, da sie besser verwertet werden können als pflanzliche. Sie enthalten häufig die beiden Aminosäuren Histidin und Cystein, die die Zinkaufnahme fördern. In pflanzlichen Lebensmitteln kommen häufiger Stoffe vor, die die Zinkaufnahme hemmen, z. B. die Phytinsäure in Vollkornprodukten. Dennoch leisten Vollkornprodukte einen wichtigen Beitrag zur Deckung des Zinkbedarfs. Ist das Vollkornbrot mit Sauerteig gebacken, ist die Phytinsäure weitestgehend abgebaut. Der Phytingehalt von Vollkornprodukten und Hülsenfrüchten kann durch Ansäuern, Einweichen und Keimen reduziert werden.

Die empfohlene Zufuhrmenge zeigt ☐ Tab. 6.15. Nahrungsmittel mit hohem Zinkgehalt sind der ☐ Tab. 6.16 zu entnehmen.

☐ Tab. 6.15 Empfohlene Zufuhrmenge für Zink	
Alter	**Dosis in mg pro Tag**
Erwachsene (19–64 Jahre)	Männer: 14 Frauen: 8
Senioren (ab 65 Jahren)	Männer: 14 Frauen: 8
Schwangere	Ungefähr 9–11
Stillende	Ungefähr 13

◘ Tab. 6.16 Nahrungsmittel mit hohem Zinkgehalt

Nährstoffquelle	Gehalt an Zink (mg/100 g)
Lammfleisch	21,3
Sesam	8
Kürbiskerne	7
Kalbsleber	6
Rinderleber	4,8
Haferflocken	4,6
Emmentaler	4,6
Sojabohnen	4,18
Linsen	3,7
Weizenmischbrot	3,5

6.3.13 Selen

Selen ist genauso wie Zink und Eisen ein lebenswichtiges Spurenelement. Selen ist ein Bestandteil von Enzymen, die u. a. antioxidativ wirken. Deswegen ist das Spurenelement wichtig für den Schutz der Zellen vor Zellschädigung durch freie Radikale. Auch für die Produktion der Schilddrüsenhormone ist Selen essenziell.

Der Selengehalt von Lebensmitteln hängt vom Selengehalt der Böden ab und kann stark schwanken. In Deutschland sind die Böden mit 5 μg/100 g Boden eher selenarm. In den USA weisen die selenreichen Böden Werte von 100 μg/100 g Boden und mehr auf. Dies beeinflusst sowohl den Gehalt im Fleisch von Tieren, die auf selenarmen Böden grasen, als auch in Getreide, das auf selenarmen Böden wächst.

Die Bioverfügbarkeit erhältlicher Supplemente schwankt: Selenomethionin wird zu 90 % resorbiert, Selenit nur zu 50 %. Die Bioverfügbarkeit von Selen aus pflanzlichen Lebensmitteln liegt bei den meisten Selenformen bei fast 90 %. In Metaanalysen konnte eine Risikominderung um 45 % für Lungenkrebs durch einen ausgewogenen Selenspiegel aufgezeigt werden. Auch in zahlreichen Tierexperimenten konnte gezeigt werden, dass durch eine hoch dosierte Selengabe die Tumorentwicklung gehemmt wird. Selen hat einen positiven Effekt auf die Blutfettwerte: Die Werte für „low-density lipoprotein" (LDL) sinken, während sich die für „high-density lipoprotein" (HDL) erhöhen. Es konnte bisher kein weiterer signifikanter Effekt auf kardiovaskuläre Erkrankungen bestätigt werden (Biesalski, 2016).

Die empfohlene Zufuhrmenge zeigt ◘ Tab. 6.17. Nahrungsmittel mit hohem Selengehalt finden Sie in ◘ Tab. 6.18.

◘ Tab. 6.17 Empfohlene Zufuhrmenge für Selen

Alter		Dosis in µg pro Tag
Erwachsene (19–64 Jahre)		Männer: 70 Frauen: 60
Senioren (ab 65 Jahren)		Männer: 70 Frauen: 60
Schwangere		60
Stillende		75

6

◘ Tab. 6.18 Nahrungsmittel mit hohem Selen Gehalt

Nährstoffquelle		Gehalt an Selen (µg/100 g)
Kokosnüsse		810
Paranüsse		600
Thunfisch		82
Schweineleber		56
Lachs		35
Heilbutt		30
Schweinefleisch		30
Sojabohnen		19
Brauner Reis		15
Weiße Bohnen		14
Rindfleisch		12
Vollkornbrot		10
Ei		10

6.3.14 Magnesium

Der Mineralstoff Magnesium erfüllt zahlreiche lebenswichtige Funktionen im Körper. Magnesium ist am Energiestoffwechsel, insbesondere dem Fett- und Kohlenhydratstoffwechsel, und am Aufbau von Knochen und Zähnen beteiligt. Er ist auch für die Muskelfunktion wichtig, u. a. für die Muskeln, die wir nicht bewusst steuern können, z. B. die Atem- und Herzmuskulatur. Des Weiteren spielt Magnesium bei der Kommunikation zwischen den Nervenzellen und zwischen Nerven- und Muskelzellen sowie für die Herztätigkeit eine wichtige Rolle.

Die Verträglichkeit und die individuelle Situation beeinflusst, ob eher Magnesiumoxid oder Magnesiumcitrat zu empfehlen ist. Ersteres wird möglicherweise besser im

Körper gespeichert, während das Magensiumcitrat schneller in den Körper aufgenommen wird (Verbraucherzentrale, 2021). Insgesamt gilt, dass kleine, häufiger verabreichte Mengen Magnesium besser aufgenommen werden können.

Magnesium ist zwar in vielen Lebensmitteln enthalten, allerdings können nur etwa 30–50 % des täglich über die Nahrung zugeführten Magnesiums vom Körper resorbiert werden, eine ausgewogene Ernährung vorausgesetzt.

Ein Magnesiummangel kann zu einem Mangel an Vitamin D führen. Daher sollte bei einem Vitamin-D-Mangel auch der Magnesiumwert beobachtet werden.

Die empfohlene Zufuhrmenge ist der ❏ Tab. 6.19 zu entnehmen. Nahrungsmittel mit hohem Magnesiumgehalt zeigt ❏ Tab. 6.20. Als „magnesiumhaltig" gekenn-

❏ **Tab. 6.19** Empfohlene Zufuhrmenge für Magnesium

Alter	Dosis in mg pro Tag
Erwachsene (19–64 Jahre)	Männer: 400 Frauen: 350
Senioren (ab 65 Jahren)	Männer: 350 Frauen: 300
Schwangere	310
Stillende	390

❏ **Tab. 6.20** Nahrungsmittel mit hohem Magnesiumgehalt

Nährstoffquelle	Gehalt an Magnesium (mg/100 g)
Weizenkleie	490
Sonnenblumenkerne	420
Kakaopulver	414
Kürbiskerne	402
Amarant	308
Haferkleie	280
Quinoa	276
Cashewnüsse	270
Bitterschokolade (Kakaogehalt >80 %)	230
Mungbohnen	166
Mandeln	170
Haferflocken	140
Kichererbsen	130
Erbsen	188

zeichnetes Mineralwasser liefert mindestens 50 mg Magnesium pro Liter (z. B. Elisabethen Quelle Heilwasser: 97 mg/l, Gerolsteiner Medium: 108 mg/l, Apollinaris Classic: 120 mg/l).

6.3.15 Eisen

Eisen zählt zu den essenziellen Nährstoffen, die mit der Nahrung aufgenommen werden müssen. Es ist an zahlreichen Funktionen im Körper beteiligt: Als Zentralatom im roten Blutfarbstoff (Hämoglobin) verantwortet es den Sauerstofftransport. Auch die Muskeln werden über das Muskelhämoglobin (Myoglobin) mit ausreichend Sauerstoff versorgt. Darüber hinaus ist Eisen bei der DNA-Synthese und der Abwehr von Infektionen involviert.

Der Eisenspiegel (die Transportform Transferrin und das Speichereisen Ferritin) kann im Serum gemessen werden, jedoch können die Werte an verschiedenen Tagen und abhängig von der Tageszeit gering schwanken.

Ein Eisenmangel äußert sich durch zahlreiche Symptome, z. B. Störungen des Immunsystems, beeinträchtigte mentale Funktionen, Lernstörungen, allgemeine und körperliche Schwäche sowie Fatigue.

Antibiotika oder Medikamente, die die Magensäure hemmen (Protonenpumpeninhibitoren) können die Eisenversorgung stören.

Kalzium kann die Bioverfügbarkeit von Eisen einschränken. Eisentabletten sollten nicht mit Milch eingenommen werden, sondern mit Saft, da das Vitamin C die Eisenaufnahme positiv beeinflusst. Ein Vitamin-A-Mangel kann die Symptome einer Eisenmangelanämie intensivieren. Hoch dosiertes Zink kann einen negativen Einfluss auf die Bioverfügbarkeit von Eisen haben.

Die empfohlene Zufuhrmenge zeigt ❑ Tab. 6.21.

Eisen wird über zwei unterschiedliche Wege aufgenommen: Eisen aus Pflanzen (Nicht-Häm-Eisen) weist eine schlechtere Bioverfügbarkeit auf, da es erst umgewandelt werden muss, als Eisen (Häm-Eisen) aus tierischen Quellen. Vitamin C kann sowohl die Nicht-Häm- als auch die Häm-Eisen-Aufnahme verbessern, auch wenn Nahrungsbestandteile, die die Nicht-Häm-Eisenabsorption hemmen, vor-

❑ **Tab. 6.21** Empfohlene Zufuhrmenge für Eisen

Alter	Dosis in mg pro Tag
Erwachsene (19–50 Jahre)	Männer: 10 Frauen: 15
Erwachsene (51–64 Jahre)	Männer: 10 Frauen: 10
Senioren (ab 65 Jahren)	Männer: 10 Frauen: 10
Schwangere	30
Stillende	20

⊡ Tab. 6.22 Nahrungsmittel mit hohem Eisengehalt

Nährstoffquelle	Vorherrschende Eisenform	Typische Verzehrmenge	Eisenmenge gesamt (mg)	Bioverfügbares Eisen (mg)
Hühnerleber	Häm	85 g	7,2	0,81
Austern	Häm	–	5,63	0,63
Rinderleber	Häm	85 g	5,34	0,6
Rinderbraten	Häm	85 g	3,22	0,48
Thunfisch	Häm	85 g	2,07	0,31
Lammlende	Häm	85 g	2,72	0,31
Shrimps	Häm	85 g	2,63	0,3
Schwarze Melasse	Nicht-Häm	Teelöffel	5,05	0,25
Cerealien	Nicht-Häm	Halbe Tasse	4,5	0,23
Kartoffeln (mit Schale)	Nicht-Häm	1 mittelgroße	2,75	0,14
Kidneybohnen	Nicht-Häm	Halbe Tasse	2,58	0,13
Tofu	Nicht-Häm	80 g	2,3	0,12

handen sind (z. B. Phytinsäure aus Getreide und Leguminosen wie Erbsen, Linsen, Bohnen, Sojaproteine, Tannine, Polyphenole in Kräutertee und Wein sowie Eigelb).

Wichtiger Hinweis: Eine hohe Eisenzufuhr aus rotem Fleisch (Häm-Eisen) ist mit einem erhöhten Risiko für Dickdarmkrebs assoziiert (Norat et al., 2005). Weiterhin steigt das Sterblichkeitsrisiko aufgrund von kolorektalem Krebs und kardiovaskulären Erkrankungen bei einem täglichen Verzehr von mehr als 160 g Fleisch und Fleischprodukten an; das niedrigste Risiko liegt bei einer Verzehrmenge von 20 g/Tag (Biesalski, 2016). Dauerhafter Wurst- und Fleischkonsum schadet unserer Gesundheit (Michalsen, 2019).

Nahrungsmittel mit hohem Eisengehalt sind der ⊡ Tab. 6.22 zu entnehmen.

6.3.16 Omega-3-Fettsäuren

Im ▶ Abschn. 4.3.4 wurden bereits die Funktionen und die Vorteile von Omega-3-Fettsäuren erläutert. Daher will ich an dieser Stelle nur eine kurze Zusammenfassung geben.

Omega-3-Fettsäuren gehören zu den essenziellen Nährstoffen. Sie sind für die Entwicklung des Gehirns und für die Gesundheit unerlässlich. Alpha-Linolensäure (ALA), Eicosapentaensäure (EPA) und Docosahexaensäure (DHA) sind wichtige Vertreter der Omega-3-Fettsäuren, die an unterschiedlichen Funktionen im Körper mitwirken. Unter anderem stabilisieren sie Gefäße und senken die Blutfette und den Blutdruck und das Herzinfarktrisiko.

◘ Tab. 6.23   Nahrungsmittel mit hohem Omega-3-Fettsäurengehalt

Nährstoffquelle	Gehalt an Omega-3-Fettsäuren (g/100 g)
Leinöl	54,2
Leinsamen	16,7
Walnussöl	12,2
Rapsöl	9,0
Sojaöl	7,7
Walnuss	7,5
Lachs	3,1
Thunfisch	2,1
Makrele	2,1

Die DGE empfiehlt, 2 Mal pro Woche Fisch (am besten fetten Seefisch) zu verzehren. Nahrungsmittel mit hohem Omega-3-Gehalt sind in ◘ Tab. 6.23 zu finden.

Nach dieser ausführlichen Erörterung der unterschiedlichen Vitamin- und Mineralstoffbedarfe bei erhöhter Belastung geht es nun um wichtige Nährstoffgruppen für die Herz- und Prostatagesundheit.

6.4   Nährstoffzufuhr bei speziellen Gesundheitsproblemen

6.4.1   Wichtige Nährstoffe für die Herzgesundheit

Folgende Nährstoffe unterstützen die kardiovaskuläre Gesundheit. Die empfohlene Zufuhrmenge bei präventivem Einsatz kann sich an den allgemeinen Empfehlungen orientieren. Bei therapeutischem Einsatz wird Ihnen Ihr Arzt eine individuelle Dosis verordnen. Lebensmittel mit einem hohen Gehalt der entsprechenden Nährstoffe können Sie dem ▶ Abschn. 6.3 entnehmen.

Folsäure und Vitamin B_{12} führen zur Senkung eines erhöhten Homocysteinspiegels. Folsäure spielt ebenfalls bei der Verbesserung von Arteriosklerose und Osteoporose eine wesentliche Rolle. Durch tägliche Folsäurezufuhr wird die Wahrscheinlichkeit des Auftretens von Herzinfarkten um ca. 10 % pro Jahr gesenkt.

Vitamin B_6 und B_{12} sind für neurologische Prozesse besonders wichtig, und Personen mit einem niedrigen Vitamin-B_6-Spiegel weisen ein um das 5-Fache gesteigertes Herzinfarktrisiko auf.

Auch das bereits erwähnte Coenzym Q10 ist als Antioxidans für die Herzgesundheit wichtig. Ein weiteres wichtiges Antioxidans ist Lycopin (auch Lycopen oder Leukopin genannt) aus der Klasse der Carotinoide. Leucopin ist u. a. in Tomaten, Tomatenprodukten, Wassermelone, Grapefruit und Papaya zu finden ist. Es hat positive Effekte auf Herzerkrankungen und bewirkt eine Stärkung des Immunsystems.

Die Omega-3-Fettsäuren EPA und DHA stabilisieren arteriosklerotische Plaques, wirken gefäßschützend und erhöhen die Sauerstoffversorgung. L-Arginin wirkt blutflusserhöhend und blutdrucksenkend.

Magnesium senkt das Risiko für Herzrhythmusstörungen und Herzkrankheiten, senkt die Kalziumaktivität in den Gefäßwänden und optimiert die Kaliumverwertung. Ein Mangel an Magnesium erhöht das Risiko für Fettstoffwechselstörungen und senkt die Glukosetoleranz.

Vitamin D wirkt sich positiv auf den Gefäßschutz aus und senkt die allgemeine kardiovaskuläre Mortalität (Gröber, 2015).

Nattokinase ist ein Enzym, dass durch die Fermentation von Sojabohnen gewonnen wird. Es soll vor allem die fibrinolytische Aktivität (die Fähigkeit, die Bildung von Blutklümpchen zu regulieren), kardiovaskuläre Parameter und die Mobilität des Blutes verbessern.

Auch Traubenkernextrakt sorgt für eine Senkung des Blutdrucks, und zahlreiche L-Aminosäuren sind wichtig für die Gesundheit des Herzens.

Bei Bluthochdruck können neben EPA, DHA, Magnesium, Vitamin C und D, Coenzym Q10, L-Arginin auch Taurin und Kiefernrindenextrakte (z. B. Pycnogenol) hilfreich sein. Taurin stabilisiert den Herzrhythmus, senkt die Oxidation von Blutfetten und den Blutdruck und verbessert den Blutfluss (Gröber, 2015). Extrakte aus Kiefernrinde sollen das Risiko der Thrombozytenaggregation (Blutplättchenverklumpung) senken.

In älteren Studien findet sich auch die Empfehlung zu gemäßigtem Weingenuss für ein gesundes Herz. Diese Studien gelten allerdings laut der Deutschen Gesellschaft für Kardiologie (DGK) – Herz- und Kreislaufforschung e. V. als überholt (DGK, 2016).

> Alkohol ist ein Zellgift und selbst in geringen Mengen schädlich für den Organismus.

6.4.2 Wichtige Nährstoffe für die Prostatagesundheit

Veränderungen in der Prostata setzen bei Männern ungefähr im Alter zwischen 40 und 50 Jahren ein und entwickeln sich langsam und schubweise zur häufigsten Blasenentleerungsstörung des Mannes. Die benigne Prostatahyperplasie (BPH) ist eine gutartige Vergrößerung der Vorsteherdrüse und bei jedem zweiten Mann zwischen 50 und 60 Jahren feststellbar. Männer, die von einer BPH betroffen sind, haben durch eine vergrößerte Prostata in erster Linie unangenehme Beschwerden beim Wasserlassen, wodurch die Lebensqualität eingeschränkt wird.

> Unter besonderen Bedingungen, z. B. durch eine hohe Stressbelastung, kann die BPH auch schon ab einem Alter von 40 Jahren auftreten!

In vielen Ländern Asiens und Südeuropas treten BPH und Prostatakrebs wesentlich seltener auf als hierzulande (mit einem Anteil von nur 10 %). Nicht die Gene, sondern die Ernährung ist als Ursache zu nennen, wie verschiedene Studien zeigen.

Eine Prävention von BPH ist bedingt über die Senkung von Risikofaktoren möglich. Zu den größten Risikofaktoren zählen Adipositas und Nikotinabusus. Von Ex-

6

perten werden eine ausgewogene, ballaststoffreiche Ernährung, der Verzicht auf alkoholische Getränke und regelmäßige Bewegung empfohlen.

Bei einer gutartigen Vergrößerung der Prostata können zudem pflanzliche Heilmittel eingesetzt werden. Als besonders wirksam hat sich dabei der Arzneikürbis erwiesen. Das ist insofern relevant, da mehr als 30 % der Betroffenen nicht auf eine medikamentöse Therapie ansprechen. Kürbiskernextrakte sind ebenfalls als Nahrungsergänzungsmittel erhältlich.

Die Aufgabe der Prostata kann nur erfüllt werden, wenn verschiedene Hormone aus den Hoden, der Hirnhangdrüse und der Nebenniere zusammenspielen. Eine Überstimulierung der Prostata gilt als Auslöser für das übermäßige Zellwachstum und damit die Vergrößerung der Prostata. Diesen Einfluss können Komponenten im Kürbiskern unterbrechen.

Kürbiskerne enthalten pflanzliche Hormonstoffe, Carotinoide, Phytosterine, Sterole, Phytoöstrogene und Polyphenole. Insgesamt wirken Hunderte wertvolle Inhaltsstoffe, z. B. Vitamin A, C und E, Thiamin, Riboflavin, Kalzium, Magnesium, Kalium, Zink, Kupfer, Selen, die Fettsäure Linolsäure und einige Aminosäuren. Kürbiskerne haben eine starke antioxidative und antiinflammatorische Wirkung. Sie stärken den Harndrang, senken das LDL-Cholesterin und haben günstige Effekte auf die Gefäßgesundheit. Ausgeschieden werden die heilsamen Inhaltsstoffe über die Harnwege, wo sie ihre positive Wirkung auf das Gewebe, Nerven, Muskeln, die Blase, Beckenboden und Prostata entfalten.

Bei einer der größten Studien zu Kürbiskernen erhielten 2245 Patienten, die unter BHP litten, täglich für 12 Wochen 1–2 Kapseln Kürbiskernextrakt. Die Symptome gingen um 41,4 % zurück und der Lebensqualitätsindex verbesserte sich um 46,1 % (Schiebel-Schlosser & Friederich, 1998). Kürbiskernsubstanzen können demnach die subjektiven Beschwerden bei Prostataproblemen lindern.

Doch nicht nur Kürbiskerne sind gut für die Prostata, sondern noch zahlreiche andere Lebensmittel. Was Sie vermeiden sollten und welche Lebensmittel regelmäßig auf Ihren Teller gehören, habe ich für Sie in einer Übersicht zusammengestellt. Empfehlungen zu einer Prostata-freundlichen Ernährungsweise finden Sie unter ▶ http://www.recalibration.de.

6.5 Zusammenfassung

- Bevor Sie zu Nahrungsergänzungsmitteln greifen, klären Sie mithilfe einer aussagefähigen Diagnostik ab, ob überhaupt Bedarf besteht und wie hoch dieser ausfällt.
- Erkundigen Sie sich, ob der Bedarf auch über Lebensmittel gedeckt werden kann. „Food first, supplements later" lautet die Strategie.
- Achten Sie bei der Zubereitung darauf, ob das Vitamin wasserlöslich oder hitzeempfindlich ist, und berücksichtigen Sie dies: Für wasserlösliche Stoffe gilt nicht zu ausgiebiges Waschen. Wenn Sie das Lebensmittel kochen, prüfen Sie, ob Sie die Vitamine, die sich dann im Kochwasser befinden, z. B. für eine Soße verwenden können. Kochen oder braten Sie hitzeempfindliche Lebensmittel nach Möglichkeit nicht oder zumindest nicht bei hohen Temperaturen, da die Eiweißstruktur ab 41 °C degeneriert, außer es handelt sich um Lebensmittel wie

Schweine- oder Hühnerfleisch, die vor dem Verzehr ausreichend erhitzt werden müssen, um pathogene Mikroorganismen (Salmonellen etc.) abzutöten.

- Nahrungsergänzungsmittel können unter den folgenden Voraussetzungen nützlich sein:
  - Zur richtigen Zeit
  - Für die richtigen Personen
  - In der richtigen Dosis (Vorsicht vor Überdosierung!) und Qualität (u. a. Bioverfügbarkeit)
- Wer Supplemente ohne einen analysierten Bedarf einnimmt, muss im Worst Case mit ernsten Gesundheitsstörungen rechnen.
- Wenn Vitamine, Mineralstoffe, Spurenelemente und Co. ausreichend im Körper vorhanden sind, bringt eine zusätzliche Einnahme keine Vorteile.
- Ungesundes Essen wird durch die Ergänzung von Nahrungsergänzungsmitteln nicht zu gesundem Essen.
- Nahrungsergänzungsmittel sind keine Lebensmittel, sondern Stoffkonzentrate mit allen Vor- und Nachteilen.
- Wechselwirkungen mit anderen Mikronährstoffen sowie mit frei verkäuflichen und verschreibungspflichtigen Arzneimitteln sind zu beachten. Wer mehr als zwei Wirkstoffe aus Medikamenten einnimmt, dem möchte ich eine individuelle Medikationsanalyse ans Herz legen. Bei dieser Dienstleitung ausgewählter Apotheken werden alle Wechselwirkungen eingenommener Substanzen untersucht. Bei Bedarf werden andere Wirkstoffkombinationen oder besondere Empfehlungen zum Zeitpunkt der Einnahme ausgesprochen.
- Weitere Empfehlungen finden Sie unter ▶ http://www.klartext-nahrungsergaenzung.de, eine Initiative der Verbraucherzentralen.

Literatur

Biesalski, H. K. (2016). *Vitamine und Mineralstoffe. Indikation, Diagnostik, Therapie*. Thieme.

Biesalski, H. K. (2019). *Vitamine, Mineralstoffe und Spurenelemente: Indikation, Diagnostik, Therapie* (2. Aufl.). Thieme.

Bjelakovic, G., Gluud, L. L., Nikolova, D., Whitfield, K., Wetterslev, J., Simonetti, R. G., Bjelakovic, M., & Gluud, C. (2014). Vitamin D supplementation for prevention of mortality in adults. *The Cochrane Database of Systematic Reviews, 1*, CD007470. https://doi.org/10.1002/14651858. CD007470.pub3

Bundeskriminalamt (BKA). (2022). Arzneimittelkriminalität. https://www.bka.de/DE/UnsereAufgaben/Deliktsbereiche/Arzneimittelkriminalitaet/arzneimittelkriminalitaet_node.html. Zugegriffen am 25.08.2022.

Deutsche Gesellschaft für Ernährung e.V. (DGE). (2015, Februar). Ausgewählte Fragen und Antworten zu Vitamin C. https://www.dge.de/wissenschaft/weitere-publikationen/faqs/vitamin-c/?L=0. Zugegriffen am 25.08.2022.

Deutsche Gesellschaft für Ernährung e.V. (DGE). (2019a, Juli). Ausgewählte Fragen und Antworten zu Vitamin B$_6$. https://www.dge.de/wissenschaft/weitere-publikationen/faqs/vitaminb6/?L=0. Zugegriffen am 25.08.2022.

Deutsche Gesellschaft für Ernährung e.V. (DGE). (2019b, Juli). Ausgewählte Fragen und Antworten zu Zink. https://www.dge.de/wissenschaft/weitere-publikationen/faqs/zink/?L=0. Zugegriffen am 25.08.2022.

6

Deutsche Gesellschaft für Kardiologie (DGK). (2016). Neue Studien: Alkohol schützt das Herz doch nicht. https://dgk.org/pressemitteilungen/2016-esc-kongress/2016-esc-aktuelle-pm/2016-esc-tag3/neue-studien-alkohol-schuetzt-das-herz-doch-nicht/. Zugegriffen am 25.08.2022.

Felchner, C. (2019, 07. Oktober). Vitamin B$_{12}$. https://www.netdoktor.de/ernaehrung/vitamin-b12/. Zugegriffen am 25.08.2022.

Felchner, C., & Steinbach, M. (2019). Niacin (Vitamin B$_3$): Deshalb ist es so wichtig! https://www.netdoktor.de/ernaehrung/niacin/. Zugegriffen am 25.08.2022.

Gröber, U. (2008). *Orthomolekulare Medizin: Ein Leitfaden für Apotheker und Ärzte* (3. Aufl.). Wissenschaftliche Verlagsgesellschaft.

Gröber, U. (2015). *Interaktionen – Arzneimittel und Mikronährstoffe* (2. Aufl.). Wissenschaftliche Verlagsgesellschaft.

Hein, L. (2017, 11. März). Phenylalanin. von https://www.netdoktor.de/medikamente/phenylalanin/. Zugegriffen am 25.08.2022.

Kast, B. (2018). *Der Ernährungskompass: Das Fazit aller wissenschaftlichen Studien zum Thema Ernährung*. Bertelsmann.

Lang, S. (2020, 01. Juli). Coenzym Q10. https://www.apotheken.de/gesundheit/gesund-leben/nahrungsergaenzungs-mittel/12604-coenzym-q10. Zugegriffen am 25.08.2022.

Michalsen, A. (2019). *Mit Ernährung heilen: Neuestes Wissen aus Forschung und Praxis* (F.-K. Sandmann, Hrsg.). Insel.

Mintel. (2022). Deutscher Markt für Nahrungsergänzungsmittel erreicht Umsatz von 1,35 Mrd Euro. https://de.mintel.com/pressestelle/deutscher-markt-fuer-nahrungsergaenzungsmittel-erreicht-2020-umsatz-von-135-mrd-e. Zugegriffen am 25.08.2022.

Norat, T., Bingham, S., Ferrari, P., Slimani, N., Jenab, M., Mazuir, M., Overvad, K., Olsen, A., Tjønneland, A., Clavel, F., Boutron-Ruault, M. C., Kesse, E., Boeing, H., Bergmann, M. M., Nieters, A., Linseisen, J., Trichopoulou, A., Trichopoulos, D., Tountas, Y., Berrino, F. … Riboli, E. (2005). Meat, fish, and colorectal cancer risk: The European Prospective Investigation into cancer and nutrition. *Journal of the National Cancer Institute, 97*(12), 906–916. https://doi.org/10.1093/jnci/dji164

Radtke, R. (2021, Juni). Umsatz mit Nahrungsergänzungsmitteln in Deutschland in den Jahren 2014 bis 2020. https://de.statista.com/statistik/daten/studie/1040811/umfrage/umsatz-mit-nahrungsergaenzungsmitteln-in-deutschland/. Zugegriffen am 25.08.2022.

Rittenau, N., & Copien, S. (2022). *Vegan Klischee ade! Das Kochbuch: Kompaktes Wissen, leckere Rezepte* (2. Aufl.). Dorling Kindersley.

Rudnicka, J. (2022, April). Polizeilich erfasste Straftaten nach dem Arzneimittelgesetz in Deutschland bis 2020. https://de.statista.com/statistik/daten/studie/76435/umfrage/straftaten-nach-dem-arzneimittelgesetz-in-deutschland-seit-1997/. Zugegriffen am 25.08.2022.

Schiebel-Schlosser, G., & Friederich, M. (1998). Phytotherapy of BPH with pumpkin seeds – A multicentric clinical trial. *Zeitschrift fur Phytotherapie, 19*, 71–76.

Schüpbach, R., Wegmüller, R., Berguerand, C., Bui, M., & Herter-Aeberli, I. (2017). Micronutrient status and intake in omnivores, vegetarians and vegans in Switzerland. *European Journal of Nutrition, 56*(1), 283–293.

Singh, M., & Das, R. R. (2013). Zinc for the common cold. *The Cochrane Database of Systematic Reviews, 6*, CD001364. https://doi.org/10.1002/14651858.CD001364.pub4

Verbraucherzentrale. (2021, 09. Dezember). Magnesium – Was ist zu beachten? https://www.verbraucherzentrale.de/wissen/lebensmittel/nahrungsergaenzungsmittel/magnesium-was-ist-zu-beachten-8003. Zugegriffen am 25.08.2022.

Verbraucherzentrale. (2022, 30. März). Endlich Klartext bei Nahrungsergänzungsmitteln schaffen. https://www.verbraucherzentrale.de/aktuelle-meldungen/lebensmittel/endlich-klartext-bei-nahrungsergaenzungsmitteln-13409. Zugegriffen am 25.08.2022.

Exkurs: Wie Sie durch Rückfallmanagement neues Verhalten stabilisieren

Inhaltsverzeichnis

7.1   Veränderungskompetenz als Schlüsselkompetenz – 256

7.2   Grundlagen der Veränderungspsychologie – 256

7.3   Das Transferstärke-Modell – 257
7.3.1   Ziel und Zielklarheit – 258
7.3.2   Motivation – 259
7.3.3   Transferstärke – 260
7.3.4   Unterstützendes Umfeld – 262

7.4   Zusammenfassung – 262

       Literatur – 263

© Springer-Verlag GmbH Deutschland, ein Teil von Springer Nature 2023
S. Balaban, *Peak Performance halten*, https://doi.org/10.1007/978-3-662-61528-7_7

In diesem Kapitel geht es zunächst um die Grundlagen der Veränderungspsychologie, um anschließend das Transferstärke-Modell zu erörtern. Laut diesem Modell gibt es 4 Faktoren, die die Umsetzung gesetzter Ziele beeinflussen und den Prozess der Verhaltensveränderung unterstützen können. Durch Fallbeispiele und praktische Übungen können Sie Ihre eigenen Veränderungswünsche noch besser planen und konkrete Schritte in Richtung Ihres gewünschten Ziels gehen.

Ich wünsche Ihnen neue Erkenntnisse beim Lesen und vor allem ein gutes Gelingen in der Umsetzung Ihrer Ziele!

7.1   Veränderungskompetenz als Schlüsselkompetenz

» Für Wunder muss man beten, für Veränderung aber arbeiten.
   (Thomas von Aquin, 1225–1274, Philosoph)

Kennen Sie diese Momente, in denen Sie fest entschlossen waren, etwas in Ihrem Leben zu verändern, aber schon nach einiger Zeit wieder zurück in alte Muster verfallen? Keine Sorge, damit sind Sie nicht allein! Ein altes Verhalten abzulegen und etwas Neues zu beginnen, ist für viele Menschen ein schwieriger Prozess, der neben Planung und Willensstärke Strategien für Rückfälle erfordert (Prohaska, 2013). Um Sie bei diesem Prozess optimal zu unterstützen, habe ich in diesem Kapitel alle wichtigen Informationen und Tipps zusammengefasst.

> **Praxischeck: Inventur hilfreicher Veränderungsressourcen und Strategien**
> Sicherlich haben Sie in Ihrem Leben bereits einige Verhaltensweisen geändert. Vielleicht haben Sie mit dem Rauchen aufgehört, mit dem Joggen angefangen oder Ihre Ernährung umgestellt.
> Denken Sie an diesen Moment zurück, als Sie damit begonnen haben, etwas Neues in Ihr Leben zu integrieren. Was war damals hilfreich für das Gelingen Ihres Vorhabens?
> Sammeln Sie alle Ressourcen und Strategien, damit Sie diese wertvollen Unterstützungsmechanismen auch für weitere Verhaltensänderungen nutzen können.

7.2   Grundlagen der Veränderungspsychologie

Unser Verhalten wird von Gewohnheiten und Routinen dominiert. Deutlich wird dies z. B. an unserer Morgenroutine: Zähneputzen, Duschen, Anziehen etc. – wir denken nicht mehr darüber nach, wir führen sie aus. Dabei ist die kognitive Beteiligung auf ein Mindestmaß reduziert. Evolutionär betrachtet sind Routinen sinnvoll, denn Denkvorgänge kosten Energie und das Gehirn hat einen sehr hohen Energieverbrauch, der auf ca. 20 % des Gesamtenergieumsatzes geschätzt wird. Und da die Energieversorgung vor Jahrtausenden, im Gegensatz zum Nahrungsmittelüberfluss von heute, nicht gesichert war, haben sich im Gehirn „energiesparende Routinen" durchgesetzt. Demzufolge besteht das Ziel jeder Verhaltensänderung darin, ein neues Verhalten als Gewohnheit anzulegen und zu verankern. Der kognitive Prozess des Abwägens „soll ich", *oder* „soll ich nicht" findet dann nicht mehr statt und wird abgelöst von einem automatisierten Verhalten. Was einfach klingen mag, ist jedoch nicht ganz trivial.

Veränderungsarbeit ist Millimeterarbeit, denn Veränderung bedeutet für unser Gehirn einen Umbau von Verknüpfungen, die man sich wie „Straßen" zwischen Neuronen vorstellen kann. Ein Autobahnbau nimmt sehr viel mehr Zeit in Anspruch als der Bau eines Feldwegs, der nur von wenigen und gelegentlich genutzt wird, und gestaltet sich als längerer Prozess. Laut Forschungsergebnissen aus der Veränderungspsychologie benötigen Personen im Durchschnitt 66 Tage, um eine Verhaltensänderung dauerhaft im Alltag zu etablieren; abhängig davon, wie anspruchsvoll eine Verhaltensänderung ist, kann sich die zeitliche Dauer über 18 bis 254 Tage erstrecken (Lally et al., 2009).

Viel zu verbreitet ist die Annahme, jeder Erwachsene könne sich verändern, wenn er nur genügend Willen (Volition), Motivation und Disziplin habe. Doch dem ist nicht so. Auch wenn Veränderungsvorhaben von manchen Menschen gut und dauerhaft umgesetzt werden können, darf diese Kompetenz nicht als selbstverständlich betrachtet werden. Veränderungskompetenz umfasst mehr und kann bzw. sollte erlernt werden.

❯ Veränderungskompetenz kann und sollte erlernt werden.

Dazu möchte ich Ihnen das Transferstärke-Modell meines geschätzten Kollegen Prof. Dr. Axel Koch mit auf den Weg geben, der in seinem fünfjährigen Forschungsprojekt an ca. 2500 Probanden herausgearbeitet hat, welche Stärken Menschen auszeichnet, denen es leichter als anderen fällt, gelernte Inhalte oder gute Vorsätze umzusetzen. Das Modell wurde ursprünglich mit dem Ziel entwickelt, dass Fortbildungs- und Seminarteilnehmer erarbeiteten Inhalte in die Praxis transferieren können (Koch, 2015). Sie können diese Methode aber auch sehr gut auf Ihre persönlichen Vorhaben und neuen Gesundheitsziele, die eventuell durch das Lesen dieses Buchs entstanden sind, übertragen und anwenden.

7.3 Das Transferstärke-Modell

Das Transferstärke-Modell basiert auf der Transferstärke-Methode, die auf 18 Modellen und Theorien aus dem Fachgebiet Veränderungspsychologie sowie der Therapie- und Lerntransferforschung fußt (Koch, 2018). Zu den 4 zentralen Faktoren für ein erfolgreiches Veränderungsmanagement zählen (Koch, 2022):
1. Zielklarheit
2. Motivation
3. Transferstärke
4. Unterstützendes Umfeld

Transferstärke ist dabei mehr als Selbstmotivation. In den folgenden Abschnitten wird erläutert, wie Sie die Umsetzungswahrscheinlichkeit Ihrer Ziele durch Beachten jedes dieser 4 Faktoren erhöhen können.

7.3.1   Ziel und Zielklarheit

Formulieren Sie ein klares Veränderungsziel. Am besten nach der SMART-Formulierung. SMART ist das Akronym für „specific" (spezifisch), „measurable" (messbar), „achievable" (selbst erreichbar), „relevant" (bedeutsam) und „time-bound" (terminiert). Planen Sie Ihre Ziele schriftlich. Es ist wissenschaftlich belegt, dass verschriftlichte Ziele die Zielerreichung steigern (Gardner & Albee, 2015). In der Studie der Psychologieprofessorin, Prof. Dr. Gail Matthews, von der Dominican University of California stellte sie fest, dass schriftlich fixierte Ziele in Kombination mit zwei weiteren Faktoren die Zielerreichung beeinflussen: Zusätzlich sollten Sie einen Freund über das Ziel informieren und sich wöchentlich über die Zielerreichung austauschen (Gardner & Albee, 2015).

Des Weiteren ist es von Bedeutung, sich realistische Ziele zu setzen, die auch wirklich erreicht werden können. Diejenigen, die scheitern, wählen oft zu hoch gesteckte Maximalziele. Sie sind dann frustriert, wenn ihnen die Umsetzung nicht gelingt. Die daraus resultierende Demotivation schwächt die eigene Veränderungskompetenz. Legen Sie die innere Einstellung Ganz-oder-gar-nicht ad acta. Wählen Sie stattdessen den Minimalansatz. Er ermöglicht es Ihnen, auch in einer extrem arbeitsreichen Woche Ihre Ziele zu verwirklichen. Weniger ist mehr. Sie freuen sich über Schritte in die richtige Richtung. Das löst Zuversicht und Motivation für weitere Veränderungsschritte aus. Nicht erreichte (Teil-)Ziele entmutigen und demotivieren hingegen.

> Setzen Sie sich Minimalziele, die auch in einer arbeitsreichen Woche gut erreicht werden können.

Ein weiterer entscheidender Faktor ist die emotionale Kongruenz. Fühlt sich Ihr Ziel rund und stimmig an? Oder löst Ihr Ziel Bedenken, Unwohlsein oder Vorbehalte aus? Schwingt in Ihrem Kopf ein „Ja, aber …" mit? Wenn Sie sich zwingen müssen, wenn Ihnen in Verbindung mit Ihrem Ziel eher Zwang, Disziplin und Kontrolle in den Sinn kommen, dann sollten Sie Ihr Ziel nochmals verändern, bis es bei Ihnen Freude, Leichtigkeit und fast schon ein Begehren auslöst (Koch, 2022). Dabei kann Ihnen die Technik der Visualisierung helfen.

> **Praxisübung: Wie mich die Technik der Visualisierung meinem Ziel näherbringt**
> Lenken Sie Ihre Aufmerksamkeit nicht auf den Prozess und auf eventuell auftretende Hindernisse, sondern auf das Ergebnis. Schließen Sie die Augen und stellen Sie sich möglichst konkret und intensiv vor, dass Sie Ihr Ziel bereits erreicht haben: Wie geht es Ihnen? Was hat sich verändert oder sogar verbessert? Was sehen, fühlen, hören Sie? Welche neuen Gedanken haben Sie? Wie reagiert Ihr Umfeld? Was gefällt Ihnen besonders gut? Worauf sind Sie stolz?

Verinnerlichen Sie diesen neuen Zustand und halten Sie diesen positiven Moment fest, indem Sie ein „inneres Foto" machen.

Leistungssportler nutzen die Kraft der Visualisierung in Training und Wettkampf, z. B. stellt sich ein Fußballspieler vor, wie er den Elfmeter in die linke obere Ecke des Tors schießt.

7.3.2 **Motivation**

Wie entschlossen bin ich wirklich, mein Ziel zu erreichen? Motivation ist der nächste Faktor für Ihren Veränderungserfolg. Schätzen Sie Ihre Motivation ein! Wie sehr will ich mein Ziel erreichen? Wäre es nur „gut", oder nehme ich eine ernsthafte Entschlossenheit wahr? Stehen Sie zu 100 % hinter dem Ziel? Wenn Sie unter 80 % liegen, dann fragen Sie sich, was Ihnen noch fehlt oder was Sie noch benötigen, um auf mindestens 80 % zu kommen.

Sollten Sie weniger motiviert sein, ein Ziel umzusetzen, und müssen sehr viel Disziplin zur Erreichung aufbringen, kann die Umsetzung eine Zeit lang von Erfolg geprägt sein. Jedoch kommen Sie mit der Einstellung „ich will (eigentlich) nicht, aber zwinge mich dazu" zumeist nicht weit und sie ist kraftraubend. Willenskraft ist eine große Stärke des Menschen, sie sollte jedoch nur bei Notfällen eingesetzt werden.

❯ Willenskraft sparsam einsetzen!

Vielleicht löst bei Ihnen auch die Vorstellung eines negativen Zielzustands Motivation aus. Stellen Sie sich anhand der Ausgangssituation das künftige Ergebnis vor: Was wären die Folgen meines Nichthandelns in 6 Monaten, in 1 Jahr und in 3 Jahren?

Wenn eine Person mehrmals die Woche unter Schlafproblemen leidet und keine echte Regeneration mehr stattfinden kann, wie ergeht es der Person in 6 Monaten, 1 Jahr oder in 6 Jahren? Oder stellen Sie sich einen Manager vor, der kaum mehr Zeit und auch Kraft für seine Familie hat: Wird seine Ehe in 1 Jahr oder in 6 Jahren noch bestehen? Wie wird sich das Gewicht einer Person in den nächsten Jahren entwickeln, wenn in den letzten Jahren kontinuierlich eine Gewichtszunahme von 15 kg pro Jahr erfolgte?

In „teachable moments" (Lazarus, 1993) sind wir besonders offen für Verhaltensänderungen. Dazu zählen z. B. Jobwechsel, Umzug, Geburt eines Kindes, Scheidung, eine ärztliche Diagnose oder eine stressdiagnostische Auswertung mit Laborwerten und Herzratenvariabilität (HRV). Steht keine kontextuelle Veränderung an, gilt es, den situativen Kontext zu kontrollieren, der durch einen Reiz (z. B. das TV-Gerät im Wohnzimmer) immer wieder zu einem bestimmten Verhalten führt (z. B. stundenlanges Fernsehen). Dabei unterstützt die Transferstärke.

7.3.3 Transferstärke

Das Transferstärke-Modell, das auf Basis empirischer Daten entstanden ist, umfasst alle unterstützenden Einstellungen und Selbststeuerungsfertigkeiten (z. B. Disziplin, Willenskraft und Selbstmotivation) sowie weitere günstige Mindsets und Fertigkeiten, die es einer Person ermöglichen, ihre Ziele dauerhaft im Alltag umzusetzen (Koch, 2022).

Bevor es zu einem bestimmten unerwünschten Verhalten kommt, zeigen sich oft Vorboten, die den ersten Schritt in die falsche Richtung kennzeichnen – ähnlich wie auf der Autobahn die Hinweisschilder, die auf eine Ausfahrt hinweisen: noch 300 m, noch 200 m, noch 100 m, Ausfahrt. Das neue Verhalten stellt eine Ausfahrt dar. Wenn jedoch die Hinweisschilder übersehen werden, kann es sein, dass die Ausfahrt (Umsetzung des neuen Verhaltens) verpasst und das alte Verhalten weitergeführt wird. Daher ist es wichtig, die Hinweisschilder (Vorboten) zu erkennen. Anschließend ist das Abbremsen wichtig (inneres Stopp-Signal), denn sonst fahren wir mit 120 km/h in die Ausfahrt.

▶ Erkennen Sie den ersten, zweiten und dritten Schritt in die falsche Richtung.

■ **Was können Vorboten sein?**
Zu den Vorboten zählen sowohl Emotionen und Gedanken als auch Merkmale einer Situation. Im nachfolgenden Fallbeispiel werden Ihnen 4 Vorboten vorgestellt.

Praxisbeispiel: Die Vorboten von Andreas J.
Andreas J., 38 Jahre, verheiratet, leitet die Logistikabteilung eines produzierenden Unternehmens. Sein „teachable moment" wurde durch die ernüchternden Ergebnisse seiner Stressdiagnostik ausgelöst. Er möchte nun sein Verhalten gesundheitsbewusster gestalten. Dazu zählt neben mehr Bewegung und einer gesünderen Ernährung u. a. auch, dass er seinen Fernseh- und YouTube-Konsum am Abend reduzieren möchte und stattdessen durch aktive Entspannungstechniken oder einen Spaziergang seinen Stresslevel am Abend abbauen will.

Im Gespräch erarbeiten wir seine Vorboten:
1. Beim morgendlichen Blick in seinen Terminkalender kommt der Gedanke auf: „Wäre es doch schon Abend und ich hätte diesen Tag überlebt und läge auf meiner Couch!"
2. Während des Tags jagt ein Meeting das nächste und er hat keine Zeit, eine Pause einzulegen.
3. Er hat am Abend den Gedanken: „Ich habe keine Kraft mehr."
4. Dieser Gedanke wird von einem Gefühl der Erschöpfung begleitet.

Nachdem die Vorboten identifiziert sind, ist es nun wichtig, dass sich Andreas im Voraus einen schriftlichen „Wenn-dann-Plan" für die jeweiligen Vorboten ausarbeitet und einprägt.

Zu 1: Er versteht, dass er sein Verhalten konditioniert hat. Die Belohnung nach einem anstrengenden Tag besteht darin, auf der Couch zu liegen. Er verändert seinen

Gedanken: „Wenn ich einen arbeitsintensiven Tag vor mir habe, freue ich mich auf einen schönen Spaziergang am Abend, eine wohltuende Massage oder eine Atem- und Fantasiereise."

Zu 2: Er will sich in Zukunft eine Mittagspause von 30 min blocken, die nicht abgesagt wird. Wenn zukünftige Meeting-Anfragen während seiner Mittagspause kommen, dann wird er diese ablehnen und um Verschiebung bitten.

Zu 3: Andreas versteht, dass TV sehen in Kombination mit einem Second Screen (Surfen via Tablet) seine Aufmerksamkeit sehr beansprucht. Wenn er denkt, er hätte keine Kraft mehr, dann ist es umso wichtiger, diese mit Entspannungsübungen wieder aufzuladen und sie nicht zusätzlich durch TV-Konsum zu schwächen.

Zu 4: Andreas fühlt sich nach dem TV-Konsum auf dem Sofa nicht erholter. Wenn er zukünftig das Gefühl der Erschöpfung wahrnimmt, dann wird er sich erinnern, wie erholt, gelassen und vitalisiert er sich nach Entspannungsübungen fühlt.

Andreas gelingt die Umsetzung im Alltag damit viel besser, da er durch das Erkennen der Vorboten und des Einsatzes der Wenn-dann-Pläne sein Verhalten besser verstehen und steuern kann.

Einen ausgefüllten Rückfallplan sowie eine Vorlage finden Sie unter ▶ http://www.recalibration.de.

Neben der Identifikation der Vorboten und dem Erstellen des Wenn-Dann-Plans ist auch die Art und Weise, wie wir mit uns in Rückfallsituationen sprechen, eine entscheidende Komponente, wie gut uns das weitere Verfolgen unserer Ziele gelingt.

- **Positives Selbstgespräch bei Rückschlägen**

Da Veränderung ein Prozess ist, der von Rückfällen in alte Verhaltensmuster begleitet wird, stellen positive Selbstgespräche bei Rückschritten eine wichtige Motivationsquelle dar. Die Art und Weise, wie der innere Dialog mit sich selbst abläuft, entscheidet darüber, ob das Anstreben des Ziels aufrechterhalten oder abgebrochen wird.

Menschen, die positiv mit sich selbst sprechen, sehen Rückfälle als normal an. Ihnen ist bewusst, dass Verhaltensänderungen ihre Zeit brauchen. Sie nehmen kleine Fortschritte in ihren Bemühungen wahr und feiern diese Erfolge. Sie sind zuversichtlich, dass sie eines Tages ihr angestrebtes Ziel erreichen werden. Sie haben unterstützende Lebensgebote wie: „Hinfallen, aufstehen, Sand abklopfen, weiterlaufen", „Ich erreiche, was ich mir vornehme", „Ich habe bereits viele Veränderungen erfolgreich umgesetzt", „Ich wähle mein eigenes Veränderungstempo", „Ich feiere auch kleine Veränderungserfolge" etc. (▶ Abschn. 1.6.2).

❯ Bei Rückschlägen: Ermutigung statt maßloser Selbstkritik.

Hingegen führt ein fehlendes Bewusstsein für destruktive innere Dialoge und Lebensgebote, bestehend aus Selbstvorwürfen, Schwarz-Weiß-Denken oder dem Alles-odernichts-Prinzip, häufig dazu, dass eine gewünschte Verhaltensänderung scheitert.

7.3.4   Unterstützendes Umfeld

Der letzte Faktor für erfolgreiche Veränderung ist das soziale Umfeld. Es kann unterstützend, motivierend und ermutigend und leider auch demotivierend auf unsere Zielvorhaben wirken. Wenn Ihre Verhaltensänderung Einschränkungen oder Nachteile für Ihr Umfeld mit sich bringt, z. B. weil Sie zum Sport gehen, anstatt dem Partner zu Hause Gesellschaft zu leisten, dann sind Abwehrreaktionen möglich. In diesen Fall überlegen Sie sich vorab, wie Sie in dieser Situation antworten wollen. Wenn Ihre Verhaltensänderung keine negativen Auswirkungen auf Ihr Umfeld hat, können Sie mit neutralen bis positiven Reaktionen rechnen.

Es ist sinnvoll, dass Sie Ihr soziales Umfeld über Ihr neues Ziel informieren. Durch die Transparenz Ihrer Wünsche und Motive können Sie von außen noch besser unterstützt werden und Zuspruch erhalten.

Buchtipp: Wer noch tiefer in die Transferstärke-Methode eintauchen möchte, dem empfehle ich das Buch *Logbuch Gewohnheiten nachhaltig verändern. Die Technik des Rückfallmanagements* von Prof. Dr. Axel Koch (2022).

7.4   Zusammenfassung

— Veränderungskompetenz kann und sollte erlernt werden.
— Veränderungsarbeit kann einen hohen Zeit- und Energieaufwand benötigen.
— Willensstärke allein reicht nicht aus, um ein neu etabliertes Verhalten dauerhaft aufrechtzuerhalten.
— Da unser Verhalten größtenteils von Routinen und Gewohnheiten gesteuert wird, ist es günstig, dass gewünschte Verhalten ebenfalls als Routine zu verankern.
— Rückschläge sind im Veränderungsprozess normal und sollten nicht negativ bewertet werden.
— Zielklarheit, Selbstmotivation und ein unterstützendes soziales Umfeld erhöhen die Wahrscheinlichkeit, ein Verhalten dauerhaft im Alltag festigen zu können.

Abschließend finden Sie eine Checkliste, mit deren Hilfe Sie die wichtigsten Voraussetzungen eines erfolgreichen Veränderungsprozesses überprüfen können.

Praxischeck: Wie ich Verhalten dauerhaft verändern kann
— Ich verstehe Veränderung als einen Prozess.
— Ich will mein Ziel wirklich erreichen (Ernsthaftigkeit). Mein Ziel ist bedeutungsvoll für mich.
— Ich überprüfe, ob mein Ziel mit meinen Emotionen kongruent ist.
— Ich setzte mir ein Minimalziel, das auch in arbeitsreichen Wochen umsetzbar ist.
— Ich plane mein Ziel schriftlich (am besten nach der SMART-Methode).
— Ich informiere mein Umfeld über mein Zielvorhaben und bitte ggf. um Unterstützung.

- Ich überprüfe jede Woche meinen Zielfortschritt und teile diesen bestenfalls einer vertrauten Person mit.
- Ich feiere (auch kleine) Veränderungserfolge.
- Ich antizipiere mögliche Hindernisse sowie Vorboten und erstelle Wenn-dann-Pläne.
- Ich akzeptiere Rückfälle in alte Verhaltensmuster und lasse mich davon nicht entmutigen.
- Ich führe bei Rückfällen positive statt negative Selbstgespräche.
- Ich arbeite in kleinen Schritten weiter an meinem Ziel.

Ich wünsche Ihnen viel Erfolg bei all Ihren zukünftigen Verhaltensänderungen!

» Gesundheit ist nicht alles, aber ohne Gesundheit ist alles nichts.
   (Arthur Schopenhauer, 1788–1860, deutscher Philosoph)

Literatur

Gardner, S., & Albee, D. (2015, February 1). *Study focuses on strategies for achieving goals, resolutions* (S. 266). Press Releases. https://scholar.dominican.edu/news-releases/266. Zugegriffen am 08.09.2022.

Koch, A. (2015). Gelerntes umsetzen lernen: Transferstärke Coaching. *Manager Seminare know-how, 6,* 4–9.

Koch, A. (2018). *Die Transferstärke-Methode. Mehr Lerntransfer in Trainings und Coachings.* Beltz.

Koch, A. (2022). *Logbuch Gewohnheiten nachhaltig verändern.* Beltz.

Lally, P., van Jaarsveld, C. H. M., Potts, H. W. W., & Wardle, J. (2009). How are habits formed: Modelling habit formation in the real world. *European Journal of Social Psychology, 40*(6), 998–1009. https://doi.org/10.1002/ejsp.674

Lazarus, R. S. (1993). Coping theory and research – Past, present, and future. *Psychosomatic Medicine, 55*(3), 234–247.

Prohaska, S. (2013). *Coaching in der Praxis: Tipps, Übungen und Methoden für unterschiedliche Coaching-Anlässe.* Junfermann.